ŒUVRES INÉDITES

DE

MAINE DE BIRAN

TOME III.

Tout exemplaire de cet ouvrage non revêtu de notre signature sera réputé contrefait.

ŒUVRES INÉDITES

DE

MAINE DE BIRAN

PUBLIÉES PAR

ERNEST NAVILLE

AVEC LA COLLABORATION DE MARC DEBRIT.

TOME III.

PARIS

DEZOBRY, E. MAGDELEINE ET Cie, LIBRAIRES-ÉDITEURS,

Rue des Écoles, 78,

Près du Musée de Cluny et de la Sorbonne.

1859

FRAGMENTS

RELATIFS AUX FONDEMENTS

DE

LA MORALE ET DE LA RELIGION.

1818.

AVANT-PROPOS

DE L'ÉDITEUR.

Les pages qui suivent sont les rares mais intéressants débris d'un traité de *Philosophie morale* qui ne paraît pas avoir été terminé, quoique la rédaction en fût probablement assez avancée. Plus que tout autre, cet ouvrage a subi sa part des tristes vicissitudes auxquelles furent soumis les manuscrits de M. de Biran : aussi se trouve-t-il dans un état de mutilation assez complète. Les six parties dont il se compose ne sont point des articles coordonnés et suivis, mais de simples fragments laborieusement reconstitués, en rapprochant les pages qui se suivaient, et disposés ensuite dans l'ordre qui a paru le meilleur. Cependant, malgré son état fragmentaire, cet ouvrage n'en présente pas moins, à un double point de vue, une assez grande importance. Non-seulement il marque l'époque précise où la pensée de l'auteur entre dans cette troisième et dernière phase qu'on peut appeler sa période métaphysique et religieuse, mais il sert, en outre, à combler une lacune grave dans l'ensemble de sa *Philosophie*. C'est, en effet, le seul des écrits de M. de Biran où la théorie morale se trouve abordée directement avec des développements convenables. Il est vrai que l'on reconnaît les éléments de cette théorie dispersés dans quelques autres ouvrages, mais ils ne s'y présentent point sous la forme de système. Aussi nous a-t-il paru intéressant et presque nécessaire de reconstruire au moyen de ces diverses données la doctrine morale de M. de Biran, et de lui rendre cette unité sans laquelle elle resterait toujours plus ou moins obscure. Cette recherche, qui n'est que brièvement indiquée dans l'*Introduction générale aux œuvres de M. de Biran,* trouve sa place naturelle en tête des pages qui suivent. De là le développement accordé à cet *Avant-Propos* qui, sans cette explication, pourrait paraître hors de proportion avec l'étendue matérielle de l'ouvrage qu'il précède.

Une analyse exacte et quelque peu approfondie de la nature humaine ne peut, sans un abus évident de l'esprit de système, laisser en dehors de ses recherches les faits relatifs à l'ordre moral. Il n'est pas besoin d'être philosophe, il suffit d'être homme et de s'observer, de la manière même la plus superficielle, pour reconnaître en soi l'existence d'un système particulier de sentiments et d'idées qui se distinguent du résultat des fonctions organiques comme des notions purement intellectuelles. Ces sentiments et ces idées se présentent avec un caractère de clarté, d'autorité et de permanence bien remarquable; ils ne dérivent point des sens, quoique les sens soient souvent l'occasion ou l'instrument qui les actualise; ils ne leur empruntent aucun caractère affectif de plaisir ou de douleur; tout au contraire, ils luttent contre toutes les impulsions de l'organisme et imposent à la volonté des actes entièrement contraires aux appétits sensuels; ils ne procèdent point de la raison, quoique la raison bien dirigée puisse les embrasser dans une sage théorie et les rattacher à leur véritable source; mais, dans ce cas encore, les vérités morales n'empruntent jamais leur évidence que d'elles-mêmes, et le raisonnement le plus subtil ne peut rien ajouter à leur certitude. Il ne peut pas davantage les obscurcir ou les ébranler, et les nombreux efforts tentés par les philosophes sensualistes pour réduire la nature humaine tout entière à l'unité logique et conventionnelle de la sensation, sont constamment venus se briser contre les faits de cet ordre ; car la morale de l'intérêt ne peut être considérée comme l'explication, mais plutôt comme la négation systématique de cette loi que le sens intime ne peut s'empêcher de reconnaître, et qu'il distingue nécessairement, aussitôt qu'il la reconnaît, de toutes les impulsions égoïstes et intéressées. D'autre part, les Platoniciens, en identifiant, sous un seul terme, celui de *sagesse,* la connaissance des vérités spéculatives et la pratique des devoirs moraux, ont donné lieu à un autre abus et confondu la vertu avec la science.

Mais qui osera dire que l'homme *veut* tout ce qu'il *juge* être bon ? S'il fallait nous prononcer entre ces deux doctrines opposées, dont l'une pèche par trop de grandeur, comme l'autre par trop de bassesse, notre choix ne serait assurément pas douteux ; mais si l'erreur de Platon est celle de l'âme la plus pure et la plus élevée, elle n'en est pas moins une erreur irrévocablement condamnée par le témoignage du sens intime. Aussi ces vaines tentatives pour ramener à l'unité, soit organique, soit intellectuelle, les fondements de l'ordre moral, n'ont-elles jamais abouti qu'à discréditer les doctrines où elles se sont produites, en découvrant aux yeux de tous leur impuissance et leur vice radical. Bien plus sage a été sous ce point de vue le philosophe moderne qui, dans le scepticisme méthodique où il enveloppait la connaissance humaine, refusant toute certitude absolue aux notions *a priori,* comme aux faits connus directement par le sens intime, s'est cependant arrêté devant l'ordre moral, et a trouvé dans la raison pratique la base fixe et immuable qu'il refusait à la raison pure. Que ce soit ou non une inconséquence dans la doctrine de Kant, cela n'importe point à notre but actuel ; il nous suffit que ce philosophe ait établi sur les fondements les plus sûrs et les plus soli-

moins qu'elle n'a sa cause ni dans l'aveuglement, ni dans aucun préjugé ou point de vue systématique; car, d'un côté, la bonne foi de M. de Biran est hors de toute contestation, et de l'autre, nous le voyons lui-même, à plusieurs reprises, signaler ce défaut et sentir le besoin d'y remédier. La note suivante, écrite dans la marge du manuscrit sur la *Décomposition de la pensée*, postérieurement à la rédaction de cet ouvrage, ne laisse aucun doute à cet égard : « Le dernier programme de l'Académie de Berlin, qui « roule principalement sur les faits primitifs intellectuels, « laisse une pierre d'attente pour les faits primitifs mo- « raux. Je tâcherai de remplir le cadre entier en ajoutant « un deuxième volume au Mémoire qui doit être imprimé à « la fin de cette année (1). » Ce projet, si catégoriquement exprimé, ne reçut cependant pas même un commencement d'exécution. Le Mémoire de Berlin sur l'*Aperception immédiate* et celui de Copenhague sur les *Rapports du physique et du moral*, qui suivit de près le précédent, laissent complétement de côté tous les faits de l'ordre moral, quoique le sujet de ces deux Mémoires dût attirer sur eux l'attention de l'auteur. La même lacune se retrouve plus frappante encore dans l'*Essai sur les fondements de la psychologie*, ce vaste monument dans lequel M. de Biran prétendait embrasser tous les faits de la nature humaine, en les rattachant au fait primitif de la conscience ou de l'existence personnelle. La place accordée aux notions morales dans cet ouvrage est tout à fait disproportionnée à leur importance réelle; on n'en trouve aucune trace dans l'analyse, et leur présence dans la synthèse sert seulement

---

(1) Il s'agit du *Mémoire sur la Décomposition de la pensée*, dont l'impression fut en effet commencée en 1807. On a expliqué ailleurs comment cette entreprise fut suspendue. Voyez le volume *Maine de Biran, sa vie et ses pensées*.

à faire mieux sentir l'absence d'une théorie plus complète. C'est en étudiant les phénomènes de classification et de combinaison, produits de l'activité libre et de l'attention, dans leur rapport avec les sentiments qui les accompagnent, que l'auteur accorde un court chapitre aux notions morales, plutôt pour mémoire que dans le dessein médité de les rattacher à l'ensemble de son système.

En 1815, nouveau retour vers cet ordre d'idées : la lecture de Joseph de Maistre lui fait sentir le besoin d'élargir son point de vue qui tend à isoler l'homme, et de rattacher en quelque manière son système psychologique aux questions sociales ; or, c'est à l'ordre moral qu'il demande ce lien : « Comment, s'écrie-t-il, comment dériverai-je des « principes de philosophie que j'ai suivis, l'obligation « morale, le devoir? » Et il ajoute : « C'est là un système « de facultés, un point de vue de l'âme qui doit pourtant « rentrer dans celui que j'ai tant médité jusqu'ici. » On est surpris, après un aveu aussi explicite, de ne trouver dans les nombreuses compositions secondaires qui datent de cette époque, non-seulement aucune théorie, mais encore rien qui annonce des recherches un peu sérieuses sur un sujet si grave et dont la gravité a été tant de fois reconnue. Quant à l'*Examen des leçons de Laromiguière*, publié par l'auteur dans le courant de l'année 1817, il n'y a pas lieu de s'étonner si l'on n'y rencontre nulle part un système de faits qui ne rentre pas directement dans le but et le cadre de cette composition. Mais, dès le printemps de l'année suivante, les préoccupations relatives à l'ordre moral semblent devenir beaucoup plus pressantes. On trouve, en effet, dans le *Journal intime*, à la date du 17 mai, un passage que nous transcrivons ici, parce qu'il résume assez bien les pensées nouvelles qui occupaient alors M. de Biran : « En courant les rues en voiture, je réflé-

« chissais sur la conscience morale, que je distingue de là
« conscience *personnelle* (base de toute philosophie) et
« d'une autre conscience qu'on pourrait appeler *ration-*
« *nelle*. Ce sont trois points de vue où trois faces de l'âme
« humaine. Par l'une, elle est tout en elle-même, faisant
« abstraction de tout le reste ; par l'autre, la conscience
« morale, elle se tourne vers les âmes qui se manifestent
« par une organisation comme la sienne et qui lui révè-
« lent par certains signes, naturels ou arbitraires, des im-
« pressions ou des affections, comme des opérations actives
« et intellectuelles pareilles aux siennes. Enfin, par la
« troisième face, la conscience rationnelle, l'âme tournée
« vers la réalité, la vérité absolue qui est Dieu, entend les
« choses comme elles sont et s'entend elle-même, se met-
« tant au-dessus des lois de la sensibilité pour se juger
« comme elle est. » Le *Journal intime* de la même année
abonde en passages relatifs aux notions morales ; enfin
toute cette agitation d'idées aboutit à son terme naturel : le
24 mai, M. de Biran annonce dans son journal qu'il prépare un *écrit sur les idées psychologiques et morales,*
et, dès le 6 juin suivant, il déclare que cet ouvrage est en
voie d'exécution.

Le traité dont il est ici question est celui que nous pu-
blions à la suite de cet avant-propos. Pour en saisir toute
l'importance, il suffit de savoir que l'auteur s'y est proposé
explicitement d'appliquer à la conscience morale les mêmes
procédés d'analyse qui lui ont si heureusement servi à ap-
profondir la conscience psychologique, et que c'est, nous
l'avons déjà dit, le seul écrit de M. de Biran où les questions de cet ordre se trouvent abordées d'une manière directe et spéciale. A partir de cette époque, à la vérité, le
Journal intime est à peu près complétement absorbé par
des considérations relatives à l'ordre moral, comme à l'or-

dre religieux, fondus l'un dans l'autre par les vues nouvelles métaphysico-psychologiques qui préoccupent de
plus en plus M. de Biran. Cependant les *Nouveaux Essais
d'Anthropologie* ne contiennent rien qui soit directement
relatif aux faits moraux ; le devoir y est distingué de l'intérêt, le désir de la volonté, enfin l'âme unie à Dieu par
l'amour est bien représentée comme jouissant de la pureté
et du bonheur le plus parfait, mais nulle part l'on ne
trouve l'analyse du sens intime appliquée aux faits primitifs moraux comme elle l'est aux faits primitifs intellectuels. Là encore il y a une lacune évidente et grave. L'état
fragmentaire et les pertes certaines de ce dernier ouvrage
en sont sans doute la cause principale ; car on ne peut
admettre que M. de Biran eût négligé entièrement un ordre de faits qu'il avait plusieurs fois reconnu dans des termes si explicites, et qui, d'ailleurs, se liait d'une manière
intime avec la récente transformation de sa doctrine psychologique. Le plan des *Nouveaux Essais* le conduisait
naturellement à refondre le traité spécial de 1818 dans
cette œuvre d'ensemble qui devait être le résumé de toutes
ses recherches antérieures. Aussi les fragments relatifs à la
morale et à la religion sont-ils un élément essentiel à la
reconstruction des doctrines de la dernière période : ils
complètent et achèvent, pour ainsi dire, les *Nouveaux Essais*, et cette considération suffirait seule à justifier l'importance que nous leur avons accordée.

Il est temps maintenant d'aborder l'examen des divers
points de vue qui ont successivement occupé la pensée de
M. de Biran relativement aux principes de l'ordre moral.
On peut, sous ce rapport, établir trois périodes parallèles,
comme nous l'avons annoncé plus haut, à celles de son
développement philosophique et leur correspondant assez
exactement. A la philosophie de la sensation répond la

morale de l'intérêt, ou, pour mieux dire, celle qui, ne
voyant rien au delà des sens, repose tout entière sur le
bien-être physique dont elle fait à la fois son moyen et son
but, qui refuse à la volonté toute influence sur nos sentiments et, par suite, sur nos actions, celle enfin qui fait
de l'homme un être purement passif, soumis à toutes les
causes extérieures, incapable de leur opposer aucune résistance.

A la philosophie de la volonté répond la morale stoïcienne,
fondée sur l'exercice de cette même activité qui est le fondement de l'ordre intellectuel. La psychologie et la morale
se réunissent ainsi dans une source commune et reposent
sur une même base. Enfin, à la philosophie religieuse qui
ne considère plus l'homme comme un être isolé, mais
comme un membre de cette grande société dont Dieu est le
père, répond une morale appropriée dont le principe est
l'amour ou la sympathie. Caractérisons rapidement chacune de ces trois périodes.

I

Philosophie sensualiste. — Morale de l'intérêt.

Le commencement et la fin de cette période restent in-
déterminés, faute de données suffisantes : les premiers
fragments qui nous montrent M. de Biran occupé de recherches philosophiques, en suivant la route tracée par
Condillac, datent de 1794. D'autre part, le *Mémoire sur
la Décomposition de la pensée*, où l'auteur se détache
pour la première fois de l'école sensualiste, a été couronné
par l'Institut en 1805. C'est donc entre ces deux dates
qu'il faut placer approximativement le début et la fin de

cette première période. Nous ne nous arrêterons pas longtemps sur la doctrine morale de M. de Biran à cette époque,
attendu d'abord qu'elle ne se sépare pas du fond commun
des systèmes sensualistes ; et, en second lieu, qu'elle a été
complétement abandonnée par l'auteur, qui ne la tirait
pas de ses propres réflexions, mais l'avait reçue toute faite
de ses premières lectures et des maîtres de sa jeunesse. Il
faut cependant signaler un trait original qui fait honneur
au tempérament de notre philosophe. Le bonheur que
d'autres écrivains de la même école placent dans la satisfaction des passions, des désirs, de tous les appétits sensuels, lui paraît plutôt consister dans l'absence de ces appétits, dans un état de bien-être également éloigné des
joies violentes et de la douleur, où le corps n'a plus rien à
désirer, sinon la continuation de cette heureuse quiétude.
Le repos, le calme, l'absence de toute émotion vive, voilà
pour lui l'état le plus parfait auquel notre organisation
puisse atteindre, et il n'en connaît pas de plus attrayant.
Cependant le fatalisme pèse de tout son poids sur la nature humaine comme sur l'univers matériel. L'âme, privée
de toute activité propre, ne peut rien pour se procurer ou
même pour conserver cet heureux état, objet de tous ses
désirs ; sa nature purement passive reçoit du dehors, avec
les sensations, ses idées intellectuelles et ses sentiments
moraux ; le centre cérébral détermine ensuite par réaction
sympathique des mouvements spontanés que nous appelons
volontaires ; l'homme, esclave de l'organisme, ne peut
en secouer l'influence ; il doit subir ses passions comme
ses maladies, et ne peut rien ou peu de chose pour s'en
délivrer. La liberté n'est qu'une illusion, ou, comme le dit
l'auteur lui-même, « la conscience d'un état de l'âme tel
« que nous désirons qu'il soit (1). » La sagesse consiste à

_____

(1) Pensées, 1794.

changer avec la nature, mais en sachant que l'on change, et que cette perpétuelle variation est conforme à des lois immuables et nécessaires. Nos opinions, nos jugements, nos idées ne dépendent pas de nous, mais de l'état actuel de nos organes; elles varient, s'altèrent avec eux et ne sont jamais en notre pouvoir.

Il n'est pas besoin de faire observer qu'une telle théorie ne saurait expliquer ce sentiment d'obligation qui est le fait primitif de l'ordre moral, ni même le reconnaître sans le dénaturer. Où la liberté n'existe pas, où la volonté n'est que la servante du corps et se confond avec le désir, où tout nous vient du dehors sans résistance possible, il n'y a pas lieu de chercher la place d'un fait qui, par sa nature, suppose tout le contraire de cette hypothèse, d'un fait qui exclut toute origine sensible, et qui, bien loin de pouvoir trouver son explication dans les sens, est lui-même la réfutation la plus complète et la plus frappante de toute doctrine sensualiste.

Mais ces considérations sont trop simples et trop naturelles pour qu'il soit nécessaire d'y insister plus longtemps.

II

Philosophie de la volonté. — Morale stoïcienne.

Quoique l'œuvre capitale de cette seconde période soit l'*Essai sur les fondements de la psychologie*, ce n'est pas là, comme nous l'avons annoncé plus haut, que nous devrons chercher le nouveau système de morale adopté par M. de Biran.

Préoccupé avant tout de ses recherches sur le principe de la science de l'homme et sur la nature du fait primitif, l'auteur oublie ou néglige la lacune qu'il a reconnue dans ses précédents Mémoires, et il n'accorde aux faits qui nous occupent qu'une place tout à fait disproportionnée à leur importance réelle.

C'est peut-être dans l'article consacré à l'examen des systèmes d'éducation que l'on trouve à cet égard les indications les plus précises. L'auteur y pose expressément l'identité de principe qui existe entre le progrès intellectuel et le progrès moral : l'exercice des facultés actives est, selon lui, le plus sûr et même l'unique moyen de perfectionnement qui soit accordé à la nature humaine, et il le recommande comme devant être le fondement de toute bonne méthode pédagogique. Quant au court paragraphe spécialement consacré aux notions morales, il n'offre que des indications incomplètes et peu précises. On y trouverait peut-être l'opinion que le fait fondamental de la morale est un sentiment de l'âme, et non une idée de la raison ; mais cette opinion, si elle existe, ne se trouve pas assez développée pour qu'il soit possible d'y reconnaître la base d'une théorie nouvelle.

L'*Essai* laisse donc, sous ce rapport, une vaste lacune à remplir et ne nous fournit point les lumières que l'on serait en droit d'attendre d'un ouvrage aussi capital. Heureusement le *Journal intime* vient, comme toujours, à notre aide et dissipe toute obscurité en nous offrant des données à la fois plus étendues et plus précises. Il nous montre à cette époque M. de Biran, vivement frappé par la lecture des maximes de Marc-Aurèle et d'Épictète, venir demander à la philosophie stoïcienne cet art de vivre, cette sage félicité qu'il a vainement cherchée autrefois dans le bien-être des sens. La morale du Portique, fondée sur

l'asservissement de la matière à l'esprit, sur l'abaissement
de la partie sensitive de notre être au profit de la partie
active, devait trouver chez notre philosophe une approbation sympathique, car elle venait s'offrir à lui sur son propre terrain : lui aussi avait consacré de longues et patientes recherches à déterminer le rôle de la volonté en nous,
son influence directe ou indirecte sur nos sensations, nos
sentiments et nos idées. Or, en admettant la doctrine stoïcienne., l'activité libre de cette force intérieure déployée
sur une résistance organique, fait fondamental dans la
science de l'être intellectuel, le devenait pareillement dans
la science de l'être moral, et les deux grandes branches de
la philosophie venaient ainsi se réunir, sans se confondre,
à une source commune. Quelle séduction pour un philosophe ! Cette unité de principe satisfaisait à l'une des exigen-
ces les plus vives de l'esprit humain, et la doctrine psychologique semblait y puiser une confirmation nouvelle.
Aussi M. de Biran dut-il se convertir au Stoïcisme, d'autant plus facilement qu'il avait abandonné depuis longtemps les opinions de sa jeunesse, et qu'il ne les avait
jusqu'ici remplacées par aucun système bien arrêté. Cependant la nature particulière de son esprit, moins enclin
à pratiquer qu'à connaître, peut-être aussi la délicatesse
et l'extrême sensibilité de sa constitution physique, le por-
tèrent à modifier d'une manière assez profonde les principes stoïciens. Tandis que ces fiers réactionnaires du bien
au sein de la corruption païenne prétendaient asservir entièrement le principe corporel au principe spirituel, refusant aux sens tout empire, élevant enfin la nature humaine
à une hauteur trop sublime, hélas ! pour être vraie, le
psychologue, plus subtil qu'enthousiaste, se borne à distinguer par l'observation ce qu'il y a d'actif en nous et ce
qu'il y a de passif, pour réduire à ses limites propres le

domaine de la morale. Vaincre absolument tous les penchants sensuels, leur refuser toute influence directe ou indirecte sur nos actions comme sur nos pensées, tel était le
but proposé par les philosophes du Portique à l'activité du
sage. M. de Biran est plus modeste dans ses prétentions :
il ne refuse point à la sensibilité le rôle qui lui appartient
d'une manière légitime; la douleur, pas plus que la joie,
n'est susceptible d'être niée : la sagesse consiste seulement
à placer le bonheur dans les choses qui sont en notre pouvoir, à étendre, autant que possible, par une sorte d'hy-
giène intellectuelle, la sphère de notre activité, de manière
à restreindre en égale mesure, celle de la nécessité. L'homme le plus sage est celui qui connaît le mieux ce qu'il peut
comme ce qu'il ne peut pas, ce qui ne dépend que de lui-
même comme ce qui lui vient du dehors; l'homme le plus
vertueux est celui qui, guidé par cette connaissance intime
de son propre esprit, s'est habitué à ne désirer que ce qu'il
peut vouloir, à ne demander jamais son bonheur aux choses qui sont hors de lui, c'est-à-dire hors de sa volonté.
Cette manière de voir, qui s'écarte des principes attribués
à Zénon pour se rapprocher de ceux d'Épictète, revient au
fond à cette maxime vague et fameuse en même temps :
agir conformément à sa nature. S'étudier pour se connaître est le premier degré de la vertu; faire de cette étude le
régulateur de toutes ses actions, voilà la vertu même, voilà
toute la morale. On attend cependant quelque chose de plus :
l'auteur a décrit une sorte de bien-être, un état de calme
ou de repos d'esprit, plutôt qu'une vie vraiment vertueuse :
cette absence de passions violentes, cette résignation est
assurément meilleure que l'état contraire, elle peut même
servir efficacement à l'exercice de la vertu par les sages
habitudes qu'elle fait contracter à l'âme; il est vrai aussi
que l'activité est en nous un principe supérieur à la sen-

sibilité. Mais il manque à tout cela un élément sans lequel il ne saurait y avoir rien de véritablement moral. Le sage de M. de Biran n'a jamais en vue que son propre bonheur, et là se trouve le vice qui corrompt toute la doctrine. Aux yeux de l'homme même le plus simple qui s'observe lui-même, le devoir ne saurait être confondu avec l'intérêt ou le désir : la loi morale se manifeste dans la conscience avec une netteté et une évidence trop grandes pour qu'il soit possible de méconnaître sans aveuglement le caractère d'obligation qui lui est propre et qui la distingue de tous les autres faits intérieurs. A plus forte raison est-il impossible de la confondre avec cette tendance instinctive et égoïste qui pousse l'homme vers le bonheur. Le bonheur est souvent la suite et la récompense des actions que le devoir détermine, mais il n'en est pas le principe, et ne saurait l'être, sans les corrompre dans leur source même. Et comment confondre, en effet, une loi avec un désir, un instinct avec ce qu'il y a de plus opposé à l'instinct, ce qui fait violence à la volonté et ce qui l'entraîne sur une pente toujours douce, toujours facile? On s'étonne de ne trouver nulle part chez M. de Biran une vue nette de la loi morale à son titre propre d'obligation, et c'est même cette lacune qui fait à la fois le vice et le caractère de sa philosophie sur cet important sujet. Mais nous aurons bientôt l'occasion de revenir sur cette erreur de doctrine en analysant l'écrit sur *les fondements de la morale et de la religion;* pour le moment, il nous suffit de l'avoir constatée.

III

Philosophie religieuse. — Morale de la sympathie.

La morale stoïcienne ne put satisfaire longtemps M. de Biran. A mesure que son cœur et sa pensée se rapprochaient du Christianisme, il sentit de plus en plus l'insuffisance d'une doctrine qui tend à faire de l'homme son propre centre, en l'isolant à la fois de la société de ses semblables, et de celle de Dieu, son créateur.

Le *Journal intime* conserve des traces nombreuses de ce nouveau changement dans le point de vue de notre philosophe : on y trouve de fréquents parallèles entre le Stoïcisme et le Christianisme; l'auteur y expose ses hésitations, ses alternatives de doute et de croyance. On le voit osciller longtemps entre les deux doctrines, avant de se prononcer : d'un côté, le Stoïcisme lui semble accorder une part trop grande à la volonté; mais, de l'autre, le Christianisme lui paraît étendre la passivité de notre nature au delà des bornes légitimes ; il voudrait trouver un milieu entre ces deux extrêmes, mais tandis qu'il se dispose à le chercher, son point de vue se transforme, et la doctrine de l'Évangile occupe définitivement la première place dans son intelligence comme dans son cœur.

C'est à peu près vers cette époque que se place l'influence exercée sur M. de Biran par plusieurs écrivains, qui abordaient les questions philosophiques sous l'empire de préoccupations sociales et religieuses plus encore que scientifiques : nous voulons parler de MM. de Maistre, Lamennais et de Bonald. Il se corrigea lui-même en les critiquant : la lecture attentive de leurs ouvrages qu'il commentait, selon sa coutume, lui fit découvrir un défaut dans

sa propre philosophie. Il combattit, il est vrai, l'importance excessive accordée par eux aux relations sociales,
mais il comprit en même temps que jusqu'ici sa méthode
avait trop isolé l'individu, que l'homme n'était pas seulement une créature vivante, douée d'intelligence et de volonté, mais qu'il était, en outre, dans un rapport intime
avec les êtres semblables à lui; il comprit que faire abstraction de ce rapport, c'était se cacher volontairement
toute une face de la nature humaine; il crut enfin qu'une
philosophie, pour être vraie et complète, devait considérer
dans l'individu même les germes de la société. C'est sous
l'influence de ces préoccupations et de ces idées que fut
composé l'ouvrage *sur les fondements de la morale et
de la religion* qui va nous occuper exclusivement.

Dans la seconde période de son développement philosophique, M. de Biran avait pris le désir réfléchi du bonheur
pour principe d'une morale conçue, à quelques égards,
sur le modèle de celle des Stoïciens; nous venons de voir
comment il sentit l'insuffisance de ce point de vue qui confond la vertu avec un habile égoïsme. Maintenant il cherche un autre point d'appui sur lequel il puisse fonder sa
nouvelle théorie, et ce point d'appui il pense l'avoir trouvé
dans le fait universel de la *sympathie*. Suivons pas à pas
la marche de sa pensée.

L'homme, être libre, doué d'intelligence et de volonté,
transporte sympathiquement à ses semblables l'activité
dont il jouit lui-même, comme il leur accorde les impressions dont il s'est senti précédemment affecté, aussitôt qu'il
en aperçoit les signes. Le *moi* se réfléchit dans un autre *moi*
comme dans un miroir, ce qui signifie que je ne puis voir
un homme sans le voir pareil à moi, sans lui attribuer
toutes les facultés dont j'ai conscience, sans en faire, en un
mot, mon égal ou mon semblable. C'est ce *consensus* sym-

pathique qui constitue proprement la conscience morale.
Par la conscience personnelle, j'ai le sentiment de mon
activité propre, je me sais libre et doué d'une force intérieure dont l'exercice ne dépend que de ma propre détermination. De là le sentiment du *droit* personnel qui en
est la conséquence immédiate. Mon pouvoir n'est, dans cet
état hypothétique, ni plus ni moins étendu que ma volonté;
il n'est limité que par la résistance que m'opposent les objets étrangers, c'est-à-dire tout ce qui ne peut être vaincu
par l'action directe de cette force intérieure. Mais la conscience morale me fait voir dans une foule d'êtres qui
m'entourent, et au sein desquels je vis, autant d'agents
libres semblables à moi; je ne puis m'empêcher de leur
attribuer sympathiquement la même volonté et, par conséquent, les mêmes droits que je m'attribue à moi-même.
Or, ces droits, par cela seul qu'ils existent, limitent nécessairement les miens, car je puis vouloir ce qu'un autre ne
veut pas, comme il peut, de son côté, s'opposer à ce que je
veux. Je suis ainsi conduit à reconnaître à ma volonté une
borne différente de ses limites naturelles et infiniment plus
restreinte; mais ce que je reconnais pour moi-même, je le
reconnais pour tous les hommes, et telle est l'origine de la
notion de *devoir*. Ce qui était droit dans la conscience de
l'individu qui se l'attribuait en propre, devient devoir dans
celle de la personne morale qui le confère au même
titre à toute l'espèce. On voit ainsi que le droit et le
devoir sont des termes nécessairement corrélatifs, et que
l'un ne saurait exister là où l'autre n'est pas. Il en résulte
que le prétendu droit du plus fort, dont quelques insensés
ont voulu faire la base de toute société, n'est au fond
qu'une abstraction illusoire, ou, pour mieux dire, la force
ne confère un droit à celui qui en est doué qu'en y joi-
gnant immédiatement le devoir de ne s'en point servir, au

delà du moins des limites prescrites. Tels sont les remarquables effets de la sympathie personnelle qu'il faut bien se garder de confondre avec celle qui n'a pour objet que les affections de plaisir ou de douleur communiquées d'un être à l'autre au moyen de certains signes naturels. Cette dernière n'a rien qui s'élève au-dessus des lois de la nature organique; elle appartient à l'animal aussi bien qu'à l'homme, elle constitue même le lien naturel de toutes les espèces sociables. Mais la sympathie personnelle, source et fondement de la loi morale, est l'apanage exclusif de l'humanité. On objectera peut-être contre la réalité et l'universalité de cette loi naturelle les variations qu'elle a subies chez les différents peuples et dans les différents âges du monde; on alléguera les usages barbares, les pratiques impures ou sanguinaires, mais il s'agit de savoir si l'on tire bien de ces exemples la conséquence légitime que l'on en doit tirer? Pour peu que l'on y réfléchisse avec quelque attention, on reconnaîtra bientôt que la variété des lois et des coutumes ne prouve rien contre l'identité et l'universalité de la conscience morale; car les divergences ne portent jamais que sur des actes, c'est-à-dire sur des applications de principes, et non sur les principes mêmes. On peut bien ne pas reconnaître la vertu, mais on ne peut se dispenser de l'estimer dès qu'on l'a reconnue; ainsi l'habitude a pu légitimer aux yeux de certains peuples des usages que notre raison mieux éclairée considère comme odieux, mais elle n'a pu faire que, dans une contrée ou chez une nation quelconque, la bienveillance et la probité considérées en elles-mêmes fussent condamnées comme des vices, tandis que la cruauté et la perfidie seraient honorées comme des vertus. La plupart de ces coutumes qui nous font horreur ont eu pour premier mobile un principe vrai appliqué d'une manière aveugle, comme l'amour de la patrie ou le respect pour les dieux. Les expositions des enfants et les victimes humaines immolées au pied des idoles sont plutôt l'exagération que la négation d'un devoir. Les pères à Sparte aimaient-ils moins leurs fils? Nullement; mais l'intérêt du pays l'emportait à leurs yeux sur celui de leurs familles; et si ce fils tant désiré devait n'être un jour qu'un citoyen inutile, le père en faisait à la patrie le sanglant sacrifice. Ce dévouement est cruel sans doute; mais est-il permis pour cela d'en méconnaître le vrai principe, et de ne voir dans cet attentat sublime qu'une vulgaire cruauté? Ainsi la loi morale peut être, comme toutes les lois, mal comprise et mal appliquée, mais ses préceptes subsistent toujours au fond de l'âme, et peu de chose suffit pour leur rendre toute leur primitive clarté.

Si l'on réfléchit avec quelque attention sur le système que nous venons d'esquisser dans ses traits les plus généraux, on sera surpris de voir M. de Biran demander à la sympathie, c'est-à-dire à un sentiment relatif et de second ordre, le principe sur lequel il fait reposer une loi absolue, telle que la loi morale. Comment cet observateur assidu de lui-même a-t-il pu fermer les yeux au point de méconnaître la véritable nature de ce fait, à la fois simple et universel, que nous nommons le devoir? Comment ce philosophe, qui découvre avec tant de profondeur dans le fait primitif intellectuel une résistance organique opposée à une force librement agissante, a-t-il négligé cette autre résistance, d'une nature supérieure à la première, dont l'opposition à la volonté constitue le fait primitif moral? Comment le caractère d'obligation absolue, qui est l'essence même du devoir, lui a-t-il échappé pour venir se fondre dans un sentiment relatif comme la sympathie? Comment enfin M. de Biran peut-il se rencontrer avec Adam Smith en partant de données philosophiques si différentes? Tou-

tes ces questions sont plus faciles à poser qu'à résoudre.
On pourrait cependant en trouver une explication plausi-
ble dans l'organisation particulière de notre philosophe :
Doué d'un tempérament nerveux, mobile et sensible à l'excès, en même temps que d'une âme délicate et naturellement portée au bien, il devait être plus qu'un autre acces-
sible aux affections douces et sympathiques ; mais l'austère
sentiment du devoir devait en revanche avoir peu de prise
sur une constitution de cette nature. Le devoir est en effet
le mobile des âmes fortes, peu soumises aux variations de
l'organisme, pouvant dominer leurs impressions et se déci-
der par raison plus que par instinct ; telle n'était pas celle
de M. de Biran, et ce fait qui nous est démontré, pour ainsi
dire, par la lecture du *Journal intime,* peut servir à expliquer sinon à justifier cette lacune grave de sa philosophie. Faire de la sympathie le principe de la morale, c'est
confondre, en effet, le relatif avec l'absolu, c'est faire du
devoir un produit de la société, quand nous savons fort
bien que la conscience réprouve une foule d'actes comme
coupables en eux-mêmes, quoiqu'ils ne nuisent à aucun
de nos semblables, et que la société ne les punisse
point.

L'homme fût-il seul devant Dieu, il y aurait encore une
loi morale et un devoir : cet homme pourrait pécher, et sa
conscience le condamnerait comme s'il y avait autour de
lui un peuple assemblé pour le reprendre et des tribunaux
dressés pour le punir. Tant il est vrai que les notions morales ne dépendent ni des lieux, ni des temps, ni des circonstances, mais seulement de Dieu même qui les a dé-
posées dans nos âmes à l'heure de notre création.

Ce point de vue, à la vérité, ne fut pas le dernier auquel
s'arrêta M. de Biran. Le développement de sa pensée philosophique le conduisait à reconnaître la possibilité d'une

troisième *Vie*, d'une Vie de l'esprit dans laquelle l'âme humaine s'unit à Dieu par l'amour. A cette hauteur, l'esprit se détache du relatif pour contempler l'absolu, il voit avec Dieu et en Dieu la vérité éternelle, les idées nécessaires; il n'a plus qu'un commerce indirect avec les sens, il jouit enfin de la félicité la plus parfaite. A cette existence sublime doit correspondre une morale appropriée : le devoir relatif doit disparaître avec la sympathie qui en est l'essence ; il doit céder la place à un devoir absolu dont le principe serait l'amour de Dieu, source éternelle de tout bien et de toute perfection.

Les dernières pages de l'écrit sur les *Fondements de la morale et de la religion* présentent, en effet, les éléments de ce point de vue nouveau qui devait sinon détruire, du moins modifier assez profondément les bases de la précédente théorie. On y trouve l'affirmation d'une loi absolue opposée à tout ce qui est relatif. Mais cette thèse manque de développements, et il reste encore beaucoup d'obscurité sur la vraie nature de cet absolu, fondement d'une nouvelle morale. Est-ce un principe de raison dans le sens de l'école rationaliste? Mais ce principe serait si loin de pouvoir être rattaché aux bases premières de tout le système qu'il semblerait plutôt les contredire. S'agit-il d'un rapport spécial de l'âme à l'absolu ? Nous serions portés à le croire, mais, en ce cas, ce rapport, pour être bien compris, exigerait de plus amples développements. En l'absence de ces explications, nous sommes donc autorisés à conclure que la théorie propre de M. de Biran est bien celle que nous avons exposée, que pour lui les fondements de l'ordre moral sont tout entiers dans la sympathie , et que le fait primitif du devoir s'est constamment dérobé à ses analyses. Il en résulte une conséquence assez importante , car l'ordre religieux reposant sur les mêmes bases que l'ordre moral, une omission

aussi grave dans le dernier de ces ordres devait amener
dans l'autre une lacune correspondante. Ce point a été
suffisamment développé dans l'*Introduction générale* à
laquelle nous renvoyons le lecteur. Quant à cette morale
absolue dont nous avons reconnu les éléments dans
la dernière partie de l'ouvrage qui nous occupe, elle doit
être considérée, selon nous, moins comme un système nouveau que comme une tendance nouvelle. C'est un germe
que le temps et la réflexion auraient sans doute mûri, mais
qui est resté infécond, faute des conditions nécessaires à
son développement. Aussi nous bornons-nous à le signaler
en terminant comme un nouveau point de vue qui prouve
chez son auteur le besoin inaperçu peut-être d'assurer la
morale sur un fondement plus solide et plus durable que
la sympathie, sans que ce besoin ait donné lieu à aucune
théorie complète, à aucune vue bien arrêtée. Peut-être, si
la mort ne s'y fût opposée, l'aurait-il conduit à réformer
un jour son système d'après des données nouvelles. C'est
moins là une supposition que l'expression d'un regret qui
sera partagé, nous n'en doutons pas, par tous les amis de
la saine philosophie.

Marc DEBRIT.

FRAGMENTS

RELATIFS AUX FONDEMENTS DE LA MORALE ET
DE LA RELIGION.

I

Veut-on confondre dans une unité systématique
le principe des facultés intellectuelles et morales, la
sensation étant prise pour l'origine de toutes les
idées, le besoin, l'intérêt personnel, pour le principe
de toutes les déterminations, de tous les actes de
l'individu qui ont indistinctement pour objet les
personnes et les choses? il faudra dire que les sentiments les plus expansifs, les plus désintéressés, les
penchants les plus nobles et les plus généreux de
notre nature ont le même fondement que la sensua-
lité la plus grossière, l'égoïsme le plus abject : on
dira que vivre en soi, ou pour soi, c'est la même
chose que vivre dans les autres, ou pour eux ; qu'il
n'y a pas plus de mérite à se sacrifier au bonheur de
ses semblables, à tout immoler au devoir, qu'à prendre ses semblables pour les instruments de ses plaisirs et de ses caprices, et à s'arroger le droit de porter atteinte au droit sacré des personnes libres ; on
confondra tout cela sans songer que la distinction
subsiste nécessairement entre les choses, ou les principes d'actions, qui sont et seront éternellement séparés comme deux natures différentes.

Certainement il y a là deux principes d'actions, ou du moins deux éléments aussi distincts l'un de l'autre dans la conscience morale, que l'est le sujet de l'objet dans la conscience simple d'individualité personnelle, et toutes les vues systématiques ne peuvent pas plus détruire cette distinction du sentiment intime, qu'elles ne peuvent ramener à l'unité absolue la dualité relative du fait primitif.

Mais, à la preuve du sentiment qui s'élève avec force contre l'unité de principe qui déterminerait également les actes intéressés ou sensitifs et les autres actes désintéressés ou moraux, joignons des preuves d'un autre ordre et tirées de plus haut, et faisons l'analyse de la conscience morale, comme nous avons fait celle de la conscience psychologique.

Le mot conscience (*conscium*) est un terme composé qui doit exprimer un rapport entre deux éléments : *scire, cum* (savoir, avec). Le sujet peut seul savoir avec lui-même ou en lui-même; seul il peut sentir ou savoir avec un être semblable à lui, seul enfin il peut avoir une sorte de science extérieure ou supérieure à tout point de vue humain. La sensation passive n'est pas la conscience; l'être sensitif ne se sait pas, ne se sent pas lui-même; l'être actif seul perçoit la sensation, il *sait avec* l'être sensitif; il y a conscience individuelle, personnelle, complète.

L'homme est en rapport avec son semblable par une sympathie naturelle très-bien nommée *consensus*. Ce consensus n'est pas encore la conscience; il tient immédiatement à la vie organique animale, et en effet les animaux, surtout ceux d'espèce sociable,

sympathisent ou consentent entre eux par une sorte
d'instinct expansif plus fort et plus marqué encore
que dans l'homme. Joignez l'activité du *moi* au *consensus* ou à la sympathie, et vous aurez la conscience dans l'acception que lui donnent les moralistes et ceux surtout qui admettent un sens moral interne, parmi lesquels se range éminemment l'auteur
d'*Émile* quand il caractérise énergiquement « cette
« force d'une âme expansive qui m'identifie avec
« mon semblable, par laquelle je me sens pour ainsi
« dire en lui, car c'est pour ne pas souffrir que je ne
« veux pas qu'il souffre (1). »

L'homme, non-seulement consent avec son semblable par un instinct sympathique, mais de plus, en
sa qualité d'homme ou d'agent moral, il lui transporte avec son *moi* une activité libre, une propriété
personnelle, et par suite des droits pareils aux siens,
en même temps qu'il consent ou sympathise aux affections d'un autre par une sensibilité expansive.
Comme par le *consensus* sympathique l'homme sent
avec un autre les affections qu'il éprouve; en vertu
du *consensus* de personne, d'activité, il sait avec lui
ses propres sensations, et, placé pour ainsi dire au
centre d'une intelligence, d'une volonté qui sont en
même temps à lui et à un autre, il juge de ce point
de vue élevé ses sentiments, ses vouloirs les plus
intimes, ses opérations les plus secrètes; il les approuve et les condamne comme un témoin impartial
et croit entendre une voix qui retentit au fond de son
âme comme celle de l'écho réfléchit et redit à l'indi-

_____

(1) *Émile*, livre IV.

vidu ses propres paroles; l'individu sait avec un autre ce qui se passe en lui, et sait par lui ce qui se
passe dans un autre.

Enfin dans un troisième progrès intellectuel et
proprement moral, la conscience relative cesse d'être,
se perd entièrement, n'a plus un caractère relatif et
s'identifie avec la science, avec la vérité absolue (car
il n'y a de science proprement dite que de l'absolu,
de ce qui reste le même quand les phénomènes changent), et pourtant on peut dire encore qu'il y a une
conscience comme une science de réalités absolues.
L'âme, en effet, élevée par le sentiment ou par la raison
jusqu'à la cause des existences, voit avec Dieu et conçoit le réel, l'absolu, le nécessaire, ce qui est. Cette
conscience de la vérité se distingue de toute conscience du relatif par un caractère bien frappant, c'est
qu'à l'instant où l'esprit a cette conscience de la vérité, il l'aperçoit comme existant indépendamment
de toute conception passée, présente et future, c'est-
à-dire comme éternelle, nécessaire, ou dont la non-
existence est impossible.

Ceci demande à être expliqué.

S'il est donné à l'homme d'entrer en partage de la
science, s'il y a pour ainsi dire une face de notre
âme tournée vers l'absolue réalité, ou la vérité absolue des choses telles qu'elles sont en elle-mêmes,
ou abstraction faite de tous les rapports avec notre
sensibilité ou notre manière de les concevoir, ce n'est
qu'en s'élevant jusqu'au point de vue de l'intelligence suprême que l'esprit de l'homme peut atteindre cette réalité absolue, indépendante ou nécessaire,

et c'est aussi dans ce sens unique que nous pouvons être dits avoir *conscience* de quelque chose d'absolu, conscience bien supérieure à tout ce qu'il y a de sensible, puisqu'elle indique une sorte de participation à la science de Dieu, avec qui, ou en qui nous savons toute vérité absolue, en tant que nous pouvons la concevoir comme attribut de Dieu et non pas autrement. C'est ainsi que nous avons la conscience de notre âme, ou de sa nature, entièrement distincte et séparée du sentiment actuel de l'individualité, ou, comme on dit psychologiquement, de la conscience personnelle de l'existence du *moi*; c'est ainsi que par suite nous pouvons nous attribuer intellectuellement les conséquences de tout ce que notre esprit peut concevoir comme réel, nécessaire, absolu : l'être, la substance, la cause, et aussi le devoir et le droit absolu, ainsi que nous l'expliquerons ultérieurement.

Rentrant maintenant dans le langage et le point de vue de la psychologie et avant de la rallier à la morale, nous ferons remarquer d'abord qu'en s'arrêtant à ce point de vue de l'homme individuel, et abstraction faite de tous les rapports qu'il soutient avec d'autres êtres intelligents et sensibles comme lui, le sujet dont on cherche ainsi les facultés ou puissances pourrait bien ne pas être l'homme, pas plus que ne l'est la statue de Condillac réduite successivement à un seul de nos sens externes, isolé de tous les autres, et abstrait même de celui de l'individualité, sans lequel on peut bien supposer qu'il y a sensation ou affection simple, agréable ou douloureuse, mais non pas *idée* ou *conscience* de sensation. En admettant même qu'il y ait dans la nature de l'être intelligent et sensible, isolément considéré, un fondement vrai au point de vue psychologique, on ne trouverait l'application, la valeur véritable ou étymologique du mot conscience qu'en déterminant une fois pour toutes le rapport fondamental du *moi* individuel, permanent, avec les modes actifs qu'il produit, comme avec toutes les affections de la sensibilité et les idées ou les notions intellectuelles. qui lui sont données et qu'il ne fait pas. En effet le *moi* sera dit avoir conscience des sensations en tant, non pas qu'il sentira, mais en tant qu'il *saura*, avec l'être sensitif ou en lui, les modifications de cet être, localisées dans les parties du corps qu'il anime; en tant aussi que le *moi* saura les idées ou les notions qui sont en lui, sans se manifester ou représenter par aucun symbole, et qu'il sait bien aussi ne pas créer, en les apercevant.

II

Fondés sur la sympathie primitive, ou contemporaine à l'existence individuelle, les rapports de l'homme avec l'homme ont un caractère particulier qui les distingue bien éminemment de ceux qu'il soutient avec tous les autres agents visibles ou invisibles de la nature extérieure. Il y a en effet une activité, comme une sensibilité, vraiment morales, qui diffèrent également et de la simple activité déployée contre les résistances étrangères et mortes, et de la sensibilité physique excitée par des impressions dont les causes sont connues de l'esprit comme réalisées dans l'espace ou le temps.

Pour que l'être sensible et intelligent soit de plus agent moral, il faut qu'il transporte pour ainsi dire son *moi* au sein de chaque forme semblable à la sienne, en lui attribuant un *moi*, une volonté, un pouvoir d'agir, des sentiments, des affections et des droits pareils aux siens. Dès lors il ne sent plus seulement en lui, il n'agit plus uniquement en lui et pour lui, ou comme s'il était le centre unique du monde sensible, mais il se sent encore dans tous les êtres semblables à lui. En leur attribuant des sensations de plaisir ou de peine, il partage en partie ces affections ou il y consent ; et lorsqu'il agit pour soulager la douleur ou secourir la faiblesse, c'est comme s'il se délivrait lui-même d'un mal qu'il éprouverait.

Ainsi naît la conscience morale proprement dite, qui n'est autre que la conscience même du *moi* qui se redouble et se voit pour ainsi dire dans un autre comme dans un miroir animé qui lui réfléchit son image.

Par la conscience morale, ou dans elle, les pures sensations ou affections personnelles relatives à l'individu se transforment en sentiments expansifs relatifs à l'espèce. Le plaisir et la douleur physique sentis ou perçus du point de vue d'un autre *moi* deviennent joie, tristesse ou mélancolie. L'âme, pendant qu'elle s'afflige sensiblement des peines d'autrui, peut se réjouir intellectuellement des souffrances du corps : *caro ejus dum vivet dolebit, et anima illius super semetipso lugebit* (1). Ainsi naissent et se développent, dans la société qu'elles ont formée et qu'elles conservent, ces vertus célestes, la pitié, l'humanité (*caritas generis humani*), la bienfaisance, la générosité, etc. ; nobles besoins d'une nature élevée, principes d'actions morales qui, loin de s'identifier avec les besoins physiques, avec les passions et les intérêts personnels, sont essentiellement opposés, au contraire, à tous ces mobiles d'une activité animale subordonnée aux sensations.

En vertu de ces principes d'actions, ou déterminations relatives non plus seulement à l'individu mais à l'espèce, chaque personne morale pourra se mouvoir dans une sphère d'activité qui n'aura plus l'individu ou ses droits personnels pour rayon, ou dont le rayon ne sera pas déterminé par l'intensité d'une seule force impulsive aveugle, telle que l'activité subordonnée à des besoins, des appétits ou des passions entraînantes.

Il y a là évidemment deux forces ou deux principes d'action opposés : on peut bien les exprimer par un même nom, tel que besoin, intérêt, sensation ; mais cette sorte d'identité logique ne détruit pas la *dualité* réelle ou de conscience. Nulle convention de langage ne peut faire qu'un sentiment expansif s'identifie avec une affection personnelle, qu'il y ait intérêt de même ordre, ou plaisir de même nature à se sacrifier pour autrui et à sacrifier les autres à soi, à se faire l'instrument volontaire du bonheur des

_____

(1) *Livre de Job,* chapitre XIV, verset 22.

autres, et à les considérer comme instruments passifs
de son bonheur, de ses jouissances personnelles ; à
vivre pour le devoir envers son pays, son roi, sa religion, et à immoler la morale aux passions et aux
intérêts, ou des devoirs sacrés à des droits personnels.

S'il n'y avait là qu'un seul intérêt, qu'un même
principe d'action, la recommandation d'aimer les
hommes comme soi-même, d'être pour eux ce que
nous voulons qu'ils soient pour nous, ne serait pas
un précepte divin, et l'effort sublime de la vertu aux
prises avec les affections et les intérêts de cette vie
sensible et passagère ne devrait plus être l'objet de
notre admiration. Pour l'individu qui n'obéit qu'à
ses sensations, ou à la voix de son intérêt propre, la
sphère d'activité dans laquelle il se meut tend nátu-
rellement à s'agrandir en raison de ses besoins, de
ses moyens d'agir ou de sa force, qu'il peut regarder
alors comme son droit. Mais dès que le précepte divin s'accomplit, dès que la loi morale a parlé à l'âme,
et s'explique par le lien de la sympathie qui unit
l'homme à l'homme, alors aussi la sphère individuelle se limite d'elle-même au point où elle pourrait blesser un droit, offenser une sensibilité si elle
s'étendait davantage. Elle s'arrête d'elle-même ;
elle n'est pas limitée, arrêtée comme par le choc
d'une force contraire, ou par une pression égale
et opposée, pareille à celle qui fait que les abeilles
se coordonnent entre elles dans leur ruche et circon-
scrivent leur action commune. En effet chaque force
morale doit se coordonner ou se mettre en équilibre

avec les forces semblables, et l'ordre, inséparable de la liberté naît de l'exercice de cette liberté même.

Ici se présente nettement la ligne de démarcation qui sépare la force de la justice, le droit personnel du devoir relatif. Le sentiment de la force qui est arrêtée ou subjuguée par une autre force égale ou supérieure ne donne lieu à aucune relation *morale*. L'être fort mesure son droit à sa force; l'être faible subit la loi de la nécessité. Mais donnez à l'être fort un sentiment de sympathie et d'amour, et sa force relative ne s'étendra plus sur le faible que pour le soutenir au lieu de l'opprimer, parce que l'oppression et le malheur de son semblable faible sont pour lui un sujet de souffrance, parce que l'abus de sa propre force, jugé du point de vue de son semblable, l'irrite et le blesse, parce que, en secourant la faiblesse et le malheur, il satisfait à un premier besoin de sa sensibilité expansive, il obéit au premier cri de la conscience, à une première loi de sa nature morale et à un devoir impérieux dont l'infraction porte avec elle sa peine.

III

En vertu du rapport anthropologique, nul agent ne peut être réduit à son individualité; ce qu'il sait ou sent en lui, il le sait avec un autre ou par un autre. Ses droits sont des attributs communs à tous les êtres actifs et intelligents, à tout ce qui s'appelle personne. Le droit d'agir ou d'exercer sa liberté et ses facultés est inséparable du sentiment même de cette liberté. Il ne sait son activité qu'avec celle d'un autre être, et ne l'entend précisément en lui qu'en l'entendant comme un autre, ou dans un autre que lui.

Mais il y a ici une observation bien essentielle à noter, et qui a échappé à tous les philosophes, quoique la théorie des droits et des devoirs en dépende. Ce qui est *droit* dans la conscience de l'individu, qui se l'attribue en propre, devient *devoir* dans la conscience de la personne morale qui attribue le même droit à d'autres personnes.

D'où il suit que si, comme nous l'avons dit, il n'existe pas d'*individu* qui ne soit en même temps *personne morale*, si le rapport anthropologique entre comme élément nécessaire dans la conscience du *moi* humain, il est évident que nul droit purement individuel n'a jamais et ne saurait jamais exister à ce titre, ou hors de sa corrélation essentielle à un devoir qui est aussi indivisible du droit que le sujet l'est de son objet, la cause de son effet.

D'où il suit encore que le prétendu droit du plus fort n'est qu'une abstraction illusoire, une odieuse chimère; car si l'être fort n'est pas une personne, il n'y a en lui ou dans son individualité propre aucun droit réel.

IV

Le principe de toute action vertueuse est tout entier dans ce besoin qu'a tout homme d'être estimé ou approuvé par d'autres âmes, c'est-à-dire par la raison même à qui toutes participent également.

Un tel principe, qu'on appelle devoir, n'a certainement rien de commun avec aucune modification, ni aucun attribut de la sensibilité ni individuelle ni excentrique. Il est également opposé aux uns et aux autres, puisqu'il a sans cesse à en triompher. Lui seul il constitue la liberté morale qui se manifeste à elle-même par le sentiment d'un devoir accompli contre la résistance des passions opposées, de même que la liberté individuelle se manifeste par le sentiment d'un effort qui surmonte une résistance étrangère ou organique.

Nous venons de dire que le principe du devoir ou la conscience morale, n'a rien de commun avec la conscience sensitive, j'ajoute avec la conscience de relation.

En effet, si le précepte de ne pas faire à un autre ce que je ne voudrais pas qui me fût fait, n'avait d'autre fondement que la conscience relative, je pourrais croire accomplir ce précepte lorsqu'en substituant ma sensibilité à celle du coupable je le délivre de la peine que la justice lui impose, puisque je ferais pour lui ce que je désirerais qui me fût fait, si j'étais à sa place; et pourtant je violerais la justice. De même si je ne fais du bien à autrui qu'en comptant sur la réciprocité en pareil cas, ou sur l'espoir d'une récompense, je ne suivrai que mon intérêt sans accomplir les prescriptions de la conscience morale.

Ce n'est donc pas dans ce sens qu'il faut entendre ce précepte de la loi et des prophètes. Comment donc doit-il être entendu? Dans un sens unique, savoir celui du verbe *je veux*, à titre d'être intelligent et libre, participant à la loi du devoir, à cette raison suprême qui éclaire toutes les intelligences qui veulent la consulter, comme la lumière physique éclaire tous les yeux qui s'ouvrent à ses rayons. Je dois à mon semblable ce que je voudrais qui me fût fait à ce seul titre de personne libre et non à celui d'être sentant, puisqu'ainsi je n'aurais que des désirs et non pas des volontés, je serais déterminé et ne me déterminerais pas moi-même, je serais un être passif et non un agent moral, une personne. C'est à ce dernier titre, ou dans le point de vue de la conscience, qui n'a rien de commun avec ce qui est affectif, qui se distingue de tout ce qui tient à une sensibilité et à une passion, que, le crime étant avéré, je condamne le coupable, comme je voudrais être condamné si j'étais à sa place pour que la justice fût satisfaite, pour que la loi du devoir fût accomplie. C'est là le premier besoin, l'unique voix de la conscience morale, et c'est ce qui est exprimé dans ces belles paroles de l'oraison dominicale, où l'âme élevée à Dieu lui dit : « Que votre volonté soit faite. » C'est dire : que je ne veuille que ce qui est conforme à la raison, à la loi du devoir.

C'est là qu'est toute vérité, toute réalité morale absolue. Hors de là la conscience du bien relatif à nos passions, à nos goûts, à nos sentiments même les meilleurs, ne saisit que des phénomènes et comme des ombres qui lui échappent, quand elle croit les fixer, qui dans leur fuite ne laissent qu'inquiétude, trouble, regrets, agitation et remords.

Qui l'a mieux su que Pascal? Quel homme possède à un plus haut degré cette conscience supérieure dont nous parlons? Et combien le vicaire Savoyard, dans toute sa sublimité, est loin de ces conceptions, si hautes et si simplement exprimées.

« *Nous* avons une si grande idée de l'âme de
« l'homme, que nous ne pouvons souffrir d'en être
« méprisés, de n'être pas dans l'estime d'une âme;
« et toute la félicité humaine consiste dans cette es-
« time. Si d'un côté cette fausse gloire que les hom-
« mes cherchent est une grande marque de leur mi-
« sère et de leur bassesse, c'en est une aussi de leur
« excellence (1). »

Ce qui est une preuve de l'excellence de la raison, c'est de juger cette fausse gloire et d'avoir une idée, une prénotion de la véritable. Or, la distinction se fait d'elle-même, quand on se place dans le vrai point de vue de la raison. L'illusion, c'est que nous confondons sans cesse les opinions acquises et répétées en nous par imitation ou par conscience relative, avec les idées absolues de la raison; les lois des institutions humaines, avec les lois du devoir qui les sanctionnent et font seules leur force; et par suite de cette même illusion, nous mettons nos passions ou celles de ceux à qui nous voulons plaire avant la conscience et la raison hors de laquelle il n'y a que fumée. Nous cherchons ce qui plaît aux hommes, ce qui est conforme à l'opinion et à l'ha-

---

(1) *Pensées de Pascal.* De la grandeur, de la vanité, de la faiblesse et de la misère des hommes.

bitude, et non ce qui mérite l'estime, ce qui est conforme à la raison, à la justice, à la vérité absolue.

Au surplus, si une foule d'actions de détail considérées comme moralement bonnes par certains peuples sont jugées autrement par d'autres, s'il y a une grande variété dans les jugements portés sur la moralité ou sur l'immoralité de certaines actions, chez les divers peuples et dans les états de civilisation plus plus ou moins avancés, il n'y en a pas moins un accord très-général dans la manière de juger les qualités vraiment dignes d'estime (celles qui tendent au perfectionnement de l'individu ou de l'espèce), dès que ces qualités viennent à se manifester par des actes, ou fixent l'attention, souvent remplie par des qualités superficielles.

On peut bien en effet ne point remarquer le bon moral, ou ne pas être frappé de ses signes par préoccupation ou distraction de l'esprit, ce qui donne l'air de l'indifférence; mais, dès qu'on vient à le remarquer, on ne peut s'empêcher de lui donner son approbation. Rousseau a pu défier de citer quelque pays sur la terre où ce fût un crime de garder sa foi, d'être clément, bienfaisant, généreux, où le perfide fût honoré, l'homme de bien méprisé. Mais les modes de bienfaisance, de générosité peuvent varier; et l'on peut applaudir aussi aux résultats de la perfidie en en méprisant le motif; enfin on peut ne pas honorer la vertu parce qu'on ne la sent pas, mais on ne peut la sentir dans les autres sans l'honorer, sans juger qu'elle est bonne, et il est aussi impossible de la mépriser, ou de la juger mauvaise, que de trouver laid l'Apollon du Belvédère, quoiqu'on puisse lui préférer par habitude des formes irrégulières. Il faut un effort pour sentir le beau, le bon : la perception qui les manifeste à l'âme et excite le sentiment qui s'y rattache, n'est que la suite de cet effort.

V

S'il y a une grande variété dans les actions jugées, ou nommées bonnes moralement dans les diverses sociétés, et même chez les différents individus, au point que ces actions semblent souvent opposées les unes aux autres par leurs caractères extérieurs, il est vrai du moins qu'il y a un principe commun aux actions diverses qui reçoivent l'approbation générale de tous les hommes. Ce principe est toujours une tendance au perfectionnement dont les moyens, considérés comme vrais dans le point de vue où ils s'appliquent, sont ou peuvent être faux dans un autre but.

Des actions bonnes dans les résultats, ou par le bien public ou particulier qu'elles procurent, peuvent être immorales en principe, ou dans les motifs intéressés qui les déterminent. Au contraire des actions mauvaises en résultat peuvent être morales en principe, ou déterminées par une volonté qui tend au bien, mais par des moyens contraires au but, dont les opinions fausses, les préjugés et les habitudes de la société cachent le vice. Et comme les actions seules, où les résultats se montrent, tandis que les motifs se cachent, on peut calomnier quelquefois la nature humaine en la supposant plus pervertie qu'elle ne l'est, ou s'exagérer sa rectitude, et se faire illusion sur sa bonté en la jugeant sur des apparences.

L'exposition des enfants, dans des pays qui ne peuvent suffire à la nourriture de la population, l'abandon des vieillards, chez des peuples barbares où tout homme est réduit à se suffire à lui-même, révoltent toute notre nature sensible ; et cependant, ces actions condamnables aux yeux de la morale peuvent avoir leurs motifs dans les mêmes sentiments d'amour pour la patrie et les aïeux qui, dans d'autres circonstances, avec d'autres habitudes sociales, détermineront les actes les plus généreux.

Les usages qui nous paraissent les plus bizarres, qui nous paraissent le plus contraires à tout principe, à toute idée de moralité, ont pu, dans l'origine, être déterminés par quelque sentiment vrai de la nature morale, par quelque motif bon en lui-même. Ce premier motif déterminant se perd ou s'efface avec le temps, et l'habitude de l'action reste et devient si familière qu'elle finit par paraître naturelle : on la voit avec indifférence, et celui qui s'en abstiendrait dans l'occasion serait condamné comme violant l'usage ou la règle. Cela prouve bien toute la force de l'habitude qui peut aller jusqu'à changer la direction des penchants ou les sentiments naturels, mais ne prouve rien contre ceux-ci. Les hommes de tous les pays qui méritent de porter ce titre approuvent les motifs moraux, et la conscience de chaque individu

s'accorde avec celle du genre humain ; mais l'habitude de voir les actions efface ce qu'elles ont d'o-
dieux, et les fait approuver en vue du motif. On n'est
donc pas fondé à juger par ces actions rapportées par
les voyageurs, que la morale est arbitraire, car la
morale est dans les principes et non dans les résultats des actions.

On s'accoutume à la bizarrerie d'usages ou d'actions comme à certaines formes contraires à toutes
les règles du beau. Lorsqu'on a entendu dès l'enfance appliquer ces dénominations de *beau* et de *bon*
à certains actes externes, à certaines qualités morales, avec tous les signes d'une approbation générale et constante, en répétant ou imitant ces signes,
on finit par imiter le sentiment. De là une seconde
conscience, conscience artificielle qui se substitue à
la conscience réelle, et sans l'étouffer entièrement,
la masque et la déguise au point qu'il est très-difficile d'en reconnaître les traits. Il faut voir l'homme
hors de ses habitudes et dans ces occasions graves où
le sentiment naturel peut éclater, pour s'assurer que
ce sentiment n'était qu'endormi au fond de l'âme.

Les voyageurs qui se sont arrêtés un moment chez
quelques peuples sauvages où ils disent n'avoir pas
remarqué la moindre trace de morale ou de religion,
ont-ils eu le temps, les moyens et les occasions d'observer assez profondément cette nature encore brute
dans ses divers états, de la soumettre à des épreuves
nécessaires pour pouvoir motiver quelques assertions
raisonnables sur un sujet aussi difficile? Les sauvages semblent se complaire à rendre les traits de leur

figure difformes, et chez le peuple le plus ancien-
nement civilisé, les femmes se donnent la torture
pour avoir le pied si petit qu'il en est disproportionné. Cette difformité, aux yeux de ce peuple, est le
premier caractère de ce qu'ils appellent la beauté.
Mais qu'est-ce que cela fait à l'idée, au sentiment du
beau qui consiste dans des proportions exactes, et
qui s'applique naturellement, hors des habitudes, à
tous les autres objets?

Les personnes qui cherchent à plaire par les formes extérieures ont aussi de bonne heure gravé dans
leur imagination un type idéal de beauté artificielle
formé de tout ce qui attire l'attention des yeux, et
reçoit les applaudissements du grand nombre. C'est
à ce modèle de l'imagination qu'on s'attache, c'est
celui auquel on désire uniquement de ressembler, et
plus cette habitude est invétérée, plus les traits du
beau véritable s'effacent, au point qu'on ne le reconnaît pas et qu'il échappe entièrement au regard dis-
trait ou à l'esprit préoccupé.

Il en est absolument de même pour les caractères
moraux, ou la réunion des qualités qui constituent
le bon moral. On se forme de bonne heure un modèle en réunissant non pas les qualités vertueuses
en elles-mêmes, mais celles qui plaisent, qui se concilient l'approbation générale et obtiennent le crédit
de la société où l'on vit. C'est à ce modèle imaginaire qu'on cherche à ressembler, ou dont on se donne
les apparences, de même qu'une personne âgée ou
contrefaite cherche à se donner les apparences de la
jeunesse, et à cacher ses difformités, aussi contente

si elle parvient à paraître droite aux yeux des autres
que si elle l'était réellement, comptant pour rien les
défauts dont les autres ne s'aperçoivent pas, et pour
tout les qualités qui se montrent.

Il en est absolument de même pour les qualités
morales, quand l'homme qui a placé toute son existence hors de lui, ne s'occupe plus de ce qu'il est en
soi, ou dans sa propre conscience, mais de la manière dont il apparaît à la conscience des autres. Car il
sait qu'il plaira non par ce qu'il est individuellement,
mais par sa ressemblance au modèle en honneur dans
la société qui l'entoure.

VI

En réunissant le système total des êtres sous une
seule idée, ou sous une notion en partie artificielle,
d'où l'esprit peut ensuite tout déduire, puisqu'il y a
tout mis, ou par le procédé logique de Spinosa, on
arrive au pur panthéisme, c'est-à-dire à la négation
de toute personnalité, de toute volonté individuelle.
Les deux termes, ou les deux pôles de la science humaine, Dieu et le *moi*, disparaissent en même temps.
C'est sur le principe de la causalité, identique avec
le fait primitif de l'existence, que repose l'idée religieuse. Lorsqu'on met la substance à la place de la
cause, dans l'ordre des idées naturelles ou acquises,
nécessaires ou conditionnelles, on ne peut plus trouver de base naturelle à cette idée, et l'on est conduit
à en nier la réalité. C'est ainsi que l'esprit humain

peut passer brusquement du polythéisme, qui tient
à l'enfance de la raison, à l'athéisme, qui est le dernier écart et le plus grand abus de cette raison
même.

Tant que le polythéisme se fonde sur des affections
ou des sentiments d'un étroit égoïsme, comme la
crainte, il n'a encore rien de moral dans son principe, rien d'approprié aux facultés les plus élevées
de notre nature. Mais l'instinct de la sensibilité distingue d'abord le plaisir de la douleur; l'instinct de
l'intelligence distingue en même temps les causes
modifiantes favorables ou contraires, amies ou enne-
mies : il y a des génies bons et mauvais, des dieux
bienfaisants comme des dieux terribles, et, si le vice
a des autels, la vertu a aussi son sanctuaire. Au culte
des passions, à la superstition de la crainte s'allie
le culte du cœur, la religion de l'amour et de la reconnaissance. C'est ainsi qu'on peut reconnaître,
jusque dans la grossièreté et au milieu des écarts du
polythéisme, le véritable sentiment religieux qui se
fait jour, pour ainsi dire, et perce au travers des ténèbres qui enveloppent et couvrent encore l'idée d'un
Dieu unique. Un être isolé, dont l'activité et l'intelligence se seraient développées par miracle, ou par
une inspiration, sans le concours et l'appui de ses
semblables, s'élèvera peut-être par la raison jusqu'à
la sublime idée ou notion de l'existence du vrai Dieu;
mais la raison seule pourrait-elle lui inspirer le sentiment religieux ou le culte du cœur, celui de la reconnaissance, du respect et de l'amour? Non ; celui
qui n'aurait pas connu son père ne connaîtrait pas

Dieu comme le père des hommes; celui qui n'aurait pas aimé les hommes ne commencerait pas par aimer Dieu. Entre la conception d'une puissance, d'une force infinie, et celle d'une bonté parfaite, d'une miséricorde inépuisable, il n'y a pas une analogie assez immédiate pour que la pensée saisisse ces attributs comme inséparables; mais, pendant que l'esprit conçoit les uns, le cœur a pressenti les autres.

C'est dans la société, et d'abord dans la famille que naissent et se développent ces premiers sentiments de bienveillance, de protection et de sympathie. C'est de là que les affections s'élèvent jusqu'au père de tous les hommes, en s'associant à l'idée de cause suprême et unique des existences.

Le sentiment moral, fondé sur les rapports nécessaires entre des êtres de nature semblable, pourrait naître et se développer dans la famille ou la société que ces rapports auront formée, indépendamment du sentiment religieux; mais la religion en tant qu'elle est le culte du cœur, présuppose un sentiment moral ou un rapport de sympathie et d'amour entre des êtres sensibles et faibles, et la cause suprême dont ils dépendent quant à leurs modifications et à leur existence même. Le sentiment moral associé à la notion ou à l'idée d'une puissance, d'une bonté infinie, s'agrandit et s'élève dans la même proportion que la tendre, la soigneuse prévoyance du plus sage et du meilleur des pères dépasse le pouvoir et l'intelligence de l'homme. La bonté de la providence divine est une bonté surhumaine.

Si toute idée religieuse est réduite par l'imagination qui commence à s'en emparer, à un véritable anthropomorphisme vague, corporel, comme l'a très-bien dit l'auteur d'*Émile*, il est encore plus vrai que, même avec tous les progrès de la raison, le sentiment religieux constitue toujours un véritable anthropomorphisme spirituel, dans ce sens que l'homme ne peut aimer ni honorer, dans l'auteur des existences, que la perfection des mêmes qualités et des mêmes vertus par lesquelles il sympathise de toutes les forces de son âme, avec des êtres d'une nature semblable à la sienne.

Lorsque notre faible intelligence entreprend de s'élever immédiatement jusqu'à la cause des existences, et cherche à saisir Dieu sous son idée propre, elle retombe sur elle-même, saisie d'effroi et comme dans cet état de vertige qui s'empare de nous à la vue des plus profonds abîmes. « Parlez-nous vous-même, » disaient les enfants d'Israël à Moïse, « mais que le Seigneur ne nous parle pas de peur que nous ne mourions (1). »

Dieu ne peut se manifester à l'esprit que par l'intermédiaire du cœur et du sentiment, qui est le *médiateur* entre la pensée humaine et l'infini, l'absolu qu'elle a pour objet ; et dans l'ordre naturel des sentiments et des idées, l'âme saisit Dieu dans ceux de ses attributs qui sont en rapport avec son bonheur et son existence, longtemps avant que l'esprit ou la raison ait complété et purifié cette sublime idée.

Sans doute « il faut avoir un haut degré de cul-

---

(1) Exode, chapitre xx, verset 19.

« ture intellectuelle pour que l'esprit puisse conce-
« voir le système total des êtres comme réunis sous
« une seule idée ou notion, et donner un sens au
« mot substance, lequel est au fond la plus grande
« des abstractions (1). » Mais après avoir formé cette
notion universelle et infiniment complexe, l'esprit
qui la prend pour point de départ, et s'y appuie,
comme sur une base réelle et naturelle, n'élève qu'un
édifice logique parfaitement régulier, en qui la raison se complaît comme dans son propre ouvrage, et
où il ne manque en effet rien que la vérité des
choses.

En tant qu'il multiplie les causes ou puissances
visibles, objet de crainte comme d'espérance et d'a-
mour, le polythéisme peut s'unir au sentiment moral ou en être séparé; mais il ne tend pas à le détruire : c'est la religion de l'imagination ou de la
raison dans l'enfance. Le panthéisme, qui méconnaît
ou nie la causalité pour tout réduire à l'unité collec-
tive et abstraite de substance, exclut les deux unités
par excellence : Dieu et le *moi;* c'est-à-dire la personne et la liberté. C'est la nullité absolue de religion comme de morale ; c'est le produit monstrueux
de la raison dans toute sa force, qui, d'un faux point
de départ, arrive par une route longue et laborieuse
au dernier terme de l'absurdité. Le sentiment moral
et religieux disparaît du cœur de l'homme; c'est la
mort complète; et après avoir enlevé du cœur de
l'homme tout ce qui donne du prix à l'existence, le

---

(1) Rousseau, *Émile,* liv. IV. La citation n'est pas textuelle.

panthéisme fait très-bien de nous enlever l'existence elle-même, et de nier que nous soyons de véritables personnes.

Le polythéisme est le relatif de la religion : il admet à leur vrai titre phénoménique les causes productives de modifications. S'il ne s'est pas encore élevé jusqu'à la cause une de toutes les existences passagères, il en laisse du moins subsister la possibilité, et l'imagination, qui l'embellit de ses plus riches couleurs, n'empiète pas sur le domaine de la raison, qui vient plus tard purifier, en quelque sorte, l'idée de cause de tous les prestiges ou images qui l'environnent. Le panthéisme, au contraire, se fonde sur l'absolu logique pour détruire à la fois l'absolu réel, celui de la cause une, et le sentiment religieux et moral.

La religion poétique des anciens, en admettant des dieux supérieurs et des inférieurs, et un seul Dieu père et maître de tous les autres, et se rapprochant en apparence du théisme, en était pourtant éloignée de toute la distance qui sépare l'idée relative de cause modifiante, de la notion absolue d'une seule cause productive des existences; et la preuve évidente, c'est qu'au-dessus de ces puissances, ou causes relatives, les anciens admettaient une force aveugle, le *destin*, auquel les dieux mêmes étaient soumis. C'est ainsi qu'ils tombaient dans l'athéisme par le même abus de la raison, et par ce même besoin de l'unité absolue qui a produit le Spinosisme moderne. Il ne serait pas difficile en effet de montrer l'analogie qui existe entre le *fatum* supérieur aux dieux, et la substance universelle, unique. Dans les deux cas c'est la négation de cause première ; c'est le néant substitué à la réalité. La question entre la substance et la cause est celle de la vie ou de la mort, et cela quel que soit l'ordre de choses ou d'idées auxquelles on applique cette question, dans le physique comme dans l'intellectuel, dans le religieux comme dans le moral, dans le moral comme dans le politique.

Les hommes se sont toujours trompés de la même manière en allant chercher au loin ce qui est près d'eux, ce qui leur est intime. Le principe de causalité est en nous ; il ne s'agit que de le constater dans sa source, et de l'appliquer suivant les lois d'une saine raison, en s'élevant de la personnalité du *moi*, cause relative, particulière, efficiente des mouvements du corps, à la personnalité de Dieu, cause absolue, universelle de l'ordre du monde et de son existence.

Dans le premier et le plus simple exercice de la volonté, l'âme commence le mouvement du corps et crée ce mouvement par un acte de volonté, et dès lors aussi le *moi* commence à exister pour lui-même, c'est-à-dire à s'apercevoir ou à avoir conscience. Mais puisque le sens intime de *moi*, ou d'existence individuelle, commence, s'interrompt et renaît encore toujours le même, il y a donc une cause permanente, identique qui le fait commencer ; nous appelons *âme* cette cause ainsi prise dans l'absolu et hors de la conscience. Ce que le *moi* est à la sensation du mouvement dans l'ordre relatif de la conscience, l'âme l'est, dans l'ordre absolu au corps qu'elle vivifie.

En prenant cet absolu des existences pour le point de départ, nous sommes nécessités à croire que l'âme, dans son union avec le corps, a commencé à exister, comme à agir sur le terme organique auquel elle s'applique. Il y a donc une cause absolue de l'existence de l'âme, et cette cause est Dieu : Dieu est à l'âme ce que l'âme est au corps dans l'ordre absolu, ce que le *moi*, cause, est à la sensation du mouvement, effet, dans l'ordre relatif.

C'est ainsi que la raison explique ce qui était donné avant elle, et dans le sentiment même de notre existence. La raison trouve une cause vivante dans l'intimité de la conscience, et s'applique à cette idée première pour en déduire tout ce qui y est; elle ne crée pas l'idée, ou le principe de la causalité, comme elle crée la notion de substance, en réunissant sous une seule idée abstraite le système total des êtres. L'existence relative, et, par un progrès nécessaire, l'existence absolue de la cause, est un *fait*, et non pas une *abstraction*.

Aussitôt que Dieu est pensé, le monde est expliqué. Comme on n'a pas besoin de concevoir le comment de l'action de l'âme sur le corps pour avoir le sentiment de cette action, ou la conscience de liberté et d'individualité, on n'a pas plus besoin de concevoir le comment de la création, ou de l'action de la cause suprême des existences sur le monde et sur l'âme, pour en avoir le sentiment et y croire nécessairement comme au fait de l'existence, quand on y pense comme il faut, ou qu'on y applique le sens approprié, la face de notre âme, qui est naturellement et primitivement tournée vers la cause des existences. C'est par ce sens immédiat qui lui permet de s'élever jusqu'à Dieu, que l'âme s'élève au-dessus d'elle-même, cherche l'être réel comme le bonheur suprême et la vie propre hors du *moi* et le trouve en se perdant de vue elle-même, pour s'abîmer dans l'infini des existences. C'est par ce sens immédiat aussi, joint à une imagination riche et élevée, autant qu'à une raison active, mais peu sévère, que les génies de l'antiquité se sont élevés au-dessus des prestiges d'une religion poétique, ont pressenti la véritable religion, et l'ont trouvée dans les profondeurs de l'âme, dans les secrets de ses opérations et dans une analyse exacte de notre intelligence, analyse que la philosophie de notre âge a peut-être obscurcie et rétrécie plutôt que perfectionnée et agrandie.

Dieu, la cause unique des existences, étant conçu, toutes les causes particulières et modifiantes s'y subordonnent et viennent d'elles-mêmes s'y coordonner; là commence un nouvel ordre d'absolu, une religion, comme une morale, absolue. La religion n'ayant rien à démêler avec l'imagination, ce n'est plus un anthropomorphisme corporel, mais c'est encore l'anthropomorphisme de l'âme ou du sentiment. A la notion de cause absolue et infinie des existences, se joignent en effet les sentiments de sympathie, de confiance et de respect qui fondent les rapports de famille et de société. Tout grand, tout infini qu'il est, Dieu conserve encore avec l'homme la relation de père, de monarque de cette grande cité dont tous les hommes sont à la fois enfants et sujets. Dieu remplit

tout, voit tout, il lit jusqu'au fond des âmes. C'est
en cherchant, autant que le permet la faiblesse humaine, à se placer dans le point de vue de cette intelligence supérieure à toutes les autres, qu'on conçoit le vrai, le beau, le bon absolu dont l'âme a une
soif qui ne peut être rassasiée dans son mode actuel
d'existence, mais qui peut l'être dans un avenir d'immortalité dont elle trouve le pressentiment en elle, et
la garantie dans cette justice absolue, l'un des premiers attributs de ce Dieu qu'elle croit.

C'est de ce point de vue élevé au-dessus de tous
les jugements et préjugés, de tous les intérêts, de
toutes les passions humaines, que l'âme connaît son
prix et peut savoir ce qu'elle vaut. C'est là qu'est
cette idée de l'âme de l'homme dont parle Pascal,
« idée si grande que nous ne pouvons souffrir d'en
« être méprisés, et que toute la félicité de l'homme
« consiste dans cette estime, » qui est comme celle
de Dieu même qui a fait cette âme à son image. Là,
la vertu se juge et s'approuve elle-même quand tout
l'univers se lèverait pour la proscrire. Là, l'homme
trouve encore une sorte de douceur à sentir sa faiblesse, et à compatir aux misères inséparables de
cette vie passagère qui attend son couronnement et
son but. Dans ce point de vue absolu, comme au
foyer d'un miroir concentrique, tous les objets épars
s'assemblent et se redressent pour former un ensemble, un tout régulier, avec un ordre invariable. Là,
la grande chaîne des êtres a son commencement,
son milieu et sa fin, et un point fixe où vient se rattacher l'ordre parfait, invariable, établi entre toutes

les existences, offrant à la pensée un sujet de contemplation, d'admiration et d'amour.

C'est là que, dans la pensée de l'être absolu, infini, un génie tel que celui de Platon, rêve le type réel, et le modèle exemplaire de toute perfection intellectuelle, morale et physique, qui, ayant son foyer, son centre unique dans l'être universel, se réfléchit dans toutes les existences relatives, particulières ou individuelles, empreintes du sceau de la création. C'est à cette source qu'ont puisé les philosophes de tous les temps qui ont conçu le grand problème des existences, qui ont cherché à entendre les choses au lieu de les imaginer, qui ont senti le besoin d'expliquer les choses humaines par les divines, le sensible par l'intellectuel, le relatif par l'absolu. C'est à cette source que le prince des orateurs et des philosophes a puisé ces idées d'une morale céleste, dont il fut le si digne organe : de cette loi animée, répandue dans tous les esprits; loi absolue, constante, éternelle, qui n'a pas besoin d'être écrite ni interprétée pour servir de règle; qui n'est établie ni par les décrets des princes, ni par la volonté, ou l'opinion mobile des peuples; qui dicte impérieusement le devoir, et ne commande jamais en vain, soit qu'elle parle à l'homme de bien, soit qu'elle agisse sur l'âme du méchant; loi unique, immortelle, qui remplit tous les temps et tous les lieux, et qui a une tout autre mesure que l'intérêt ou l'utilité, puisqu'un intérêt contrarie et détruit ce qu'un autre intérêt veut ou détermine; qui n'admet qu'un seul maître, un roi ou empereur universel, véritable législateur et arbitre suprême de la loi. *Si naturâ confirmatum jus non erit, virtutes omnes tollentur* (1).

Écoutons Leibnitz, élève de la même école : « C'est « donc dans l'absolu qu'il faut chercher cette règle « qui ne change point et qui doit être le modèle, le « foyer de toutes les autres ; cet ordre éternel, im- « muable, règle de toutes les intelligences, fonde- « ment de tous les devoirs, principe de toute morale, « supérieur à toutes les institutions humaines, qui « n'ont de force et de durée que par elle, inaccessi- « ble aux attentats des méchants et aux fureurs des « révolutions. »

Les philosophes qui émettent des réserves contre cet ordre élevé, et prétendent subordonner les choses divines aux humaines et les institutions religieuses et morales aux institutions politiques, c'est-à-dire l'intellectuel au sensible, l'absolu au relatif, ont beau faire les entendus, ils n'entendent rien en effet, mais ils imaginent et font de mauvais rêves ; ils croient avoir des idées et ils n'ont ou ne produisent que de vains fantômes ou des signes morts et vides ; ils croient avoir une philosophie et n'ont qu'une logique artificielle ; ils croient ou espèrent former des institutions politiques où la religion et la morale viendront puiser comme à leur foyer, et ils n'ont que de vaines doctrines, des opinions incertaines et mobiles qui passent comme l'ombre, un code d'intérêts et de droits pour toute morale, des superstitions d'un côté et le fatalisme de l'autre pour toute religion.

---

(1) Cicéron. *De legibus.*

Résumons. Avec des sensations sans activité libre, point de personne individuelle, point d'intelligence ni de morale d'aucune espèce.

Avec une activité subordonnée à des sensations, ou à des passions relatives à l'individu, et séparée de tout sentiment expansif, il y a intelligence et volonté, mais point de sociabilité, partant point de morale, mais seulement l'amour-propre, ou le désir constant de se rendre heureux par la satisfaction des intérêts, des besoins et des appétits; et aussi point de religion, quoiqu'il y ait crainte des puissances invisibles.

Avec une activité virtuellement libre, sans aucun sentiment expansif, et jointe aux sensations physiques, à qui elle est de fait subordonnée, l'intelligence est possible, si toutefois la vie intellectuelle peut commencer à se développer isolément, et en dehors de la société; mais point de vie morale, point de devoir même relatif: le droit, c'est la force qui le mesure; la religion, c'est d'abord la crainte des puissances invisibles, ou un fatalisme superstitieux; plus tard, et dans les progrès ou l'abus d'une raison logique, c'est le panthéisme qui renie la personnalité de Dieu et du *moi*, et par suite, toute liberté morale.

Avec une activité libre de fait, qui se sépare des sensations, et se met au-dessus d'elles pour s'unir et se subordonner aux sentiments expansifs de l'âme, qui la règlent ou la déterminent : vie intellectuelle et vie morale, identifiées ou confondues dans la même source. Le *moi* sort de lui-même pour se juger du point de vue de l'être semblable avec qui il sympathise; l'homme s'aime dans son semblable; il sent, souffre ou jouit en lui. La justice relative naît de cette sympathie même, qui garantit le droit du faible, et place le devoir dans la force; et tant que sa liberté n'est pas opprimée, ou que les passions personnelles n'étouffent pas le cri de la conscience, un sentiment impérieux avertit l'homme qu'il doit faire à son semblable comme il voudrait qu'il lui fût fait. Ce que la conscience inspire, la raison encore bornée au relatif, le légitime et le consacre. Associé avec l'idée relative d'une ou plusieurs causes libres, et surtout d'une cause créatrice des existences, d'une providence bienfaisante amie de l'homme, le sentiment moral s'élève jusqu'à la religion; le culte de l'amour remplace celui de la crainte, la reconnaissance et le respect passent du chef de la famille au père commun des hommes, et de la société à la cité de Dieu. La politique vient puiser dans la morale et la religion comme au foyer de toutes les institutions grandes, fortes et durables; dès lors l'amour de la patrie devient un culte, tous les sentiments expansifs remplissent les âmes, toutes les passions sont grandes et généreuses, l'égoïsme et l'intérêt personnel sont en opprobre.

L'ordre relatif a atteint son plus haut degré de perfection. Il en peut descendre, mais non remonter plus haut sans changer de nature ou entrer dans l'absolu. Le sentiment moral ou religieux peut bien remplir toute l'âme, mais la raison n'est pas encore satisfaite. Il reste encore un vide qui demande à être

rempli. Les rapports les plus intimes peuvent s'altérer ou changer avec les temps et les lieux ; leur généralité, leur constance relative comporte encore plusieurs exceptions. De plus, si le bonheur sensible fait
l'intérêt et tout le but de l'existence, en quoi le
méchant se trompe-t-il, s'il vit heureux dans le désordre, s'il trouve sa satisfaction et son intérêt dans
le mal d'autrui? Mais s'il y a une vraie, une droite
raison qui évoque à son tribunal la raison d'intérêt,
qui prononce en dernier ressort sur le bien ou le
mal, le vrai ou le faux, le beau ou le laid en soi, et
prescrit ainsi une règle constante, universelle aux
actions humaines, malgré toute la variété des penchants, des appétits, des habitudes ; qui approuve ou
condamne les sentiments humains, de quelque nature qu'ils soient, il faut bien qu'elle ait sa source
ailleurs que dans le sentiment, et que son autorité
immuable, absolue, vienne de plus haut.

La cause des existences, objet propre de la raison,
ne peut être conçue par elle-même que comme nécessaire, une, absolue, éternelle et immuable, car
c'est cela même qui constitue l'objet de la raison :
toutes les vérités nécessaires que notre esprit trouve
telles, et qu'il ne fait pas, ont ce caractère essentiel
d'éternité et d'immutabilité ; elles étaient avant que
l'esprit les conçût, elles sont les mêmes alors qu'il
cesse de les apercevoir, elles seraient encore quand
aucune intelligence finie, faite comme la nôtre, ne
les comprendrait. Comment et où pourraient-elles
donc subsister s'il n'y avait pas un être éternel, infini, immuable, dont ces vérités sont les attributs, en

qui seul elles subsistent comme des attributs dans leur sujet, et en qui seul elles peuvent toujours et parfaitement être entendues? « C'est ainsi, dit supé-« rieurement Bossuet, que nous voyons toutes les « vérités nécessaires dans une lumière supérieure à « nous (1). » C'est dans la même lumière supérieure que nous voyons si nous faisons bien ou mal, c'est-à-dire, si nous agissons ou non selon les principes constitutifs de notre être.

Quand l'homme voit, entend ainsi la vérité absolue intellectuelle, il voit et entend de la même manière, et dans la même source, la vérité morale, l'absolu du devoir, la règle invariable des mœurs ; dès lors c'est par cette vérité seule, immuable, qu'il se juge lui-même, s'approuve ou se condamne, selon qu'il suit la loi éternelle ou qu'il s'en écarte ; ce n'est que du point de vue de l'éternelle et immuable raison et non pas d'un point de vue humain, ou en suivant des opinions variables qu'il peut juger ainsi ses propres actions comme elles sont ; ou plutôt c'est la loi même absolue, qui le juge, et comme dit encore supérieurement Bossuet (2), « ce n'est pas la vérité qui s'accommode au jugement de l'homme, » mais tout jugement humain, pour être vraiment *moral*, devra s'accommoder à la vérité, à l'absolu de la loi divine. Le jugement de l'homme ne sera droit et sain qu'autant que sachant combien ses propres opinions,

---

(1) *De la connaissance de Dieu et de soi-même*, chap. IV, 5.
(2) *De la connaissance de Dieu et de soi-même*, chap. IV, 5. Ce qui suit jusqu'au mot *action* est une paraphrase du texte de Bossuet.

ou les jugements qu'il porte d'après lui-même, sont incertains et variables de leur nature, il leur donnera toujours pour règle, une de ces vérités nécessaires et que nous appelons en ce sens l'autorité de la raison dans les choses morales, qui n'est pas autre que l'autorité même de Dieu, en qui seul est la raison du bien et du mal absolu de nos actions (1). Otez la cause suprême des existences, l'éternel auteur de ces rapports immuables que nous appelons loi de la nature, ordre moral comme physique, et vous ôtez toute base réelle, solide, à la morale comme à la législation : car point d'obligation certaine sans loi, et point de loi sans législateur.

A mesure que la raison s'élève vers l'absolu en le séparant de tout ce qui n'est pas lui, le sentiment religieux, moral, s'élève avec elle et s'unit dans l'absolu à la véritable cause des existences, comme il s'unissait dans le relatif à chaque cause modifiante. Les attributs de force, de bonté, de sagesse prennent un tout autre caractère de grandeur et de majesté, et deviennent absolus comme leur sujet. Pendant que la raison les contemple et y cherche toutes ses lumières, tous ses mobiles d'activité, l'âme, absorbée dans cette sublime contemplation, se perd de vue elle-même et tout ce qui constitue sa personnalité, son individualité propre disparaît comme un point

---

(1) Quand les philosophes de l'école de Reid parlent de l'autorité de nos facultés et les mettent sur la même ligne, ils abaissent la raison qui est une faculté vraiment supérieure qui juge ou contrôle toutes les autres, mais cette supériorité même ne tient qu'à ce que c'est la faculté de l'absolu, celle qui connaît Dieu et se légitime par lui.

dans l'immensité, et va se confondre et comme s'a-
bîmer dans le sentiment de l'infini. Absorbée d'abord
par les premières impressions affectives de l'instinct,
et, lors même que la liberté est en exercice, se laissant absorber par des passions entraînantes, l'âme
perd bien aussi sa personnalité avec la liberté même,
et se perd ou s'identifie avec la sensation. Mais dans
l'exaltation du sentiment divin, qui suit ou accompagne le plus haut degré de l'activité intellectuelle,
le plus digne emploi de la raison, l'homme s'élève
et se perfectionne, tandis que dans l'exaltation d'une
sensibilité physique ou animale exclusive de toute
activité, l'homme s'abaisse ou se dégrade jusqu'à la
brute. Dans l'un et l'autre cas l'homme, qui participe à deux natures, paraît se réduire à une seule ;
mais, ici, c'est la simplicité de la nature tout animale, là, c'est la simplicité d'une nature toute spirituelle et comme divine. Au milieu des deux extrêmes se trouve le point de départ commun de deux
tendances opposées : l'une du sensible à l'intellectuel, du relatif à l'absolu, d'une morale et d'une religion humaines à une morale et à une religion vraiment divines ; l'autre, au contraire, d'une sensibilité
expansive, relative à l'espèce, à une sensibilité concentrée toute relative à l'individu ; d'une morale fondée sur des *sentiments* et des devoirs relatifs à l'espèce, à une législation fondée sur des droits relatifs
à des besoins et à des intérêts personnels.

Ici, en effet, les institutions morales et religieuses
pourront être dénaturées, perverties ou séparées de
leur source pour n'être plus que des institutions po-

litiques et des conventions humaines relatives à la
civilisation de la société, à la nature du gouvernement, au sol, au climat, etc. : variables sous ces rapports dans la forme comme dans le fond. Là, ou dans
la tendance opposée, les institutions politiques de
tous les lieux, de tous les temps, iront toujours en
se rapprochant de l'absolu, d'une morale ou d'une
religion toute divine; et la destination des sociétés
comme des individus, ne sera parfaitement remplie
qu'alors que ces lois de l'absolu, planant sur tout
le monde politique, lui imprimeront toutes les directions, en régleront tous les mouvements et détermineront la forme constante et désormais invariable
de son orbite.

La direction de cette marche des institutions sociales vers l'absolu n'est sans doute qu'un idéal,
mais c'est certainement l'idéal de la perfection. Sans
doute les sociétés ne se perfectionnent pas comme
les individus, et nous pourrons ailleurs en dire les
causes qu'on peut déjà pressentir. Mais en admettant
une perfectibilité sociale indéfinie, il serait évidemment absurde de croire qu'elle fût opposée, dans ses
moyens comme dans son but, à ce qui constitue le
véritable perfectionnement des individus. Or, qu'est-
ce qui constitue la perfection relative et l'idéal même
d'une perfection absolue de l'homme? nous le saurons certainement en nous interrogeant nous-mêmes.
Toutes les fois que des sensations ou des passions
enchaînent notre liberté et absorbent la conscience
de notre personnalité même, nous nous éloignons de
notre nature vraiment supérieure, et nous entendons

au fond de notre âme une voix secrète qui réclame, et nous avertit, par le sentiment immédiat et pénible de notre imperfection. Au contraire, quand nous suivons la loi du devoir, quand nous tendons de toute notre force vers la source même de tout ordre, de toute vérité, quand notre âme s'est absorbée en elle, et que, nous jugeant comme du point de vue de cette raison éternelle, nous voyons clairement que nous avons mérité son approbation, accompli sa volonté et suivi la loi absolue, éternelle du devoir qu'elle nous dicte, lors même qu'il ne résulterait de nos actions aucun avantage sensible, mais plutôt qu'elles nous exposeraient à la haine, à la condamnation, au mépris des hommes, à toutes les peines, et à la privation même de la vie, nous avons la conscience ou le sentiment de perfection qui nous dédommage de tous les plaisirs sensibles et suffit de récompense à la vertu, quand même nous n'en espèrerions pas une autre, puisque l'âme ne peut espérer rien de plus que d'être comme elle est ou d'accomplir la loi, quoi qu'il arrive.

Maintenant, comment une société tellement constituée que chaque individu ne soit occupé que de ses intérêts ou de ses droits, soit sans cesse en garde pour les défendre, voie dans chaque homme un rival, et ne se nourrisse que de sentiments irascibles, pourrait-elle être dite se perfectionner, lorsque chaque individu s'y trouve en opposition avec les lois de la nature intellectuelle ou morale, s'éloigne de la perfection et la perd de vue, lorsque la société elle-même marche en sens inverse de son véritable but, qui est le repos, la sécurité, le loisir, nécessaires à chaque individu pour développer librement les facultés de sa nature et consulter cette raison suprême qui lui trace sa véritable destination en apprenant à connaître Dieu et à aimer Dieu et les hommes?

Toutes les nations ont été et seront toujours dans le relatif, quels que soient les progrès des individus; mais les principes des gouvernements qui dirigent ces sociétés peuvent tendre plus ou moins vers le but d'un perfectionnement absolu. Je n'ai pas besoin d'examiner ici jusqu'à quel point la tendance actuelle de notre gouvernement et de la société s'approche ou s'éloigne de ce but. Je me bornerai à observer que la philosophie du XVIIIᵉ siècle lui a été et lui est encore plus contraire que l'ignorance toute barbare, les préjugés et les superstitions des premiers âges de la civilisation. L'auteur de l'*Esprit des lois* a élevé un monument éternel à l'esprit de son siècle; il a porté la science du gouvernement, la politique relative, au plus haut degré où puisse l'élever une théorie qui part du relatif et s'y termine. En effet, la conséquence rigoureuse qu'on peut tirer naturellement après avoir lu ce grand livre, c'est qu'il n'y a rien d'absolu ni dans la religion, ni dans la morale, ni, à plus forte raison, dans la politique; que les lois étant toutes des rapports, et cela sans aucune exception, il faut consulter le climat, le sol, le degré de latitude, puis les principes du gouvernement qui ne sont que des résultats de ces rapports, pour savoir si une institution ou une loi est bonne ou mauvaise, favorable ou nuisible à la société ou aux individus.

EXAMEN CRITIQUE

DES OPINIONS

DE

M. DE BONALD.

1818

AVANT-PROPOS DE L'ÉDITEUR.

Les travaux relatifs aux opinions de M. de Bonald furent entrepris dans le courant de l'année 1818, comme cela se trouve clairement établi par les indications suivantes extraites du *Journal intime :*

23 août 1818. — « J'ai pris pour sujet de travail la « critique du dernier ouvrage philosophique de M. de Bo- « nald sur l'origine des langues. »

6 septembre. — « Je continue mon travail sur M. de « Bonald, auquel j'ai donné la forme de lettres. »

28 septembre. — « Je fais et défais un mémoire que « je me propose de publier, sur le dernier ouvrage de « M. de Bonald, et qui m'occupe depuis plus de deux mois « et demi, tandis que je croyais, en commençant, ne faire « qu'un article de peu de jours de travail. Mais je trouve « à rattacher là beaucoup d'idées, et autant vaudrait ce « cadre qu'un autre s'il était bien rempli. »

15 novembre. — On trouve sous cette date diverses réflexions qui montrent que le travail au sujet des *Recherches* de M. de Bonald se continue et a pris une direction plus particulièrement relative à la manière dont cet écrivain envisage l'histoire de la philosophie.

17 novembre. — « J'ai écrit ce matin quelques pages « sur *la croyance* et *la raison*, en réponse à M. de « Bonald. »

Octobre 1819. — « Je me suis occupé, dans les mon- « tagnes, de l'origine ou du don du langage, d'après les

« idées de M. de Bonald, que j'ai été conduit encore à
« combattre. »

On voit par ces citations que M. de Biran n'avait d'a-
bord songé qu'à un article de peu d'étendue ; frappé de
certaines assertions contenues dans les *Recherches philosophiques sur les premiers objets de nos connaissances morales*, il se mit à les réfuter sans se rendre bien
compte de l'importance du travail qu'il allait entreprendre. Mais bientôt, entraîné par la discussion même dont
le champ allait s'élargissant chaque jour davantage, il con-
çut le projet de réunir en un seul corps d'ouvrage les différentes notes qu'il avait composées sur le même sujet.

Cet ouvrage ne paraît pas avoir été terminé, car il n'en
reste dans les manuscrits qu'un certain nombre de notes et
de fragments plus ou moins importants qui sont bien loin de
présenter un ensemble complet. Ces notes et ces fragments,
formant une masse de six à sept cents pages environ, se
trouvaient dans le plus grand désordre, et ce n'est pas sans
peine que l'on est parvenu à rapprocher ceux d'entre eux
qui présentent d'évidentes analogies pour rétablir autant
que possible l'unité réelle sinon apparente de l'ouvrage.
Nous avons pris pour fil directeur dans ce travail de reconstruction l'ordre du texte de M. de Bonald : c'est celui
qui nous a paru le plus naturel. On comprend que dans
ce volumineux amas de notes, de fragments, de brouillons
et de variantes, il devait se trouver bien des répétitions ;
nous en avons élagué la plus grande partie, le petit nombre de celles qui n'ont pu être écartées se trouvent liées à
des pensées nouvelles qui ne devaient pas être mutilées.

Les travaux relatifs aux opinions de M. de Bonald ont,
malgré leur état fragmentaire, une valeur incontestable ;
joints au traité de philosophie morale qui date de la même
époque, ils contribuent à marquer un moment décisif dans

le développement philosophique de M. de Biran. Son esprit jusqu'alors exclusivement plongé dans les méditations psychologiques et dans les profondeurs de l'observation interne, commence à s'apercevoir que cette étude si grave qu'elle soit, n'épuise pourtant pas toute la philosophie. Pour la première fois on le voit accorder une attention marquée aux rapports que l'individu soutient, d'une part avec la société au sein de laquelle il vit, de l'autre avec Dieu qui l'a créé. C'est aussi la première fois que l'histoire des systèmes de philosophie entre dans le champ jusque-là si restreint de ses réflexions.

Cet heureux élargissement dans les vues de notre philosophe doit sans doute être attribué en grande partie au progrès naturel de sa propre pensée, en partie aussi à l'influence de la société philosophique de Paris (1) ; mais il serait injuste de méconnaître que sa controverse avec M. de Bonald n'ait été pour beaucoup sinon dans la création, du moins dans la fécondation de ce germe d'où devaient sortir cinq ans plus tard les *Nouveaux Essais d'antrhopologie*. Après avoir réfuté M. de Bonald sans quitter le domaine qui lui est si familier de la psychologie, l'auteur se trouve entraîné presque à son insu sur un terrain encore étranger pour lui. Son adversaire avait attaqué la philosophie par l'histoire en traçant le triste tableau de ses variations : c'est aussi par l'histoire qu'il dut la défendre en cherchant à établir son unité et la permanence de ses vérités fondamentales, en la séparant des sciences vulgaires, en refusant enfin le beau nom de philosophe aux sophistes qui le déshonorent. Mais ce n'est pas tout : sceptique religieux et catholique zélé, M. de Bonald attaquait l'autorité de la raison au nom de la religion révélée. Ici encore, M. de Biran

_____

(1) Voir l'*Introduction générale* à la présente publication, et le volume *Maine de Biran, sa vie et ses pensées*, page 85.

dut sortir du champ habituel de ses recherches pour aborder une question d'une importance première pour l'homme,
en faisant la part de ce grand fait historique qui a si profondément modifié la marche de la pensée humaine et dont
ceux-là mêmes qui le dédaignent ou le renient ont subi
malgré eux la salutaire influence. C'est à partir de ce moment que le rôle du Christianisme commence à lui appa-
raître sous une face toute nouvelle; et dès lors aussi, l'examen de la religion révélée, les rapports de la croyance et
de la raison, l'influence de la grâce, et toutes les questions
que soulève la présence d'une parole divine surnaturelle,
en regard des facultés naturelles de l'esprit humain, occupent une large place dans ses méditations.

M. de Bonald (1) que nous rencontrons ici en opposition
décidée avec M. de Biran, semble au premier abord avoir
eu des droits non-seulement à l'indulgence mais encore à la
sympathie de notre philosophe. Tous deux en effet soutien-
nent la cause du spiritualisme; et quoique le premier cherche dans la religion le point d'appui que le second demande
à la philosophie, il ne semble pas y avoir dans cette différence de points de vue, rien qui soit de nature à motiver
une division sérieuse. En 1802, au moment où M. de Bi-

_____

(1) Le vicomte de Bonald naquit en 1753 à Monna, dans le département de l'Aveyron. Il émigra en 1791, servit quelque temps
dans l'armée de Condé, et finit par se retirer à Heidelberg, et plus
tard à Constance. Lorsque l'empire de Napoléon lui parut établi
sur des bases solides, il rentra en France et fut nommé conseiller
titulaire de l'Université. Mais la Restauration ne tarda pas à le mettre en évidence : il fut d'abord élu député de 1815 à 1822, puis pair
de France jusqu'à la révolution de 1830. Ayant alors refusé de reconnaître le gouvernement de Louis-Philippe, il se retira à Monna,
où il mourut en 1840. Ses principaux ouvrages sont avec les *Recherches philosophiques sur les premiers objets de nos connaissances morales* qui nous occupent en ce moment, l'*Essai analytique sur les lois naturelles de l'ordre social*, la *Législation
primitive*, le *Traité du divorce*.

ran, plein de foi encore dans la doctrine de Condillac et ne soupçonnant pas qu'il pût en douter jamais, y adhérait pleinement dans son *Mémoire sur l'habitude,* M. de Bonald, en publiant la *Législation primitive,* son second ouvrage, avait déjà pris rang parmi cette élite d'écrivains qui commencèrent d'une manière moins solide, il est vrai, que brillante, mais enfin qui commencèrent la première réaction contre le sensualisme. Comme Châteaubriand, comme de Maistre, ses collègues dans cet affranchissement de l'intelligence, M. de Bonald unissait d'une manière étroite ses principes religieux à ses principes politiques ; le souvenir récent encore d'une époque funeste, lui faisait voir dans l'hérédité du trône, dans le principe d'autorité appliqué dans toute son étendue, aux matières civiles comme aux matières religieuses, la seule sauvegarde possible pour la société. En un mot, et ceci encore aurait dû lui concilier M. de Biran, il était un des plus fervents défenseurs de la légitimité. Mais ces analogies apparentes étaient amplement compensées par de profondes différences, et l'on peut dire que rarement deux adversaires ont été aussi complétement dissemblables sous presque tous les rapports que l'illustre et éloquent pair de France et le philosophe de Bergerac. En effet, tandis que ce dernier consacre ses patientes recherches à réhabiliter les facultés humaines trop longtemps avilies par le sensualisme, en rendant à la puissance motrice, à l'activité libre et volontaire du *moi* le rôle qui lui appartient dans la génération de nos idées, celui-là, confondant dans une même réprobation les bonnes comme les mauvaises doctrines, proscrit également tous les systèmes, réduit l'intelligence à un rôle purement passif et asservit la raison à l'autorité. L'un, en réfutant Locke et Condillac au nom de la conscience et du sens intime, se propose de relever sur les ruines de ces

systèmes une philosophie nouvelle, mieux fondée dans la
réalité des choses ; l'autre ne veut rien relever, rien construire, mais rayer de la liste des sciences humaines jusqu'au nom de la philosophie. Ce point de vue que M. de
Biran eut l'occasion de retrouver plus tard dans sa controverse avec Lamennais devait rencontrer chez lui une opposition décidée. Le grave et profond psychologue qui avait
la conscience de sa force, ne pouvait voir sans une véritable indignation, proscrire avec tant de légèreté une science
où lui-même avait puisé des connaissances si solides et si
précieuses. Aussi, trouvons-nous dans sa réponse une vivacité, une irritation et même une aigreur qui donne par-
fois à cette discussion scientifique le caractère d'une dispute personnelle. Mais en dehors même de ces divergences
de fond, je ne sais si la forme seule n'aurait pas suffi à séparer déjà les deux antagonistes. Écrivain brillant plutôt
que penseur profond, excellent dans l'art de polir une
phrase, doué de tous les avantages que procure une imagination vive, et ne reculant pas au besoin devant un sophisme agréablement déguisé sous les formes du langage,
M. de Bonald se présente paré de toutes les grâces extérieures qui manquent à son méditatif adversaire. Autant
le premier s'étend en surface, autant le second creuse en
profondeur ; chez l'un, la parole est facile, légère, elle se
plie aisément à tous les caprices de la pensée ; chez l'autre,
la forme est toujours en lutte avec le fond, l'expression que
l'austère penseur ne trouve jamais assez juste, est laborieusement travaillée ; tout est sacrifié à la réflexion, et la
recherche de la précision qui donne au style sa clarté
réelle, nuit trop souvent chez lui à la clarté apparente.
Autant la forme attire chez M. de Bonald, autant elle éloigne chez M. de Biran, qui ne semble pas du reste s'être
beaucoup préoccupé de cette infériorité jusqu'à un certain

point volontaire. Comment deux esprits aussi opposés auraient-ils pu se rencontrer, ou même éprouver l'un pour l'autre la moindre sympathie, lorsque leurs qualités aussi bien que leurs défauts tendaient à les diviser d'une manière si profonde? La lutte même qu'ils soutenaient en commun contre le sensualisme ne pouvait les rapprocher, car ils ne combattaient pas sous le même drapeau, et les intérêts qu'ils défendaient étaient éloignés de toute la distance qui sépare le principe d'autorité de la liberté de penser.

Après avoir ainsi caractérisé la position réciproque des deux adversaires, il nous reste à dire quelques mots du fond même de leur controverse. Les divers fragments que nous avons réunis sous le titre d'*Examen critique des opinions de M. de Bonald* peuvent être classés sous trois chefs principaux qui nous semblent résumer assez exactement les points fondamentaux de la discussion : *Définition de l'homme ; Origine du langage ; Défense de la philosophie.* Tels sont en effet les différents points de doctrine sur lesquels M. de Biran se trouvait par le progrès individuel de sa pensée en opposition complète avec les idées de M. de Bonald. De ces trois parties, la dernière qui renferme des considérations générales sur la philosophie, envisagée soit en elle-même dans le développement historique des systèmes, soit dans ses rapports avec l'autorité supérieure de la religion révélée, ayant été directement étudiée dans l'*Introduction générale*, ne nous occupera pas dans cet avant-propos. Il nous reste donc à examiner sommairement les deux premières questions dont l'importance est capitale en psychologie.

M. de Bonald reproduit dans les *Recherches philosophiques* cette définition déjà donnée dans la *Législation primitive* et à laquelle il attache une extrême valeur :

«L'homme est une intelligence servie par des organes. »
Remarquons que cette maxime est à peu près la contre-
partie de celle que l'on trouve formulée dans le catéchisme
de Saint-Lambert, ce dogmatique et superbe résumé des
doctrines sensualistes. « L'homme est une masse organisée
« recevant l'intelligence de ce qui l'entoure et de ses be-
« soins. » On le voit, l'opposition est complète. Autant la
première définition fait prédominer l'esprit sur la matière,
autant la seconde asservit l'intelligence aux lois de l'organisme ; autant le disciple de Condillac dégrade l'homme
en lui refusant toute distinction originelle avec la nature
purement animale, autant M. de Bonald le relève en établissant entre lui et le reste de la création une différence
absolue et native, en faisant de lui seul une intelligence
au milieu d'un monde matériel créé pour lui obéir. Il n'est
pas possible de rompre d'une manière plus formelle avec
le sensualisme. Mais peut-être aussi, la réaction va-t-elle
trop loin, peut-être en voulant venger la nature humaine
des outrages qu'elle a subis dans l'école de Condillac, M. de
Bonald lui attribue-t-il une dignité qu'elle ne peut soutenir. Sa définition convient à un être idéal plutôt qu'à
l'homme réel ; elle exprime ce qui devrait être bien plus
que ce qui est. Aussi l'auteur ne cherche-t-il nullement
pour l'établir à s'appuyer sur des considérations puisées
dans l'observation interne et dans la réflexion appliquée
aux faits de la nature humaine. Son point de vue est beaucoup plus extérieur. Après avoir tracé un éloquent tableau
de la grandeur qui se trouve assurée à l'homme dans ce
nouveau point de vue, preuve de poésie plus que de philosophie, c'est à un système d'organisation politique qu'il
va demander la confirmation de son hypothèse. Car l'individu n'étant, suivant lui, créé que pour la société, et la sociabilité étant, pour ainsi dire, contemporaine de l'huma-

nité, il en résulte qu'en cherchant ce qui convient à la société, l'on trouvera par analogie ce qui convient à l'individu. Or, la société (toujours suivant M. de Bonald) n'est jamais si bien organisée que lorsque ses membres obéissent à un chef unique exerçant sur tous une autorité sans bornes et transmettant sa puissance d'une extrémité à l'autre du corps social au moyen de ministres, agents aveugles de sa volonté. C'est sur ce système politique que M. de Bonald par un procédé de déduction qu'il est permis de trouver étrange, pretend établir son système psychologique. L'analogie qu'il croit reconnaître d'une part entre le monarque absolu et l'intelligence, entre les ministres et les organes, de l'autre, lui paraît une démonstration suffisamment concluante. Aussi, les rares observations dont il cherche à s'appuyer semblent-elles être dans son esprit une concession généreuse aux préjugés rationalistes de ses adversaires plutôt qu'une partie essentielle de son argumentation.

M. de Biran, dans sa réponse, se place d'emblée dans le point de vue purement psychologique trop négligé par son adversaire, et sans s'arrêter plus qu'il n'est strictement nécessaire à relever l'insuffisance de ses preuves poétiques et analogiques, il lui oppose cinq objections principales dont voici le résumé succinct :

La définition pèche d'abord par l'ordre des termes, car l'homme vit avant de penser ; l'existence organique précède l'existence intellectuelle et la première aperception du *moi* dans l'effort voulu qui est le fait primitif dans l'ordre de la connaissance, ne l'est pas et ne peut pas l'être dans celui de la réalité. La définition vulgaire d'*animal raisonnable* serait sous ce rapport préférable à celle de M. de Bonald ; car conservant l'ordre naturel des termes, elle convient à tous les temps et à toutes les circonstances de la nature humaine.

La définition pèche au point de vue de la vérité, en ce qu'elle attribue à l'intelligence une puissance efficace permanente sur les organes, tandis que l'expérience nous apprend tout le contraire. Que de fois en effet, l'organisme prévaut sur l'intelligence, que de fois l'esprit est offusqué par ces sens dont toutes les fonctions, à en croire M. de Bonald, doivent être de le servir ! On pourrait, en suivant l'analogie déjà indiquée, comparer l'esprit à un monarque captif aux mains de ses ministres qui lui imposeraient leurs lois et n'obéiraient à ses ordres qu'après les lui avoir eux-mêmes dictés.

Bien loin que les organes servent à l'intelligence, c'est au contraire en repoussant leur secours, en rompant avec eux tout commerce, que certaines natures privilégiées se sont élevées jusqu'à la considération de ces vérités sublimes qu'il est si rarement donné à l'homme de contempler. Les sens extérieurs (1) abusent l'esprit, l'absorbent par des impressions et des images, et nuisent ainsi à l'exercice de la réflexion qui est la plus noble et la plus précieuse de nos facultés.

Mais, en supposant même que l'intelligence pût prendre sur les organes de la vie de relation directement soumis à la volonté un empire suffisant pour les maîtriser et les gouverner à son gré, il est toute une classe d'organes dont les fonctions resteront toujours nécessairement en dehors de son influence. Jamais les battements du cœur, les sécrétions du foie ou les contractions de l'estomac ne seront

---

(1) Il faut bien remarquer qu'il ne s'agit ici que des sens *extérieurs* et non des sens en général, considérés comme moyens de connaissance, car alors M. de Biran se trouverait en contradiction avec sa propre doctrine, fondée tout entière sur l'exercice de ce sens particulier et d'une nature supra-organique qu'il appelle le sens intime.

laissés à l'arbitraire d'une volonté dont les distractions ou les caprices compromettraient à chaque instant l'existence du corps humain. Or ces organes sont précisément ceux qui, par la nature de leurs impressions, influent le plus directement sur l'intelligence : ce sont eux dont les dispositions permanentes concourent, sans que nous nous en apercevions, à former notre physionomie morale, comme leurs modifications accidentelles déterminent les phénomènes variables de notre *humeur*.

Enfin, la définition pèche une dernière fois, parce que, en identifiant l'humanité avec l'intelligence dans la plénitude de son pouvoir sur l'organisme, elle retranche par cela même de l'espèce humaine tous les individus qui, soit accidentellement, soit d'une manière durable, sont sujets à des absences, à l'aliénation mentale, à ces phénomènes enfin, qui, tout en altérant les rapports réciproques de l'intelligence et des organes, ne peuvent cependant faire descendre un être humain au niveau de la brute.

La seconde question sur laquelle M. de Biran réfute M. de Bonald est celle de l'*origine du langage*, question intéressante assurément, mais dont l'importance se trouve ici bien exagérée par les vues particulières de M. de Bonald qui en fait la base de tout son système, car il n'y voit pas moins que le fait primitif extérieur qui sert de base à nos connaissances et de *criterium* à la vérité. Il serait trop long d'entrer dans le détail des considérations plus sociales que philosophiques au moyen desquelles l'auteur cherche à établir ce principe, d'une solidité pour le moins douteuse, mais dont les conséquences pratiques apparaissent assez clairement dès que l'on connaît le fond de sa pensée.

Le langage a-t-il été donné à l'homme par une révélation divine spéciale? a-t-il été progressivement formé par l'individu lui-même et n'est-il que le produit naturel de certaines facultés? C'est ainsi que l'on pose l'alternative, mais il est permis d'en contester la rigueur. Entre cette hypothèse où l'homme, muet dans l'origine, aurait inventé lui-même son langage, hypothèse qui soulève des difficultés à peu près insolubles, et celle où la parole aurait été l'objet d'un miracle particulier, il y a une supposition intermédiaire, et c'est là, selon nous, que se trouve la vérité. Le langage a été compris dans le fait général de la création; l'homme a été créé capable de parler comme de penser et ce don merveilleux, il est vrai, n'est qu'un détail de l'état surnaturel dans lequel a dû nécessairement se trouver le premier individu de notre espèce (1).

Ce point de vue dans lequel, comme nous le verrons bientôt, viennent se fondre en se modifiant les théories des deux adversaires a été méconnu par eux : l'un et l'autre ont préféré à cette doctrine moyenne des opinions exclusives qui tranchent la difficulté au lieu de la résoudre.

M. de Bonald se prononce sans hésiter pour la première hypothèse, celle qui fait du langage l'objet d'un miracle spécial et l'adopte dans toute son étendue. Non-seulement l'homme n'a pas créé lui-même son langage, mais il était dans l'impossibilité absolue de le créer jamais; bien loin que ses facultés pussent s'élever d'elles-mêmes à une invention aussi compliquée, elles n'étaient pas même susceptibles de rien produire; c'était un champ aride et stérile où les germes les plus précieux auraient dormi éternellement, si le souffle vivifiant de la parole ne fût venu les féconder. L'homme n'est donc pour rien dans cette inven-

---

(1) En vain la pensée se plongerait dans la méditation du problème de la première origine de l'espèce humaine ; l'homme est si étroitement lié à son espèce et au temps, que l'on ne saurait concevoir un être humain, venant au monde, sans une famille déjà existante et sans un passé. (G. de Humbolt, *Cosmos*, I, 426.)

tion; Dieu seul a tout fait : c'est lui qui a communiqué à sa créature un système complet de signes articulés, et, avec les signes, les idées qu'ils représentent. Car jusqu'alors l'esprit était mort pour lui-même, incapable de rien concevoir, de rien déduire, incapable en un mot de penser. Pour le tirer du néant, pour lui communiquer à la fois la parole, la pensée et la vie, il ne fallait pas moins qu'un don divin, une seconde création surajoutée à la première. Ainsi, au lieu d'admettre, comme le veut le bon sens, que l'homme créé homme et non pas enfant, ait reçu dès l'origine et par la même volonté qui lui a donné la vie, tout un ensemble d'idées associées à un système de signes, on suppose que l'homme a été d'abord créé, puis après lui, la parole, et que, la parole étant communiquée à l'homme, a fait naître en lui par un nouveau miracle toutes les idées dont elle se trouvait être le véhicule ou, pour ainsi dire, le miroir. Mais voyons par quelle série de déductions l'auteur arrive à établir cette singulière théorie.

« La parole, dit Rousseau, semble avoir été bien néces-
« saire à l'invention de la parole. L'homme a dû penser
« sa parole avant de parler sa pensée! » C'est sur ces deux maximes acceptées comme des axiomes, que se fonde tout le système de M. de Bonald. De l'impossibilité de penser sans le secours des signes il déduit aisément l'impossibilité d'une invention humaine du langage; et cette dernière conséquence l'amène par une pente nécessaire à reconnaître en Dieu le véritable inventeur. Remarquons maintenant que, dans cette hypothèse, la pensée ne précède pas la parole, et que, d'autre part, la parole sans pensée n'est qu'un vain bruit qui frappe l'oreille sans aucune valeur intellectuelle. Il en résulte de deux choses l'une : ou bien le langage donné par Dieu n'était qu'un certain système de sons matériels dont l'homme devait fixer ensuite la valeur par le

libre exercice de ses facultés; ou bien le signe portait en lui-même une certaine puissance créatrice de l'idée; et par conséquent dans ce langage divin se trouvaient enveloppées toutes les vérités premières, communiquées à l'homme non par une révélation interne, immédiate, mais par une révélation médiate, surnaturelle et extérieure. M. de Bonald adopte cette dernière hypothèse, et il en déduit aussitôt une conséquence pratique qu'il n'est pas inutile d'indiquer : Si le langage donné par Dieu est le dépôt général de toutes les idées morales et religieuses, la société gardienne de ce langage, sera par cela même le seul arbitre de la vérité et de l'erreur, de ce que l'on doit croire, et de ce que l'on doit rejeter. Celui qui prétend juger avec sa raison individuelle une croyance admise par la société au sein de laquelle il vit se constitue par cet acte même en état de rébellion, non-seulement contre elle, mais aussi contre Dieu de qui elle tient son pouvoir. Lorsqu'il s'agit d'idées, pas plus que lorsqu'il s'agit d'actions, l'individu n'a le droit de se préférer au grand nombre, et s'il le fait, il mérite d'être détesté comme perturbateur de l'ordre public. Le principe d'autorité remplace ainsi la dangereuse utopie du libre examen : tel est sur cette question le rapide exposé des opinions de M. de Bonald.

Plusieurs fois déjà, dans la suite de ses recherches psychologiques, M. de Biran avait été appelé à s'occuper de l'institution des signes et de leur influence sur les idées. Le *Mémoire sur la décomposition de la pensée* et l'*Essai sur les fondements de la psychologie* en particulier, contiennent sur ce sujet une théorie dont la réponse à M. de Bonald n'est que l'application.

Il nous est impossible de faire rentrer dans le cadre nécessairement restreint d'un avant-propos le développement progressif de cette théorie. Remarquons seulement que les besoins de la discussion ont produit dans les idées du psychologue une légère modification, et que la valeur excessive accordée par son adversaire aux signes du langage, l'a conduit de son côté à en rabaisser l'influence plus qu'il ne le faisait dans ses précédents ouvrages. Mais, à part cette variation, conséquence naturelle de la controverse, nous retrouvons ici tous les principaux éléments de la théorie de l'*Essai*.

M. de Biran se place dès le principe en opposition flagrante avec l'auteur des *Recherches philosophiques*. A l'hypothèse d'un langage complet créé immédiatement par Dieu et communiqué miraculeusement au premier homme, il oppose celle de la formation naturelle et progressive d'un système de signes fondé sur le développement des facultés actives de l'esprit humain. Il reconnaît dans les mouvements volontaires associés aux idées qui en dérivent, autant de signes naturels qui deviennent disponibles aussitôt qu'ils ont été aperçus par le *moi*. Par exemple, les mouvements de la main sont les signes naturels des diverses idées d'espace, de solidité, d'étendue. Mais de tous ces actes, ceux qui, par leur nature propre et leur caractère réflexif, sont le plus immédiatement destinés à remplir les fonctions de signes, ce sont les mouvements de l'organe vocal, associés d'une manière étroite avec les sensations de l'ouïe. En effet, le sens auditif est le seul dans lequel les fonctions active et passive s'exercent simultanément dans deux organes distincts. Le son extérieur qui, en affectant l'appareil de l'ouïe, produit directement une certaine impression, détermine en même temps dans l'organe vocal une réaction correspondante qui est à son tour aperçue par le sens interne de l'ouïe. L'individu éprouve donc à la fois deux modifications, l'une passive, provenant d'une cause étrangère, l'autre active, procédant immédiatement de sa

propre puissance motrice. Ce caractère particulier aux
mouvements de l'organe vocal associé avec les impressions
de l'ouïe, leur communique une disponibilité supérieure à
celle des autres mouvements volontaires et les rend éminemment susceptibles de rappel. Il est donc naturel que
l'individu s'en serve pour fixer ses idées, les distinguer et
les·reconnaître aussitôt qu'il s'est aperçu de cette association. L'enfant crie d'abord instinctivement et sans
aucune intention de faire connaître ses besoins, mais aussitôt que l'expérience lui a appris la relation qui existe
entre telle espèce de sons produits et tel genre de secours,
il les emploie dès lors comme signes de *réclame*, et le cri
naturel devenu volontaire prend le caractère d'un véritable langage. Une fois cette base acquise, toutes les difficultés relatives à l'institution des signes par l'homme disparaissent, et, au lieu d'un fait miraculeux produit par
l'intervention spéciale de la divinité, on n'y trouve plus que
le résultat le plus simple et le plus naturel des facultés
humaines.

Passant ensuite à l'examen de l'hypothèse contraire,
l'auteur établit contre M. de Bonald la préexistence de la
pensée au langage, qui sans elle n'est qu'un bruit vide de
sens, et ne peut pas même porter le nom de langage, puisqu'un signe n'est signe qu'autant qu'il existe une chose
signifiée. La parole ne saurait donc créer l'idée, et cette
sorte de transcréation miraculeuse est aussi incompréhen-
sible qu'elle est inutile. Tout le rôle des signes consiste en
effet à réveiller dans notre esprit des idées qui s'y trouvaient déjà et à les rendre actuelles de virtuelles qu'elles
étaient. Mais quelle valeur peut avoir pour nous un son
qui frappe notre oreille, vînt-il d'un être supérieur à
l'homme, vînt-il de Dieu lui-même s'il ne s'adresse qu'à
notre organe et ne touche point à notre pensée? N'est-ce

pas un bruit inutile ? Pour qu'il devienne pour nous une parole, ne faut-il pas que nous cherchions à en comprendre le sens ? et pour en comprendre le sens, ne faut-il pas penser ? Pour qu'un système quelconque de signes transmis extérieurement, prenne le caractère d'un langage, il faut que l'homme répète successivement, en vertu de son activité propre, toutes les opérations exprimées par ces signes; alors seulement ils acquerront pour lui une valeur réelle, alors seulement ils auront un sens. En d'autres termes, il n'y a pour l'homme qu'une seule manière de s'approprier un langage, c'est de le refaire lui-même, de retrouver dans son esprit toutes les idées et de les associer aux signes. La difficulté que l'on prétend supprimer subsiste donc tout entière, et c'est en vain que l'on a fait intervenir l'action miraculeuse de Dieu dans une question qui s'explique suffisamment par les procédés naturels de l'esprit humain.

Malgré l'opposition décidée qui semble exister entre les deux doctrines que nous venons d'indiquer plus encore que d'analyser, elles ne nous semblent cependant pas aussi inconciliables que l'on pourrait croire au premier abord ; et il ne serait peut-être pas bien difficile de montrer que dans cette discussion comme dans beaucoup d'autres, les deux adversaires ne se sont pas rencontrés parce qu'ils ne se trouvaient pas sur le même terrain. En effet, M. de Bonald se plaçant au point de vue historique et traditionnel, préoccupé de nécessités sociales plus que de principes philosophiques, établit sur des considérations dont les plus concluantes sont tirées de la pratique, que l'homme en tant que sociable n'a pu, en aucun temps, se passer du secours de la parole. M. de Biran, au contraire, se plaçant au centre même de l'individu, cherche à reconnaître les conditions psychologiques du langage, les facultés sur l'exercice desquelles il se fonde.

M. de Bonald cherche l'origine historique du langage ou

sa première apparition dans le monde. M. de Biran ne
s'occupe que de son origine dans l'individu ; le point de
vue de l'un est tout objectif, celui de l'autre est tout subjectif. En tirant de ces deux ordres de considérations, non
les conséquences absolues qu'en ont déduites leurs auteurs,
mais les conséquences naturelles et logiques, on arrive à
des conclusions différentes, il est vrai, mais non plus opposées. On peut, en effet, admettre avec M. de Bonald, en
rectifiant toutefois quelques-unes de ses assertions, que le
langage a été donné à l'homme par Dieu non pas antérieurement aux idées, ni par un acte miraculeux spécial,
comme il semble le croire, mais en même temps que
les idées, par l'acte unique et infiniment fécond de la
création. Mais il faut reconnaître avec M. de Biran qu'il
existe dans l'esprit humain certains faits et certaines facultés sans lesquelles ce don primitif du langage serait resté
inutile, car tout fait extérieur qui s'approprie à l'homme
doit avoir dans l'homme même sa base et son point
d'appui.

M. de Bonald a raison contre M. de Biran lorsqu'il prouve
que la société humaine n'a pu en aucun temps exister sans
parole, et que le langage étant un attribut essentiel de
l'être pensant, étant lié d'une manière intime avec le fait
de la pensée, a dû être donné à l'homme par la Divinité.
Mais M. de Biran a raison contre M. de Bonald lorsqu'il
démontre l'absurdité d'une hypothèse qui prétend dériver
les phénomènes intérieurs de l'intelligence, d'un fait purement extérieur comme la communication de sons matériels
à l'organe de l'ouïe, lorsqu'il prouve que la parole n'a pu
en aucun cas précéder la pensée ni par conséquent en être
la cause, lorsqu'il établit enfin l'inutilité de cette seconde
création qui aurait eu pour but unique l'existence de l'esprit, comme l'autre avait eu pour objet la production du

corps. Mais en dehors de ces divergences qu'il est facile de remarquer, les deux points de vue ne s'excluent point l'un l'autre ; en sorte que, sans prétendre établir aucune analogie entre le phénomène simple de la marche et le fait éminemment complexe du langage, on pourrait comparer la position des deux adversaires à celle de deux hommes qui discuteraient depuis longtemps sans réussir à s'entendre, parce que l'un d'entre eux prouverait par des considérations pratiques et usuelles, que la marche ou la progression verticale a dû être enseignée au premier homme ; tandis que l'autre, s'appuyant sur l'observation et l'expérience, trouverait dans les actions et réactions réciproques des muscles et des os, les conditions nécessaires et suffisantes de toute gradation.

Terminons en observant que si les principes des deux philosophes sont jusqu'à un certain point conciliables, leurs conclusions ne le sont pas, et que l'on peut admettre la thèse du langage créé par Dieu sans avouer les conséquences qu'en tire M. de Bonald, sans anéantir, comme il le fait, devant l'autorité de la tradition, tous les droits de la raison humaine. La tradition et l'exercice personnel de la pensée sont deux éléments également nécessaires du développement des intelligences. Les grands maîtres de la science chrétienne n'avoueraient point les conclusions de certains défenseurs mal inspirés de leur cause. Aux théories de M. de Bonald et Lamennais, il sera toujours opportun d'opposer ces paroles de saint Thomas : « Avant de croire, il faut savoir pourquoi ; car l'homme ne croirait point s'il ne voyait qu'il doit croire, » ou celles-ci de saint Augustin : « La raison ne se soumettrait jamais, si elle ne jugeait qu'il y a des occasions où elle doit se soumettre. »

Marc DEBRIT.

DÉFENSE DE LA PHILOSOPHIE.

I

FRAGMENTS D'UNE LETTRE SUR LA PHILOSOPHIE
ET LA RÉVÉLATION (1).

L'historien de la philosophie (2) reconnaît un système de vérités qu'il s'agirait seulement de compléter et de séparer des erreurs dont il provoque la réforme ; il reconnaît donc que tous les efforts n'ont
pas été inutiles, et que les philosophes ont marché
quelquefois dans une bonne route, puisqu'ils ont été
conduits à des vérités dont le complément désirable
peut seul être attendu par l'Europe pensante.

M. Degérando a donc toute raison de ne pas désespérer de la philosophie. L'inconséquence n'est donc
certainement pas de son côté, mais ne serait-elle pas
tout entière dans la pensée de ceux qui, parlant des
divergences et des oppositions réelles ou apparentes
de ces systèmes si nombreux, où des vérités à compléter sont mêlées aux erreurs à réformer, préten-

---

(1) La lettre est adressée à M. de Bonald.
(2) M. Degérando. — Toute la discussion avec M. de Bonald a
pour base, en ce qui concerne les systèmes métaphysiques, l'*Histoire comparée des systèmes de philosophie*, 1re édition (1804).

draient conclure de ces différences seules, ainsi jugées en masse et à vue d'oiseau sans autre examen,
qu'il faut désespérer de toute philosophie, c'est-à-
dire de la raison humaine, vu l'impossibilité d'arriver jamais à la vérité, pour peu qu'on s'attache à
suivre quelqu'une de ces routes si multipliées et si
diverses, pratiquées pendant le long espace de trois
mille ans, comme si toutes ces routes avaient toujours également conduit à l'erreur ; comme si l'on
pouvait, sans être pyrrhonien absolu, méconnaître
un système de vérités précieuses qui, mises dans leur
jour par des chefs d'école, sont devenues le patrimoine de tous ; comme si, enfin, une seule vérité
trouvée par la philosophie ne prouvait pas plus pour
elle que toutes les oppositions de systèmes ne prouvent contre la philosophie en général? L'inconséquence serait du côté de ceux qui, ne trouvant qu'erreur et mensonge dans toute philosophie, s'occupe-
raient encore de *recherches philosophiques* (1) et
tenteraient de faire adopter un nouveau système,
tout en prétendant démontrer qu'il faut désespérer
de la philosophie.

Je l'avoue, Monsieur, plus je relis avec attention
les quatre premières pages de votre ouvrage, plus je
me persuade que vous avez enveloppé le sens et le
but de votre thèse principale dans le dessein prémédité d'assurer d'avance à votre doctrine du jour un
privilége exclusif sur toutes les doctrines de philosophie connues depuis trois mille ans, et de sauver

(1) Titre de l'ouvrage de M. de Bonald.

cette philosophie privilégiée du déluge où vous vou-
lez noyer tous les philosophes sans exception. « J'ose
« sonder, dites-vous, une des grandes plaies de la
« société, la diversité, l'incertitude, la contradiction
« même des doctrines philosophiques (1). » Certes
il serait à souhaiter que la société n'eût pas d'autres
plaies que les dissidences des métaphysiciens sur
certaines questions abstraites qui ne font pas grand'
chose aux affaires de ce monde. Mais si c'est là vraiment une plaie ou une affliction que Dieu a donnée à
l'homme en châtiment (*hanc occupationem pessimam
dedit Deus filiis hominum ut occuparentur in eâ*) (2),
il ne s'agit pas seulement de sonder la plaie, assez
d'autres avant M. de Bonald se sont chargés de ce
soin ; mais il faudrait enfin chercher les moyens de
la fermer, et nous verrons si l'auteur, qui semble se
plaire à exagérer le mal, à irriter la plaie, s'occupe
bien efficacement des moyens de la guérir. Nous
voyons que vous n'avez pris pour modèle ni Pascal
ni Montaigne, et que toute philosophie peut encore
ne pas désespérer de trouver grâce devant vous,
pourvu qu'elle se soumette à votre direction et vous
reconnaisse pour chef : sur ce point les exemples et
les modèles ne sont pas si rares. — Mais entrons en
matière :

---

(1) Toutes les citations de M. de Bonald renfermées dans la *Défense de la philosophie* sont tirées des *Recherches philosophiques sur les premiers objets des connaissances morales.* —
Chap. I. De la philosophie. — La lecture préliminaire de ce chapitre est sinon nécessaire, au moins fort utile pour bien entendre
M. de Biran.

(2) *Ecclésiaste*, chap. I, verset 13.

L'auteur commence par faire un tableau séduisant
des peuples qui ont été heureux et sages quoiqu'ils
ignorassent le nom de philosophie, à partir de ce
peuple choisi par Dieu même qui fut en effet le plus
sage et le plus savant de tous, puisqu'il puisait immédiatement à la source de la science et de la sagesse. Mais d'abord tout ce qui concerne le peuple
de Dieu est surnaturel et ne prouve rien pour l'état
social ordinaire. En second lieu, qui est-ce qui a jamais nié que les hommes ne puissent vivre sages et
heureux sans aucune science métaphysique, sans
théorie morale? avoir atteint dans la pratique le but
d'une véritable philosophie, et jouir de la sagesse et
de la science sans songer à les réduire en théorie,
sans avoir une science de la science ou de la sagesse,
comme on jouit de la lumière sans avoir une science
de la lumière ou une théorie de la vision? Qui est-
ce qui peut contester des faits d'expérience si simples, si évidents? Et la philosophie elle-même dont
la principale et la plus utile fonction consiste à bien
marquer les limites qui séparent nos facultés diverses, à ne les appliquer jamais hors de leur sphère
respective, cette philosophie qu'on n'atteint point
par des calomnies, ne saurait prendre pour elle les
diatribes dirigées contre la science qui a usurpé son
nom, et nous apprend à ne pas confondre avec la
science les croyances nécessaires fondées soit sur le
sentiment intime, soit sur l'autorité d'une révélation
qui, pour être entendue de tous les hommes, a dû
s'adresser à ce sentiment même. Telles sont les questions qui tiennent à l'existence de la cause première,

au libre arbitre, à l'origine et à la nature du bien et du mal, etc., etc.

Dans la métaphysique, ou dans le domaine du raisonnement seul, les preuves pour et contre s'opposent et se neutralisent jusqu'à un certain point, et ces antinomies, dont les sceptiques ont cru tirer un si grand parti, servent uniquement à nous apprendre la chose, il est vrai, la plus utile, la plus nécessaire à connaître : savoir, que la métaphysique n'a rien à nous apprendre sur les objets ou les croyances qui sortent des bornes du monde visible et qui n'en sont pas moins universelles ou communes à tout ce qui est homme ; que la conviction ou la prescience même de ces vérités appartient, soit immédiatement, soit par dérivation, à la conscience ou au sentiment intime, attribut caractéristique de notre nature même, ce qui n'empêche point de croire à une révélation supérieure qui, pour être entendue par l'homme, par tout homme, a dû s'accorder avec ce sentiment ou le réveiller, car ce sont là deux moyens de croire ou de savoir qui, loin de s'exclure, correspondent parfaitement l'un avec l'autre, et peuvent s'identifier jusqu'à un certain point. La conscience en effet peut être considérée comme une sorte de manifestation intérieure, de révélation divine, et la révélation ou la parole de Dieu peut s'exprimer par la voix même de la conscience. Toute vérité première religieuse ou morale ainsi manifestée ou révélée à l'homme intérieur est bien certainement en principe hors du domaine de la raison ou du raisonnement, car cette faculté d'argumentation qui s'appuie toute sur les mots (qui ont bien pu ne pas être par eux-mêmes les objets ni même les moyens nécessaires d'une révélation divine), la raison, dis-je, qui argumente et déduit, est un instrument qui se ploie en tout sens et opère à vide sur les croyances quand le sentiment ne vient pas à son secours. D'ailleurs la faculté de raisonner n'est pas également développée chez tous les hommes ; mais le sentiment est le même pour tous.

« Les belles époques de l'espèce humaine ont été « celles où les vérités premières de l'ordre moral et « religieux, n'étaient point encore sorties du domaine « intérieur pour être soumises au creuset d'une science « de raisonnement, qui n'a sur elles aucune prise di- « recte de fait ni de droit. Rendons grâce au philoso- « phe qui le premier a interdit l'entrée du sanctuaire « à la science qu'il professait, et employant toute la « puissance de l'abstraction métaphysique, a montré « qu'il y avait telle région d'où la métaphysique devait « être expressément et nécessairement bannie. »
— Quel dommage, Monsieur, que vous n'ayez pas songé à étudier un peu mieux la philosophie de Kant et d'autres productions modernes de cette école allemande que vous traitez si durement. Kant fait le procès à la raison, à son propre tribunal. Dieu, la liberté, l'immortalité, sont hors des atteintes de la raison ; le système de Kant les met à l'abri des attaques du raisonnement. Les armes vous seraient probablement tombées des mains en voyant toute votre doctrine ressortir sous une autre forme du sein. même de cette métaphysique qui doit trouver sa force et sa véritable utilité lorsqu'elle parvient à dé-

terminer ses limites et à démontrer la nécessité de
s'y circonscrire.

Voulons-nous empêcher la raison de s'égarer dans
des recherches vaines ou dangereuses, faisons en
sorte qu'elle s'impose à elle-même ses propres bornes, en sachant bien ce qu'elle fait, ce qu'elle peut
et ne peut pas. Que si nous voulons employer une
autorité quelconque, autre qu'elle-même, à la limiter et à lui donner des lois, à lui interdire l'examen
de certains sujets, soyons sûrs que nous ne ferons
que l'exciter davantage à s'affranchir de ces entra-
ves. Si ce sont là des vérités constatées par notre expérience, il faut en conclure, Monsieur, que les philosophes allemands ont mieux connu que vous le
véritable intérêt de la cause que vous soutenez avec
eux. Ils ont fait mieux. Au lieu de tourner en ridicule la métaphysique, de renier et de proscrire toute
philosophie à cause des différences et des contradictions des systèmes sur les vérités qu'il importe le plus
à l'homme de reconnaître et de pratiquer, ils ont appelé la philosophie au secours même de ces vérités,
en se servant d'elles pour trouver, hors de la raison
et du système de la connaissance, le vrai principe ou
la source indépendante de nos croyances morales.

Si nous formons sur ce modèle l'idée fixe que nous
devons avoir de la philosophie, nous ne nous livre-
rons plus à des déclamations oiseuses contre la philosophie en général à cause des systèmes divergents
et contradictoires ; nous jugerons plutôt les systèmes
en les comparant au type de la vérité, nous verrons
précisément en quoi et pourquoi ils diffèrent ; nous

distinguerons les erreurs qu'il faut rejeter des vérités
précieuses et généralement adoptées qu'il ne s'agit
que de compléter et de mieux systématiser ; ainsi
nous aurons mérité le vrai titre de philosophe, tout
en conservant les croyances révélées que la philosophie elle-même nous aura appris à respecter et que
l'étude bien faite des opinions de l'homme, toutes
vaines, toutes contradictoires qu'elles sont, n'aura
fait que rendre plus inébranlables. Il me semble,
Monsieur, que vous avez commis une grande erreur
et causé sans le vouloir beaucoup d'injustices graves,
faute d'avoir fait une étude suffisante de la philosophie, ou de vous être fait une idée un peu nette de
la nature et de l'origine des questions qu'ont élevées
en divers temps ceux qui ont mérité, et à qui nous
conservons encore justement le nom de philosophes.

Il y a deux sortes de révélations : l'une extérieure,
de tradition orale ou écrite, l'autre intérieure ou de
conscience. L'une et l'autre viennent de Dieu, comme
tout en vient d'une manière médiate ou immédiate,
naturelle ou surnaturelle. L'une et l'autre ont leur
base et leur domaine hors de la raison et excluent de
leur sphère le scepticisme religieux et philosophique. L'une et l'autre se servent des mêmes armes.

Vous dites bien que les Juifs, entre autres peuples,
ne connaissaient pas de nom la philosophie ni les
philosophes, et vous en donnez la véritable raison.
Les sociétés auraient été heureuses sans doute, si,
aux mêmes conditions, la philosophie avait pu ne
germer jamais sur leur sol, si les hommes trouvaient
leurs lois, leurs devoirs, les règles de leurs mœurs,

tous leurs besoins intellectuels et moraux écrits dans tous les monuments, dans les souvenirs les plus rapprochés, dans la constitution d'une société établie par Dieu même, s'ils n'avaient jamais eu besoin d'études, d'observations, de raisonnements, de réflexion sur eux-mêmes, enfin d'exercer toutes les facultés que Dieu leur a données pour connaître les devoirs, les lois morales et politiques les plus propres à assurer le bonheur des individus, l'ordre et le repos des sociétés.

Si les hommes avaient été toujours dirigés ainsi par l'*évidence de l'autorité suprême*, ils n'auraient pas connu notre philosophie, ou ils auraient été bien mieux que philosophes. Lors même que les connaissances premières, pratiques et non spéculatives, se fussent altérées par le temps et la dispersion des peuples, il suffisait que les traditions en eussent conservé des traces, que la grande idée de la cause première et l'histoire véritable quoique altérée de la genèse, perpétuée par les mêmes moyens dans la suite des générations, commandassent encore le respect et entraînassent une croyance d'autorité, dont la raison n'était pas juge; cela suffisait, dis-je, pour fermer l'accès à la philosophie et éloigner sa naissance. L'origine de la philosophie date de l'époque où les hommes et les sages à la manière des hommes, songeant à s'élever à la connaissance d'eux-mêmes et de la nature morale, rejetèrent toutes ces images vaines ou puériles qui avaient défiguré les vraies croyances primitives et cherchèrent dans la raison humaine ce qu'ils ne pouvaient « reconnaître dans les croyances

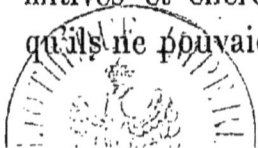

de la société. » Mais observons bien ici que si ces
sages, au lieu de consulter la raison, ou de chercher
dans l'intimité du sentiment ou de la réflexion la connaissance d'eux-mêmes et de la nature morale, se fussent uniquement attachés aux croyances de la société,
et qu'ils les eussent dégagées des images qui les alté-
raient par des additions successives, ils eussent pu
les ramener à leur véritable source et constater l'évidence de l'autorité divine d'où elles étaient émanées;
ils eussent enfin ramené la société à cet état primitif
où la lumière luit d'elle-même. Ces hommes, restau-
rateurs de la morale divine, n'en auraient été que
plus sages et n'auraient pu être appelés philosophes,
quoiqu'ils eussent éminemment mérité le titre de
sages.

Je vous prie, Monsieur, de vous arrêter quelque
peu sur cette observation qui est capitale entre nous,
comme pouvant servir à fixer les bornes de la raison
et de la foi, de la philosophie et de la révélation, de
la science et de la croyance, limites qui n'ont jamais
été bien posées et que votre ouvrage tend à confondre entièrement : c'est que la philosophie ne commence pour l'homme qu'à l'instant où il fait usage
de sa réflexion, de sa raison, de toutes les facultés
intuitives que Dieu lui a données pour suppléer aux
connaissances qu'il a pu révéler immédiatement au
premier homme selon les livres sacrés, dont il a jugé
à propos de retirer la connaissance à ses descendants,
et qu'il nous a condamnés à ne savoir qu'après les
avoir étudiées dans toute la peine et la fatigue de
l'esprit : *quærere et investigare sapienter de omni-*

bus, quæ fiunt sub sole (1). Faites que ce que l'homme pense ou croit par l'évidence de la raison à la suite d'un grand travail de l'esprit, il le croie ou le voie immédiatement par l'évidence seule de l'autorité, et vous aurez ôté la matière d'une science, d'une philosophie quelconque. Alors, sans doute, disparaîtront des oppositions qui vous paraissent un si grand désordre social, mais aussi vous aurez rendu inutiles, et même paralysé toutes les facultés actives que Dieu ne nous a données sans doute que pour les exercer. Reste à savoir ce que deviendraient les croyances isolées, séparées de toutes les connaissances qui sont très-évidemment les produits de nos facultés actives et non pas des inspirations ni des révélations comme dans l'âge des miracles; reste à savoir si les sociétés humaines, si la vraie religion même y gagneraient beaucoup.

Partout où la révélation parle, la raison humaine peut ou doit se taire; mais si elle s'abstient de s'exercer hors de son domaine légitime, n'est-elle pas nécessitée à agir, à prononcer dans ses limites? Et comment les reconnaître ou les fixer sans son intervention? Comment des croyances propagées d'âge en âge par les traditions, fût-ce même par des signes écrits dont le vrai sens peut varier à l'infini, ne s'altèreront-elles pas si, à défaut d'une révélation permanente, la raison commune ne conserve pas la véritable valeur des premiers signes? Comment enfin, quand une imagination toute matérielle ou sensible

---

(1) Livre de l'*Ecclésiaste*, chap. I, verset 13.

tend toujours à corrompre ou à déguiser les premières connaissances ou croyances révélées, les sages
pourraient-ils se dispenser de faire encore ce qu'ils
ont fait au sortir des siècles d'ignorance ou de superstition, savoir de chercher dans la raison de
l'homme ce qu'il leur était impossible de reconnaître
dans les croyances de la société, ou au sein des ténèbres et des illusions grossières du paganisme?

Comme l'âge des révélations immédiates ou le
temps des miracles est passé, que les générations
coupables ont perdu leur flambeau extérieur, leur
guide suprême; que deviendront-elles si vous étei-
gnez encore cette lumière intérieure destinée à les
conduire dans les ténèbres, si vous interdisez à
l'homme l'emploi même légitime des moyens qui lui
ont été donnés pour reconnaître ce qu'il doit croire,
ce qu'il peut connaître? Comment empêcherez-vous
que les premières croyances révélées ne se défigu-
rent ou ne s'altèrent par les traditions successives
des âges et ne soient défigurées entièrement dans leur
mélange avec les produits d'une imagination qui s'en
empare pour les revêtir de ses couleurs matérielles
ou anthropomorphiques? Les premières croyances ou vérités révélées fussent-elles même fixées
par l'Écriture Sainte, si la main toute-puissante qui
traça ces premiers signes écrits n'est pas encore présente pour en conserver le vrai sens, comment la valeur des signes ne serait-elle pas exposée dans les
traditions à toute la mobilité des âges, aux caprices
de l'imagination? Enfin ne devrait-il pas arriver nécessairement une époque plus ou moins éloignée de

celle des révélations où les sages se verraient obligés de chercher dans la raison de l'homme ce qu'ils ne pourraient plus reconnaître dans les croyances de la société? Or, quels que soient cette époque et les lieux où cette recherche ait commencé et ses fondements, il est certain que la philosophie date du moment précis où les premiers sages ont senti le besoin de s'élever par leur raison ou leurs réflexions intérieures à la connaissance d'eux-mêmes et de la nature morale, sans chercher dans aucune autorité révélée ce qu'ils devaient croire ou penser.

C'est à ces études réfléchies sur l'homme et la nature morale qu'il faut assigner l'origine de la philosophie ; je dis plus, c'est là que pour justifier son titre elle devait s'arrêter sans aller plus loin et sans sortir de son sujet. Si des imaginations sans règle et sans frein, ou guidées seulement par quelques traditions vagues, ont enfanté dans le même temps des systèmes plus ou moins bizarres et contradictoires de cosmogonie, ces systèmes n'avaient pas plus de rapport avec la philosophie que la folie n'en a avec la sagesse, l'état de délire avec celui de la raison, l'enfance avec la maturité de l'âge. C'est par corruption ou par abus des termes que le titre de philosophe, justement attribué aux premiers qui, suivant le grand précepte de l'oracle (*nosce te ipsum*), s'attachaient uniquement à l'étude d'eux-mêmes ou de la nature morale, a pu passer aux auteurs de ces bizarres cosmogonies inventées par l'imagination seule avec les matériaux qu'elle fournit, et sans voir, sans consulter en rien le monde réel. Ces hommes ardents et aveu-

gles qui élevaient de vaines hypothèses sur le sol
même que la révélation s'était approprié, qui com-
mençaient leurs systèmes par où la religion avait
commencé son enseignement et ses livres, loin de
pouvoir s'arroger le titre de philosophes ou de sages,
abdiquaient au contraire ce titre de la manière la plus
formelle, soit par leurs excursions hors du domaine
de la connaissance intérieure de l'homme où l'oracle
avait placé le sanctuaire même de la sagesse, soit par
leur ignorance et leur aveuglement prouvés par la
nature même de leurs systèmes et l'objet fantastique
de leurs recherches.

Si par sa nature d'être intelligent, l'homme est nécessité, ou du moins amené à croire qu'il y a nécessairement un principe ou une origine des choses et
du monde, la détermination de ce principe, de cette
origine, est évidemment hors du domaine de toute
philosophie, hors des limites de toute faculté, et
lorsque le fondateur de l'école ionique cherchait ce
principe dans la matière dont l'existence suppose
elle-même une cause ou un principe hors de la matière, ce fondateur abjurait par là même sous tous
les rapports, le caractère de philosophe. Cela s'applique évidemment à tous les faiseurs de cosmogonies ou d'hypothèses physiques qui, depuis Thalès
jusqu'à la naissance d'une véritable physique d'observation, ont dû se multiplier et varier à l'infini
comme les songes de la nuit dans ce sommeil de la
raison.

L'application même la plus régulière et la plus légitime des facultés de l'esprit aux choses du dehors

ou aux phénomènes de la nature ne peut rester dans
le cercle de la philosophie, car ce genre d'étude n'est
propre qu'à nous distraire de nous-mêmes et à nous
aveugler sur notre nature morale, loin de fournir sur
elle quelques lumières ; nous aurons peut-être occasion d'en voir des exemples assez éclatants.

Concluons dès à présent de ces observations que
l'histoire de la philosophie proprement dite devrait
et pourrait être très-utilement abrégée et simplifiée
si on la réduisait à n'être que le précis et le tableau
comparé des doctrines de ces sages qui, depuis l'origine, ont cherché dans l'exercice de la réflexion et
de la raison, des lumières qu'ils ne trouvaient plus
dans les croyances de la société ou dans l'autorité bien
évidente de quelque révélation médiate. Ainsi en réduisant à ses limites propres une histoire de la philosophie, loin de représenter l'image du chaos et cette
multitude confuse d'oppositions ou de contradictions
des systèmes, ces disputes interminables exagérées
encore par un scepticisme destructeur et par une
sorte de frivolité dédaigneuse qui veut se justifier à
elle-même son mépris affecté pour une science qu'elle
ignore et qu'elle devrait au moins s'abstenir de juger,
l'histoire de la philosophie offrirait aux vrais sages
un tableau régulier et assez uniforme de vérités premières, morales ou intellectuelles, reconnues de tout
temps, et des erreurs systématiques de l'esprit humain, dans cette courbe rentrante où l'on aura sans
doute à tracer des inflexions et des rebroussements,
mais dont les deux pôles fixes, immuables, ont été
et seront toujours Dieu et l'âme pensante, dans l'or-

dre des essences, la personne *moi* et la personne *Dieu*
dans l'ordre de la connaissance.

Hors de ce grand cercle, les anomalies et les aber-
rations des systèmes cosmogoniques, physiques, naturalistes ne comptent plus, et l'on ne peut vouloir
en charger ou en embarrasser l'histoire de la philosophie que pour faire une parade d'érudition, ou
dans le dessein prémédité de tout mélanger, tout
confondre, pour tout critiquer, tout proscrire en
masse.

Vous voyez bien, Monsieur, comment je suis conduit par vous-même à prendre une marche tout à
fait opposée à celle que vous avez choisie, dans l'espoir de faire retomber sur la philosophie, entendue
de toutes les manières les plus opposées, tous les
coups dirigés précisément contre tout ce qui n'est
pas elle. J'aurai besoin de mettre en évidence ce que
vous dissimulez ou confondez, dans le tableau varié
de tant d'opinions qui ne touchent en rien le sujet
principal, et ne prouvent ni pour ni contre votre thèse
antiphilosophique.

Je choisis dans votre exposé historique les points
saillants relatifs à la question, et je rattache à Socrate
d'après vous ou d'après M. Degérando, le premier
anneau de la chaîne de l'histoire de la philosophie.
Socrate est vraiment le premier des philosophes ou
des sages, non parce qu'il fit descendre, comme on a
dit, la philosophie du ciel, mais parce qu'il sut lui
assigner son propre domaine, la vraie connaissance
de l'homme, de la nature de ses facultés morales, de
ses rapports nécessaires avec Dieu et avec ses sem-

blables. Quand même Socrate aurait trouvé dans les livres des Hébreux plutôt que dans ses propres méditations les notions de ces vérités premières que la vraie philosophie constate sans les prouver, il pourrait être dit les avoir découvertes, car lorsqu'il s'agit des vérités morales ou religieuses, la tradition, la révélation même ne peuvent qu'éveiller dans l'âme une notion qui était en elle et ne la créent pas, observation importante que nous aurons besoin de rappeler dans une autre occasion. Si Socrate sut distinguer la vérité dans les livres des Hébreux et se l'approprier ou la rendre sienne, c'est que cette vérité était en lui, au moins en état de germe, et qu'il avait la faculté de l'inventer et de la rendre sienne ; autrement il ne l'aurait pas comprise. Ceci est général et s'applique à l'invention des signes.

Socrate, dites-vous, aurait affermi sur la terre la morale qu'il avait fait descendre du ciel, « si le gé-« nie d'un homme quel qu'il soit pouvait être une « *autorité* pour l'homme et une garantie pour la *so-« ciété.* » Certes le génie d'un Socrate constatant des vérités telles que l'*unité d'un Dieu créateur, rémunérateur et vengeur*, *l'immortalité de l'âme et la loi du devoir*, etc., devait exercer, comme elle exerce encore et exercera à jamais sur tous les êtres intelligents et moraux, l'autorité complète de l'évidence, l'autorité du sentiment, de la conscience, de la raison universelle, c'est-à-dire l'autorité et la garantie de Dieu même, qui est la lumière et la source suprême de toute raison.

Ainsi l'entendait le premier disciple de Socrate, le

second des philosophes proprement dits, qui compare
si bien et si profondément les premières vérités morales, ces notions universelles et nécessaires, à des
réminiscences de l'âme, qui les saisit la première fois
non comme nouvelles, mais comme les ayant eues
auparavant et toujours en sa possession; caractère
bien éminemment distinctif de ces notions, que Platon proclama le premier comme *idées innées*, et qui
ont été après lui signalées sous le même titre et sous
des titres équivalents tels que : virtualités, formes,
lois innées. A cet égard du moins il faut reconnaître,
malgré les temps et les lieux, une parfaite uniformité
de vues entre des doctrines philosophiques qu'un premier coup d'œil fait juger différentes ou même opposées dans leur principe. L'autorité évidente, la garantie, qui appartient non à l'homme, mais au caractère ou à l'essence même des vérités qu'il met au
jour, passe tout entière de Socrate à Platon qui y
mêla d'autres éléments tirés d'une source différente.
Platon, le premier disciple de Socrate, et le second
des philosophes (dans le sens propre du mot) puisa
aussi au fond de son âme plutôt que dans les livres des
Juifs, les lumières qu'il répandit sur la nature morale
et sur ses rapports nécessaires avec Dieu même, avec
la source suprême d'où elle émane. En proclamant
ces premières vérités intellectuelles et morales, comme
en les apercevant et en les sentant immédiatement, il
ne croyait pas les enseigner aux hommes comme des
choses ou des idées nouvelles, mais les réveiller, les
reproduire dans leur pensée comme des réminiscences d'idées qui y étaient auparavant; et en effet,

qui croit ne pas avoir su toujours ces notions dont l'évidence frappe notre esprit pour la première fois? Que les expressions sensibles ou matérielles, nécessaires à la manifestation, à la communication de toute vérité d'intuition, soient apprises comme nouvelles, ou si l'on veut, révélées par le ciel, la vérité en elle-même n'est pas nouvelle à l'esprit, le matériel des signes appris ou révélés l'excite et la réveille et ne la produit pas. La révélation par le signe n'est donc pas la révélation de la vérité même ou de l'idée qui s'y lie, mais seulement le moyen de manifester ou de produire au dehors ce qui préexistait déjà au fond de l'âme, et sans cette préexistence des idées aux signes qui les expriment, ceux-ci seraient sans nulle valeur, fussent-ils révélés par Dieu même.

Une autre autorité que celle du génie de Platon a maintenu la doctrine des idées innées, et l'a reproduite dans divers systèmes de philosophie qui se sont succédé depuis cet homme de génie jusqu'à nous sous des titres différents qui la déguisent aux esprits superficiels. Ainsi les *virtualités* de Leibnitz, les *formes* et les *catégories* de Kant, les *lois inhérentes à l'esprit humain* des philosophes écossais, ne diffèrent presque pas au fond de ces réminiscences platoniciennes ou des idées innées que Descartes et Malebranche n'ont pas renouvelées de Platon, mais qui sont les produits indigènes de leur propre génie méditatif.

Sur ce point du moins, comme sur quelques autres, il y a lieu d'admirer la constance et l'uniformité des opinions et des doctrines de ces philosophes, qui,

séparées par le temps et les lieux, indépendantes
comme le génie, tournent spontanément dès l'origine dans des orbes semblables, réductibles à un
certain nombre d'équations fondamentales.

Solemque suum sua sidera norunt (1).

Comment se fait-il que les premières révélations
divines aient été s'altérant et se transformant sans
cesse dans leur passage au travers des siècles, que
la parole ni l'Écriture divines n'aient pu leur conserver la moindre trace connaissable de leur sens primitif, tandis que certaines opinions philosophiques,
certaines vérités sur la morale, une fois constatées,
ont conservé, dans tous les temps et les lieux, un as-
cendant universel, une évidence égale pour tous les
esprits qui n'ont pas même eu besoin de se les communiquer pour les conserver ou les reproduire toujours les mêmes? Ne serait-ce pas celles-ci surtout
qu'il faudrait attribuer à une révélation intime, immédiate, faite à toutes les âmes par celui qui les créa,
plutôt qu'à une parole qui ne se fit entendre qu'à
quelques hommes dans un point déterminé de l'espace ou du temps?

Je saisis, Monsieur, comme vous le voyez, chaque
occasion qui se présente pour préparer de loin la solution d'un grand problème qui est comme le gant
jeté par vous à la philosophie et aux philosophes, et
je prends votre tableau historique pour ce qu'il paraît avoir été dans votre esprit, savoir, un arsenal

---

(1) Virgile. *Enéide*, VI, 641.

où vous allez choisir les armes les plus propres à la grande attaque que vous préparez. Il est naturel que j'y cherche aussi des moyens de défense pour la vraie philosophie.

Je ne sais si l'on peut dire exactement et sans explication qu'Aristote fit descendre les esprits « de la hauteur à laquelle Platon les avait élevés. » Il serait plus exact de dire que le chef du Lycée attira les esprits du dedans au dehors ; qu'à la place de ce monde idéal de réminiscences platoniciennes, il développa à leurs yeux un monde visible qui devait avoir pour eux l'attrait de la nouveauté. De tous les talents que possédait cet homme étonnant, créateur de la dialectique ou de l'art logique, naturaliste, physicien, grammairien, métaphysicien, celui qu'il eut au plus faible degré, quoique il ait été considéré longtemps comme le premier des philosophes, c'est ce talent philosophique qui s'attache au fond même des idées et peut n'avoir presque rien de commun avec les formes sensibles. Ces formes sont tout en effet pour Aristote. C'est avec elles qu'il a lutté sur un autre terrain que Platon. Leurs doctrines sont tellement séparées, tellement hétérogènes qu'on ne saurait dire que l'une soit en opposition ou en contradiction avec l'autre ; car il faut qu'il y ait quelque parité ou analogie entre des sujets de méditation ou d'étude qui occupent deux esprits pour qu'on puisse reconnaître les différences qui les séparent ou les analogies qui les rapprochent.

Ainsi, par exemple, les idées ou images qu'Aristote fait venir des sens à l'entendement n'ont aucun rap-

port avec celles que Platon considère comme innées;
un platonicien pourrait adopter la maxime d'Aristote
dans son vrai sens et en conserver tous les avantages. L'intellect de celui-ci n'a rien de commun avec
l'entendement de celui-là. Aristote ne pouvait pas
entendre les idées de Platon tant qu'il s'occupait du
dehors et qu'il n'étudiait la pensée humaine que
dans ses formes logiques et ses instruments organiques. C'est absolument de la même manière que les
objections de Gassendi et de Hobbes, sur la philosophie de Descartes n'effleurent pas même le sujet des
méditations de ce philosophe. Quand on sait bien se
placer successivement dans le point de vue de ces
objections toutes matérielles et dans celui des réponses vraiment psychologiques de Descartes, on
s'étonne de ce combat à traits perdus ou lancés en
l'air comme par des hommes qui se tournent le dos.
La thèse contestée roulant sur un sujet donné ou
conçu de telle manière, croit-on l'attaquer ou la contredire en parlant d'un tout autre sujet? C'est pourtant là le tableau que nous présente cette histoire
des diverses opinions systématiques qu'on réunit si
mal à propos sous le titre vague de philosophie, lequel emporte pourtant une valeur propre et déterminée par son étymologie.

Ces opinions, dit-on, ont été diverses ou même
contradictoires depuis des siècles; les philosophes
n'ont jamais été d'accord sur rien; donc la philosophie n'est qu'une chimère. Conclusion analogue aux
prémisses : il faut bien que les opinions diffèrent
quand elles portent sur des sujets réellement divers.

II

CONSIDÉRATIONS SUR L'HISTOIRE DE LA PHILOSOPHIE.

Philosophiquement parlant (puisqu'il s'agit de recherches philosophiques) nous sommes autorisés à distinguer deux sortes de révélations : l'une, qui est uniquement du ressort de la foi ou de l'autorité de la religion, est extérieure à l'homme et fondée sur des moyens extérieurs, des signes parlés ou écrits ; l'autre, qui est du ressort de la raison ou de l'autorité seule de l'évidence, qui, loin d'exclure la religion, se concilie si heureusement avec elle, est tout intérieure, et peut se faire entendre sans intermédiaire à l'esprit et au cœur de l'homme.

Montrons par des exemples comment cette distinction peut être justifiée.

Après le meurtre d'Abel, Caïn entend la voix du Tout-Puissant qui lui crie : *Qu'as-tu fait de ton frère? la voix de son sang s'est élevée de la terre vers moi;* et ces paroles terribles révèlent au premier des coupables humains, et l'horreur du crime et sa condamnation écrite dans le ciel même. Nous croyons, sur l'autorité des livres sacrés cette révélation extérieure; mais Dieu n'eût-il parlé à Caïn que comme il parle aujourd'hui à ses coupables descendants par cette voix intime de la conscience que tout violateur de la loi du devoir entend au fond de lui-même,

sans qu'aucun son articulé frappe son oreille, sans
même qu'une loi écrite retrace à ses yeux et à
sa pensée les caractères distinctifs du bien et du
mal, cette révélation, pour être intérieure, en serait-elle moins divine, moins universelle, moins immuable? — Que, selon la révélation extérieure, tout
l'appareil sensible de la puissance et de la majesté
divine soit employé pour apprendre au peuple choisi
qu'il doit adorer et aimer Dieu, honorer père et
mère, s'abstenir du meurtre, du vol, du faux témoignage, ces commandements, sans avoir été gravés
sur des tables dont Dieu inspira les termes, eussent-
ils été gravés seulement, comme ils le sont, *dans la
conscience de tout homme venant au monde*, la source
en serait-elle moins divine?

En général, que dans un ordre surnaturel nous
croyions que Dieu ait employé primitivement le langage humain pour parler à l'homme, ou que, dans
l'ordre naturel, qu'il nous est donné de concevoir et
de connaître, Dieu parle uniquement aux esprits par
des lumières innées ou infuses en eux dès la création, et aux cœurs par des inspirations qui n'ont pas
besoin de l'intermédiaire de la parole pour se manifester; que l'esprit seul et toutes ses puissances ou
facultés ressortant ainsi immédiatement de Dieu qui
l'a donné, la lettre parlée ou écrite ait été donnée en
même temps ou livrée aux conventions des hommes;
que dans l'ordre même des miracles, le plus surnaturel pour l'homme, Dieu ait agi d'une manière miraculeuse immédiate, en changeant ou suspendant
les lois de la nature soit physique, soit morale, fai-

sant paraître dans le ciel ou sur la terre des prodiges
dont il avait révélé le secret à ses prophètes, ou que
le Grand Être ayant tout prévu, tout préordonné
dès l'origine dans l'acte unique de la création ait déposé en même temps soit dans la nature, soit dans
certaines âmes privilégiées, les germes des idées propres à les représenter, comme dans un tableau pro-
phétique, ces deux révélations dont l'une est fondée
sur l'autorité de la parole extérieure, l'autre sur l'autorité de l'évidence intérieure, devront s'offrir à tous
les esprits éclairés de vraies lumières, comme ayant
même source et même objet, ou un même but essentiel, et ne pouvant différer entre elles que par le
moyen qu'il a plu à Dieu de choisir pour se révéler
à l'homme et l'éclairer de ses lumières.

En effet, si, comme nous l'enseigne la vraie philosophie, Dieu est l'objet immédiat de la raison, si la
notion d'une cause suprême de qui nous dépendrons
vient presque s'identifier avec le fait primitif de notre existence personnelle, si c'est une vérité première
et dont il est impossible de douter que toutes les facultés de l'âme humaine viennent de cette cause suprême : que Dieu ait agi dans le temps sur l'homme
ou sur tels hommes pour leur communiquer immédiatement certaines idées avec certains signes, ou
qu'ayant donné à l'homme les facultés appropriées,
il les ait livrées soit à leur activité propre, soit à
l'influence des causes secondes qui devaient les développer; — dans le premier cas, la révélation extérieure, dans le second, la révélation intérieure,
ont évidemment la même source, et l'objet et le but

de ces deux révélations se trouvent encore les mêmes ; car Dieu, son existence, sa loi ou la loi du devoir, universelle et immuable comme lui, la liberté ou l'activité de l'âme humaine identifiée avec le fait primitif de son existence personnelle, par suite sa responsabilité devant le juge suprême, son immortalité, ses espérances, seront des vérités premières communes aux deux révélations qui auront ainsi même objet, même but essentiel.

Reste donc la différence dans les moyens des deux révélations, dont l'une emploierait les signes matériels ou sensibles, tandis que l'autre se fonderait sur le fait des idées, du sens inné primitif, de prénotions ou de germes déposés dans l'âme par celui qui l'a créée, et développés en elle, soit par le concours des causes secondes préparées dans l'ordre immuable de la nature ou de la Providence, soit par l'activité libre de l'âme dans l'ordre de la nature intellectuelle et morale, soit enfin par d'heureuses et ineffables inspirations dans l'ordre de la grâce.

Le philosophe et le théologien considèrent, chacun sous le point de vue qui lui est propre ces deux sortes de révélations, et s'ils sont d'accord, comme ils doivent l'être, sur leur objet et leur fin commune, ils n'auront point à disputer sur la nature des moyens que Dieu a pu choisir pour révéler à l'homme et son existence et sa loi.

En effet (et ceci doit être soigneusement noté à l'avance pour éclaircir ce qui nous reste à montrer par la suite), admettez que Dieu ait parlé à l'homme non dans un langage déjà connu ou inventé par l'homme (1), mais dans une langue toute nouvelle, de formation divine ; il faut bien admettre aussi de ces deux choses l'une : ou que les idées et les sentiments exprimés, préexistant d'avance dans l'âme humaine, n'étaient que réveillés et excités par ces signes divers, écrits ou parlés, avec lesquels ils avaient quelque analogie naturelle ou surnaturelle, ou que l'âme, *table rase*, comme dit Locke, avant les signes, a reçu avec eux et par eux seuls primitivement les idées ou les sentiments qu'ils expriment en vertu des mêmes analogies.

Dans le premier cas la révélation extérieure part des données mêmes de la philosophie et ne les explique pas davantage. Dans le second cas on admet la contemporanéité ou simultanéité parfaite des premières idées conçues ou de l'esprit même, et des signes parlés ou écrits appropriés à ces idées, ou de la lettre matérielle de ces choses révélées. Mais toujours faut-il reconnaître que les signes ne sont pas les idées, que la lettre n'est pas l'esprit, et qu'il n'aurait servi à rien par exemple que Dieu parlât une certaine langue aux premiers hommes, qu'il frappât l'ouïe de tels sons articulés ou la vue de tels caractères, s'il n'avait en même temps suggéré ou inspiré le sens de ces signes, sens précis, univoque, immuable comme il devait l'être, ce semble, venant de Dieu. *Da mihi intellectum ut sciam testimonia tua* (2).

---

(1) « Si le philosophe ne conteste point au théologien l'évidence de l'autorité dont il a constaté les signes, le théologien peut encore moins contester l'autorité de l'évidence où le philosophe trouve les mêmes vérités. » (Charles Bonnet.)

(2) *Psaume* cxix, verset 125.

Mais pour que l'intelligence de l'homme pût saisir le
sens des paroles inspirées, il fallait bien que l'entendement fût constitué tel, ou, comme dit Leibnitz,
que l'entendement fût du moins inné à lui-même.
Voilà donc le théologien ramené, quoi qu'il fasse, à
la source où le philosophe puise les premières données, les premiers moyens de l'intelligence humaine,
et voilà l'autorité de la parole même, telle qu'elle a
été originellement entendue par l'homme, reconnue
indivisible de l'autorité de cette faculté de concevoir
ou d'entendre spirituellement les idées, dont Dieu
dut au moins déposer les germes dans l'âme de
l'homme, avant de frapper les sens externes des
signes matériels qu'il voulait révéler à l'homme.

Il ne saurait donc y avoir ici de contradiction entre le théologien et le philosophe ou entre
les deux points de vue sous lesquels chacun d'eux
considère respectivement la révélation des premières vérités religieuses et morales, dans la *lettre*
ou dans l'*esprit*, dans les faits miraculeux des signes divins et dans la parole de Dieu révélée à
l'homme extérieur, ou dans des faits naturels et primitifs de sens intime, des signes humains, produits
immédiats de cette activité volontaire qui constitue
la personne morale elle-même, et crée avec les mouvements les signes premiers par lesquels la pensée se
complète et se manifeste, enfin dans la voix de la
conscience ou la loi de Dieu même révélée par elle à
l'homme intérieur. Telle est cette loi spirituelle si
bien connue, caractérisée par saint Paul, et rappor-
tée par ce vrai philosophe à sa source propre, savoir

à l'homme *intérieur*, opposé au charnel ou à l'extérieur : *Condelector legi Dei secundum interiorem hominem* (1). C'est là, c'est à l'homme intérieur que la religion et la philosophie viennent se rallier et puiser, comme à une même source, un fond de vérités communes.

Encore une fois donc il ne peut y avoir aucune opposition essentielle entre les deux sortes de révélations ou de moyens que Dieu a choisis pour faire connaître à l'homme son existence, sa loi ou la vraie science, la vraie sagesse qui vient de *lui*, qui est lui-même (*ego sum via et veritas*) (2). Ces deux révélations n'ayant qu'un seul objet, qu'un seul but essentiel, les moyens ne peuvent différer entre eux que comme l'homme extérieur diffère de l'homme intérieur, ou comme le sens et l'imagination anthropomorphite diffèrent de l'intellect pur. La contradiction n'est que pour ceux qui mettent la lettre qui tue avant l'esprit qui vivifie, qui transforment une question de philosophie première, telle que l'origine des idées et celle du langage, en un article de foi, qui paraissent adopter comme philosophes l'opinion des idées ou des sentiments innés à l'âme ou ne venant que de son propre fonds, et prétendent, comme théologiens, faire venir les signes du dehors ou de Dieu à l'âme comme par une sorte de transcréation miraculeuse.

La contradiction est inverse, mais parfaitement égale à celle des idéologues qui, après avoir fait naî-

---

(1) Saint Paul aux Romains. Chap. vii, vers. 22.
(2) Évangile selon saint Jean. Chap. xiv, vers. 6.

tre toutes les idées des sensations passives du dehors,
font naître les langues de l'activité de l'esprit humain, comme si d'une part les facultés qui forment
les idées ou en développent les premiers germes ca-
chés au fond de l'âme ne suffisaient pas pour insti-
tuer les premiers signes ; et d'autre part, comme si
la même activité qui suffit à créer les signes pouvait
être étrangère à la formation des idées ou même des
premières sensations.

Mais n'anticipons pas davantage sur ce qui doit
suivre au sujet de l'origine du langage, qui est
comme le point central de tout le système auquel
notre auteur rapporte de loin toutes les données qu'il
a voulu emprunter à la philosophie ou à son histoire, en les accommodant le mieux possible à ses vues
systématiques. Quant à nous, en entrant dans son
dessein, il nous suffit d'avoir commencé à établir
par ces considérations préliminaires, prises dans le
fond même du sujet, que si la dissidence des systèmes est une des graves plaies de l'esprit humain,
qu'il ne s'agit plus de sonder mais bien de fermer
s'il est possible, on peut en trouver les moyens dans
la vraie philosophie comme dans la vraie religion.
La raison comme la foi, l'autorité de l'évidence
comme l'évidence de l'autorité, la révélation intérieure des premières vérités comme la révélation des
mêmes vérités par la parole de Dieu ou par des signes donnés à l'homme, peuvent concourir avec une
égale efficacité à fermer cette plaie. Loin qu'il y ait
opposition ou différence essentielle entre ces deux
sortes de moyens, ils s'accordent parfaitement au

contraire quant à la source commune dont ils émanent, l'objet ou le but de vraie science, de vraie sagesse auquel ils tendent. Ces sortes de moyens mêmes de révélation extérieure que la foi nous enseigne, sont inséparables de la révélation intérieure ou des faits primitifs de conscience tels que la vraie philosophie les constate et les prend pour base.

On peut voir d'ici les différences capitales qui nous séparent. M. de Bonald ne trouvant que dissidences et contradictions dans ces systèmes qu'il ne fait qu'entrevoir au travers d'une lunette un peu trouble, paraît croire et prétend démontrer qu'il n'y a de terme aux disputes que dans l'autorité de la foi, ou, comme il dit, dans l'évidence de l'autorité, exclusivement à l'autorité de l'évidence. Vous n'êtes d'accord sur rien, dit-il aux philosophes, donc vous êtes incapables de jamais vous entendre entre vous, il faut donc vous en rapporter à une autorité extérieure, supérieure à celle de tous vos raisonnements. Nous verrons bientôt si la dissidence est aussi générale que le dit M. de Bonald, mais quant à la conséquence nécessaire qu'il en déduit, comment n'a-t-il pas appris de l'histoire même que ce fut précisément la conclusion des sages, des vrais philosophes de tous les temps contre les fauteurs d'hypothèses de tout genre, contre ces éternels sophistes, ces babiles dialecticiens également disposés à soutenir et à nier toutes les thèses, prétendant soumettre au raisonnement jusqu'aux premières données de la raison, et dissidents en tout, uniquement parce qu'ils n'avaient pu, ou ne *voulaient* pas s'entendre ou s'accorder sur rien ?

Si l'auteur des *Recherches philosophiques* eût été moins préoccupé d'un système qu'il tend à établir sur les ruines de tous les autres, ou sur celles de la raison même immolée à l'autorité exclusive de la foi, il aurait su distinguer d'après l'histoire même des opinions, telle qu'il la présente ou qu'il l'a faite, une philosophie vraie, entre tant d'autres fausses ou faussement nommées, philosophie qui, toujours constante à elle-même et fidèle à son titre primitif, a pris pour base depuis son origine l'autorité de l'évidence, les lumières de la conscience ou de la raison même, appliquée à constater les vérités immédiates du fait primitif et non moins immuable sous ce rapport que l'évidence de l'autorité ou la parole de Dieu même, qui a voulu aussi s'expliquer par cet organe commun à tous les hommes. Donc, avec M. de Bonald, pour faire ressortir l'analogie de ces deux sources de lumières, nous pouvons à notre tour invoquer le témoignage de l'histoire, non telle qu'il semble se plaire à l'embrouiller, en confondant sous un titre vraiment trompeur tous les produits du délire de l'imagination des premiers poëtes, tous les artifices des sophistes, des raisonneurs de mauvaise foi de tous les siècles et de tous les pays; mais celle qui, prenant la vraie philosophie à sa naissance et dans l'acception propre de son titre primitif, la suit dans sa constante direction, au sein des méditations et des travaux divers des sages, qui tous, à partir du premier « voulurent s'élever à la connaissance d'eux-« mêmes *et de la nature morale* et cherchèrent dans « la raison de l'homme ce qu'ils ne pouvaient plus

« reconnaître dans les croyances de la *société*. »

C'est M. de Bonald lui-même qui caractérise ainsi la philosophie première, et nous aimons à reconnaître la fidélité et la précision de ce caractère, mais il ne faudra pas oublier sa définition quand nous parlerons des dissidences et des contradictions de la philosophie.

Socrate est le premier des sages qui « voulurent « s'élever à la connaissance d'eux-mêmes et de la « nature morale » pour chercher au fond de la con - science et de la raison ce qu'ils ne trouvaient ni dans les croyances puériles de la société, ni dans les vains systèmes des savants du siècle. Socrate sépara la science de l'homme intellectuel et moral de toutes les autres ayant des objets extérieurs ou étrangers à l'homme. Le premier il assigna à la philosophie son sujet propre ; le premier il lui donna le titre qu'elle porte encore aujourd'hui, titre tant diversifié et si malheureusement profané depuis son origine.

Avant Socrate et de son vivant, il y avait des politiques, des orateurs, des mathématiciens, des musiciens, des physiciens ; il n'y avait point de philosophes. Anaxagoras lui-même, le disciple le plus honorable de Pythagore, quoiqu'il fût le plus rapproché de l'idée d'un Dieu unique, par la manière même dont il s'était élevé à la notion d'une cause première, en cherchant à expliquer par des hypothèses la manière dont elle agit, Anaxagoras était plutôt un physicien systématique qu'un philosophe. Avant Socrate, les nombres et les mouvements, d'où l'on faisait naître et mourir les choses sensibles ; la gran-

deur des astres, leur distance, leur cours; tels
étaient les grands objets qui occupaient toutes les
pensées des premières écoles grecques. Socrate le
premier rappela la raison humaine, sous le nom de
philosophie, des choses du ciel à celles de l'homme
lui-même; il la fixa, comme dit Cicéron, dans les
villes, les maisons, les familles, il en ·fit la science
de la vie, des mœurs, celle du bien et du mal, des
vertus et des vices. Refusant absolument le titre de
philosophes à tous ceux qui ne tenaient qu'à pénétrer les secrets d'une nature étrangère, il voulut que
ses disciples s'appliquassent exclusivement à se connaître et à perfectionner la nature en eux et dans les
autres; et ceux qui se laissaient distraire de ce grand
objet pour arracher à la nature étrangère des secrets
qu'elle refuse à notre vaine curiosité, et dont la connaissance ne servirait pas à rendre l'homme plus
sage, meilleur ou plus heureux, Socrate leur refuse
expressément le titre de philosophes dans la propriété de l'expression qu'il avait lui-même consacrée.
A plus forte raison refusait-il ce titre honorable aux
sophistes auxquels il arracha le masque et qu'il combattit jusqu'au dernier moment de cette belle vie dé-
vouée tout entière aux intérêts de la morale et de la
vraie science.

Mais il y avait une classe supérieure de savants
qui entreprenaient de recueillir toutes les connaissances diverses de leur temps, ce qui leur était d'autant plus facile que chaque branche se trouvant encore assez limitée et n'ayant reçu qu'une faible partie
de son développement, des esprits ordinaires pou-

vaient les embrasser toutes et offrir au vulgaire le phénomène d'une encyclopédie vivante. Aussi l'histoire nous apprend-elle qu'il y en avait plusieurs de cette espèce avant Socrate.

Il fallait un *nom* qui caractérisât ces hommes universels toujours prêts à disserter et à répondre comme à attaquer sur les matières les plus relevées. Quand le mot philosophe aurait été connu, il eût été trop modeste pour ces savants universels qui ne faisaient pas seulement profession d'aimer et de chercher la sagesse ou la vraie science, mais qui prétendaient la posséder et s'ériger en professeurs publics de sagesse et de science. Aussi se donnèrent-ils à eux-mêmes le nom de *Sages* par excellence, titre qui s'appliquait plus spécialement à ceux qui s'occupaient des choses du ciel, d'où ils planaient avec orgueil sur celles du monde, où la plupart ne cherchaient pas moins toutefois à occuper la meilleure place. Aussi a-t-on pu dire, dans le sens le plus vrai et le plus étendu, que Socrate fît descendre la sagesse du ciel sur la terre, parce qu'il rabaissa l'orgueil des sophistes ou des prétendus sages, de toute la distance qui sépare le ciel et la terre, et qu'il rappela la pensée du dehors où elle s'égarait, à l'étude des choses qui sont le plus près de l'homme et avant tout de sa nature morale, de son principe, de ses moyens de sagesse ou de bonheur, de sa destination présente et future, de ses espérances immortelles.

Socrate fixa donc à la vraie science de l'homme son objet propre, son but, ses instruments et ses

moyens tous concentrés dans notre nature morale,
tous implicitement renfermés dans cette admirable
parole de l'oracle de la sagesse : *nosce te ipsum*. Il
employa sa vie entière à montrer la vanité de toutes
les sciences qui, détournant l'homme de ce grand
objet, enflent son esprit et son cœur plutôt qu'elles
ne le nourrissent, et servent à une sorte d'apparat
théâtral plutôt qu'au bon usage et à la *fin* même de
la vie humaine.

Les sophistes se disaient les plus sages entre les
hommes, et Socrate leur montre qu'ils en sont les
plus insensés par l'emploi de leurs facultés, de leurs
talents les plus supérieurs, par tous les efforts, toutes les peines qu'ils se donnent pour être réputés savants et sages, car toute la sagesse humaine consiste
dans l'amour de la vérité, dans une recherche faite
de bonne foi des moyens qui y conduisent, dans un
désintéressement complet de la gloire ou de la vanité
et des avantages matériels du savoir même. Or les
sophistes, inspirés par le démon de l'orgueil, s'occupaient uniquement de l'effet plutôt que de la vérité de
leurs opinions, et leur mauvaise foi était en proportion de l'habileté ou de l'adresse de leurs moyens
déloyaux, ou des subtilités dialectiques qu'ils sa-
vaient employer pour soutenir des paradoxes. Ces
prétendus sages professaient et pratiquaient une
morale fondée sur l'intérêt personnel. Pour eux la
religion n'était qu'une invention humaine appropriée
à la politique. La politique ou la science sociale ne
se fondait que sur le droit du plus fort ou du plus
adroit. Le beau, dans la nature physique, comme le

bon et le vrai, dans la nature morale et intellectuelle, n'étaient que les qualités relatives aux sens et à l'imagination, et variaient comme les climats ou les dispositions de la sensibilité. De là le scepticisme, le *nihilisme* même, et tous les systèmes résultats nécessaires d'une sorte de doctrine funeste assez connue par l'histoire de ses destructions qu'elle appelle ses conquêtes. Les premiers sophistes laissèrent sans doute beaucoup à faire dans ce genre de conquêtes aux derniers venus : mais ils connaissaient déjà tous les principes de théorie. Quant aux moyens, les modernes sophistes auraient eu peu à apprendre aux premiers, la perfectibilité universelle paraît s'être appliquée aussi peu à la fausse qu'à la vraie philosophie ; si l'on en doute on n'a qu'à lire les dialogues de Platon, surtout le *Théétète* et le *Protagoras*.

Socrate, puisant à la vraie source des lumières, chercha la vérité en lui-même, de bonne foi et avec un cœur pur, et au fond de sa conscience il trouva, dans cette raison naturelle qui n'est pas le raisonnement, les vérités premières de la morale et de la religion ; à la frivole incrédulité des sophistes il opposa l'unité du Dieu créateur, à la morale de l'intérêt, la morale du devoir, au droit du plus fort, les droits de la justice, à l'arbitraitre du législateur, les lois éternelles de la raison, à une doctrine fondée sur des passions variables ou des intérêts qui meurent, le dogme de l'immortalité dans toute son évidence et sa sublimité. Aussi Socrate arrache complétement le masque aux sophistes, les livre au ridicule et à la

risée du peuple qu'ils séduisaient avant lui, plaide
contre eux jusqu'à la fin de sa vie la cause de la vérité et meurt victime de son dévouement à la philosophie qu'il avait instituée. Qui eût dit alors que le
nom même de philosophie, inséparable de celui de
son inventeur, et destiné à rappeler la gloire de Socrate et l'humiliation des sophistes, passerait à la
sophistique elle-même, et offrant après tant de siècles l'exemple le plus frappant de cet abus des mots
si familier et si favorable aux sophistes, ne serait
plus qu'un signe de réprobation sous lequel des sophistes d'une autre espèce se plairaient à envelopper
et à confondre les doctrines filles de Socrate et dignes de lui, avec celles de ses ennemis les plus
acharnés, afin de discréditer et de flétrir sous un
mot commun la vraie philosophie confonduc avec la
sophistique, avec tout ce qui n'est pas elle, afin
qu'elle portât les péchés du monde et devînt l'objet
des préventions et des haines des hommes accoutumés à juger sur la parole ou d'après l'étiquette, les
choses qu'ils ne peuvent comprendre et qu'il serait
trop long d'examiner! Puisque du temps de Socrate
ce nom de philosophe exprimait justement le contraire du sophiste, du sceptique, de celui qui pro-
fesse des opinions contraires à la morale, à la religion, à l'ordre essentiel des sociétés, pourquoi, prenant ce mot à contre-sens, l'appliquer spécialement
aux sophistes et outrager sous leur nom l'école entière de Socrate? Puisque le même titre était refusé
aux poëtes, aux physiciens, aux astronomes, aux
naturalistes *ex professo*, comme aux politiques, aux

orateurs, aux musiciens, etc., qui avaient chacun
leur dénomination propre, étrangère à ce que Socrate appela philosophie, pourquoi transformer la
valeur propre de ce mot en celle d'un terme universel qui embrasse tous ceux qui ont exploité à leur
manière une portion du vaste champ des connaissances ? Demandez-le à l'auteur des *Recherches philosophiques* et il vous répondra, s'il est franc, que
dans son projet de ruiner tous les produits de la raison de l'homme (cet homme fût-il Socrate), en montrant qu'elle ne fait que se contredire ou s'opposer
sans cesse à elle-même, il lui importe de n'avoir
qu'un mot pour exprimer tous ces produits les plus
divers, les plus opposés réellement par leur nature
ou leur objet ; que s'il y a eu et s'il y a encore de
mauvais raisonneurs en morale, en politique, en
physique même, s'il y a eu des hommes pleins de
talents mais tout extérieurs, n'ayant jamais réfléchi,
jamais senti Dieu et l'âme, qui s'appellent philosophes, parce qu'ils ont l'art de se passer de religion,
il sera convenable et utile aux vues de l'auteur de
pouvoir se servir du titre de mépris qu'il leur applique pour insulter et discréditer par le nom qu'il leur
décerne, tous les hommes qui se servent de leur
raison pour soutenir des opinions opposées à sa
doctrine, afin d'être dispensé de les examiner au
fond, dans l'espoir d'en dégoûter les autres.

En se plaçant dans le point de vue du père de la
philosophie pour apprécier le caractère, l'objet et le
but de la science à laquelle ce nom fut d'abord spécialement dévolu, on trouve en effet si peu de rap-

port et tant d'opposition entre cette philosophie et la sophistique, que de sages historiens n'ont pas hésité à exclure entièrement les sophistes grecs antérieurs à Socrate, ou ses contemporains du tableau de l'histoire des philosophes proprement dits. On peut voir à ce sujet les raisons du savant Brucker soutenant cette thèse contre Struvius qui en avait jugé autrement (1).

Mais si les sophistes se trouvent justement exclus de l'histoire comme de la classe des philosophes, ou s'ils ne sont appelés à y figurer que pour faire en quelque sorte l'ombre du vrai tableau, que penser d'un auteur qui, affectant de prendre sans cesse l'ombre pour le corps, se fonderait sur l'identité de nom par lequel il lui plaît de les désigner pour charger la philosophie de toutes les taches, défauts et écarts de la sophistique? Ne serait-ce pas le comble de l'injustice? Quelle raison peut-il y avoir de donner la plus grande place dans la même histoire de la philosophie à ces personnages qui consacraient leurs talents ou leurs connaissances à exciter la curiosité, réveiller les passions ou satisfaire l'imagination superstitieuse des premiers peuples encore enfants, qui prétendirent enseigner tout ce que l'homme doit ignorer à jamais, en le détournant de la seule science qui le touche de près, surtout des vertus de cette sagesse qui est seule la voie du bonheur, la véritable vie des peuples et des individus? En quoi tous ces poëtes, orateurs, politiques, physiciens, natura-

---

(1) *Historiæ criticæ philosophiæ appendix,* tome I, page 17.

listes, musiciens, etc., qui avaient toute la vogue
avant Socrate, avant que le nom même de philosophie existât, appartiennent-ils à l'histoire de la philosophie? Si nous étions fidèles à la première définition de la philosophie, son histoire devrait être
uniquement celle des sages.

On veut nous prouver d'après l'histoire la filiation
exacte des idées de ces sages qui, à partir du premier
de tous, ont « cherché à s'élever à la connaissance
d'eux-mêmes et de la nature morale, » en demandant
à la raison, à la conscience intime de l'homme ce
qui ne peut être trouvé que dans cette source, et
voilà qu'on commence par nous initier à toutes les
rêveries des Grecs sur les premiers principes des
choses : le feu, l'eau, la manière dont les dieux se
sont engendrés, celle dont le monde a été formé ;
plus tard on mêlera l'histoire des découvertes ou
des progrès des sciences mathématiques et physiques ou naturelles, qui vont sans cesse en se perfec-
tionnant, avec celle de l'homme et de la nature morale qui n'a jamais changé depuis Socrate jusqu'à
Descartes et Kant. Et quand on a ainsi tout brouillé,
tout confondu dans ce chaos qu'il plaît d'appeler
histoire de la philosophie, on osera invoquer l'*expérience* de cette prétendue histoire à l'appui des dissidences et des contradictions perpétuelles dont on
prétend faire un signe universel de réprobation contre la philosophie et les philosophes, comme si la
différence d'objets ou d'études pouvait être confondue avec l'opposition des doctrines sur un même
sujet, comme si l'on pouvait s'autoriser de cette con-

fusion d'idées ou de l'application arbitraire d'un
terme général pour proscrire le genre en vue d'une
telle espèce, comme si enfin on pouvait faire retomber sur la vraie philosophie l'anathème lancé contre toutes les fausses par le premier des philosophes.

Nous venons d'indiquer le sophisme sur lequel
roule presque uniquement le nouveau plaidoyer que
M. de Bonald a donné contre la philosophie. Nous
nous croyons dispensé de le suivre dans ses recherches historiques, étrangères, d'après ce que nous
venons de dire, à une véritable histoire de la philosophie, en tant qu'elle a pour objet la connaissance
de l'homme ou de la nature intellectuelle et morale.
Nous nous bornerons à relever les points où son exposition historique rentre dans le sujet en question.
Nous avons à examiner ces points de fait : 1° si les
dissidences et les contradictions des philosophes sont
aussi réelles, aussi nombreuses qu'il le prétend;
2° si cette diversité des doctrines ou des opinions,
entendue comme elle doit l'être, sans rien exagérer
ni brouiller, est une plaie sociale aussi profonde que
semble le croire l'auteur des *Recherches philosophiques*; 3° enfin si la vraie philosophie ne porte pas en
elle-même et en elle seule le préservatif ou le remède contre le mal.

Suivons : « Les systèmes les plus anciens de phi-
« losophie furent des genèses et des cosmogonies. »
La philosophie n'a fait ni genèses ni cosmogonies, ni
théogonies. Elle n'existait pas même de nom, lorsque des esprits aussi audacieux qu'aveuglés sur eux-

mêmes et sur la portée de nos facultés naturelles, prétendirent expliquer ce qu'il n'est pas donné à la raison de comprendre et que la foi seule peut enseigner. Quelque grande que fût la pénétration et la profondeur de son génie dans l'investigation et l'explication des faits de la nature physique, Anaxagore est repris par Socrate comme un sophiste ordinaire, lorsqu'il cherche à expliquer la formation de l'univers, en reculant autant qu'il le peut l'action de la cause créatrice, dont son esprit philosophique lui faisait pressentir la nécessité, et dont il indiquait plutôt qu'il ne démontrait l'existence (1) : vérité première qu'il était réservé au père de la philosophie de mettre dans tout son jour, après l'avoir puisée à sa véritable source.

« Socrate trouva dans ses méditations, ou peut-« être dans les livres des Hébreux déjà répandus « en Orient, les notions des vérités importantes dont « la philosophie cherche depuis si longtemps les « preuves. » Le doute sur la vraie source où le père de la philosophie puisa les notions des premières vérités religieuses et morales dont il s'agit, est beaucoup moins important qu'on ne le croirait d'abord. Si Socrate ne trouva ces notions qu'en lui-même, et par cette sorte de révélation intérieure que nous avons distinguée, il faut bien reconnaître que c'est là une véritable source de lumière placée par Dieu au fond de l'âme même, afin qu'elle éclairât sur les premières vérités de la religion et de la morale, tous

---

(1) Stapfer. *De Socrate*, page 60.

les hommes qui n'ont pas pu entendre ou recueillir sa parole même. M. de Bonald reconnaît donc ici que l'autorité de l'évidence qui éclaire tous les hommes, supplée heureusement et peut entièrement remplacer l'évidence de l'autorité qui ne parle ou ne commande qu'à quelques-uns; et il nous fournit lui-même un exemple de l'accord que nous avons remarqué entre les deux révélations, l'externe et l'interne. Que si Socrate trouva dans les livres des Hébreux les vérités premières dont il s'agit, cette découverte ne fut encore pour lui qu'une *occasion* pour en reconnaître et en constater l'évidence en lui-même, dans des faits de sens intime ou dans des idées dont le germe était dans son âme. Ainsi, pour les reconnaître et les proclamer à titre de vérités, et avec le sentiment d'une entière et profonde conviction, il n'eut besoin que des lumières d'une révélation intérieure, sans laquelle les lettres révélées de l'Écriture eussent été mortes et sans valeur pour son esprit.

Remarquons bien que ce n'est pas la vraie philosophie, celle de Socrate, première de nom et de fait, « qui cherche depuis si longtemps les preuves des premières vérités, » des premiers faits, car la lumière intérieure ne se prouve pas plus que l'extérieure. Les sophistes, les sceptiques seuls demandaient que le raisonnement prouvât les données premières ou les conditions mêmes de toute raison. Malheur à ceux qui ont besoin qu'on leur démontre autrement que par les faits de sens intime, l'activité de l'âme et l'existence de la cause première! Dès qu'ils repoussent, autant qu'il est en eux, l'autorité intérieure qui leur fait la loi, aucune autorité plus certaine, plus évidente ne parlera du dehors à leur âme et ne pourra s'en faire entendre. C'est ainsi que l'entendait le père de la philosophie, lorsqu'il recommandait si expressément à ses disciples de s'attacher à reconnaître les faits de la Providence, au lieu de rechercher curieusement et bien vainement la manière dont elle agit, de s'attacher aux effets de la cause bien évidente par elle-même, au lieu de chercher à pénétrer dans son essence, aux résultats des premiers principes, au lieu de faire de vains efforts pour prouver ce qui n'a pas besoin de preuves.

Cette philosophie ne s'est pas perdue, ni même altérée dans la succession des âges, à travers toutes les distances de temps et de lieux. Nous la retrouvons pure et perfectionnée encore en théorie dans les écoles modernes, dont la morale sublime nous offre tous les traits d'une honorable filiation, avec la preuve vivante d'une constante et heureuse uniformité dans les principes de cette vraie philosophie qu'on accuse de tant de dissidences et de mobilité.

« Socrate qui fit descendre la morale du ciel, « l'aurait sans doute affermie sur la terre, si le gé- « nie d'un homme quel qu'il soit pouvait être une « autorité pour l'homme et une garantie pour la « société. » Non, sans doute, le génie d'un homme quel qu'il soit n'a pas sur l'homme une autorité propre et durable. L'esprit humain est indépendant par essence : chacun suit sa lumière ; mais la même lumière luit pour tous, et la raison n'obéit qu'à la raison qu'elle entend, et non point à la bouche qui l'annonce ou à la parole qui l'exprime. Le génie qui proclame les premières vérités morales, *l'unité d'un Dieu créateur, conservateur et rémunérateur, et l'immortalité de l'âme*, ne fait pas entrer dans l'âme des idées nouvelles ; il lui montre distinctement ce qui était en elle obscurément, il développe ce qui était en germe. Ce n'est pas la voix, la parole extérieure, de quelque poids qu'elle puisse être, qui fait l'autorité, mais bien la voix intérieure éveillée et répondant comme l'écho. Les signes des premières vérités entendus, transmis, n'ont qu'une fonction excitative de l'esprit qui les reçoit ; ils n'apportent point l'esprit avec eux, ni en eux. Éclairé lui-même par une raison plus élevée ou plus hâtive dans sa marche, l'homme ne croit jamais véritablement qu'à sa propre raison.

Chose surprenante ! la parole de Dieu même, révélant à l'homme les premières vérités morales, ne tarde pas à s'altérer autant par les passions que par l'éloignement des temps et la dispersion des peuples. Lorsque des traditions grossières l'ont déguisée, transformée ou rendue méconnaissable, il faut que les sages qui veulent s'élever à la connaissance d'eux-mêmes et de la nature morale redemandent à la raison ce qu'ils ne peuvent plus reconnaître dans les croyances de la société, consultant la voix intérieure sur ce que ne peut plus leur apprendre une révélation extérieure défigurée. Cette raison, cette voix in-

térieure leur répond clairement; elle seule rétablit
le texte sacré qui n'aurait pu conserver la pureté et
l'évidence primitive que par la continuité du même
miracle qui le produisit; elle supplée même ce texte
pour les sages qui n'ont jamais pu le connaître, elle
parle à tous le même langage, les éclaire tous de la
même lumière; et si, comme la langue sacrée, elle
est susceptible d'être momentanément obscurcie par
les passions, il ne faut du moins aucun secours
étranger, aucun miracle pour lui rendre son évidence; elle ne peut s'altérer ni se perdre par la dispersion des peuples, ni par toutes les différences de climats, de langage, de siècles, de croyances accessoires
qui empêchent les sages répandus sur toute la surface de la terre de communiquer ou de s'entendre.
Comment ne pas reconnaître là le caractère d'une
autorité absolue, universelle, immuable? où le trouver si ce n'est dans cette source? Comment cette garantie infaillible de vérité que trouve en lui-même
chaque homme participant à la raison universelle
(*rationis particeps*) (1) ne serait-elle pas la première
garantie de la collection des êtres raisonnables ou
de la société?

Quelque éminent que fût le génie de Socrate, ce
n'est donc pas lui seul qui pouvait affermir sur la
terre le règne de la philosophie qu'il y avait fait descendre. Le flambeau excité ou ôté de dessous le bois-
seau, et non point allumé ou créé par ce génie, a lui
et luira toujours pour les esprits qui ne voudront

---

(1) Cicéron. *De Officiis.*

pas s'en détourner. Non, la philosophie de Socrate
ne saurait mourir; et les âmes élevées à sa hauteur
peuvent encore, en partant de la source, en suivre
les traces lumineuses dans la marche des siècles, et
jusque dans les ténèbres de la barbarie, pour la retrouver encore vivante dans une école moderne où la
philosophie morale de Socrate brille d'une lumière
toute nouvelle, que d'autres sophistes cherchent à
étouffer, et que les aveugles volontaires ne peuvent
voir.

La doctrine de Socrate nous a été transmise immédiatement par deux de ses disciples dont l'un,
Xénophon, l'a seul conservée pure, et l'autre, Platon, la systématisa, en la mélangeant avec bien des
idées hétérogènes.

L'auteur des *Recherches philosophiques*, qui conteste toujours à l'esprit humain son indépendance de
droit, et ne reconnaît comme autorité fixe, malgré la
raison et l'expérience contraire, qu'une révélation
extérieure, croit trop peut-être à la nécessité des em-
prunts faits par les premiers philosophes à des auto-
rités étrangères. Que Platon ait mêlé aux opinions
de Socrate quelques-unes de celles de Pythagore,
qu'il ait recouru soit aux lumières des prêtres de
Memphis, soit à celles plus élevées encore des livres
juifs, nous laissons aux érudits le soin d'éclaircir le
fait. Ce que nous concevons bien, c'est que Platon
dut puiser abondamment à la même source que Socrate, et après lui, au fond des vérités premières,
qui est comme le patrimoine commun de tous les
esprits raisonnables; tandis que d'un autre côté,

cette imagination si féconde, si riche de poésie, a pu
lui inspirer comme aux premiers poëtes, précepteurs
des peuples enfants, une foule d'idées, d'opinions
étrangères à la doctrine du maître et au domaine de
la philosophie proprement dite ou de l'étude de l'homme intellectuel et moral, que ce sage avait considérée
comme la première et la seule vraie science.

Si la philosophie se trouvait circonscrite dans le
domaine propre que lui assigne son premier auteur,
la place qu'occuperait Aristote dans son histoire serait d'autant plus petite que celle qu'il remplit dans
l'histoire des sciences en général est grande. Législateur de toutes les connaissances humaines, grand
observateur des choses, analyste supérieur des formes, ce qu'il observa et connut le moins, ce furent
les lois intérieures de l'esprit et du cœur de l'homme ;
il désapprit, pour ainsi dire, la philosophie de Socrate, et l'exila de nouveau hors de l'homme et de
la nature morale pour l'attacher aux objets de la nature physique, à tout ce qui n'est pas l'homme. Si
Socrate eût été le contemporain d'Aristote, il l'aurait peut-être classé parmi ces sophistes, si universels par les connaissances et les talents, si forts dans
l'art de la dispute, et qui maniaient si bien l'arme
de la dialectique pratique, avant même qu'Aristote
en donnât la théorie et en rédigeât le code. Et ce maître qui rayait du tableau de ses disciples les orateurs, les physiciens, tous ceux qui couraient après
l'éclat, la science qui enfle, en négligeant la vraie
lumière, celui qui n'accordait pas le titre de philosophe ou de sage au maître de Périclès, pour s'être

perdu dans la recherche des causes secondes et l'explication de leur manière d'agir, au lieu de s'élever
à cette Providence qui a tout réglé avec poids et mesure, de chercher à connaître ses vues et ses fins dans
la nature morale surtout, où elles peuvent se manifester au cœur de l'homme, le père de la philosophie, dis-je, aurait bien refusé au chef du péripatétisme une honorable adoption.

Parlerons-nous de la troisième école grecque, la
stoïcienne, si digne de respect et d'admiration pour
sa partie morale, qui mérita seule, mais si parfaitement, le titre de philosophie, tandis que la partie
spéculative tout entière, sophistique ou sceptique,
n'ayant aucune base dans les faits de l'âme, ne se
soutenait que par les vains artifices d'une dialectique
appliquée hors de ses limites aux principes mêmes
ou premières données de la raison humaine? Ainsi
Zénon sembla vouloir justifier la doctrine du premier
maître en offrant dans sa métaphysique un exemple
de plus de la vanité et des illusions des systèmes, et
dans sa philosophie pratique, la source vraie et unique où l'homme puise les lumières. Il donna la preuve
la plus éclatante de la réalité du savoir et du pouvoir de l'homme dans les limites de sa nature, dans
la sphère propre de son activité, de sa liberté intérieure et de sa conscience, où il trouve primitivement renfermées toutes les données de la science,
tous les moyens de sagesse.

Nous pourrons voir bientôt la philosophie socra-
tique justifiée de la même manière dans une de nos
plus modernes écoles de philosophie sous le double

point de vue de métaphysique négative ou sceptique, et d'une morale positive, invariable dans ses dogmes, certaine et absolument évidente dans sa pratique.

De ce coup d'œil rapide et superficiel sur les premières écoles grecques, nous pourrions tirer, si nous l'osions, une conclusion mieux motivée peut-être que celle de l'auteur des *Recherches philosophiques* qui passe encore plus légèrement que nous sur ces premiers systèmes, quoiqu'il les regarde comme la source de tous les autres. « Sur l'existence de la « première cause et le principe des connaissances « humaines, » dit-il en terminant ce qui regarde les premiers systèmes grecs, « les philosophes anciens « flottèrent toujours entre l'intelligence suprême et « la matière éternelle, comme entre l'esprit de l'hom- « me et ses sens, tantôt mêlant quelque chose de ma- « tériel à la divinité, tantôt quelque chose d'intelli- « gent à la matière. »

Je réponds en concluant au contraire que les philosophes *proprement dits*, à partir de l'origine jusqu'à nous, n'ont jamais flotté entre les attributs propres de l'intelligence et de la matière, de l'esprit et des sens, dont la distinction bien faite et bien observée est le premier objet et le vrai *criterium* de toute philosophie.

Les idéalistes sont ceux qui partent du *moi*, ou des faits primitifs de la conscience et du sens intime ; et, en déduisant ou en raisonnant par analogie avec ce sujet, ils sont arrivés nécessairement à des causes spirituelles et à l'intelligence suprême qui se révèle à l'homme intérieur avec une évidence supérieure *(certissima scientia)* ; telle a été la marche de Platon et de son école.

Les naturalistes ou physiciens, fabricateurs d'hypothèses cosmogoniques, partent de l'objet ou de la matière telle qu'elle s'offre phénoméniquement à l'imagination et au sens qui ne jugent pas ; et, raisonnant par induction de ses premiers phénomènes sensibles, ils admettent la matière éternelle sans flotter entre elle et l'esprit qu'ils ne peuvent pas même concevoir, c'est-à-dire imaginer. Tels ont été les premiers auteurs des systèmes cosmogoniques ou physiques : Thalès, Anaximène, Démocrite, Héraclite, et plus tard Épicure et Lucrèce, qu'on ne saurait en aucune manière appeler philosophes, tant qu'ils n'ont fait qu'imaginer ou rêver sur la nature extérieure et les premiers principes des choses. Ceux qui ont observé les phénomènes sensibles, qui ont étudié profondément ou exposé les lois et expliqué les causes secondes sans monter plus haut, en laissant de côté ou reniant même la cause première intelligente et les lois de notre nature morale qui s'y rapportent comme à leur principe et à leur fin, ceux enfin qui font « Dieu de la matière, et l'âme de l'homme de ses organes, » n'ont jamais compté et n'auront jamais rang parmi les philosophes.

Une autre conclusion que l'histoire de ces premières écoles fournit à M. de Bonald, et que nous prendrons aussi la liberté de contredire, c'est l'application qu'il prétend faire à l'âge actuel de la philosophie, de l'histoire de son premier âge. Le savant

historien, sur l'autorité duquel s'appuie l'auteur des
nouvelles recherches, a dit avec peu d'exactitude et
par un abus du mot philosophie, que déjà du temps
de Socrate « la réforme était devenue nécessaire; »
que « toutes les idées étaient confondues, » etc. Sur
quoi M. de Bonald fait la remarque plus satirique
que juste pour son siècle : « qu'en changeant les
« dates, ce tableau nous conviendrait parfaite-
« ment. »

Mais quelle analogie peut-on établir entre une
époque où la vraie philosophie n'existait pas même
de nom, et celle où tous les points de vue sous lesquels la nature intellectuelle et morale peut être
saisie, conçue en spéculation et étudiée dans la pratique, se sont successivement présentés aux philosophes qui, depuis Socrate, ont pris pour sujet d'é-
tude l'homme, le sujet pensant lui-même, et se
trouvent en quelque sorte épuisés à tel point qu'un
nouveau système semble devenu impossible, comme
le dit plus bas l'auteur lui-même, et sans doute avec
un peu de témérité?

Non, ce ne fut pas la philosophie, mais l'esprit
humain lui-même que Socrate voulut réformer, en
créant la vraie philosophie, ou en lui assignant son
objet propre et séparé, pris dans l'intimité de la conscience de l'agent moral. Il fallait montrer et ouvrir
la voie méconnue de la vraie sagesse, de la vraie
science, en rétablissant le crédit de cet oracle oublié :
nosce te ipsum. Aujourd'hui toutes les routes sont
ouvertes et bien frayées; toutes les vastes mers de
notre monde intérieur ont été parcourues et explo-

rées dans tous les sens. Peut-être que, touchant au
pôle, la boussole ordinaire ne bouge plus; et qu'il
faut ou revenir sur ses pas, ou en faire de nouveaux
en avant pour trouver le vrai méridien sous lequel
il faut se diriger pour gagner le port du repos, peut-
être, pour parler sans métaphore, ce n'est plus sur
l'esprit, mais sur le caractère, qui n'est plus en rapport avec l'esprit, que devrait porter une réforme, si
elle pouvait avoir lieu. Ce n'est pas la science qui
manque aux hommes d'aujourd'hui, mais plutôt les
hommes qui manquent à la science.

Rien ne se ressemble entre les deux époques comparées. Quand il s'agit de l'ancienne Grèce et de ce
premier âge des sciences où un seul homme, suivant
la culture de son esprit, pouvait embrasser, comme
dans une encyclopédie informe, ce qui était connu
de son temps, et s'attirer l'admiration du vulgaire,
sous le titre de sage, de devin, d'interprète des dieux;
on peut savoir à peu près ce qu'on veut dire en parlant de la doctrine de tel siècle ou de tel pays où se
remarquait quelque lumière, vraie ou fausse, au milieu des ténèbres qui couvraient tout le reste. Le tableau cité donne donc une idée plus ou moins exacte
de la philosophie en Grèce à l'époque dont il s'agit.
Mais que peut-on entendre quand on parle dans les
mêmes termes de la philosophie du dernier âge? Je
ne parle pas de l'abus du mot philosophie, appliqué
aux systèmes les plus divers, ou ayant un tout autre
objet que la nature intellectuelle et morale de l'homme; mais en prenant notre monde actuel savant ou
civilisé comme l'historien des systèmes a considéré

la Grèce, y a-t-il une philosophie européenne à laquelle puisse s'appliquer le tableau de la philosophie grecque avant Socrate? Non sans doute; et M. de Bonald en fera ailleurs la remarque expresse, quand il s'agira de prouver le désaccord constant et universel des philosophes de tous les temps et de tous les pays. Donc on ne pourrait savoir ce qu'on dit, ni de quoi l'on parle, en prétendant que la philosophie du dernier âge « est dépourvue à la fois de certi- « tude dans ses maximes, d'utilité dans ses résultats, « de dignité dans son caractère. » De quelle philosophie s'agit-il en effet? Est-ce de celle de Condillac ou de Reid, qui paraissent aujourd'hui se partager nos écoles en France; celle de l'école écossaise luttant surtout en Angleterre avec bien de la peine contre l'indifférentisme général pour toutes les doctrines spéculatives? Est-ce la philosophie de Kant et tous les divers systèmes qu'elle a engendrés en Allemagne, où il n'y eut jamais autant d'écoles et de doctrines diverses? Peut-on dire également de toutes ces philosophies qu'elles manquent de certitude dans les principes, d'utilité dans les résultats, de dignité dans le caractère? L'anathème lancé contre l'une d'elles sous quelqu'un de ces rapports, n'est-il pas à la décharge de l'autre, ou ne fait-il pas même indirectement son apologie? Si l'on dit, par exemple, que la philosophie des sensations et la morale des intérêts manquent à la fois de certitude, d'utilité et surtout de dignité, le dira-t-on également de la philosophie morale, ou de la raison pratique de Kant, de cette morale sublime fondée sur la conscience du *moi*, la liberté du *moi* et l'absolu du devoir?

Nous livrons ces questions à la philosophie, c'est-à-dire à la justice et à la bonne foi du savant auteur des *Recherches-philosophiques.* En attendant sa réponse, en voici une qu'il nous fournit lui-même assez à propos, et qu'il aurait sagement fait de bien méditer avant de lancer son arrêt de proscription en masse contre la philosophie : c'est avec d'autres noms la même que fit autrefois saint Clément d'Alexandrie à des sceptiques qui niant, avec toute philosophie, les bases mêmes de la raison, menaçaient d'entraîner dans la même ruine la vraie religion et la foi. Disons à notre tour à l'âge où nous sommes parvenus : ce qu'il faut appeler philosophie n'est pas celle de Descartes, de Leibnitz, de Reid, de Locke, de Condillac, de Kant, « mais le choix formé de ce que chacune « de ces doctrines contient de vrai, de favorable aux « mœurs, de conforme à la religion, » car voilà le véritable éclectisme qui nous convient aujourd'hui, le vrai moyen de réforme approprié à notre âge, la vraie philosophie appelée aujourd'hui, comme du temps de Socrate, à réformer l'homme plutôt qu'à se réformer elle-même. Ce moyen de réforme est moins tranchant mais plus efficace pour fermer la plaie de l'opposition des systèmes que la dénégation ou la fin de non-recevoir opposée à tous les systèmes de philosophie sur la simple étiquette, sans examen du fond, et par le seul motif qu'on ne peut se prévaloir d'une autorité autre que la raison et supérieure à la raison ou à la conscience même.

Le Père de l'Église dont nous sommes mieux fon-

dé que M. de Bonald à invoquer ici le témoignage,
éclairé par une double révélation, comprit admirablement qu'il y a un fond de vérité commun à toutes les doctrines qui ont l'homme et la nature morale pour objet; que c'est là la vraie philosophie;
que ces vérités premières qui se trouvent plus ou
moins purement contenues dans chaque système en
constituent toute la partie philosophique, laquelle
une fois séparée des éléments hétérogènes ou accessoires se trouve constamment identique ou égale à
elle-même de quelque doctrine qu'elle soit extraite,
comme il y a identité dans la matière sucrée extraite
de diverses plantes. La philosophie ainsi considérée,
ayant sa base dans la nature humaine, ne peut différer de la religion universelle ni par la source d'où
elle émane, qui est nécessairement Dieu, auteur de
la nature humaine, ni par la base sur laquelle elle se
fonde : l'une et l'autre viennent de Dieu ; elles ont
été révélées à l'homme par lui.

M. de Bonald approuve l'éclectisme de saint Clément, quoiqu'il soit vraiment philosophique, fondé
sur ce « qu'il ne faisait que rallier des vérités épar-
« ses et particulières, à une doctrine toute formée,
« à un système général de vérités, et rapprocher
« ainsi les conséquences de leurs principes. » Mais de
quelle doctrine, de quel système de vérités s'agit-il?
de celles qui se fondent sur la révélation intérieure
et que tout homme trouve en lui-même? Nous sommes d'accord, et la doctrine de Socrate nous a prouvé qu'il n'était pas impossible à l'homme de s'élever
à cette doctrine, à ce système de vérités que le divin

fondateur du christianisme a représenté épuré, agrandi, et non point détruit ou changé au fond. S'agit-il d'un système de vérités donné à une certaine classe d'hommes choisis ou privilégiés de Dieu? Nous sommes bien hors de la philosophie, mais si les vérités éparses tirées du stoïcisme, du socratisme et du platonisme ont pu venir se rallier à cette doctrine révélée, il fallait bien qu'il y eût analogie parfaite avec celle qui se fonde sur la nature même de l'homme, et comme une harmonie préétablie entre les deux révélations extérieure et intérieure. Autrement les idées ou les sentiments qui constituent celle-ci n'auraient pu se rattacher aux faits surnaturels ou aux signes divins qui composent celle-là, comme les conséquences se rattachent aux principes ou les effets aux causes, ce qui nous ramène au parallélisme entre les deux sortes de révélations et à l'identité de source, d'objet et de fin que nous avons précédemment reconnue.

Cela nous explique comment les premiers docteurs du christianisme purent concilier avec leurs dogmes plusieurs points fondamentaux de la doctrine de Socrate, et le mélange qui se fit dans l'école, du platonisme avec le christianisme, ce qui fait le caractère de la philosophie du moyen-âge.

« M. de Bonald reconnaît lui-même que les idées « de Platon se rapprochaient de quelques vérités « fondamentales de la religion chrétienne, comme le « stoïcisme, de sa morale sévère. » Or comme on ne saurait établir, quoique l'auteur cherche à l'insinuer sous forme de doute, que Socrate et ses disciples eussent emprunté leur doctrine morale des livres juifs, et comme l'auteur avoue lui-même « que Pla- « ton n'avait trouvé que dans son génie et Zénon, dans « son caractère, les vérités analogues aux dogmes ou « aux pratiques que la *nouvelle philosophie* (1) venait « enseigner, prescrire ou conseiller. » Nous pour- rions terminer ici nos observations sur l'histoire de la philosophie, et conclure des propres aveux de no- tre auteur, au sujet des doctrines anciennes qu'il passe en revue exprès pour faire ressortir leurs op- positions et leurs divergences, que ces rapproche- ments prouvent au contraire que toutes ces doctrines, en tant qu'elles peuvent justifier leur titre, présen- tent un admirable accord de principe, d'objet, de moyens et de fin ; qu'à partir de Socrate il y a même plus qu'analogie entre le fond des premières vérités qui font la base de ces doctrines, et que, comme il n'y a qu'une vraie religion, malgré toute la diver- sité des sectes, des communions, des dogmes et des rites propres, crus ou pratiqués en divers pays, il n'y a de même qu'une vraie philosophie morale et intellectuelle malgré la diversité des systèmes phi- losophiques. Nous pourrons conclure enfin que l'*au- torité de l'évidence* a pour le moins autant de pou- voir pour maintenir l'unité de doctrine fondamentale en philosophie, que l'*évidence de l'autorité* pour

---

(1) Cette expression est bien remarquable quand il s'agit de la religion chrétienne, et elle rentre parfaitement dans nos principes. Pourquoi ne dirait-on pas en effet, dans le sens le plus éminent du mot, *la philosophie de Jésus-Christ* ou des Évangiles, comme on dit la philosophie de Socrate ? Mais que deviendrait alors l'anathème lancé contre la philosophie en général ?

maintenir l'unité de doctrine religieuse; que les deux sortes de pouvoirs tendent réellement au même but, par des moyens qui sont distincts sans être séparés, même aux yeux de l'homme, et qui s'identifient peut-être ou se confondent aux yeux de Dieu.

Le parallèle que nous avons en vue d'établir entre les deux sortes de moyens, interne ou externe, naturel ou surnaturel, dont Dieu a pu se servir pour révéler à l'âme humaine les premières vérités de la morale et de la religion, se trouve ressortir de l'accord même, historiquement vérifié entre les premiers dogmes des nations éclairées par Dieu, et ceux des premiers sages qui avaient trouvé dans les inspirations de la conscience et de la raison les mêmes vérités que Dieu avait fait entendre à son peuple choisi, en lui parlant de sa propre voix ou par celle de ses prophètes.

Nous concevons maintenant comment Dieu a pu permettre le mélange de la doctrine sacrée qu'il avait donnée immédiatement, avec une philosophie qui pour être dite profane, n'en venait pas moins de la même source, seulement par une autre voie et par une autre inspiration. Nous concevons enfin comment il a pu arriver dans l'ordre de la Providence que la « philosophie platonicienne ait dominé pres-« que exclusivement dans la première école chrétien-« ne jusqu'au temps de l'inondation des Barbares, « et du bouleversement général qui la suivit. »

Dans l'extinction de toutes les lumières, la religion qui ne meurt point dut préserver sans doute d'une destruction complète la philosophie avec qui

elle avait contracté une si étroite alliance dans la première école chrétienne. Mais quand tout aurait péri,
quand les monuments, les langues, les écritures et
toutes les traditions auraient été anéantis, tant qu'il
serait resté des hommes sur la terre, les germes des
premières vérités morales et religieuses subsistant au
fond des âmes, pouvaient être encore fécondés par
le concours naturel de nouvelles circonstances sociales, sous l'influence du génie d'un nouveau Socrate,
d'un autre Platon. C'était par là que la philosophie
pouvait encore se relever par ses propres moyens,
c'est-à-dire par ceux que Dieu a donnés à l'homme en
le créant, tout aussi bien que par de nouveaux miracles, par une autre révélation, ou par le don répété
des langues et des écritures. La lumière une fois
créée ne s'éteint plus, quoiqu'elle soit sujette à s'é-
clipser et à disparaître aux regards des hommes; il
suffit d'ôter les obstacles qui interceptent ses rayons,
et les ténèbres disparaissent, sans que Dieu ait besoin de répéter sa parole créatrice : *fiat lux*. Les
esprits déchus, ou tombés d'une certaine hauteur de
connaissance, ont encore la tendance à remonter ; ils
ne sont pas table rase, ou comme s'ils partaient de
l'ignorance absolue; de même que les aveugles par
accident ne sont pas comme les aveugles-nés qui
verraient pour la première fois et sans la chercher,
une lumière inconnue.

    Cela seul nous explique pourquoi la première res-
tauration des études en Occident suivit un ordre
inverse de celui des progrès naturels de l'esprit humain, et commença par où la science humaine a cou-

tume de finir, par l'érudition et les subtilités de la
dialectique, pourquoi aussi des « esprits incultes
« (ou plutôt déchus d'un état avancé de culture),
« n'ayant pas même dans leur langue à demi-for-
« mée d'instruments suffisants de la pensée, devin-
« rent subtils avec Aristote, plutôt qu'ils n'auraient
« été éloquents avec Platon. »

Certainement ce n'était pas des vaines disputes du
péripatétisme, de ses questions abstraites et oiseuses,
si propres à détourner ou à dissiper l'homme intérieur, à l'aveugler sur lui-même, que la vraie philosophie pouvait se relever ; et nous abondons entièrement dans le sens de l'auteur des *Recherches*,
lorsqu'il déplore cette époque d'égarement de l'esprit,
où les règles mécaniques de l'art de raisonner tenaient
lieu de raison, où l'on croyait trouver dans les universaux et les catégories, l'universalité des connaissances humaines, et l'omniscience toute formée. Mais
au lieu de blâmer cette fausse direction des esprits,
il faudrait la regarder, au contraire, comme la seule
bonne, si le don des langues, (ou ce qui est la même
chose, celui des formes appelées les universaux, les
catégories) emportait celui des idées ou notions toutes faites ; que celles-ci se trouvassent nécessairement
et matériellement exprimées dans les signes parlés
ou écrits révélés de Dieu ; enfin que le langage fût
l'homme tout entier, et que la parole renfermât tous
les secrets de la pensée.

Il ne faudrait peut-être pas non plus sacrifier la
vérité des faits historiques au désir de faire triompher
une opinion, en affirmant envers et contre tous, que

sous la domination exclusive du péripatétisme, lorsque
la dialectique offrait un arsenal toujours ouvert aux
combattants de tous les genres, et sous les étendards
les plus opposés, « il y avait uniformité de doctrines,
« sur les points importants, et unité de sentiments, »
que les combats que se livraient les docteurs, de différentes universités, de diverses nations, n'étaient
que simulés; et « qu'ils faisaient assaut d'arguments
« plutôt qu'ils ne luttaient d'opinions. » On conçoit
aisément ce dernier point, si les docteurs n'avaient
pas d'opinion ou d'idée sur ce dont ils disputaient,
ce qu'il est naturel de présumer, comme il arrive entre gens à qui les règles mécaniques de l'art de raisonner tiennent lieu de raison. Mais en quoi pouvait
consister l'uniformité de doctrines, et surtout l'unité
de sentiments? Dans un temps où la philosophie entièrement confondue avec la théologie, n'était pas
encore devenue ce qu'elle fut plus tard, pour son malheur, selon M. de Bonald, une étude profane, par
quel miracle des philosophes théologiens, sans cesse
armés pour le combat, et ayant sous les yeux une
arène toujours ouverte, avaient-ils si bien tracé cette
ligne de démarcation toujours si délicate, toujours
si difficile à observer, entre les points de doctrine li-
vrés aux disputes des hommes, et ceux que l'autorité
révélée décidait sans interprétation? Ainsi, une fois
du moins, la paix et le bon accord auraient régné
entre les philosophes et les théologiens! Dieu sans
doute put faire ce miracle, mais moins l'époque paraît en être digne, plus le miracle est extraordinaire,
plus aussi il a besoin d'être attesté par une autorité

impartiale, puisqu'il n'est pas lui-même un article
de foi.

Quoi qu'il en soit, le miracle avait bien au moins
cessé entièrement à l'époque de la réformation, époque si remarquable de l'histoire de l'esprit humain
aspirant à l'indépendance, à l'affranchissement de
toute autorité, lorsque le champ des disputes sérieuses passa de la métaphysique à la religion, et en-
vahit le domaine de la foi qui se trouva ainsi ouvert
de toutes parts. Peut-être eût-il dû être fermé plutôt par un mur de séparation qui le distinguât de
celui de la philosophie, au risque de faire de celle-ci
une étude profane? Peut-être que malgré la prétendue uniformité de doctrines et l'unité de sentiments,
il y avait déjà plus que de petites guerres et des combats simulés, entre les docteurs des différentes universités qui faisaient assaut d'arguments sur les
points où ils n'osaient pas encore avoir ou manifester des opinions destructives; peut-être enfin la réforme était-elle déjà en état de germe dans les esprits longtemps avant d'éclater, comme il arrive de
toutes les grandes révolutions qui doivent laisser
après elles de longues traces.

Il en fut de la réforme religieuse comme de toutes
les révolutions politiques; il s'en faut de beaucoup
que l'époque de l'événement soit celle de l'origine.
Les novateurs du XVIᵉ siècle ne purent pas faire un
peuple nouveau se croyant, sur leur parole seule,
arbitre de ses constitutions politiques et juge de
ses croyances religieuses, mais ces novateurs appartenaient au peuple nouveau, ils sortaient de

ses rangs, et déclaraient des opinions préexistantes.

Les points sur lesquels les réformateurs fondaient leurs dissidences auraient bien pu échapper à des esprits moins exercés aux subtilités du péripatétisme, et on conçoit que la séparation des doctrines une fois déclarée dut fortifier le sentiment d'indépendance et multiplier les disputes, mais non pas donner une autre direction à l'enseignement purement philosophique.

A entendre M. de Bonald : « Il était naturel « qu'une doctrine religieuse ou théologique qui, « dans l'explication des dogmes de la religion chré- « tienne, se tenait au rapport des sens et ne voyait « rien au delà, fît incliner la philosophie au péripa- « tétisme qui n'admet d'idées que celles qui vien- « nent par les sens, et c'est aussi ce qui arriva, « tandis que par la raison contraire, les écoles ca- « tholiques, et même les luthériennes, penchaient « davantage vers les idées de Platon. »

Cette assertion est inconcevable et démentie par les faits les plus modernes, puisque les doctrines les plus enthousiastes, les plus mystiques, les plus éloignées des sens sont nées et professées, surtout aujourd'hui, dans ces mêmes lieux où la réforme eut son berceau et a conservé ses prosélytes les plus ardents. D'ailleurs comment des différences si légères aux yeux de la raison, qui ne peut pas même en concevoir l'objet, auraient-elles pu entraîner les esprits dans des directions aussi opposées que le sont la philosophie des sensations et celle des idées innées? Certainement les sens ne jouent pas un plus grand rôle

dans l'explication des dogmes religieux dans la théologie de Calvin ou de Luther que dans celle du catholi-
cisme le plus orthodoxe. Si la réforme introduisit les
langues vulgaires jusqu'au sein de la philosophie,
nous convenons que cet usage fut malheureux pour
les progrès de la science; et le talent propre à l'auteur des *Recherches philosophiques*, dont le style
brillant s'allie si rarement avec la solidité et la précision des idées, nous fournirait lui-même le meilleur exemple du danger qu'il y a « à faire un sujet
« vulgaire de conversation, » ou d'écrits, « de ces
« doctrines élevées, destinées à faire l'objet des mé-
« ditations et de l'entretien des vrais savants. » Si,
comme autrefois, les métaphysiciens et les moralistes
avaient une sorte de langue universelle, appropriée
à tous les sujets de haute philosophie dont les gens
du monde sont aussi peu curieux que mauvais juges,
M. de Bonald n'aurait pas fait ses ouvrages de philosophie, ou il les aurait faits d'une autre manière; et
la philosophie eût pu y gagner ce que la littérature
y aurait pu perdre.

Il est tout simple que le « divorce de la philosophie et de la théologie, » considéré comme un bonheur par l'historien des systèmes, ait paru un grand
mal aux yeux de M. de Bonald, et nous en verrons
bientôt la raison. Ce divorce ne suffisait pas, il est
vrai, pour empêcher la philosophie de divaguer dans
la route du péripatétisme, où elle se trouvait enga-
gée, sur ces grandes questions de la cause première;
mais l'esprit humain affranchi pouvait trouver de
meilleures méthodes, et ne pas porter le joug des

croyances dans les recherches d'analyse qui demandent toute l'indépendance de la pensée et exigent que l'esprit de bonne foi avec lui-même entende toutes les idées et n'adopte pour vrai que ce qu'il peut entendre.

En marquant l'époque où la philosophie commença à se séparer de la théologie, après le moyen-âge, l'auteur de l'*Histoire comparée des systèmes* observe que ce fut un bonheur pour la philosophie de redevenir, en vertu du divorce, une étude profane; et les vrais philosophes, ceux qui savent reconnaître les limites respectives de la raison et de la foi ne peuvent qu'être du même avis sur ce point. M. de Bonald a, pour penser autrement, des raisons de système que nous apprécierons plus tard ; mais nous pouvons dès à présent lui faire observer qu'en admettant, même comme fait historique, que la religion ni la philosophie n'eussent d'abord rien gagné à la séparation qu'il condamne, il n'en serait pas moins vrai que le divorce était de droit, comme fondé sur la nature même des choses, ou sur celle de facultés dont les domaines ne doivent jamais être confondus.

La vraie philosophie, ou la raison même qui sait se tracer ses propres limites, apprend à connaître et à respecter celles de la foi, qui sont hors d'elle et au-dessus d'elle. Pour elle les croyances nécessaires composent un domaine à part de celui de la connaissance. Sans renier l'autorité de l'évidence, dans les objets soumis à ses recherches, elle ne repousse point l'évidence de l'autorité qui l'oblige à croire sans examiner. Confondez ces limites : et l'homme, tantôt

portant la foi dans la science, croira aveuglément ce
qu'il est appelé à étudier et à connaître, ne saura
rien ni de Dieu, ni de la nature, ni de lui-même ;
tantôt portant la raison dans la foi, ne croira plus
rien que ce qu'il pourra toucher, percevoir ou sentir.

Que la philosophie, redevenue profane, ait été re-
jetée dans ces grandes questions qui « avaient oc-
« cupé et divisé les philosophes de l'antiquité, sur
« la cause première de l'univers, l'origine des cho-
« ses, la distinction de l'esprit et des sens, les fon-
« dements de la morale et de la société, » où est le
malheur ? Le mal ne serait-il pas au contraire de
croire aveuglément, sur la seule évidence de l'autorité, ce qu'il est possible à la raison de démontrer, et
de soutenir de tout ce que l'autorité de l'évidence a
de force, de consistance et de durée ?

Otez les recherches sur l'origine des choses ou les
cosmogonies, qui ne peuvent sortir du domaine de
la foi ou des croyances religieuses, sans passer sous
celui d'une imagination poétique, —est-ce que l'unité
de la cause suprême des existences, la distinction
de l'esprit et des sens, les fondements de la morale,
ne sont pas les premiers objets de la raison naturelle et de cette philosophie qui mène nécessairement à Dieu par divers chemins tous les esprits qui
pensent comme il faut ? Est-ce qu'il n'y a pas sur les
points fondamentaux la plus admirable uniformité
entre tous les philosophes anciens et modernes qui
ont justifié le titre de sages par l'emploi légitime de
ces facultés qu'ils tiennent de l'auteur même de toute
raison ? Et si ces vérités premières, universelles et

nécessaires, avaient jamais pu s'obscurcir et se perdre parmi les hommes, n'eût-ce pas été en passant
du domaine de la raison à qui elles appartiennent,
sous l'empire exclusif de la foi qui repousse l'examen, et sous l'autorité des traditions? Certainement
les modernes n'avaient ni plus de moyens, ni d'autres données que les anciens pour résoudre ces questions capitales, mais il suffisait pour rétablir la vraie
philosophie d'avoir les moyens et les données de Socrate, d'entrer dans la voie de ce premier sage, et de
faire un aussi bon emploi que lui des moyens donnés à l'homme pour connaître sa nature morale en
suivant sa vraie distinction.

Comment la philosophie n'aurait-elle pas gagné à
se séparer de la religion, et à redevenir de cette manière une étude profane? Croit-on que les doctrines
mystiques, théologico-philosophiques du moyen-âge
n'eussent pas été également funestes à la vraie religion et à la vraie philosophie, et qu'il ne valait pas
mieux renouveler des Grecs des doctrines telles que
celles de Socrate, de Platon et des stoïciens, que de
renouveler des juifs les doctrines cabalistiques des
Alexandrins et des Théosophes, le système des émanations, les visions extatiques, la démonologie, la
magie et la divination? Certes les promoteurs de ces
systèmes mystiques étaient intéressés aussi à préve-
nir le divorce dont il s'agit ou à empêcher que la philosophie ne redevînt une étude profane. Il est si
commode de couvrir ses idées systématiques de l'autorité de la religion comme d'une égide sacrée; et
quel est l'homme d'imagination qui ne voudrait être

le maître d'imposer à tous les esprits ses hypothèses et ses croyances comme autant d'articles de foi, devant lesquels la raison n'a qu'à se courber et qu'il s'agit de croire sans examiner?

Si la philosophie profane, en livrant les facultés de l'esprit à toute leur indépendance, laissait ouvertes avec elle toutes les chances d'erreur comme de vérité, n'est-ce pas la condition naturelle d'un être actif et libre, dont tout le mérite consiste à discerner et à choisir le vrai combiné avec le faux, le bien mêlé avec le mal? Ils ne pensaient pas aussi mal de la philosophie considérée comme étude profane, ces Pères de l'Église, et tous ces saints personnages qui aimaient à reconnaître tout ce qu'ils lui devaient, tous les secours qu'ils avaient trouvés en elle pour atteindre le but plus élevé qu'ils se proposaient; témoin un saint Clément d'Alexandrie, déjà cité, qui s'élève avec tant de chaleur contre ceux qui prétendent que l'introduction de la philosophie a été funeste à l'homme et à la société; un saint Justin, qui considère la philosophie comme très-agréable à Dieu, « puisqu'elle seule nous conduit à lui ; » un Minucius Félix, qui met au rang des chrétiens anticipés ces philosophes qui ont reconnu un seul Dieu sous différents noms, et veut que les chrétiens ne soient autres que de vrais philosophes (1).

Passons avec l'auteur des *Recherches* aux réformes qu'éprouva la philosophie dans des temps plus rapprochés.

---

(1) Degérando, *Histoire comparée des systèmes de philosophie.* Tome I, page 207, 1ʳᵉ édition.

L'historien des systèmes de philosophie désigne et
caractérise les trois hommes de génie qui tentèrent
presque en même temps d'exécuter cette grande œuvre d'une réforme philosophique : Bacon, en Angleterre, Descartes, en France, Leibnitz, en Allemagne.
Tous trois, dit cet historien, «viennent chercher éga-
« lement dans le principe de nos connaissances, le
« fil qui va les diriger, mais se divisant entre eux au
« point de départ, ils s'engagent dans des routes
« diverses (1). » C'en est assez! s'écrie M. de Bonald
qui se plaît tant au spectacle des guerres philosophiques, qu'il voit partout, même où elles ne sont pas.
« Ces trois réformateurs, dit-il, qui se divisent au
« point de départ, ne se rejoindront plus. »

Ces réformateurs, nécessairement divisés tant qu'ils
s'attacheront chacun à un sujet d'étude différent par
sa nature, pourront se rejoindre ou se rencontrer
dans des points de doctrine homogènes. L'auteur des
Recherches philosophiques, qui fait quelquefois de la
vraie et bonne philosophie sans le vouloir, et comme
poussé par un démon, fait des observations dont je
suis personnellement intéressé à faire ressortir la justesse, puisque j'ai eu le bonheur de les faire de mon
côté dans une autre occasion.

La première c'est que la direction que donne Bacon à ses recherches principales, à sa grande réformation qu'il appelle lui-même instauration (*instau-
ratio magna*), aurait dû le faire placer plutôt parmi

---

(1) Il n'est pas vrai qu'ils partent du même point, mais ils ont
chacun leur point de départ, et marchant dans des routes diverses, ils ne peuvent se rencontrer.

les pères de la philosophie naturelle ou de la physique, que parmi les réformateurs de la philosophie
proprement dite ou de la science de l'homme intellectuel et moral. Cela est évident par la lecture des
principaux ouvrages du philosophe anglais, dont
l'objet est de constater ou d'enseigner les véritables
moyens qui sont donnés à l'homme pour étudier et
connaître exactement les faits de la nature extérieure et les lois qui la dirigent, savoir la sensation, la
comparaison et le raisonnement; les sens pour observer et recueillir les faits; la comparaison pour
les classer; le raisonnement pour poser les lois.
Voilà en effet toute la philosophie naturelle et la
seule bonne. Bacon a réformé la physique, mais la
physique n'est pas la psychologie ni la morale; elle
n'a même que des rapports très-éloignés avec la
philosophie proprement dite qui forme une étude à
part. Toutes les erreurs de nos modernes naturalistes viennent précisément d'avoir voulu soumettre
cette étude spéciale à la méthode de Bacon, ou ranger l'homme intérieur, le sujet actif et libre au nombre
bre des objets de la nature, passible de ses lois, de
ses formes, susceptible d'être observé et étudié en
dehors comme les phénomènes, et aussi variable
qu'eux. En entraînant les esprits dans une direction
tout à fait contraire à la philosophie proprement
dite, Bacon ne doit donc pas être mis au rang de ses
réformateurs. Mais si l'on veut envelopper sous le
nom vague de la philosophie la science de la nature
extérieure et étrangère à l'homme intellectuel et moral, il sera tout à fait injuste de dire épigrammati-

quement que cette philosophie « qu'on réforme sans
« cesse, et qui ne se forme jamais, n'y aura gagné
« que d'élargir son champ de bataille, » car la philosophie naturelle, restaurée par Bacon, n'a fait
qu'avancer depuis et toujours heureusement dans la
même direction et se former de plus en plus, sans
que rien nous autorise à croire qu'elle aura ultérieurement besoin d'être réformée.

La première observation que nous venons de rapporter ne prouve donc point du tout ce que l'auteur
prétend en induire de contraire à la philosophie ;
elle tend seulement à mettre en évidence un défaut
d'exactitude de la part de l'historien des systèmes,
quand il met Bacon sur la ligne des vrais réformateurs, et quand il dit que ce philosophe cherche
dans le principe de nos connaissances le fil qui devait le diriger dans sa grande *instauration* de la philosophie naturelle. En effet, ce père de la physique
suppose les premières connaissances formées par la
nature même ; il ne cherche point à en étudier les
moyens, ni à en justifier la réalité ; en un mot, le
principe de ces connaissances objectives est pour lui
une donnée qu'il est non-seulement superflu, mais
même dangereux et vain de scruter et d'explorer
avant de s'attacher aux résultats pratiques de l'expérience extérieure.

Bacon suppose bien comme vraie la maxime d'A-
ristote qui place dans le sens l'origine des idées,
mais il ne l'énonce même pas ; ce n'est pas là qu'il
sent le besoin de rattacher sa théorie, car pour vé-
rifier ce principe, ou même pour en saisir la valeur,

il faudrait réfléchir, réagir sur soi-même, s'étudier ou s'observer intérieurement, et c'est cette étude, cette observation intérieure que le père de la physique moderne proscrit expressément dans ces paroles remarquables, dont nous trouverons bientôt le commentaire dans un passage du livre de M. de Bonald lui-même : *Mens humana si agat in materiem, naturam rerum et opera Dei contemplando, pro modo materiæ operatur atque ab eadem determinatur : si ipsa in se vertatur, tanquam aranea texens telam, tunc demum indeterminata est, et parit telas quasdam doctrinæ tenuitate fili operisque mirabiles, sed quoad usum frivolas et inanes.*

La seconde observation, sur laquelle je tombe parfaitement d'accord avec M. de Bonald, c'est que Descartes est le véritable réformateur de la philosophie, le seul sans contredit (je ne dis pas peut-être) qui ait justifié ce titre parmi les modernes. Là où Bacon commence, Descartes finit ; la philosophie première, réformée, ou plutôt formée pour la première fois par ce grand homme, se trouve en avant de la philosophie naturelle placée hors de son champ. Ce sont deux réformes, deux grandes restaurations, et non pas une seule. Le principe, l'objet, les moyens méthodiques, le but, tout est différent de part et d'autre ; les deux chefs ne partent pas du même point, ne suivent pas la même route. La marche de l'un est intérieure et souterraine, celle de l'autre est extérieure et au grand jour. Comment donc y aurait-il des points de rencontre ?

Descartes sera à jamais le père de la vraie philosophie, de la science de l'homme intellectuel et moral, fondée sur la réflexion ou l'expérience intérieure, comme Bacon sera à jamais le père, et non pas seulement le restaurateur de la véritable physique, ou d'une science de la nature fondée sur l'observation et l'expérience extérieure. Pour mettre dans tout son jour la différence essentielle des deux sujets d'étude, et l'extrême danger qu'il y a à les confondre dans l'unité artificielle de doctrine, il suffit d'observer que la méthode philosophique de Descartes, appliquée à la nature, n'a produit que des erreurs ou des illusions systématiques, de même que la méthode de Bacon, appliquée à la philosophie, a amené tous les écarts funestes des doctrines modernes. Aussi, n'est-il pas difficile de faire dans ces doctrines la part exacte du Cartésianisme et du Baconisme.

Descartes a fourni tout le fond des idées psychologiques de Locke et de Condillac ; c'est lui qui a le premier soulevé ces questions vraiment premières et fondamentales que Bacon ne paraît pas même avoir soupçonnées. C'est Descartes, en effet, qui a le premier cherché, dans le fait primitif de conscience, le principe de la connaissance humaine, et créé ainsi la vraie psychologie. Aussi, est-ce sous l'influence unique de ce père de la métaphysique qu'ont été conçus et nettement posés tous ces problèmes de philosophie, dont les anciennes écoles ne s'étaient pas embarrassées, sur l'origine et la réalité de nos connaissances qui ont tant occupé nos modernes, et autour desquels Locke, Condillac et leurs disciples ont

tourné laborieusement. Tout ce qu'il y a de bon et
de vrai dans leurs doctrines mixtes et hétérogènes,
appartient à Descartes, et se trouve en germe dans sa
philosophie; tout ce qu'il y a d'erroné et de contraire
à la vraie philosophie, à la morale et à la religion,
tient au mélange d'une doctrine hétérogène, ou à
l'application qu'on a faite si mal à propos et si malheureusement des principes de la méthode, et des
classifications des physiciens à la philosophie morale
dont on a ainsi dénaturé et dissimulé l'objet.

Il n'est donc pas vrai que Bacon et Descartes aient
réformé la philosophie sur un plan particulier; mais
chacun réforme sa science sur le plan qui convient à
elle seule et non pas à l'autre. Les esprits qui se ran-
geront sous chacun de ces deux étendards se trou-
veront partagés entre deux objets d'études, et non
pas divisés sur un seul et même objet.

C'est ainsi que tout peut s'éclaircir quand on distingue les idées vraiment diverses, arbitrairement
renfermées sous un mot vague et général; de même
que tout se confond pour celui qui fait servir à dessein le vague de ce mot pour brouiller et neutraliser
les véritables idées des choses. Gardons-nous donc
de prendre la division naturelle qui existe entre les
deux sciences respectives, si heureusement réfor-
mées par Bacon et Descartes, pour une division d'o-
pinion entre les réformateurs travaillant sur un seul
et même sujet, et n'abusons pas du vague de ce mot
philosophie, indistinctement appliqué à la science de
la nature et à celle de l'homme moral, pour confondre les idées et trouver des contradictions de doctri-

nes là où il n'y a que diversité d'objets; car ainsi nous montrerions ou le défaut de bonne foi, ou le défaut de lumières sur les objets que nous prétendons discuter. Bacon ne reconstruisit pas, mais il construisit pour la première fois le vrai système des sciences naturelles qui n'avait jamais été ainsi conçu avant son exemple. Ceux qui l'ont appelé l'Aristote des temps modernes, uniquement parce qu'il a appliqué dans sa sphère et ses justes limites, le principe des idées originaires des sens, n'ont saisi qu'un rapport superficiel et même tout à fait inexact entre ces deux doctrines, qui n'ont au fond aucune analogie. Quand Bacon, en effet, enseigne que toute science naturelle commence à l'observation directe des sens, il n'a en vue ni la valeur philosophique du principe en lui-même, ni ses conséquences psychologiques; il marche droit à l'application ou à la vraie méthode d'étudier et de connaître la nature extérieure, sans s'occuper du sujet qui connaît, ni des opérations qui forment la connaissance. Rien ne ressemble là à la métaphysique d'Aristote; rien de plus opposé aussi que la méthode d'observation et d'induction enseignée par Bacon, et la dialectique ou le syllogisme de l'école péripatéticienne dont notre restaurateur de la philosophie naturelle parle si souvent avec mépris.

Si nous ne confondons pas les genres, nous ne dirons donc pas, comme M. de Bonald, que Descartes, « en détrônant Aristote, *a réformé Bacon.* » Ce que Descartes a vraiment détrôné, c'est la philosophie ou la métaphysique péripatéticienne, en affranchissant l'esprit humain, en substituant la voix immuable de la conscience à la parole incertaine, locale et changeante du maître. Ce que Bacon a détrôné de son côté et pour toujours, c'est cette physique toute d'hypothèses, n'ayant pour objet que des êtres de raison dont l'imagination seule faisait les frais en les créant ou les multipliant sans nécessité. La méthode qui consiste à étudier ou observer la nature pour la connaître, au lieu de la deviner, établie, enseignée et prouvée par Bacon, lui a valu le titre de père de la physique. En cela, il n'a pas été réformé par Descartes, et ne le sera jamais par personne. Il y a donc quelques réformes qui durent, quelques systèmes de vérités qui restent ; et elles constituent comme un trésor de richesses intellectuelles, comme un capital fixe que l'esprit humain peut grossir, transformer en espèces diverses, mais qui ne périra point pour lui.

Quant à Leibnitz, il n'a pu être ni réformateur, ni réformé. On ne peut établir entre Descartes et lui cette opposition de genres qui sépare Bacon et Descartes. Leibnitz a donné un grand mouvement aux esprits ; il a répandu de grandes lumières dans tout le monde philosophique ; l'école allemande l'a reconnu et doit le reconnaître encore pour son chef, mais il n'a rien réformé. Le génie éminemment systématique de Leibnitz conduit à la métaphysique par la géométrie et la physique, conserve toujours le caractère de cette double origine : les faits de sens intime, la pensée intérieure qui, dans le point de vue de Descartes, ne supposent rien avant eux, s'étonnent de se trouver liés aux monades comme des effets à leurs causes, des conséquences à leurs principes. La psychologie et la morale ne se voient pas sans crainte enchaînées à un automatisme spirituel. Cependant, l'hypothèse de l'harmonie préétablie, qui ne diffère pas au fond de celle des causes occasionnelles, porte avec elle son titre de filiation avec la philosophie de Descartes. Que sont ces virtualités, ces dispositions ou tendances inhérentes à l'âme humaine, antérieures à l'expérience qu'elles règlent, et qui ne saurait les déterminer en principe? N'est-ce pas en d'autres termes, les idées innées de Descartes, telles qu'on a affecté de les méconnaître, quoiqu'il s'en explique lui-même si clairement dans ses réponses aux objections, dans ses lettres, etc.?

Ainsi, malgré la différence des traits et des formes extérieures, on reconnaît à un air de famille la parenté des deux doctrines. Leurs chefs, indépendants l'un de l'autre, volent chacun de leurs propres ailes; l'œil assez fort ou assez exercé, qui peut suivre au loin le vol de ces génies et mesurer leur course, voit dans les profondeurs de l'espace et du temps leurs grands orbes qui se rapprochent, se touchent et se coupent en certains points communs bien notables; on pourrait les comparer à ces lieux géométriques ou à ces courbes tracées d'après certaines conditions communes qui expriment, par leurs intersections, les vraies racines des équations qui ont servi à les construire, et résolvent les problèmes les plus élevés.

S'il y a, en effet, une lumière réelle qui luise pour

tous les esprits qui peuvent ou veulent se diriger vers
elle, chacun doit en recevoir l'influence, en percevoir les rayons directement, et sans avoir besoin de
l'intermédiaire d'un autre esprit de même nature.
Leibnitz n'a pas plus emprunté ses virtualités ou ses
forces inhérentes à l'âme humaine, que Descartes
n'a emprunté à Platon ses idées innées, ou à saint
Augustin le principe fondamental de toute sa philosophie : Je pense, donc je suis. La même lumière
intérieure a lui sur tous ces esprits, parce qu'ils ont
su la chercher et la voir là où elle est ; et cette indépendance des esprits qui voient tous la même lumière, est précisément la preuve de sa réalité. L'autorité donnée orale ou écrite, a-t-elle le même
avantage ? Et l'autorité de l'évidence que chacun
sent en lui-même, ne peut-elle pas équivaloir à l'é-
vidence de l'autorité que les hommes croient sur la
parole les uns des autres ? Tel est, en effet, le *criterium* propre et spécial des vérités philosophiques (et
nous avons besoin de ne pas le perdre de vue, pour
apprécier à sa valeur le système de M. de Bonald),
c'est que chaque esprit, chaque *moi* constitué personne pensante, trouve en lui-même ces vérités premières, et ne peut les trouver qu'en lui, alors même
qu'elles lui seraient révélées par une autorité quelconque. Nous n'apprenons pas, en effet, les vérités
psychologiques et morales comme les vérités historiques, physiques ou même mathématiques ; nous
ne les recevons pas d'un autre toutes faites, de telle
sorte que nous n'ayons qu'à les *répéter,* en attachant
les mêmes idées aux mêmes signes ; il faut, de plus,

que nous les découvrions nous-mêmes dans leur source intérieure, que nous les fassions ou que nous les inventions de notre côté par l'emploi de la même activité intérieure, qui a révélé ces idées au premier inventeur. C'est bien là certainement la vraie cause du défaut d'uniformité absolue d'idées, et de signes qu'on remarque dans les doctrines de philosophie proprement dite, défaut dont les sceptiques ou les détracteurs de la raison humaine à un titre quelconque, prétendent tirer un si grand parti.

En attendant l'application de ce qui précède au système favori de M. de Bonald, système dont les recherches historiques qui précèdent ne sont que le prélude, nous en tirerons seulement deux conclusions spécialement relatives aux réformes philosophiques, qui sont l'objet de sa critique plus maligne que réfléchie : — La première, c'est que le vrai réformateur de la philosophie, Descartes, et avec lui tous ceux qui ont su mettre en évidence quelque vérité première, quelque fait primitif de notre nature intellectuelle et morale, n'ont fait et ne feront que fournir aux esprits méditatifs l'occasion de constater ces vérités en eux-mêmes, en se tournant du même côté. Les dissidences qu'ils éprouveront de la part de ces esprits, au lieu d'arguer d'un défaut de réalité contre les faits ou les notions que ces philosophes ont constatés en eux-mêmes, prouveront seulement que les autres n'ont pas su ou voulu se placer dans le même point de vue, le seul propre à apercevoir ces faits et à acquérir ces notions. L'accord parfait de plusieurs esprits sous un chef, tou-

chant certaines vérités fondamentales, ou leur formule, prouve toujours la réalité du point de vue de
celui qui a donné le premier éveil aux esprits. Ce
que l'on doit reprendre dans chaque chef d'école, ce
n'est pas le défaut absolu de vérité dans le point de
vue sous lequel il considère la nature humaine, mais
ce qu'il y a d'exclusif dans ce point de vue. Car
trop souvent la pensée de son auteur s'y renferme
comme s'il était l'unique, comme si le même principe, soit physique, soit physiologique, soit psychologique ou moral, soit ontologique, devait à lui seul,
et exclusivement à tout autre, expliquer tout l'homme
et toute la nature extérieure, tout ce qui appartient
au sujet ou le constitue, et tout ce qui appartient à
l'objet.

Ce point étant éclairci et l'autorité de l'évidence
commune sur les faits primitifs ou les premiers principes de la philosophie, une fois reconnue comme
étant le partage de tous les esprits individuels, indépendants les uns des autres, il résulte de cette indépendance que chaque esprit envisage, sous un point
de vue particulier, un sujet aussi compliqué que l'esprit humain ; de là, la différence des systèmes qui
tous ont leur côté vrai.

Ce n'est pas seulement dans les hautes régions du
monde intellectuel, mais dans la sphère ordinaire
de l'activité de l'esprit humain, qu'on trouve ces
points de rencontre, ces foyers communs de vérités
où viennent se rallier des esprits tous indépendants
l'un de l'autre, et semblables de nature, quoique iné-
gaux en force ou en énergie de facultés ; c'est là ce

qui caractérise, aux yeux de tout observateur de
bonne foi, ces notions communes, ces données premières de la raison ou du sentiment, qui sont comme
l'apanage ou l'attribut essentiel de la nature humaine. Le vrai talent philosophique, et aussi l'influence réelle qui appartient aux réformateurs et
aux pères de la vraie philosophie, consiste à savoir
se placer de prime-abord à ce foyer commun de lumière ; il consiste à trouver les signes propres de la
manifestation des vérités qui y sont renfermées, ou
qui s'en déduisent par des lois certaines ; c'est par
là, et par là seulement que Descartes a mérité le titre de réformateur de cette même philosophie dont
Socrate fut le premier père. C'est par là aussi que
les noms de Leibnitz et de Kant, se liant aux grandes vérités philosophiques qu'ils ont su constater ou
mettre dans un nouveau jour, sont devenus immor-
tels comme ces vérités mêmes, et ne sauraient « vieil-
lir, » comme on l'a dit légèrement, avec les noms de
tant de faiseurs d'hypothèses et de systèmes particuliers (1).

Quand on a en effet une idée de l'histoire de la
philosophie, ou qu'on veut l'étudier avec quelque
sérieux, comment pouvoir confondre ces idées systématiques qui varient et passent, avec ce fond de

---

(1) Voici le passage des *Recherches philosophiques* auquel M. de
Biran fait allusion :

« La philosophie de Leibnitz n'a pas conservé, en Allemagne,
« une autorité plus universelle que celle de Descartes en France,
« ou de Bacon en Angleterre, et ces trois systèmes, qui devaient
« renouveler la philosophie, vieillis comme les autres, ne sont plus
« que des époques de son histoire. »

vérités vraiment philosophiques qui restent invaria-
bles comme la religion, comme la morale, dont elles
sont une partie essentielle? Comment ne pas distinguer la philosophie proprement dite de ce tissu d'o-
pinions hasardées sur tant d'objets étrangers à la
nature morale, que des esprits brillants et hardis
forment dans un temps et dans un lieu particuliers,
et que d'autres esprits détruisent, font oublier ou
remplacent par d'autres artifices pareils? Est-ce que
la philosophie de Platon, de Descartes, de Malebranche, de Leibnitz, de Bossuet, de Fénelon, n'aurait eu qu'une vogue passagère et pourrait passer de
mode? Est-ce que la philosophie de Socrate n'aurait remplacé qu'au même titre l'art des sophistes
qui avaient avant lui toute la vogue? Et les satires
d'Aristophane, en rétablissant l'équilibre, auraient-
elles pu discréditer la sagesse même? Pourraient-
elles lui être opposées aujourd'hui en forme d'arguments, ou comme preuves d'un défaut d'autorité, de
même que les critiques et les sarcasmes des modernes sophistes sont opposés à la philosophie comme
signes de discrédit du dogme des idées innées, soutenu « par les plus beaux génies qui aient honoré la
« philosophie ancienne et moderne? » Ainsi, sans
doute les attaques, les sophismes, les blasphèmes
ou les railleries de l'impiété discréditeraient la vraie
religion, et mettraient en défaut son autorité propre,
comme les dissidences ou les disputes des théologiens sur certains dogmes, en accuseraient l'inconstance et la mobilité. Il faut s'étonner que l'auteur
des *Recherches philosophiques* n'ait pas craint les

dangers de ce parallèle qu'il provoque à chaque instant ; son inconcevable précipitation d'esprit l'a sans
doute empêché de voir que, si les variations de ce
qu'il appelle philosophie, les attaques et les sarcasmes dont les plus respectables systèmes ont été l'objet, pouvaient servir d'argument contre la philosophie, l'histoire de la religion deviendrait par la même
raison un arsenal où les incrédules trouveraient des
armes tout autrement dangereuses.

Voulons-nous mettre un terme à tous ces arguments frivoles, à toutes ces critiques légères et sans
consistance, sans lien ou sans suite, sachons donc
une bonne foi ce qu'il faut entendre par philosophie,
ou adoptons, si on l'aime mieux, la définition de ce
saint Père de l'Église d'Alexandrie déjà cité. Que la
philosophie soit, non plus comme un système ou une
sorte d'encyclopédie universelle, où se trouvent rapprochées et liées, tant bien que mal, des notions hétérogènes et de genres divers, sous le nom propre
d'un auteur ancien ou moderne (tel que Platon, Aristote, Zénon, Épicure ou Descartes, Bacon, Leibnitz,
Kant, Locke ou Condillac). Qu'elle soit au contraire
le vrai système des connaissances psychologiques ou
des vérités premières morales et religieuses, que
tous ces philosophes ont également reconnues, chacun de leur côté, quoique chacun ait pu les exprimer ou qu'il ait cherché peut-être vainement à les
démontrer à sa manière ; dès lors, on pourra s'entendre sur ce qu'il faut appeler « l'expérience de la
philosophie, » on pourra déterminer l'espèce des
faits ou la nature des questions, résolues ou non,

qu'on peut déduire de son histoire ; en formant une
classification exacte et méthodique des systèmes de
philosophie proprement dite, et en réduisant la variété des formules ou des expressions qui renferment des opinions communes et des vérités identiques, on verra ressortir les vraies analogies entre
des systèmes qu'on aurait crus d'abord opposés lorsqu'on les jugeait sur un premier coup d'œil superficiel ; on verra aussi quelles sont les véritables différences qui les séparent ; on ne pourra plus prendre
les différences de points de vue qui donnent, pour
ainsi dire, un sujet différent à chaque philosophe,
pour des oppositions et des contradictions sur un
seul et même sujet.

Par exemple, on comparera les doctrines qui roulent sur les faits de sens intime, ou d'observation
intérieure avec les systèmes métaphysiques qui s'ap-
puient sur les notions universelles, et aspirent à la
science des réalités absolues ; on pourra apprécier
ainsi la différence essentielle de ces points de vue, et
l'on cherchera très-utilement comment ils se rejoi-
gnent, au lieu de se faire un jeu d'une prétendue
opposition qui n'est point du tout dans ces systèmes,
mais bien dans l'imagination de ceux qui prétendent
les discréditer, sans pouvoir ou sans vouloir les comprendre. Plus il y a différence de genre, moins il
peut y avoir d'opposition ou de contradiction réelle
entre des systèmes qui ont respectivement pour sujet, les uns une nature animale purement sensitive
ou passive, les autres une nature intellectuelle ou
morale, essentiellement active et libre, quoique ces

systèmes s'appellent également philosophiques ; de
même qu'il ne peut y avoir d'opposition ou de contradiction entre des systèmes chimiques et astronomiques, par exemple, quoiqu'ils se trouvent compris sous le nom commun de physique ou de science
de la nature. Le plus grand, et peut-être le seul re-
proche fondé qu'on puisse faire aux divers systèmes
qui se partagent le champ de la philosophie, agrandi
comme il l'est aujourd'hui, ce n'est pas de différer
l'un de l'autre : il faut bien en effet qu'ils diffèrent,
comme les points de vue sous lesquels chacun d'eux
considère cette nature humaine si variée elle-même,
puisque tous les progrès de la science de l'homme
tiennent eux-mêmes à cette diversité, comme les progrès de l'industrie et des arts mécaniques tiennent
à la divison du travail. Mais le tort réel de chaque
système, c'est de ne pas se donner pour ce qu'il est,
savoir pour un aspect particulier de notre nature intellectuelle et morale, ou de se prendre lui-même
pour ce qu'il n'est pas, savoir comme un système
universel, exclusif de tout autre, pour un centre unique où doit aboutir, converger et se réunir la science
du sujet comme celle de l'objet.

S'il y a quelque fondement solide dans cette manière d'envisager la philosophie, et avant tout les
divers systèmes de philosophie première, lorsque ce
mot est entendu comme il faut, conformément à
l'ancienne définition de saint Clément d'Alexandrie,
que deviennent tous les arguments moitié sérieux,
moitié plaisants de l'auteur des *Recherches philosophiques ?* Et d'abord, qu'entend-il par cette philoso-

phie *une*, qu'il affecte de chercher et qu'il défie
chaque pays de montrer? Quelle idée a-t-il d'un
système complet encyclopédique, capable de réunir
tous les esprits dans une doctrine commune de philosophie? Et comment conçoit-il cette doctrine?
Est-ce celle qui se bornerait à la science des vérités
premières, intellectuelles et morales, communes à
tous les systèmes, quoique plus ou moins déguisées
dans quelques-uns? Cette doctrine existe, et l'on a
près de soi ce qu'on cherche. Est-ce celle qui em-
brasserait sous un seul système la prétendue philosophie des animaux, des plantes, des minéraux, qui
réunirait étroitement sous un commun point de vue,
la science de la nature physique et celle de la nature
morale, du sujet et de l'objet? Nous convenons de
l'impossibilité d'un tel système; la vraie philosophie
elle-même nous apprend qu'il faut à jamais y renoncer, elle en donne la raison prise, non pas seulement dans l'histoire, mais dans la nature même de
l'esprit humain ou de ses facultés, et ce service seul,
en inspirant de la reconnaissance aux sages, devrait
imposer silence à ceux qui ne le sont pas. Ainsi,
comme dans le premier cas on demande ce qu'on
sait, dans celui-ci, on ne sait ce qu'on demande :
ce qui arrive quelquefois aux disciples comme aux
ennemis de la philosophie. D'ailleurs, si l'on a si
abusivement généralisé le mot philosophie en le détournant tout à fait de sa signification première,
faut-il s'en prendre à la science même, à laquelle
ce nom appartient en propre? Quand il y aurait une
philosophie « des pierres ou des métaux, » quand

on verrait certains hommes appeler ainsi « l'art de
se passer de religion, » la doctrine de Socrate, de
Platon ou même de Descartes, de Bossuet, de Fénelon, en serait-elle moins vraiment la philosophie (1)?
Les choses changent-elles comme leurs noms, et
peut-on de bonne foi proscrire les bonnes sous le
titre artificiel et trompeur des mauvaises?

Enfin si, sous tel nom qu'on voudra, on exprime
une vraie science des choses intellectuelles et morales, il s'agit de savoir s'il existe ou s'il peut exister
un système vrai, qui ait réuni et réunisse encore
tous les bons esprits dans une doctrine commune.
Ici la question est précise, c'est oui ou non. Consul-
tons l'histoire ou nous-mêmes, nous saurons ce que
nous devons répondre; nous n'aurons point à nous
embarrasser des variations perpétuelles ou des écarts,
réels ou supposés des philosophes : nous n'aurons
point à tenir compte de la philosophie des animaux,
des plantes, des êtres inanimés, ou de celle des
athées. En restreignant même un peu plus le sens
du mot philosophie, nous nous inquiéterons peu
pour le sort de la philosophie, « que les opi-

_____

(1) Voici le passage des *Recherches philosophiques* auquel
l'auteur fait allusion :

« La philosophie décréditée par tant d'inconsistances, perd peu
« à peu dans l'opinion son acception primitive. Elle ne signifie plus
« la sagesse et la science des choses morales et générales, mais
« toute manière *généralisée* de considérer les objets, quels qu'ils
« soient. Nous avons la philosophie des animaux ou la philosophie
« zoologique, la philosophie des plantes ou botanique : nous pour-
« rions de même avoir la philosophie des pierres et des métaux ;
« et lorsqu'enfin on cherche à cette expression un sens un peu moins
« matériel, on est tout étonné de voir qu'elle ne signifie, pour le
« plus grand nombre, que l'art de se passer de religion. »

« nions de Hume, de Berkeley, de Reid, de Hartley,
« se partagent les esprits de nos voisins les Anglais, »
assez peu soucieux d'ailleurs de ces spéculations re-
gardées comme creuses par ceux qui ne cherchent
que la vie extérieure ; qu'en Allemagne les divers
systèmes métaphysiques qui ont pullulé à la suite de
ce grand mouvement excité par le Kantisme, se succèdent rapidement et tombent les uns sur les autres,
quoique Leibnitz et Kant dont les doctrines diffèrent sans se contredire, restent debout ; nous nous
rassurerons même au lieu de nous inquiéter, en
voyant le plus sage éclectisme former aujourd'hui
le caractère de la philosophie en France, comme il
est depuis longtemps celui d'une illustre Académie
(celle de Berlin). Au lieu de trouver dans le jugement de notre aréopage de l'instruction, une preuve
de la nullité des systèmes, nous y verrons la possibilité reconnue de fonder sur leur accord l'unité
même de la philosophie de l'esprit humain. En effet,
si « les traités de Bacon comme ceux de Descartes,
« de Locke comme de Malebranche, de Condillac
« comme de Leibnitz » et de Kant sont également
recommandés par le conseil supérieur qui surveille
et dirige l'instruction publique en France (1), c'est
sans doute que les sages qui le composent, entendent
la philosophie comme l'entendait le sage d'Alexan-

---

(1) Allusion à un passage des *Recherches philosophiques* où
l'auteur, cherchant à établir le défaut d'unité en même temps que
le défaut d'évidence de la philosophie, allègue à l'appui de cette
thèse les programmes d'enseignement de l'Université. Ces programmes , dit-il , au lieu de recommander une doctrine positive

drie ; c'est qu'ils ont profondément jugé que la vraie doctrine philosophique, sans former un système à elle seule, se trouve dans les principaux systèmes qui méritent le titre de philosophie; qu'elle s'y trouve, il est vrai, unie à diverses opinions ou notions d'espèces différentes ; mais que ces notions mêmes peuvent être utilement comparées, réunies, et qu'il est ensuite facile aux esprits exercés d'en extraire cet ensemble de vérités intellectuelles et morales qui constitue la vraie philosophie de l'esprit humain.

C'est là ce qui rendrait si éminemment utile aux progrès de la science et de la sagesse un cours d'histoire de la philosophie proprement dite fait dans l'esprit que nous avons vu, non en tant qu'il ne présenterait, comme « l'histoire des états populaires « que guerres et révolutions, » mais, au contraire, en ce qu'il mettrait en évidence toutes ces grandes vérités auxquelles les sages de tous les siècles, de tous les pays ont dû constamment se rallier ; en ce qu'il nous offrirait dans cet accord constant le *criterium* le plus sûr de la vérité philosophique.

Qu'importent enfin à cette philosophie *une*, la diversité et même l'inutilité des tentatives faites dans tous les temps pour résoudre des questions qui ne devaient pas être posées, ou pour prouver des vérités premières, immédiates, qui n'avaient pas besoin de

---

comme base de l'instruction philosophique « se contentent d'in-
« diquer aux maîtres les meilleurs ouvrages de toutes les écoles,
« indifféremment, prouvant ainsi, qu'il n'y a aujourd'hui au-
« cun système assez universellement accrédité pour être adopté
« à l'exclusion de tout autre. »

preuves? comme si la réalité des existences à partir
du *moi*, en remontant à Dieu, pouvait être l'objet
du raisonnement et demandait à être prouvée. Qu'importe la multiplicité des preuves? Peut-on en induire
la nullité de toutes? Qu'importe par exemple que
Condillac attaque la preuve de Descartes sur l'existence de Dieu pour lui en substituer une autre prise
dans un point de vue tout différent? Qu'importe que
Reid, qui sait très-bien sur quoi il s'appuie, en appelle au sens commun comme à la base la plus sûre
et au meilleur *criterium* de toute vérité (1)? Supposez
que ces vérités premières, manifestées à la raison
humaine, eussent de plus besoin d'être prouvées ou
démontrées par le raisonnement. Est-ce qu'elles ne
pourraient pas l'être de diverses manières? Est-ce
qu'une démonstration *a priori*, comme celle de Descartes, exclurait nécessairement les preuves *a posteriori*, comme celles de Locke et de Condillac? Pourquoi la même vérité ne gagnerait-elle pas plutôt à
être démontrée de plusieurs manières? Et quel avantage le scepticisme religieux pourrait-il tirer contre
la philosophie de la seule diversité des preuves? De
ce que, par exemple, la notion de l'être nécessaire
ou de la cause première, emporte avec elle la réalité
de son objet, s'en suit-il que cette réalité ne puisse
pas être prouvée aussi par les merveilles de la nature? et en sens inverse, la preuve cosmologique ex-
clut-elle la preuve métaphysique? Pour que le scepticisme triomphe il ne suffit donc pas qu'il y ait dif-

---

(1) Allusion au texte des *Recherches philosophiques.*

férence de preuves, il ne suffit pas même qu'il y ait
opposition ou contradiction entre elles et exclusion
de l'une par l'autre, il faut de plus qu'elles soient ou
également nulles ou également concluantes. La conclusion sceptique qu'on fonderait sur l'opposition
même de ces preuves n'impliquerait donc que l'impuissance du raisonnement ou son manque d'appropriation aux vérités premières ; mais elle concour-
rait par là même à établir l'autorité de l'évidence
immédiate de la révélation intérieure; aussi pèche-
rait-elle dans le fond comme dans la forme, en prétendant établir la nécessité absolue d'un recours à
l'évidence de l'autorité d'une révélation extérieure
comme moyen unique et exclusif de tout autre. Car
c'est là que tendent tous les arguments que M. de
Bonald (comme tous les sceptiques religieux) prétend
tirer de l'histoire des oppositions ou divergences de
la philosophie.

Ce point étant fondamental, il ne sera pas inutile
de s'y arrêter encore quelques instants. . . . . . (1).

Que veut dire M. de Bonald en affirmant « que non-
« seulement la philosophie manque d'évidence pour
« convaincre les esprits, mais que les philosophes
« manquent bien plus d'autorité pour les soumet-

---

(1) Il y a ici une lacune et les pages suivantes, bien qu'ayant,
jusqu'à un certain point, leur place naturelle après celle-ci, appartiennent très-probablement à une autre rédaction.

«tre?» Certainement la philosophie première ne peut
manquer d'évidence, si elle est la science des premières vérités; et si ces premières vérités étaient incertaines, si elles avaient besoin de preuves et que
ces preuves pussent être contredites, il faudrait renoncer à toute connaissance, y compris celle de Dieu
et du *moi*, les deux pôles de la science humaine. Et
certainement si les faits extérieurs, comme le dit
l'auteur un peu auparavant, sont évidents pour tous
les hommes «au moyen de certaines conditions, » les
faits intérieurs le sont pour tous les hommes sans aucune condition, tant pour ceux qui fondent leurs systèmes de philosophie sur cette base, que pour ceux
qui, en les recevant, aperçoivent les mêmes faits au
dedans d'eux-mêmes; et, comme dit Leibnitz, si les
expériences internes, immédiates, pouvaient nous
tromper, il n'y aurait point de vérités certaines.

Certainement si un homme me parlait en son nom
et qu'il voulût imposer à mon esprit ses propres
pensées, mon premier mouvement serait de me ré-
volter contre lui et de fermer l'oreille à ses paroles;
mais si je parvenais à maîtriser ce premier mouvement jusqu'à lui demander de sang-froid d'où il tient
sa mission, et qu'il me répondît qu'il la tient de son
génie et qu'il s'appelle Descartes, ou Leibnitz, ou
Kant, rien ne pourrait m'empêcher d'argumenter
contre lui; quand il m'assurerait tenir sa mission de
Dieu et la prouverait par des miracles, il ne pourrait
confondre ma raison et me faire voir l'évidence là où
mon sens intime ne l'apercevrait pas. Mais si cet
homme parle à mon sens intime et exprime des vé-

rités qui l'éveillent, des vérités appropriées à son témoignage, je ne lui demanderai plus quelle est son autorité ni d'où il tient sa mission : je sais que cette autorité n'est autre que la révélation intérieure elle-même et vient de la même source ; je n'ai pas besoin de « suspendre mon jugement, » « d'examiner si les caractères extérieurs » des vérités ou des commandements qui me sont signifiés par une parole étrangère sont tels que je doive les croire ou les pratiquer. Si je pouvais douter, examiner, et que j'eusse besoin de miracles à l'appui de la parole, je pourrais bien douter de la vérité et finir par ne pas croire à ce que j'aurais mis en question. Mais je crois sans miracle parce que cette parole est immédiate et intérieure et qu'elle vient de la source même de mon existence, de mon être moral.

Concluons que la véritable et l'unique influence des réformateurs ou des pères de la vraie philosophie dans tous les temps, ne pouvait dépendre d'un nom ou d'une autorité même surnaturelle, propre à attribuer à leur parole le poids et cette sorte d'infaillibilité qui n'appartient pas à l'homme ; mais elle consista, au contraire, essentiellement en ce qu'ils excluaient toute autorité étrangère pour ne chercher leur appui que dans la conscience de tout homme qu'ils prenaient à témoin de la vérité de leurs paroles.

En effet, et ici l'auteur des recherches philosophiques aura notre plein assentiment : « l'esprit de tout « homme, naturellement indépendant de toute auto- « rité humaine, n'obéit jamais qu'à lui-même, lors « même qu'il reçoit sa direction d'un autre. Que ce

« soit Bacon ou Descartes, Leibnitz ou Locke, qui
« vienne me proposer ses opinions, je n'en reçois
« jamais que ce que je comprends ou ce que je crois
« comprendre. » M. de Bonald complète l'idée quand
il dit : « Je ne puis même adhérer aux pensées de
« ces philosophes, qu'autant que je les retrouve
« dans mon esprit ou plutôt qu'elles sont les mien-
« nes, » (il faudrait dire : autant que je les fais miennes, s'il s'agissait de toute autre science que de celle
de la psychologie ou des faits de l'âme. Mais ces
vérités intérieures sont déjà miennes, lorsque Descartes, Leibnitz, Locke me donnent occasion d'y penser ou les réveillent dans mon sens intime. — On
ne peut pas mieux reconnaître le caractère de cette
révélation intérieure dont nous parlons) ; « comme je
« ne puis obéir à un autre homme ou même à Dieu,
« qu'autant qu'il me fait vouloir moi-même. » Ceci
est bien précieux : si un autre homme, si Dieu même
ou sa volonté me forçait ou m'enchaînait à certains
actes ou mouvements nécessaires, je plierais sous
cette force ou cette autorité supérieure, mais je ne
ferais pas acte d'obéissance et ma volonté serait sans
exercice. Ainsi quand je me soumets volontairement à
une autorité étrangère, je n'obéis en effet qu'à moi-
même, et c'est alors seulement que je suis libre ou
que j'agis comme étant *moi*, personne morale. De
même quand j'entends une parole extérieure, fût-ce
celle de Dieu même, son influence réelle sur mon
intelligence tient essentiellement à ce que cette intelligence est déjà en elle-même ou à la manière dont
elle est spontanément disposée à agir ; et si Dieu me

parle ou me commande, il faut qu'il me fasse entendre et vouloir par moi-même, en vertu d'une inspiration surnaturelle; ou bien il faut qu'il ait déposé dans mon âme, en la créant, le germe de ces idées ou de ces vouloirs qu'une occasion extérieure, une parole quelconque viendra exciter sans les produire ni les forcer, de manière que, dans tous les cas, ce soit en moi-même que j'entende ou par moi-même que je veuille. Changez cet ordre essentiel de la nature humaine, substituez l'influence immédiate d'une autorité extérieure quelconque à l'autorité ou à l'évidence de la conscience; qu'une force étrangère prenne la place de la spontanéité du vouloir et de la liberté de l'action, et vous détruirez l'homme moral, vous anéantirez du même coup et la science et la vertu. En effet, qu'on y pense bien : l'homme qui renoncerait à sa raison propre, individuelle, et par suite à sa volonté constitutive pour les soumettre entièrement à une autorité extérieure, une parole étrangère, fût-ce celle de Dieu même, cet homme abdiquerait par là même le titre de personne morale qu'il tient de son créateur, il cesserait de participer à la raison suprême, il se mettrait hors de la loi de Dieu et cesserait de l'entendre ou de la posséder, alors qu'il cesserait de s'appartenir à lui-même.

Continuons : « cette disposition naturelle, involon-
« taire, nécessaire, de l'esprit humain, qui engendre
« cette diversité d'opinions; cette multitude de sec-
« tes qui pullulent au sein de toute réforme philoso-
« phique, politique et religieuse. » Si la divergence d'opinions était universelle, nécessaire et sans excep-

tion, si elle s'appliquait également et de la même
manière à tous les résultats de l'activité de l'esprit
humain, aux faits primitifs et intérieurs comme aux
vérités dérivées et extérieures, et si enfin cette divergence d'opinions était inhérente à l'esprit humain
ou avait sa source dans la nature même de la raison
ou dans ses procédés essentiels, alors, sans doute, il
n'y aurait plus non-seulement de philosophie possible, mais même aucun système d'idées sur la nature humaine qui pût être communiqué d'homme à
homme. Dieu aurait livré pour toujours à nos disputes le monde moral et religieux comme le monde
politique, et toute tentative de système philosophique
passée, présente et à venir, serait parfaitement comparable à la tour de Babel; elle trouverait, en effet, un
obstacle à jamais invincible dans la confusion nécessaire des langues et des idées, et le mal serait sans
remède ; la plaie resterait ouverte jusqu'à la fin des
siècles ; Dieu même quand il parlerait encore aux
hommes ne pourrait faire qu'ils s'entendissent entre
eux sur le sens même de sa parole, et pour mettre
d'accord toutes ces pensées et ces volontés indépendantes et naturellement dissidentes comme il les a
faites, il faudrait qu'il les refît (1). Mais tout au contraire, la diversité, l'opposition même des doctrines,
loin d'être universelle ne comporte-t-elle pas les exceptions les plus notables? Loin d'être dans l'essence
de chaque raison indépendante, cette diversité d'o-

---

(1) *Pensées de Pascal*, art. I. — De la manière de prouver la vérité et de l'exposer aux hommes.

pinions ne tient-elle pas nécessairement à la dépendance d'une autorité étrangère à la raison ou à la tyrannie des préjugés, des passions ou des intérêts qui obscurcissent la lumière et font taire sa voix? Entre les esprits qui consultent cette lumière ou entendent cette voix intérieure, chacun de leur côté, n'y a-t-il pas eu et n'y aura-t-il pas toujours un accord parfait au sujet des premières vérités philosophiques et religieuses? Les disputes ne viennent que de l'application du raisonnement hors de ses limites; le *criterium* le plus sûr de ces vérités consiste précisément dans cet accord parfait de tous les esprits indépendants qui, prenant la conscience pour guide et leur raison seule pour autorité, ont su s'élever de la personne *moi* à la personne Dieu, et construire entre ces deux pôles fixes une vraie science. Or, cette science, les siècles n'ont pu et ne sauraient la détruire, puisque tout homme trouvera toujours en lui les éléments propres à la refaire. Enfin ce *criterium* de vérité ne repose-t-il pas sur l'indépendance, l'activité libre de l'esprit humain, et sur le fait que des pensées se rencontrant aux mêmes vérités fondamentales, les trouvent et les expriment chacune de leur côté, sans avoir pu se donner le mot ni se modeler les unes sur les autres, sans obéir à aucune autorité extérieure? Car la parole de cette autorité sujette à interprétation, demanderait elle-même un *criterium*, au lieu de pouvoir en servir. Si tout cela est vrai, comme nous le croyons, bénissons cette heureuse indépendance sans laquelle il n'y aurait point de véritable communication entre les esprits pensants, au-

cun point de ralliement aux mêmes vérités, et aucun
criterium de celles-ci ; reconnaissons que si elle engendre une certaine diversité d'opinions philosophiques sur quelques questions, elle est aussi le vrai
principe de leur ralliement à ce fond de vérités éternelles qui résistent à son épreuve et demeurent les
mêmes quand toutes les opinions passent ou changent, soit qu'elles se perfectionnent, soit qu'elles
s'altèrent dans la succession des âges.

Ne croyons pas au surplus qu'en prenant le mot
philosophie dans cette extrême latitude et cette acception vague qu'on lui donne, ne croyons pas, dis-
je, que l'indépendance de la raison humaine qui
produit la variété des systèmes, soit une cause réelle
des contradictions, des oppositions dont on cherche
à se prévaloir contre la philosophie; gardons-nous
surtout de prendre les différences de points de vue
philosophiques pour des contradictions entre les
philosophes, et ne prononçons pas légèrement que
tous les systèmes sont convaincus d'incertitude et
d'erreur, parce qu'ils rouleraient sur des choses différentes ou emploieraient des formules diverses pour
exprimer des vérités identiques au fond. La nature
de l'homme, physique, intellectuelle et morale, est
susceptible d'être considérée sous bien des points de
vue différents. L'observateur qui s'attache par prédilection à l'un de ces côtés y voit bien ce qui y est,
mais non pas ce qui appartient à une autre face. Il
est certain par exemple que hors de l'activité de
l'intelligence et du vouloir humain, il y a des sensations, des images, des appétits, des passions qui

font la loi, et entraînent l'animal dans un cercle où
la sensibilité physique imprime le mouvement et réciproquement. Le psychologue prend ces faits pour
ce qu'ils sont, mais en voit d'autres d'une espèce supérieure qui se combinent avec les premiers. Le défaut des systèmes, c'est de se donner pour exclusifs,
et l'erreur commune aux philosophes comme aux
ennemis de toute philosophie, c'est de prendre les
différences pour des oppositions.

Si M. de Bonald eût voulu de bonne foi chercher
ce fond commun d'idées et de vérités morales, reconnues depuis Socrate jusqu'à Kant, et qu'il eût
appelé cela philosophie, sans doute les réformes et
les révolutions de la philosophie se seraient offertes
à son esprit sous un tout autre aspect.

Quelles sont ces vérités universellement reconnues
par tous les esprits, indépendamment de toute autorité, de toute influence médiate ou immédiate, naturelle ou miraculeuse, et par la seule autorité de
l'évidence, ces vérités absolues, que tous les systèmes s'accordent à reconnaître, et qu'ils prennent
toujours comme données évidentes, alors même qu'ils
cherchent à les dissimuler sous diverses expressions?
Quels sont au contraire les résultats ou points secondaires de doctrines où les esprits se séparent pour
marcher chacun sous son enseigne propre, sans que
l'évidence même de l'autorité puisse tenir lieu de *l'autorité de l'évidence?* Voilà ce qu'il eût importé véritablement de bien rechercher, et ce qu'il eût été utile
et instructif de distinguer, en notant avec plus d'exactitude que ne l'ont fait quelques historiens de la phi-

losophie, les points de ralliement et de convergence
des systèmes divers en apparence par les formes,
et parfaitement identiques quant à la base ou au fond
même des idées. Mais quand même ces recherches
n'auraient eu que le succès le plus incomplet, elles
auraient toujours eu plus d'utilité pour nous que ces
déclamations vagues contre la philosophie qui enveloppent toutes les doctrines dans la même proscription et flétrissent également tous les efforts que l'esprit de l'homme a faits ou pourra faire à l'avenir
pour connaître ses propres opérations et satisfaire
complétement au précepte de l'oracle de la sagesse :
nosce te ipsum.

De ces objections contre la philosophie, considérée en général sans distinction de doctrine, objections tirées de la nature de son objet, de l'impuissance de ses moyens, et de l'impossibilité où elle est
de donner la loi comme de la recevoir, l'auteur passe
brusquement à un tout autre genre d'attaque, et prétend juger les doctrines philosophiques par leurs effets. « Quels ont été, demande-t-il, les résultats de
« cette philosophie tant vantée sur la stabilité et la
« force des sociétés qui l'ont cultivée? car c'est uni-
« quement dans leur rapport à la société qu'il faut
« considérer l'homme et ses opinions. » Nous n'a-
vons pas besoin de suivre l'auteur dans cette digression où il donne trop beau jeu à la critique, et où,
en voulant faire le procès à la raison humaine, il ne
fait que celui de la sienne propre. Quand on parle
des résultats de la philosophie, il faudrait s'entendre
d'abord. Vouloir que l'on considère uniquement

l'homme et ses opinions spéculatives dans leur rapport à la société, c'est prétendre tracer le cercle où doit se renfermer le raison humaine ; c'est lui interdire toute spéculation sur les choses et les êtres qui se trouvent par leur nature hors de la société ; car les vérités spéculatives n'ont par elles-mêmes aucun rapport avec les individus ou les sociétés et en sont indépendantes. Que signifie de plus cette assertion dogmatique, quand on dit que : le *criterium* de toutes les doctrines est l'état de la société où elles sont professées ? Ne prend-on pas l'effet pour la cause ou la cause pour l'effet ? Pourquoi la philosophie, comme la littérature qui en est la fille, ne serait-elle pas l'expression de la société, plutôt que l'état de la société ne sera l'expression ou le *criterium* des doctrines philosophiques. Est-il bien vrai d'abord que « l'homme et ses opinions spéculatives ne doivent « être considérés que dans leur rapport à la société » ou à l'influence qu'elles y exercent, comme s'il n'y avait pas d'autres connaissances ou d'autres études que celles qui peuvent s'appliquer aux affaires de ce monde ? Est-il permis, est-il possible de limiter, ou plutôt de fermer entièrement le champ des vérités spéculatives ? N'y a-t-il pas des vérités abstraites qui peuvent et qui doivent être considérées uniquement dans le rapport qu'elles ont entre elles ou à l'esprit qui les perçoit, avant même de l'être dans leur application aux objets ? Est-ce que la géométrie ne serait qu'une chimère si elle ne servait pas à la mesure des champs ou à la détermination des orbes planétaires ? Combien de vérités mathématiques et

métaphysiques qui sont et seront peut-être toujours
sans application au monde extérieur ! En sont-elles
moins des vérités évidentes?

Les faits que cite l'auteur à l'appui de son assertion font voir qu'il prend parti contre toute philosophie de la même manière que J.-J. Rousseau se déclare contre les sciences et les lettres dans son fameux
discours. Mais, de ce qu'il y aurait eu dégradation
de mœurs et de force sociale chez certains peuples
en même temps que la philosophie y aurait germé,
que certains systèmes s'y seraient développés, la simultanéité de deux effets suffirait-elle, aux yeux de
la raison, pour les considérer comme cause l'un de
l'autre, lorsqu'il peut y avoir d'ailleurs une ou plusieurs autres causes éloignées qui ont concouru à
produire simultanément les deux sortes d'effets dont
il s'agit : *post hoc* ou *cum hoc, ergo propter hoc ?* Cette
manière de raisonner est assez familière à des hommes qui ne sont pas philosophes. Il est difficile de
croire, quoi qu'en ait dit Montesquieu, que ce soit la
philosophie d'Épicure qui ait gâté l'esprit et le cœur
des Romains; mais on conçoit très-bien que des
esprits et des cœurs déjà gâtés par des circonstances
sociales que la politique peut assigner, aient mis en
vogue la doctrine d'Épicure, modifiée et défigurée
par les passions, qui ont, comme on sait, une logique
et une métaphysique appropriée. Si la doctrine d'É-
picure avait pu avoir la primauté d'influence pour
amollir et gâter les cœurs, celle de Zénon n'aurait-
elle pas eu aussi son influence pour fortifier et élever
les âmes en épurant les mœurs?

Certes, M. de Bon..ld devrait être aussi intéressé qu'aucun philosophe à ce que les opinions purement spéculatives ne soient pas frappées d'une proscription aussi générale, aussi absolue, et jugées sous le rapport unique de leur application à la société. Comment peut-on croire d'ailleurs que le vrai *criterium* de toutes les doctrines philosophiques (y compris celles d'une métaphysique transcendante qui est le domaine d'un si petit nombre de penseurs) soit uniquement l'état de la société où ces doctrines naissent?

L'auteur a dit ailleurs, dans son langage aphoristique, que la littérature est l'expression de la société; pourquoi n'en pas dire autant de la philosophie, dont la littérature n'est qu'une branche? Certainement on risquerait beaucoup de se tromper en jugeant de l'état de la société d'après certaines opinions spéculatives qui y sont adoptées par telle école de philosophie. Mais s'il y a une influence quelconque, ou un rapport entre deux termes si éloignés l'un de l'autre, c'est bien plutôt l'état de la société ou le concours de toutes les causes morales, politiques, physiques, auxquelles cet état est dû, qui aura imprimé aux opinions philosophiques telle direction particulière, plutôt, dis-je, que ces opinions n'auront produit l'état de la société. Si donc le *criterium* dont parle M. de Bonald avait quelque vérité, ce serait dans un sens précisément inverse de celui qu'il lui donne en confondant la cause avec l'effet, l'*expression* avec la *chose exprimée*.

Les doctrines les plus diverses se trouvant con-

fondues sous le nom général et vague de *philosophie*,
l'anathème qui frappe le genre tend à flétrir toutes
les espèces également ; et les Stoïciens sublimes, dont
Montesquieu a dit qu'ils n'exagéraient en théorie
comme en pratique que ce qu'il y a de plus grand
dans la nature humaine, ne doivent pas plus trouver
grâce aux yeux des détracteurs de toute philosophie,
que la doctrine toute sensuelle et le matérialisme
systématique de Lucrèce. Et cependant, si l'on convient que l'Épicuréisme fit plus de mal à Rome que
tous ses ennemis ensemble, il faudrait bien convenir
aussi que le Stoïcisme professé par les Antonins lui
fit plus de bien que ne pouvait lui en faire l'ignorance ou le mépris de toute philosophie professée
par les premiers Romains. Si l'état politique et moral
où la société était parvenue au temps de Marc-Aurèle avait permis que la philosophie de Zénon se po-
pularisât autant que celle d'Épicure, les derniers
Romains auraient valu un peu mieux que les premiers sous le rapport de la force et de l'élévation des
âmes, de l'amour de l'ordre et de la stabilité sociale.
C'est ainsi que dans cette partie des objections qu'il
élève contre toute philosophie en général, l'auteur
est toujours dans le vague des déclamations, parce
qu'il passe ou saute à chaque instant du particulier
au général, en appelle à toutes les doctrines et croit,
par une illusion singulière, pouvoir se servir des
mêmes armes pour combattre ou renverser d'un seul
coup les systèmes les plus opposés ; il ne songe pas
que les objections particulières qu'il élève avec raison contre l'un servent précisément à étayer tel autre

qu'il veut pourtant envelopper dans la même proscription.

M. de Bonald, croyant qu'il allait battre en ruine
la philosophie, se jette d'abord imprudemment dans
la mêlée des systèmes, et passe au travers sans avoir
vu autre chose que les signaux, sans se faire même
une idée des forces réunies qu'il avait à combattre.
Ce n'est pas ainsi qu'ont fait les hommes véritablement redoutables, les Pascal, les Montaigne et Kant
même, si mal apprécié par M. de Bonald. C'est au
cœur même de la philosophie qu'ils ont visé, ces
hommes véritablement forts; c'est à la raison humaine si bien et si profondément explorée par leurs
travaux qu'ils se sont attaqués en l'interrogeant sur
ses titres, et lui contestant le pouvoir d'établir une
vérité quelconque. C'est en prenant les choses de
plus haut, en planant sur le champ entier que couvrent les systèmes les plus divers, qu'ils ont com-
battu toute philosophie, et ont pu, sinon se flatter
d'un triomphe général et complet, du moins ébranler la raison humaine et la laisser indécise entre elle
et le scepticisme, entre la philosophie et la foi.

Nous n'avons pas besoin d'examiner les divers caractères que l'auteur attribue à la philosophie de
chaque pays. La manière dont il cherche à caractériser les écoles anglaise, allemande, française, est
tellement vague et superficielle qu'on ne peut s'empêcher de penser que l'auteur connaît seulement sur
parole les choses dont il parle. Nous doutons que la
société philosophique du nord de l'Allemagne soit
beaucoup affectée de l'horoscope funeste lancé con-

tre elle par notre antiphilosophe français : mais lorsqu'elle donne tant de certificats de vie à ceux qui
savent lire sa langue, elle apprendra peut-être avec
quelque surprise qu'on la proclame morte, si ce
n'est de fait, au moins de droit.

Il y a aussi par trop de témérité (je n'ose dire de
légèreté quand il s'agit d'un personnage si grave), à
vouloir juger de tout ce qu'on ne connaît pas, dont
on n'a pas même la première idée, à traiter de billeve-
sées et de pures chimères des systèmes qui occupent
tant de têtes pensantes ; il y a de la présomption à
traiter aussi légèrement tant de savants qui, après
avoir exploré toutes les branches de la connaissance
humaine, s'attachent à l'envi à creuser jusqu'aux
dernières racines de l'arbre et qui ont pénétré si
avant dans ce souterrain où ils ont le courage de
s'enfermer. Ces efforts fussent-ils inutiles, tout juge
compétent, ami de la morale et de la religion, ne
pourrait encore « se défendre d'un sentiment d'ad-
« miration pour cette vie intérieure, cette vie de la
« pensée qui forme un trait distinctif du caractère et
« du génie national des Allemands. C'est là que se
« trouve la vraie grandeur et la vraie dignité de
« la nature humaine (1). »

Il y a loin de cette manière de voir à celle de notre auteur sur l'état de la philosophie comme de la
morale et de la société en Allemagne.

_____

(1) Ancillon, *Mélanges de littérature et de philosophie*, tome 2.
Essai sur l'existence et sur les derniers systèmes de métaphysique
qui ont paru en Allemagne.

III

DE LA CROYANCE ET DE LA RAISON.

Il y a dans l'esprit humain deux tendances différentes, mais non opposées, et qu'on chercherait vainement à détruire ou à sacrifier l'une à l'autre. C'est
le besoin de croire les vérités premières et nécessaires, indépendamment de tout examen, de toute
preuve, et le besoin d'examiner ou de chercher des
preuves à tout ce qu'on croit ou qu'on affirme. N'admettez qu'une de ces tendances et vous n'aurez, ou
qu'un scepticisme absolu, ou qu'une crédulité aveugle et superstitieuse. Tout croire sans examen lorsqu'il s'agit d'un certain ordre de vérités placées
hors de la sphère du raisonnement et non de la raison, repousser toute croyance qui ne peut être prouvée, sont deux extrêmes également opposés aux lois
de l'esprit humain. Entre ces deux extrêmes vient
se placer la vraie philosophie qui prend l'esprit humain tel qu'il est, intégralement et sans mutilation.
La philosophie, ou la science de la sagesse, fixe les
limites de la raison et fait la part des croyances.

Il se peut que le meilleur temps pour les sociétés
humaines ait été celui où des vérités d'un certain
ordre n'étaient jamais contestées ni mises à l'épreuve
du doute et de l'examen ; où les hommes pouvaient
bien être entraînés par les passions à violer les lois

de la morale, mais ne cherchaient pas du moins à justifier leurs écarts et leurs vices par des arguments sceptiques, opposés aux premières vérités de la religion et de la morale, destructifs de cette noble fermeté de croyance, à laquelle se rattachent comme à leur source tous les sacrifices, toutes les vertus publiques et particulières. Mais lorsque la raison humaine a étendu et dépassé ses bornes légitimes, lorsqu'une philosophie sophistique, ou une métaphysique audacieuse, ont tout mis en discussion, jusqu'aux bases mêmes de la science comme de la sagesse, ce ne sera point en proscrivant tout examen qu'on ramènera les hommes aux croyances nécessaires; ce sera au contraire par un examen sérieux et approfondi de la nature intellectuelle et morale, ou par la vraie philosophie, par la raison même se rendant compte de ses moyens, de ses procédés, de ses lois, et cherchant elle-même à déterminer ses propres limites. Et l'on conviendra que ces points d'arrêt, que la raison s'impose à elle-même, en employant toutes les forces de l'abstraction et du raisonnement à reconnaître les limites où ses facultés n'ont plus d'autorité ni d'application légitime, on conviendra, dis-je, que ces bornes sont autrement fixes quand la raison les a posées, que si une autorité extérieure quelconque tendait à les élever. Ici comme ailleurs, la maturité d'examen, la liberté du consentement ou du choix servent à fonder l'obéissance et le respect pour la loi. Que les antagonistes de la métaphysique, quels qu'ils soient, apprennent donc à honorer le philosophe qui a le premier élevé une

barrière infranchissable entre la science, dont il
sonda si avant les profondeurs, et le sanctuaire des
premières vérités religieuses et morales dont il mon-
tra la sanction dans la conscience et le sentiment (1).

C'est bien vainement au surplus qu'on cherche
à mutiler l'esprit humain en lui interdisant l'exercice d'une faculté d'examen qui, étant dans sa nature, n'est susceptible d'aucune limitation prescrite
a priori ou avant l'expérience, car l'expérience seule
peut en manifester les abus ou l'inutilité, quand elle
est appliquée hors de sa sphère. Ceux qui prétendent soustraire ainsi *ex abrupto* à la juridiction de la
raison humaine certains dogmes qu'ils ordonnent de
croire et qu'ils défendent d'examiner, ne sont pas
mieux fondés que ceux qui s'obstinent à méconnaître
les bornes nécessaires de la raison en rejetant tous
les principes de croyances qui ne sont pas susceptibles de preuve ou de démonstration.

Entre ces deux extrêmes vient heureusement se
placer la vraie philosophie qui, faisant valoir la raison selon toute l'extension de son droit, se sert de
la raison même pour faire la part de la croyance et
de la science; commence par tout examiner, tout
mettre en discussion; distingue par là même les vérités premières des objets qu'il est également impossible de démontrer dans la spéculation, et de ne pas
croire dans la pratique. D'où cette conclusion éminemment philosophique qu'on n'est en droit de tirer
qu'après un examen critique et très-approfondi de

---

(1) Kant.

la raison humaine, et non pas par l'énumération
historique plus ou moins incomplète de ses écarts :
Commencer par tout examiner, tout discuter, tout
soumettre à la raison spéculative pour apprendre à
reconnaître ce qui doit être adopté par la raison pratique à titre de vérité première, de notion universelle ou de faït primitif indémontrable ; employer
toutes les forces de l'abstraction et du raisonnement
métaphysique pour convaincre d'impuissance la métaphysique elle-même et rétablir l'autorité des
croyances primitives qu'elle tend si vainement à
usurper : tel est le caractère de cette philosophie
créée par Descartes et que Kant a poussée à un degré nouveau de profondeur et d'élévation.

L'homme, dit M. de Bonald, doit croire des vérités universelles, morales, sociales, qu'il trouve établies dans la société, sans aucun examen et sur la
foi de la société et du genre humain. Celui qui « exa-
« mine avec sa raison ce qu'il doit admettre ou re-
« jeter de ces croyances générales, se constitue, par
« cela seul, en état de révolte contre la société ; il
« s'arroge, lui simple individu, le droit de juger et
« de réformer le général, il aspire à détrôner la rai-
« son universelle, etc. » Ils étaient donc en révolte
contre la société ces premiers sages, qui, sentant
le besoin de s'élever à la connaissance d'eux-mêmes et de la nature morale, rejetèrent un amas de
croyances superstitieuses et puériles pour chercher
dans la raison de l'homme et au fond de la conscience « ce qu'ils ne pouvaient plus rencontrer dans
« les croyances de la société. » Il méritait donc d'ê-

tre rejeté comme coupable envers la société ce premier des sages qui sut s'élever au-dessus de toutes les vaines croyances du Paganisme, qui établit le dogme de l'unité de Dieu, qui reconnut l'origine, le caractère et la vraie sanction des lois morales. Il fallait donc respecter toutes les croyances du polythéisme parce qu'elles étaient généralement et unanimement établies dans la société païenne. Il était donc justement interdit de propager, au mépris de ces croyances, les lumières de la révélation intérieure et extérieure, et la ciguë de Socrate et la croix de Jésus-Christ pouvaient donc être justifiées! Malheureux ceux qui naissent dans les sociétés où règnent encore les ténèbres, où les premières vérités de la religion et de la morale se trouvent obscurcies ou altérées par un mélange de superstitions ridicules! Leur raison doit pour toujours s'enchaîner aux croyances de la société, elle n'a aucun moyen, aucun droit de se relever et l'examen de ce qu'il faut croire lui est interdit.

« Gardienne fidèle et perpétuelle du dépôt des « vérités fondamentales de l'ordre social, la société, « considérée en général, en donne communication « à tous ses enfants, à mesure qu'ils entrent dans la « grande famille. Elle leur en dévoile le secret par « la langue qu'elle leur enseigne. »

Mais le langage ne consacre-t-il pas les erreurs comme les vérités? Comment les distinguer? La nourrice qui apprend à l'enfant à bégayer le saint nom de Dieu berce en même temps sa faible imagination des contes de fées, de revenants et de mille impressions

fausses dont l'influence dégradante va s'étendre peut-
être sur toute sa vie. L'examen de toutes les croyances de l'enfant sera-t-il également interdit à l'homme?
où sera la ligne de démarcation entre le mensonge et
la vérité? Au point de vue où nous en sommes aujourd'hui, il est presque ridicule de combattre sérieusement une telle doctrine. Jetons pourtant un
coup d'œil sérieux sur un sujet si grave.

M. de Bonald distingue des croyances ou des vérités générales, morales ou sociales, et des croyances ou des vérités particulières, individuelles, physiques.

a) « La cause première et ses attributs, l'existence
« des esprits, la distinction du bien et du mal, » du
juste et de l'injuste, forment la première classe de
croyances ou de vérités universelles, éternelles,
« parce que (remarquez le parce que) notre esprit
« ne peut s'en figurer l'objet directement et en lui-
« même sous aucune image; qu'il n'en peut rece-
« voir aucune sensation; que ces vérités ne sont bor-
« nées ni par les lieux ni par le temps, qu'elles sont
« le fondement de tout ordre et la raison de toute
« société. »

b) « La matière et toutes ses propriétés, et tous ses
« accidents » composent la seconde classe de vérités ou de croyances « locales, temporaires, indivi-
« duelles, parce que la matière ne nous est connue
« que par nos sensations individuelles. »

A l'appui d'une distinction si obscure et exprimée si vaguement, on cite un principe non moins
obscur et vague de Gassendi qui dit dans un sens

tout logique, et en ayant égard aux classes artificielles du langage qui seules constituent dans son système ce qu'on appelle idées générales : « Toute idée
« transmise par les sens (externes) est singulière et
« ne nous fait connaître d'abord que des individus. »
C'est là une proposition obscure, insignifiante et
même contradictoire ; car si l'on distinguait, comme
il faut, les images ou les impressions confuses qui
appartiennent aux sens, des perceptions ou des idées
qui sont du propre de l'esprit, on dirait avec bien
plus de vérité que les produits des sens, les sensations et les images, loin d'avoir un caractère proprement individuel, singulier ou un, sont composées
ou multiples par leur nature. Certainement nous ne
recevons pas du dehors l'idée de l'un, du singulier,
elle ne vient pas des objets sensibles, mais elle leur
est ajoutée d'une source tout intérieure ; et il n'y a
pour nous, ou pour notre esprit, des choses unes ou
des idées individuelles, que parce que notre *moi* est
un, individuel.

« Les vérités générales ou notions intellectuelles
« sont proprement l'objet de nos idées et les vérités
« particulières ou faits physiques sont l'objet de nos
« images. » — Qu'est-ce qu'une notion intellectuelle ? Peut-elle être prise comme objet d'une idée différente d'elle-même ? S'il y a en effet immédiation
entre l'esprit et la notion intellectuelle qu'il conçoit
ou saisit, celle-ci ne peut avoir d'autre objet qu'elle-
même. Que s'il y a un moyen ou un milieu entre la
notion et la chose qu'elle représente, cette notion
n'est donc pas différente de l'idée même, elle n'en

est donc pas l'objet. Dans des recherches philosophiques, et quand on prétend énoncer des vérités
premières, la première condition devrait être, ce
semble, d'attacher quelques idées aux mots employés
et, avant tout, de bien s'entendre avec soi-même.

Comment entendre de plus que les vérités particulières, individuelles, soient connues par des faits
physiques, objets de nos images? Toute vérité particulière est un fait, à la bonne heure; mais que ce
fait soit nécessairement un fait physique ou extérieur, je le nie absolument. Car, à partir du fait de
conscience ou du sens intime qui est le vrai primitif, il y a une classe entière de vérités particulières et éminemment individuelles puisées à la
même source et qui sont entièrement séparées du
monde physique. Au contraire, ce monde physique
a ses faits généraux qui ne peuvent être conçus que
comme tels; ses lois générales, constantes, universelles, qui, au regard de notre esprit, n'étant bor-
nées ni par les temps ni par les lieux, sont le fondement et la raison de l'ordre de l'univers.

Ainsi, tandis que, d'une part, la physique, la mécanique ont leurs lois générales auxquelles correspondent nécessairement des vérités ou des croyances
générales universelles, la science morale ou sociale
se compose presque tout entière de vérités ou de
croyances essentiellement individuelles, propres à
chaque être intelligent et inhérentes à sa nature. Tels
sont les faits de sens intime qui attestent immédiatement à chaque homme son existence individuelle,
sa libre activité constitutive, sa causalité dans les

actions volontaires, sa dépendance d'une cause dans les impressions passives, le bien et le mal, le juste et l'injuste, la loi du devoir, le mérite et l'existence réelle d'une cause suprême intelligente, celle des substances, de la matière.

Ainsi, loin que toute vérité morale ou sociale se distingue par un caractère propre et inhérent de généralité qui la constitue en dépendance des causes étrangères d'impressions reçues et d'enseignements transmis par la société à l'aide du langage, tout au contraire cet ordre de vérités se distingue par son caractère singulier d'appropriation à chaque nature individuelle, caractère en vertu duquel toute personne morale, intelligente, trouve en elle et en elle seule, ces premières vérités identifiées presque avec l'instinct; et elle ne les choisit que par sa propre lumière, sur l'autorité seule de la conscience, et non sur aucune autre. Ainsi, je ne dirai pas que « la con- « naissance des premières vérités intellectuelles mo- « rales ou sociales, objet des idées générales, nous « est donnée par la société, » tandis que les con- naissances particulières individuelles, objets des images comme les faits physiques, « se trouvent dans « nous-mêmes, individus, et nous est transmise par « le rapport de nos sens, » ce qui est vraiment inin- telligible; mais je dirai tout au contraire que la con- naissance des premières vérités intellectuelles et mo- rales, identique dans sa source avec le sentiment pri- mitif de l'existence de notre activité individuelle, en reçoit un caractère individuel et simple, et se trouve d'abord en nous-mêmes individus, ou est inhérente

au sens intime; tandis que la connaissance des vérités physiques ou relatives au monde extérieur ayant
comme étrangère un caractère de généralité objective, ne peut nous être donnée que du dehors par
l'expérience répétée ou l'enseignement de la société.
Je crois à la réalité d'une analogie prise ailleurs que
dans les mots, entre les vérités morales intérieures
qui tiennent par essence au sentiment individuel de
l'âme, et l'individu ou la personne qui ne peut éprouver ce sentiment qu'en elle-même puisque c'est elle-
même et non pas un autre qui l'éprouve; comme je
reconnais une pareille analogie entre les vérités extérieures générales de la physique, et la société qui
conserve le dépôt des faits et des observations, produits de l'expérience et du travail des siècles, pour
les livrer aux individus curieux de connaître, et ja-
loux de grossir ce riche trésor. Une preuve de cette
double analogie se trouverait peut-être dans les progrès toujours croissants des sciences physiques et l'é-
tat stationnaire de la science qui a pour objet l'homme
même intellectuel et moral.

Ce n'est pas qu'on exprimât une vérité bien lumineuse et bien neuve en disant que les vérités géné=
rales des sciences physiques sont données par le
moyen de la société, tandis que les vérités morales ne
peuvent être étudiées que dans l'individu qui s'applique à se connaître ou à se chercher lui-même dans
ce qu'il a de plus intime; du moins on n'aurait pas
avancé une erreur manifeste, et l'on ne tomberait
pas dans le plus grossier paralogisme, en prétendant
dériver de la société aux individus le système entier

des notions ou croyances intellectuelles et morales, par cette seule raison tout à fait puérile qu'il doit y avoir analogie entre les vérités sociales et la société; comme si la société était un être mystérieux, existant par lui-même indépendamment des individus, et différent de leur réunion; comme si la société, sans les individus, possédait un système de vérités qui lui auraient été données primitivement, et que les individus recevraient passivement sans avoir même le droit d'examiner, ni par suite les moyens d'entendre ces vérités extérieures; comme si l'enseignement quelconque donné par la société à chacun de ses membres n'était pas toujours et nécessairement une transmission orale d'individus à d'autres individus; comme si les notions ou les sentiments communs à toute l'espèce pouvaient avoir leur cause et leur raison ailleurs que dans la nature même des individus, ou dans les facultés également données à chacun par l'auteur de leur existence; enfin comme si ce n'était pas rouler dans un cercle ridicule que d'expliquer la nature humaine et les lois primordiales de son intelligence par la société; car la société a elle-même évidemment besoin d'être expliquée par l'homme doué, soit primitivement, à l'époque de sa création, soit postérieurement par une sorte de transcréation miraculeuse, doué, dis-je, de facultés, de notions, de sentiments ou d'instincts, relatifs à l'état social où il devait vivre.

Parmi les philosophes, les uns distinguant les vérités ou les notions générales, universelles, nécessaires, immuables, des sensations ou des images acci-

dentelles, variables, contingentes, les considèrent
comme inhérentes à l'âme, nées avec elle, et étrangères ou supérieures aux sens qui ne donnent que
des impressions ou des images accidentelles, contingentes, variables. Mais ils avaient cru jusqu'à présent que les premières n'étaient point adventices à
l'âme ou ne lui venaient pas du dehors ; qu'il ne fallait en chercher la source que dans l'essence même
ou dans l'intimité de cette âme à laquelle elles sont
inhérentes ; tandis que d'autres philosophes niant la
distinction, entendaient que tout vient à l'entendement par le canal des sens, sans excepter l'entendement lui-même. D'autres enfin plaçaient avec Platon ces notions universelles dans l'entendement divin
où notre esprit les voit, les contemple comme objets
extérieurs à lui.

M. de Bonald qui semble vouloir adopter la distinction, l'obscurcit et l'efface presque par la manière ambiguë dont il la pose, pour la plier à ses
vues systématiques. Il nie que les notions universelles aient leur foyer dans l'âme ou qu'elles soient l'objet d'une révélation intérieure par laquelle le *moi* humain aperçoit son existence individuelle, connaît
Dieu et lui-même, et tout en accordant aux empiri-
ques que ces notions doivent venir du dehors à l'âme,
il nie qu'elles viennent par la sensation. Resterait,
ce semble, la vision mystique et immédiate des idées
universelles dans l'entendement divin, où elles seraient. Mais ce n'est pas cela encore, et voici bien un
autre mystère. Ce n'est point l'esprit humain, ce
n'est aucun entendement individuel qui est le siége,

le véritable sujet d'inhérence des notions ou des vérités dont il s'agit; mais c'est la société qui, douée d'une sorte d'entendement collectif différent de celui des individus, en a été imbue dès l'origine par le don du langage et en vertu d'une influence miraculeuse exercée sur la masse seule indépendamment des parties : l'individu, l'homme n'est rien; la société seule existe, c'est l'âme du monde moral, elle seule reste, tandis que les personnes individuelles ne sont que des phénomènes.

Entende qui pourra cette métaphysique sociale. Si l'auteur la comprend lui-même nettement, c'est que nous avons tort. Il faut alors ne plus parler de philosophie, et reconnaître le néant de la science de l'homme intellectuel et moral, il faut avouer que toute psychologie qui prend sa base dans le fait primitif de la conscience n'est que mensonge, et considère la science elle-même comme une illusion qui nous trompe et nous égare sans cesse, en nous présentant tout, jusqu'à notre propre existence, sous une image fausse et fantastique.

Ne nous laissons pas encore décourager, et poursuivons notre examen comme si nous étions quelque chose d'existant et de distinct de la société. Écartons d'abord toute discussion oiseuse sur un état de nature de l'homme individuel, hors de toute société. Quand on considère l'homme intellectuel et moral, on suppose tacitement que les conditions premières de la vie extérieure sont satisfaites. Il ne s'agit ici que des conditions ou des lois universelles et nécessaires de la pensée ou de l'intelligence humaine. Or, ces

lois absolues ne sont des vérités primordiales et nécessaires qu'autant que l'homme les constate à leur
titre, par la réflexion dont il est doué ; cette faculté
distingue éminemment la nature humaine de la nature animale, qui a bien aussi ses lois primitives et
nécessaires, mais qui les suit sans les connaître, sans
pouvoir s'en rendre compte. Il y a donc bien lieu à
examiner les lois universelles et nécessaires de la
nature humaine, puisque c'est par cet examen réflexif seul qu'elles sont des vérités pour nous, puisque c'est l'emploi de la plus belle et de la plus noble des facultés que Dieu ait donnée à l'homme,
pour le connaître et se connaître soi-même. Il faut
examiner les premières vérités ou croyances individuelles relatives à l'existence du *moi*, de la personne
individuelle, de sa libre activité, de sa dépendance
d'une cause suprême ; car c'est ainsi seulement que
nous pourrons trouver les éléments et les vrais principes de la science spéculative ou de la connaissance
de l'homme et des choses, du sujet et de l'objet, du
monde des réalités et de celui des phénomènes ou
apparences. Il faut examiner ces principes et les
scruter dans toute leur profondeur interne pour s'assurer qu'ils ont la valeur réelle de principes, qu'ils
sont les bases, les conditions premières et les données nécessaires de la raison, et par suite, qu'ils ne
sauraient être ni établis, ni constatés, ni prouvés
par aucune forme de raisonnement ; il faut les mettre ainsi hors de toute discussion métaphysique, et
à l'abri des arguments sceptiques.

Les notions individuelles dont nous parlons n'en

sont pas moins universelles et nécessaires, ou n'en sont que plus aptes à prendre ce caractère par le premier exercice de la raison ; et il faut bien remarquer ici que toutes les vérités qui ont leur source médiate ou immédiate dans la conscience du *moi*, ne sont ou ne deviennent universelles et nécessaires qu'autant qu'elles sont individuelles et personnelles. Écartez ce caractère personnel et simple des notions, et confondez-les avec les idées générales collectives, et vous ne trouverez que des abstractions, des collections artificielles ou leurs signes. A la place des êtres réels exprimés sous leur vrai nom, vous aurez par exemple le grand tout collectif, Dieu, cause suprême et une de tout ce qui est ; l'âme sera la collection des sensations ou des parties vivantes et sentantes. Il n'y aura plus de personne, de *moi*.

Outre les notions ou croyances individuelles qui reposent sur le fait primitif du *moi* ou sont collatérales avec lui, il faut encore reconnaître des vérités ou notions également primitives et sociales, sociales en tant qu'elles sont relatives à la société ou qu'elles se fondent sur le sentiment des rapports d'espèce, et néanmoins encore individuelles en tant qu'elles sont propres à chaque individu et nées avec lui ou créées avec le sentiment de la personnalité. Que si par notions, vérités ou croyances universelles sociales, on entendait non plus les croyances qui sont relatives à la société, mais les notions transmises aux individus par la société seulement, avec le langage donné par Dieu, et qu'elle livre successivement, comme elle l'a reçu, aux individus capables de l'entendre et impuissants à le créer, nous reconnaîtrons qu'il y a de telles croyances ou vérités sociales; mais elles ne sont pas universelles, communes à tout individu, comme faisant partie de la grande société du genre humain, mais générales ou spécifiques, et relatives seulement à telle position, telle circonstance des sociétés particulières. Sous ce rapport nous nous croyons fondé à affirmer précisément une proposition contraire à celle de l'auteur. Les croyances, dirons-nous, ou vérités générales et sociales qui ont besoin d'être successivement transmises par la société au moyen de traditions orales ou écrites, parce que l'individu ne pourrait jamais entrer en possession de ces vérités par lui-même et sans des secours ou moyens extérieurs; ces vérités, dis-je, générales pour la société où elles sont établies ne sont point universelles, éternelles, communes à tout ce qui est homme, et bien loin que l'examen doive en être interdit, ce sont celles-là précisément qui ont besoin de passer au creuset de la raison individuelle pour être adoptées comme croyances légitimes et principes d'actions vraiment morales.

Je dis d'abord que les vérités générales dont il s'agit, en tant qu'elles sont transmises par la société seulement et apprises par chaque individu, soit au moyen de l'enseignement direct ou langage artificiel, soit par l'influence de l'exemple et de l'autorité, ne peuvent avoir un caractère universel, commun à tout ce qui est homme, quelle que soit la société où il est né; et réciproquement je dis que toute notion ou croyance qui a ce caractère d'universalité n'a point été transmise par la société ni apprise au moyen du langage ou par la force de l'exemple, mais qu'au contraire elle est portée dans la société comme une lumière propre inhérente à l'âme, qui éclaire tout homme venant au monde « *lux quæ illuminat om-* « *nem hominem venientem in hunc mundum* (1). » Cette vérité me semble si évidente que je me bornerais à l'énoncer si M. de Bonald n'avait pas insisté si dogmatiquement sur la proposition contraire dont il fait la base de toute sa doctrine.

Ainsi par cela seul que certaines croyances générales ne sont que les produits des leçons transmises avec le langage artificiel par la société aux individus, et n'ont leur raison d'être que dans des habitudes sociales, dans l'influence de l'exemple ou le principe d'imitation, ne pourrait-on pas affirmer hardiment que ces notions ne sont pas universelles et nécessaires? Et ici nous ne pouvons nous empêcher de remarquer une analogie frappante entre la nature intellectuelle ou morale et la nature organique ou animale, lesquelles entrent l'une et l'autre dans la composition de l'être mixte appelé homme. Quand on voit tous les individus d'une même espèce animale manifester les mêmes appétits, les mêmes désirs, les mêmes aversions ou les mêmes craintes à la présence de certains objets; quand on les voit exécuter constamment et en tous lieux les mêmes ouvrages parfaitement semblables, tracés sur un plan absolument uniforme, combiner leurs forces et leurs mouvements de manière à atteindre le but général auquel ils par-

---

(1) Evangile selon saint Jean, chap. 1, vers. 9.

viennent toujours infailliblement, dira-t-on que ces
animaux reçoivent de l'association seule le principe
de leurs appétits, de leurs affections sympathiques
et de leurs actes instinctifs? Ne faut-il pas au
contraire qu'il y ait dans l'instinct sensitif propre à
chaque individu et commun à tous ceux de l'espèce,
le principe de la société même, véritable raison de
cette sorte de sociabilité, et de l'uniformité de leurs
actes? S'ils sentent et se meuvent de la même manière; s'ils exécutent partout les mêmes ouvrages,
peut-on dire raisonnablement que c'est en vertu de
l'instruction transmise par les mères aux petits, au
moyen d'une sorte de langage, ou enfin par l'influence
de l'exemple ou d'un principe d'imitation? Non sans
doute; si les animaux font tous la même chose, c'est
qu'ils agissent d'après une sorte de modèle intérieur
primitif donné à tous également et uni à chacun
d'eux, ou indivisiblement lié au principe de sa vie
propre; et par suite c'est qu'ils ne se copient pas ou
ne s'imitent pas les uns les autres. Car s'ils se co-
piaient ou s'ils agissaient d'après un modèle extérieur,
en vertu de premières habitudes acquises ou d'un
enseignement donné, ils feraient tous des choses
différentes plus ou moins analogues, et jamais les
mêmes, parce qu'ils mêleraient toujours plus ou
moins de leur propre à ce qui leur vient du dehors.

S'il est permis d'appliquer ces exemples, ces lois
de la nature animale, à une nature supérieure intellectuelle et morale, nous sommes autorisé à affirmer de même que si l'universalité du genre humain
a certaines notions ou croyances identiques et com-

munes, c'est que nul homme ne les a reçues d'un autre homme ou de la société ; mais il les a apportées avec lui en naissant, du moins à l'état de germes, et pour les apercevoir avec évidence, à leur titre de vérités universelles, nécessaires, éternelles, il lui suffit de consulter à l'aide de la réflexion le modèle intérieur qu'il ne peut tenir que de Dieu seul, cette vraie lumière qui luit sur tous les esprits, même alors qu'ils en ignorent ou méconnaissent la source.

Nous voyons maintenant jusqu'à quel point il est nécessaire, utile et permis, ou nuisible et défendu d'examiner l'un ou l'autre ordre de vérités premières, soit individuelles ou relatives à l'individu comme à l'espèce, soit générales et sociales, c'est-à-dire reçues de la société et transmises à chaque homme avec le langage. Et d'abord les notions ou croyances premières individuelles et nécessaires sont comme l'instinct des êtres intelligents ou moraux. Que cet instinct devienne l'objet propre de la réflexion de l'homme appliqué à se connaître dans ce qu'il a de plus intime, ou qu'il échappe par lui-même à tout acte d'aperception, il n'en sera pas moins le principe de déterminations morales, autant qu'un être passif qui suit les lois de sa nature sans les connaître ou s'en rendre compte, peut être considéré comme un agent moral. Interdire à l'homme la recherche des lois premières de sa nature, se serait lui interdire précisément ce qui constitue la faculté morale la plus éminente. Mais quand cet examen réfléchi amènerait des discussions ou des doutes spéculatifs sur des faits primitifs qu'il s'agit uniquement de consta-

ter et non point d'expliquer, ces abus ou ces écarts
de spéculation n'influeraient en rien sur les croyances ou les vérités pratiques, et l'homme n'en serait
pas moins nécessité à conformer ses croyances ou ses
déterminations pratiques aux lois de sa nature; l'ordre essentiel et naturel de la société ou de la grande
famille humaine ne saurait en être altéré ni dévié de
ses lois, car la raison pratique est par sa nature
même, hors de toutes les atteintes de la spéculation,
dont elle se rit, et du scepticisme, contre lequel elle
livrerait toujours combat dans le secret de la conscience du pyrrhonien même le plus décidé. Il n'est
donc pas vrai que tout périsse dans la société, lois et
mœurs, pendant que l'homme examine ou se rend
compte en lui-même des lois premières de sa nature,
de son activité libre, du devoir qui lui commande la
justice et la bonté envers ses semblables, et par suite
de la cause de son existence, etc. ; car pendant qu'il
fait cet examen, ou qu'il délibère spéculativement
sur ces croyances premières, universelles, établies
dans la généralité des sociétés, la raison pratique
ne doute pas et les actes extérieurs suivent ses
décisions; à moins qu'il n'y ait dans les passions
aveugles des obstacles d'une autre nature, ou des
principes d'action opposés qui n'en auraient pas
moins, ou plutôt qui n'en auraient que plus sûrement leur effet lorsqu'on mettrait à l'écart toute raison spéculative et que l'on interdirait tout examen
des croyances nécessaires. Certainement un philosophe s'égare et *s'évanouit dans ses pensées*, lorsque,
cherchant les preuves des principes ou des faits pri-

mitifs, il essaie d'appliquer les formes du raisonnement aux lois premières fondamentales, et aux conditions mêmes de toute raison ; mais si c'est là véritablement un écueil dangereux pour l'esprit humain,
une source trop déplorable d'arguties et de subtilités
qui déshonorent la philosophie, il est une autre source
d'erreurs bien plus communes et plus funestes ,
surtout aux progrès de la raison, de la morale et de
la vraie religion ; c'est d'adopter sans examen toutes
les croyances reçues et transmises par la société
comme des vérités générales dont l'examen même
est interdit.

Examiner les croyances données par la société où
l'on vit, c'est réfléchir l'habitude dans ce qu'elle a de
plus intime ; et c'est assurément pour les hommes
une recommandation assez inutile que de leur dire
qu'ils ne doivent pas réfléchir l'habitude, car il n'y
a rien au monde à quoi ils soient moins disposés.
Craignez les fausses croyances ou la foi aveugle de
l'habitude ; craignez l'ignorance, les préjugés et les
passions qui obscurcissent les lumières naturelles.
Vous n'avez d'autre contre-poids à leur opposer que
l'examen approfondi de la raison, et cette voix intérieure qui ramène l'homme aux premières vérités de
la morale et de la religion, et, par suite, à celle de
la révélation divine qu'elles confirment et qui les
confirme par l'accord le plus parfait et le plus heureux.

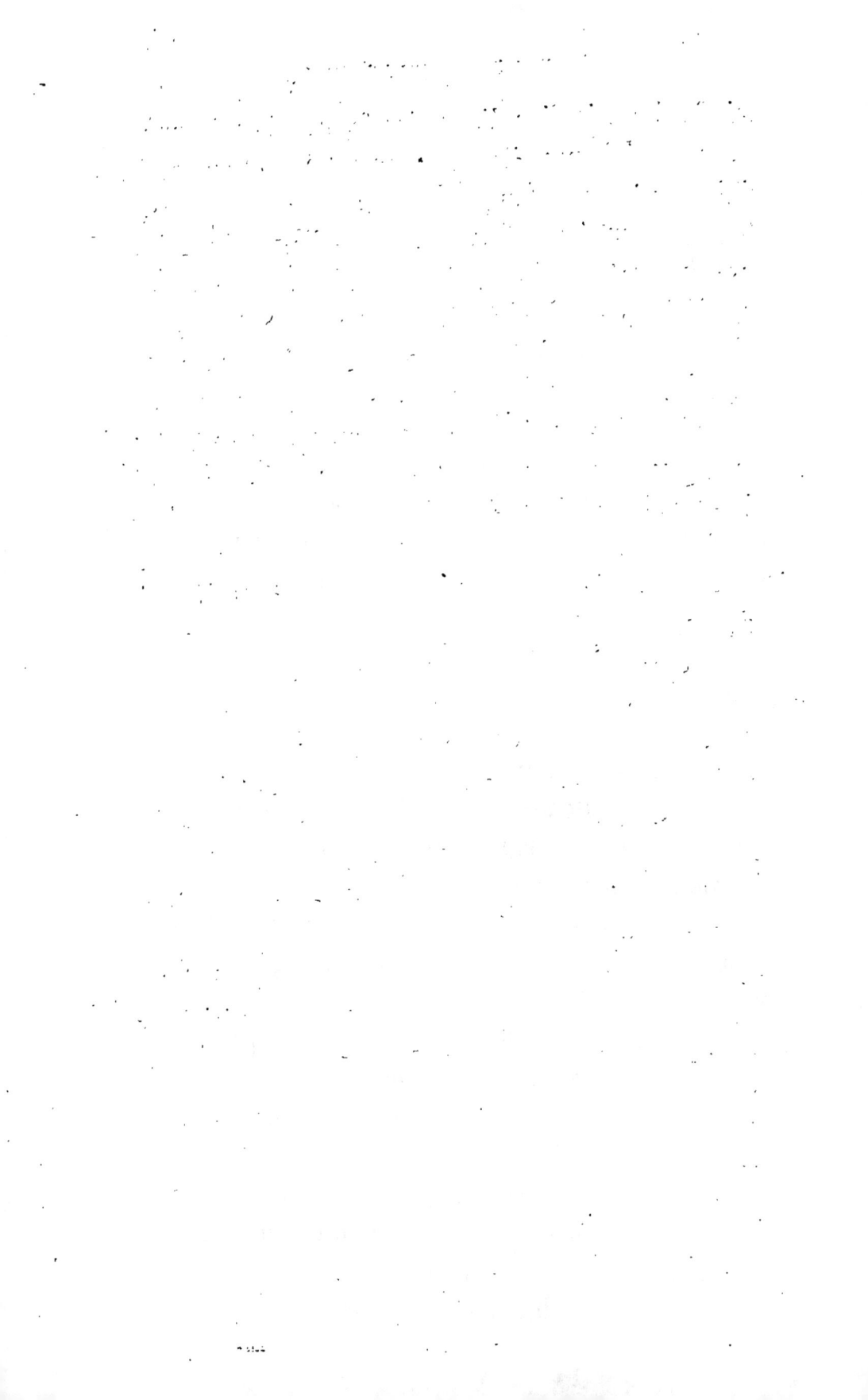

DÉFINITION DE L'HOMME.

L'expression d'*animal raisonnable* est plus exacte que celle d'*intelligence servie par des organes*. La première signifie que l'homme ayant, en commun avec les animaux, la vie, la sensibilité et la spontanéité des mouvements, en est distingué par l'attribut de raison qui le caractérise, et fait tout le titre de sa prééminence.

Pour avoir l'intelligence ou la raison, il faut d'abord que la créature humaine existe en tant que telle, c'est-à-dire qu'elle ait la vie sensitive, le mouvement spontané; et ce sont là les conditions nécessaires de cette vie supérieure que nous appelons l'intelligence. Quoique nous concevions, par abstraction, que l'âme raisonnable peut être séparée de toute organisation matérielle, nous ne pouvons savoir ce qu'elle serait en soi, ni surtout quelle sorte de fonctions propres elle pourrait exercer, sans le corps organisé à qui elle est unie. Il est donc naturel dans la définition de l'homme d'exprimer d'abord ce qui constitue le fond de son existence actuelle, telle que nous la concevons immédiatement, ou les conditions nécessaires de cette existence, avant d'exprimer l'attribut distinctif de l'espèce humaine. Ajoutez que l'homme

commence par la vie animale, que cette vie est en
jeu avant l'intelligence ou la raison : la définition exprime cette priorité de temps. Au contraire la définition que M. de Bonald a empruntée et non point
inventée, pèche sous plusieurs rapports.

Il faudrait d'abord, pour qu'elle fût vraie, que la
vie intellectuelle fût première en temps et toujours
prédominante ; que les vies organique et animale lui
fussent subordonnées naturellement : ce qui n'est
pas, du moins dans l'état actuel. Il faudrait, en second lieu, que tous les organes fussent également
dépendants de l'intelligence, ou soumis à l'activité
du *moi*. Mais il s'en faut bien que l'homme ne soit
qu'une intelligence servie par des organes ; car, au
contraire, la partie de son organisation, seule essentielle à la vie, est entièrement soustraite à l'action de la volonté, excitée, développée ou altérée
par des causes qui n'ont rien de commun avec l'intelligence, elle lui donne des lois bien plus qu'elle
ne reçoit les siennes, et contribue le plus souvent
à l'obscurcir, à l'aveugler, à paralyser toutes ses
opérations.

Quand on considère, en résultat, que, pour le commun des hommes, c'est le besoin de maintenir la vie
animale, qui met en jeu les facultés de l'esprit et
toute l'industrie humaine, on pourrait se croire fondé à dire plutôt que l'homme est *une organisation
vivante servie par une intelligence*. Mais la définition serait encore inexacte et fausse sous un point de
vue essentiel ; car l'intelligence peut s'opposer à l'organisation, ou la contrarier et lui nuire loin de la

servir, de même que les organes s'opposent souvent
par une force propre aux opérations de l'intelligence.
Il faudrait dire, pour plus d'exactitude, que l'homme
est une intelligence qui se sert non des organes en
général, mais de certains organes appropriés, et que
l'activité du *moi*, la force intelligente, met en jeu suivant certaines conditions naturelles de l'organisation humaine. Ainsi on n'exagèrerait pas l'empire de
l'âme, qui n'est point absolu comme le suppose la
définition ; et on laisserait indéterminé le rapport
des deux forces qui constituent l'humanité tout entière, rapport dont la détermination exacte pourrait
seule résoudre le grand problème de l'homme que
M. de Bonald tranche, sans se douter de sa difficulté.

M. de Bonald n'ayant jamais rien analysé, et se
laissant toujours aller à un certain mouvement d'i-
magination, qui s'attache uniquement aux figures de
mots, est toujours au delà ou en deçà du vrai. Tantôt
il exagére les pouvoirs de l'âme, tantôt il les circon-
scrit dans d'étroites bornes ; ici il semble que l'empire de l'âme sur l'organisation est illimité ; là, dans
un autre sens, il paraîtra que l'âme ne peut rien
sans l'organisation, et que le maître n'est rien par
lui-même sans ses ministres. Il en est de même pour
le langage : on peut induire de l'opinion de M. de
Bonald à ce sujet, qu'il n'y a pas de pensée sans expression ou sans signe, ce qui rentre dans le point
de vue de l'école de Condillac ; et pourtant il dit, en
d'autres occasions, que les expressions ne font que
nous révéler nos propres idées. Nous avions donc

ces idées sans les signes; aussi reconnaît-il (1) que si « l'idée est innée, son expression est acquise. »

Cet auteur convient que dans certains états de débilité corporelle ou d'aliénation mentale, l'intelligence ne peut gouverner les organes, ou les organes ne peuvent servir l'intelligence, qu'il peut arriver que les organes, loin de servir l'intelligence, l'entraînent elle-même et la fassent servir à l'irrégularité de leurs mouvements. D'où il suit évidemment que la définition proposée ne vaut rien. Car, pour qu'elle fût bonne, il faudrait qu'elle exprimât un attribut essentiel à l'homme, ou propre à le caractériser dans quelque état, ou sous quelque modification qu'on le considérât. Or, si l'on reconnaît que l'intelligence, loin d'être toujours servie par les organes, leur est entièrement soumise dans certains cas extrêmes, et peut en être aussi plus ou moins aveuglée ou entraînée par eux dans des dérangements moins notables; s'il est très-rare que l'intelligence soit en effet servie par les organes; si, pour ses opérations les plus élevées, elle a besoin que ses organes soient en repos, et comme dans un état de sommeil plutôt que disposés à agir à la moindre velléité de l'âme, si tous les auteurs sacrés ou profanes qui ont pénétré le plus avant dans la nature humaine depuis Platon (2) jusqu'à Descartes, depuis saint Paul jusqu'à

---

(1) *Recherches philosophiques*, chap. VIII.

(2) Socrate ne pensait pas que l'homme fût une intelligence servie par des organes, ou que les organes matériels fussent employés à servir l'intelligence dans ses fonctions ou opérations propres. — « La raison nous démontre, dit cet homme divin, dans le Phédon, « que tant que nous avons un corps, et que notre esprit est mêlé

Bossuet et Fénelon, s'accordent à considérer l'âme sensitive, ou l'organisation matérielle comme ayant ses lois propres opposées à celles de l'esprit, comme étant de nature à l'empêcher et à lui nuire, plutôt qu'à le servir, et comme ne pouvant être réprimée sinon par une grâce particulière, que Dieu seul peut accorder à l'âme pour l'élever jusqu'à lui, et faire qu'elle vienne s'identifier ou s'absorber en lui ; si l'intelligence n'est ainsi véritablement telle, qu'en tant qu'elle ne se sert pas des organes sensitifs ou qu'elle s'en sépare, et en fait pour ainsi dire abstraction : si tout cela est vrai et reconnu par l'auteur lui-même, que devient la définition dont il est si fier ?

« avec cette source de tant de maux, nous ne saurions atteindre
« complétement ce que nous désirons. Le corps nous cause des
« empêchements presque innombrables par la seule nécessité de
« lui fournir les aliments nécessaires ; les maladies qui nous as-
« saillent de toutes parts empêchent l'investigation de la vérité.
« C'est par le corps que nous sommes accessibles à tant de cupi-
« dités, de passions, de vaines images, de misérables bagatelles
« qui nous préoccupent et nous aveuglent. C'est lui aussi qui s'op-
« pose à ce que nous marchions dans les droites voies de la sa-
« gesse. Qu'est-ce en effet qui pousse l'homme à la guerre, aux
« séditions, aux combats, sinon des passions toutes physiques ?
« N'est-ce pas la soif de l'or qui cause tant de guerres ? et à quoi
« sert l'or si ce n'est à satisfaire aux commodités et ornements du
« corps ? » — Voyez la suite du passage dans le Phédon ; et dites
ensuite si le corps ne nuit pas plus qu'il ne sert à l'être intelligent
et moral. C'est l'être intelligent qui s'emploie à servir le corps et
à lui procurer tous ses besoins. Le service dure presque toute la vie
de la plupart des hommes, et contribue le plus à les distraire des
études intellectuelles. Si la mort n'est autre que la séparation de
l'âme et du corps, puisque tout exercice de la méditation consiste
précisément à se soustraire autant que possible à toute influence
du corps pour vaquer aux opérations intellectuelles, il est donc
bien vrai que méditer, c'est mourir au corps, que philosopher, c'est
apprendre à mourir. (Fragment tiré du *Journal intime* de M. de
Biran.)

« Il paraît contraire, dit l'auteur, à la constitution
« morale de l'homme et à la prééminence incontesta-
« ble de l'âme sur le corps, que l'âme ne puisse
« exercer sur les organes de la vie physique l'em-
« pire absolu, la souveraineté immédiate qu'elle
« exerce sur les organes plus nobles de la vie mo-
« rale, et empêcher, par un acte intérieur de la vo-
« lonté, l'estomac de digérer, ou le sang de circuler,
« comme elle empêche l'organe cérébral de coopérer
« à la pensée, ou la langue d'en produire l'expres-
« sion (1). » Loin que ces limites au pouvoir de la
volonté soient opposées à la constitution morale de
l'homme, elles en sont au contraire un des fondements. Par elles, l'homme constitué tel par sa nature
mixte, et composé de deux vies, apprend à distinguer ce qui est en lui ou lui-même de ce qui ne l'est
pas, quoiqu'il en soit touché de très-près. Par là il
complète le domaine de la liberté morale qui consiste
également à agir pour obtenir le bien, ou faire le devoir, et à souffrir avec soumission ou résignation le
mal qui nous arrive par une force supérieure, indépendante de la volonté. Si les organes de la vie physique étaient entièrement soumis au pouvoir de l'âme ou
de la force intelligente, l'homme ne connaîtrait pas
la douleur ; il n'aurait pas le mérite de la supporter
avec courage ; il ne serait pas homme.

« Ce qui me confirme dans la pensée que cette dé-
« finition de l'homme, *une intelligence servie par*
« *des organes*, renferme une profonde vérité, c'est

---

(1) *Recherches philosophiques*, chap. v.

« l'analogie évidente qu'elle présente entre la consti-
« tution naturelle de l'homme et la constitution na-
« turelle de la société.

« En effet, si l'homme est une intelligence servie
« par des organes, pour des fins de production et de
« conservation, la société domestique ou publique,
« religieuse ou politique n'est pas autre chose qu'un
« *pouvoir servi par des ministres* pour des fins de
« production et de conservation. Cette analogie n'a
« pas échappé à Cicéron : *Animus corpori dicitur*
« *imperare ut rex civibus, aut parens liberis* (1). »
Plaisante raison! Tel est en effet le caractère de la
philosophie de M. de Bonald. Il cherche des analogies partout ; il en invente là où il n'en trouve pas
de naturelles ; et ces analogies artificielles lui tiennent toujours lieu de preuves ou de faits. Une hypothèse ou un système qu'il aura fait sur la société,
lui servira de *criterium* pour juger de la nature humaine, tandis que cette nature bien observée, analy-
sée dans ses faits primitifs, pouvait seule confirmer
l'hypothèse. Admirez ici comment une comparaison,
une métaphore tirée de loin, empruntée de l'orateur
romain qui ne lui donnait pas plus d'importance
qu'elle ne devait en avoir, sert à M. de Bonald à justifier une définition hypothétique. Comment une simple analogie entre des hypothèses artificielles pourrait-elle servir à établir une vérité? M. de Bonald
semble vouloir nous avertir lui-même qu'il fait de la
poésie, et non point de la philosophie, quand il dit

---

(1) *Recherches philosophiques*, chap. v.

que la société, ou que le monde lui-même n'est qu'une intelligence servie par des organes, un pouvoir servi par des ministres. C'est pourtant là un des philosophes dont on prétend que la France s'honore, et qu'on cite comme un exemple de nos progrès dans la carrière des sciences spéculatives. La réputation de grand écrivain, d'homme d'esprit et de savoir est justement acquise à M. de Bonald. Mais celle de penseur et de métaphysicien, que cherchent à lui faire des hommes du monde qui n'attachent aucune idée au mot métaphysique, et qui n'ont eu de leur vie une pensée sérieuse, doit faire rire de pitié tous ceux qui ont la moindre idée de l'objet propre des sciences philosophiques, et des facultés de l'esprit qui y concourent. On peut assurer que le genre d'esprit et de talent de M. de Bonald est précisément aux antipodes de ces sciences.

———

L'homme n'est pas une intelligence servie par des organes, mais plutôt une intelligence empêchée souvent par l'organisation. Ainsi l'entend ou le sent saint Paul quand il s'écrie : *Infelix ego homo ! quis me liberabit de corpore mortis hujus* (1)? Les organes servent les passions et l'imagination ; ils asservissent l'intelligence et la raison, toutes les fois qu'ils ne sont pas soumis à la volonté ; et il est peu d'or-

———

(1) Épitre aux Romains, chap. VII, verset 24.

ganes qui le soient. Je mange, par exemple, pour soutenir ma vie et satisfaire un besoin animal, et mon intelligence nette et prompte avant le repas, s'obscurcit et s'affaisse après. Les organes de la digestion qui ne sont pas à mes ordres, n'ont donc pas servi l'intelligence, ou s'il arrive qu'ils la servent, c'est accidentellement et par hasard : ils ont une autre fin.

« *Ego, etsi putem nullam usque adeo abstractam a* « *sensibus mentis cogitationem esse, cui non aliquid* « *corporeum respondeat ; censeo tamen mentem arctius* « *Deo quam corporibus connecti, nec tantum ad res* « *externas noscendas destinatam esse, quam ad cognos-* « *cendam se ipsam, et per hæc auctorem rerum* (1). » Comparez avec cette belle remarque les propositions de M. de Bonald : « C'est dans l'homme extérieur « et non dans l'intérieur qu'il faut chercher le fait « primitif, fondamental de la science, etc. (2). »

Dans l'hypothèse de l'harmonie préétablie, on ne saurait dire que l'homme soit une intelligence servie par des organes, pas plus qu'une organisation servie par une intelligence, car les deux parties qu'on supposerait ici séparées et comme étant au service l'une de l'autre, sont naturellement unies, constituent une seule unité et s'harmonisent de telle manière que si vous ôtez l'une, il n'y aurait aucune raison suffisante de l'existence de l'autre. Comme tout ce qui se passe dans le corps a sa raison dans l'âme,

---

(1) Leibnitz, édit. Dutens, tome II, partie 2e, page 137.
(2) *Recherches philosophiques*, chap. I.

en tant que le corps s'accorde avec elle, rien au contraire ne saurait être attribué à l'âme, si l'on entendait qu'elle peut commander au corps des actions et
des mouvements contraires ou supérieurs à la nature
ou aux dispositions propres du corps.

ORIGINE DU LANGAGE.

« Un philosophe ne doit rien dire qu'il ne le pense
« et ne le prouve, et s'il dit qu'une chose a été faite
« par des voies extraordinaires, cela doit suffire ; et
« il ne peut, sans compromettre son jugement, cher-
« cher à expliquer comment elle aurait pu être faite
« par des moyens naturels, à moins de supposer
« qu'une même chose, dans les mêmes circonstances,
« peut avoir été faite de deux manières, par des voies
« extraordinaires et par des moyens naturels, ce qui
« n'est pas du tout philosophique (1). »

Il y a là beaucoup de vague et de confusion d'idées,
comme dans tout ce que dit l'auteur. S'agit-il d'un
fait révélé qui paraît hors des lois communes de la
nature, comme la résurrection d'un mort, le philosophe, qui croit à la révélation, ne cherchera pas à
expliquer ce fait par des moyens naturels, puisqu'il
n'admet le miracle même que par l'impossibilité reconnue de cette explication. Mais quand un fait, tel
que l'existence universelle du langage, est donné,
sans que l'on sache encore comment il a été produit,
si c'est par des voies extraordinaires et miraculeuses

---

(1) *Recherches philosophiques,* chap. II.

ou par des moyens naturels, la révélation laissant
indécise la question du comment de la production
du fait, la philosophie peut former diverses hypothèses sur ce comment, sans rejeter les voies extraordinaires auxquelles il faudra recourir si l'hypothèse
ne satisfait pas complétement aux faits donnés. Par
exemple, avant de connaître la cause et les lois mathématiques des mouvements planétaires, on peut
admettre l'alternative : ou qu'il y ait des forces et des
lois naturelles de ces mouvements, ou qu'ils aient
été produits immédiatement par une main divine,
dans l'origine, pour se continuer sans fin, ou que la
même main les produise sans cesse par des moyens
extraordinaires dont Dieu seul a le secret. Mais dès
qu'une hypothèse telle que celle de l'attraction New-
tonienne satisfait aux phénomènes, il n'est plus permis au philosophe de recourir au miracle (*Deus ex
machinâ*); quoiqu'il reconnaisse que Dieu est l'auteur
du monde physique, et que les lois de tous les mouvements ont été préétablies par lui ou ressortent de
son entendement, sans qu'il ait besoin lui-même de
mouvoir ou d'agir à la manière de l'homme qui exerce
ses forces motrices. Quand même l'hypothèse de l'attraction n'expliquerait pas tous les phénomènes du
monde planétaire, il ne faudrait pas encore en conclure brusquement que ces phénomènes n'ont leur
cause immédiate que dans la volonté et la force seule
efficace d'un moteur suprême. Cette conclusion ne
devrait être admise par le philosophe, qui alors aban-
donnerait toute recherche naturelle, qu'autant que
l'impossibilité d'une production des mouvements

planétaires, par des causes naturelles ou des forces dérivées, serait démontrée *a priori* et sans exception.

Or ceci s'applique de soi-même à la formation des langues par des moyens humains, ou par l'emploi des facultés naturelles que Dieu a données à l'homme en le créant. Pour pouvoir admettre philosophiquement que le système complet de nos langues est l'ouvrage immédiat de la divinité, qui l'a donné à l'homme ainsi complet et fait de toutes pièces, il faudrait avoir d'abord prouvé *a priori* que, les facultés de l'homme étant données avec certaines idées innées virtuellement dans l'âme, le langage ne pouvait en aucune manière être créé par l'esprit humain, suivant dans ses progrès insensibles la même marche que les idées et les facultés développées par un concours de causes naturelles ou de circonstances sociales soumises à l'observation. Et quand même les diverses hypothèses, conçues pour expliquer cette formation naturelle des langues à partir de l'origine, ne satisferaient pas complétement au problème, il ne faudrait pas encore se presser d'en conclure le miracle ou le don du langage fait immédiatement à l'homme par son auteur. Le philosophe, sans nier ce don merveilleux, et se réservant d'y recourir dans l'extrémité, continuera la recherche du problème par des moyens naturels ou en déduisant le langage des facultés et des idées, jusqu'à ce que l'impossibilité de ces moyens soit démontrée *a priori* ou *a posteriori*.

Il n'y a donc aucune contradiction à dire qu'une

chose a pu être faite par des moyens extraordinaires
en cherchant en même temps comment elle aurait
pu être faite par des moyens naturels. La contradiction et le défaut de philosophie consisteraient à affirmer *ex abrupto* et avant aucune recherche, que la
chose a été faite par des moyens extraordinaires, et
en même temps à vouloir expliquer comment elle a
été faite ainsi, ou quelle est l'espèce de moyens qu'il
a plu à Dieu d'employer. Or c'est précisément là ce
que fait M. de Bonald dans des dissertations où il se
contredit sans cesse, parce qu'il ne s'entend jamais
bien avec lui-même. Il veut que le langage (et par là
il entend le système complet et bien coordonné des
sons articulés propres à exprimer toutes nos idées
intellectuelles et sensibles), ayant été nécessaire pour
la formation de la première société humaine, ait
préexisté par conséquent à cette société ; d'où il suivrait qu'il n'a pu être qu'un don de Dieu, qui a créé
l'homme parlant, ou qui a appris le langage au premier homme en lui parlant, c'est-à-dire en frappant
son ouïe des premiers sons articulés. M. de Bonald
paraît admettre indifféremment tantôt l'une, tantôt
l'autre supposition.

Mais si la révélation nous apprend que Dieu a parlé
à l'homme ou s'est manifesté à lui en lui faisant entendre ses commandements, l'Écriture ne nous fixe
point du tout l'espèce de moyens surnaturels que
Dieu a jugé à propos d'employer pour parler à l'esprit et au cœur de l'homme. Rien ne nous dit positivement que Dieu ait employé l'intermédiaire des
signes matériels de la voix ou de l'écriture pour faire

entendre ou suggérer à l'esprit de l'homme ses commandements. Et nous concevons, nous savons même
par les saintes Écritures que l'Esprit-Saint a d'autres
voies pour ses suggestions. De plus, et en admettant
que la voix de Dieu ait matériellement frappé l'ouïe
de l'homme, rien dans l'Écriture ne nous dit si cette
parole divine a elle-même servi de type aux premières langues, ou si au contraire Dieu n'a pas daigné
emprunter la langue déjà connue de l'homme pour
lui faire entendre ou comprendre sa parole. Ainsi
l'on ne peut tirer de la révélation aucune donnée
positive sur le grand problème de l'origine et de la
formation des langues, problème que Dieu même
semble avoir abandonné aux disputes ou aux recherches des philosophes. En dogmatisant sur le don des
langues et l'impossibilité de leur formation par des
moyens humains, M. de Bonald nous donne donc
gratuitement comme article de foi une hypothèse
arbitraire et antiphilosophique. Si le don du langage
articulé, tel que nous l'avons, était vraiment un article de foi, nous n'aurions, en effet, rien à chercher
sur le comment, ou sur la manière dont le don a été
fait; car nous saurions par la révélation même que
le langage a été inspiré à la première société humaine ou enseigné par Dieu, soit immédiatement, soit
par l'intermédiaire de ses envoyés. Dans le silence
de la révélation, M. de Bonald prétend déterminer
absolument les moyens extraordinaires par lesquels
le langage a été donné, et expliquer comment une
chose surnaturelle suivant lui, a été faite par des
moyens aussi surnaturels. Sur cela, nous laissons à

juger si ce n'est pas son propre jugement plutôt que
celui des philosophes qui se trouve compromis par
cette décision dogmatique.

———

« Tous les faits sont des vérités, mais toutes les
« vérités ne sont pas des faits (1). » Celui qui entend,
comme il faut, cette grande et importante distinction, entend toute la philosophie. Si l'on n'entend
par fait que ce qui se représente actuellement et
peut se représenter aux sens, certainement toutes
les vérités ne sont pas des faits. Les rapports perçus
entre nos idées, abstraction faite des objets de ces
idées, sont des vérités et non pas des faits ; à moins
que l'on ne soutienne, comme M. Ampère, que tous
les rapports des nombres, des figures que conçoivent
les mathématiciens, existent actuellement entre les
noumènes, que nous les percevions ou non, de sorte
que, lorsque nous venons à les découvrir, nous ne
faisons qu'apercevoir hors de nous ce qui est, c'est-
à-dire autant de faits réels, positifs, absolus qu'il y
a de vérités ou de rapports abstraits : l'abstrait seul
est vrai de fait. Ces faits ne sont point essentiellement relatifs au temps et au lieu ; ils ne se figurent
pas comme ce que nous appelons proprement faits
en physique. L'existence de la cause première et de
ses attributs, celle des esprits, les lois morales, la

———

(1) *Recherches philosophiques*, chap. I.

justice, l'ordre, le devoir sont des vérités universelles, nécessaires, éternelles, immuables. On peut dire aussi que ce sont des faits nécessaires dont il n'est pas permis de douter; et l'impossibilité de se représenter ces faits, pas plus que l'on ne se représente celui de conscience dont ils sont dérivés, ne change en rien leur caractère de fait.

Nous ne pouvons pas davantage nous représenter ou nous figurer l'attraction réciproque de toutes les parties de la matière, en raison directe des masses et en raison inverse du carré des distances, ni la force d'impulsion, ni l'inertie, ni aucune force de l'univers. Ne dites donc pas (1) que « la matière et toutes ses propriétés sont l'objet des vérités locales, » temporaires, particulières, tandis que les esprits et leurs attributs, les êtres moraux « sont seuls l'objet de vérités universelles, éternelles, » car votre distinction n'aurait aucun fondement solide. Mais vous trouverez le vrai fondement de la distinction en la rappelant à sa source, savoir : aux deux éléments du fait primitif, au *moi* et au *non moi*.

Ne dites pas que « les vérités générales ou notions « intellectuelles sont l'objet de nos idées, tandis que « les vérités particulières ou faits physiques sont « l'objet de nos images. » Si vous entendez les choses comme il faut, vous concevrez que les notions que vous pouvez aussi appeler idées portent en elles-mêmes la réalité objective, comme les phénomènes portent avec eux l'apparence sensible ou d'image qui

---

(1) *Recherches philosophiques*, chap. I.

les constitue. Lorsque je pense à Dieu, à la cause universelle, je vois Dieu, et non pas sa représentation, comme dans une idée qui aurait un objet distinct d'elle-même au dehors; comme en pensant à la lumière qui m'éclaire je la vois et non pas seulement son idée.

« Les idées ou notions intellectuelles, n'étant con-
« nues de notre esprit que par les expressions qui les
« lui rendent présentes et perceptibles, nous les re-
« trouvons toutes et naturellement dans la société à la-
« quelle nous appartenons, et qui nous en transmet
« la connaissance en nous communiquant la langue
« qu'elle parle (1). » Je comprends comment ces notions dont le fondement est en nous-mêmes, ou dans notre esprit indépendamment des signes, ne se distinguent ou ne deviennent perceptibles qu'à l'aide de signes, comme le *moi* lui-même ne se distingue qu'en se nommant : et ce signe ou cette articulation n'est qu'un mode de l'activité qui le constitue ou le rend présent à lui-même. Mais que nous trouvions exclusivement et naturellement toutes ces idées dans la société qui nous les transmet avec la langue maternelle, c'est une hypothèse gratuite et irréfléchie. Pour cela il faudrait que les signes de ces idées eussent une secrète vertu par laquelle ils éveilleraient immédiatement dans l'esprit ou dans l'âme les idées qu'ils représentent ou expriment, sans aucun concours actif de notre part, ou sans que nous eussions besoin d'effectuer ou de répéter les opérations intel-

---

(1) *Recherches philosophiques*, chap. I.

lectuelles d'abstraction et de réflexion dont ces signes notent et conservent les résultats. Si nous
n'entendons la valeur des signes qu'en y pensant
comme il faut, et avec plus ou moins de travail et de
labeur, il ne faut pas dire que nous trouvons naturellement ces idées dans la société qui nous les donne
avec les mots, dont elle conserve le dépôt. On pourrait dire de même que la société nous donne, avec
les signes des nombres et les noms des figures géométriques, la science mathématique toute faite ; oui,
mais en nous fournissant l'occasion d'en refaire nous-
mêmes les idées ; car nous n'entendons la science
qu'à cette condition. Et quand même les signes seraient perdus, les esprits inventifs, comme Pascal,
n'en referaient pas moins la langue avec la science
même.

Comment peut-on avoir philosophé le moins du
monde, et se contenter d'une analogie aussi vague
pour marquer la distinction d'origine des vérités générales ou sociales et des vérités particulières, individuelles ou physiques ? « La connaissance des vérités
« sociales se trouve dans la société, et ne nous est
« donnée que par elle avec le langage. La connais-
« sance des vérités ou faits particuliers, individuels
« et physiques, objet des images et des sensations,
« se trouve dans nous-mêmes individus, et nous est
« transmise par le rapport de nos sens ; cette analo-
« gie entre les vérités sociales et la société qui en
« donne la connaissance aux individus, entre les vé-
« rités individuelles et l'individu qui en trouve la
« connaissance en lui-même et dans ses sensations,

« est, ce me semble, une raison très-plausible, et
« peut-être suffisante de croire à cette double origine
« de toutes nos connaissances morales et physiques,
« générales et individuelles (1). » C'est une manière
un peu large de résoudre le grand problème sur l'o-
rigine de la connaissance. D'abord, toutes les vérités
générales sont-elles sociales? N'y a-t-il pas aussi des
vérités générales physiques, comme il y a des vérités
individuelles proprement dites qui sont éminemment
morales ou sociales, à partir du fait de conscience,
tout individuel? On peut dire véritablement que toute
connaissance physique comme morale se trouve dans
la société de qui nous avons tout reçu, dans ce sens
qu'elle nous fournit seule les moyens et les conditions du développement de toutes nos facultés; puisque l'homme isolé, réduit à ses propres forces, ne
peut rien, et n'existe même pas autrement qu'en
abstraction et par hypothèse. En ce sens, les vérités
générales del a physique et de la géométrie pourront
aussi bien être appelées sociales que les vérités morales et politiques; et si les premières se trouvaient
en nous-mêmes, ou nous étaient transmises par sensation, les secondes pourraient bien avoir même origine. Et s'il en est ainsi, comme la plus simple analyse le démontre, que devient la distinction? On
reconnaît là la tournure d'esprit de M. de Bonald
qui s'attache, avec une prédilection marquée, aux
analogies de mots les plus arbitraires, le plus purement grammaticales, et qui voit dans cette sorte de

---

(1) *Recherches philosophiques,* chap. I.

grimoire métaphorique l'expression des plus importantes vérités.

« Sans doute le langage qui exprime aujourd'hui « tant d'idées utiles à l'homme, ou nécessaires à la « société, n'a pas été donné aux premiers humains « vide de sens (1). » Pour qu'un langage ou un système complet de signes ait été donné avec les idées, il ne suffit pas que ce langage ait eu un sens profond et vrai dans l'intelligence suprême qui l'aurait inventé. Afin que ce langage n'eût pas été vide de sens pour les premiers hommes auxquels il fut donné, il faudrait supposer de plus que l'intelligence des idées eût été inspirée avec les signes qui les exprimaient; et cette hypothèse en entraîne encore une autre : c'est qu'il y avait entre telle idée intellectuelle ou morale et le signe dont elle était revêtue dans cette langue divine, un rapport tel qu'il suffisait d'entendre le signe pour que l'idée ou la notion se représentât. Dira-t-on que les notions intellectuelles sont nécessairement liées à des signes dans l'entendement divin? Quels sont donc ces signes divins, expressifs par eux-mêmes, qui portent la lumière avec eux, comme le *logos* efficace? Est-il donné à l'homme de l'entendre? Dieu a-t-il pu le lui communiquer dans l'origine ? Ne lui aurait-il pas en même temps communiqué sa propre science, celle de l'infini? N'est-ce pas un préjugé tout fondé sur un anthropomorphisme grossier qui fait supposer que Dieu s'est servi pour parler aux hommes de signes comme ceux qui nous aident à fixer

---

(1) *Recherches philosophiques,* chap. I.

nos idées, et qui ne sont qu'un supplément nécessaire à la faiblesse de notre esprit?

Si quelque chose pouvait nous donner une image
grossière de cette pensée divine, ne seraient-ce pas ces
illuminations subites du génie, ces élans momentanés
vers des vérités sublimes, ces éclairs vifs qui percent
quelquefois les nuages dont notre entendement est
obscurci, ces inspirations, ces sentiments ineffables
par lesquels notre âme se trouve en contact instantané avec la source de toute vérité, de toute lumière,
par lesquels nous sentons Dieu avec l'infini? C'est
par ces mouvements intérieurs que Dieu parle à nos
âmes et se révèle ou se manifeste. C'est ce langage
qu'on aspire à entendre toujours, quand on a eu le
bonheur de l'entendre une fois. Quand l'âme dit :
« *Parlez, Seigneur, votre serviteur vous écoute,* » en
adressant à Dieu cette prière, ce ne sont pas des paroles dans une langue inconnue que nous lui demandons ; nous savons qu'il a une manière de se communiquer à l'esprit par l'entremise du cœur, plus
immédiate, plus sensible, plus efficace. Nous savons
qu'il y a même en nous, et sans le secours de sa
grâce, une pensée vivante sans les signes, une pensée qui perd souvent sa lumière en se développant,
ou se fixant à l'un des signes matériels du langage.
Singulière idée de vouloir prouver l'action de Dieu et
la réalité des notions qui nous mènent à lui ou nous
le révèlent, par les moyens mêmes qui ont le plus
contribué à le cacher aux philosophes, par ceux
dont les matérialistes se sont toujours servis pour
obscurcir ces notions ou en détruire la réalité, en

cherchant à les identifier avec les signes matériels
dont l'esprit de l'homme a été conduit à les revêtir!

Supposez que, dans notre intérêt, Dieu jugeât à
propos de faire connaître aux hommes ses volontés ;
si pour vaincre l'incrédulité, en employant des
moyens humains, il parlait aux Français par exemple, sans doute il emploierait la langue dans laquelle
seule il pourrait être entendu ; et de même pour les
habitants des divers pays ; que s'il employait une
langue universelle et unique, il faudrait bien qu'il
fît un miracle pour que tous les hommes eussent au
même instant le don de l'entendre sans l'avoir apprise; et pour que cette science universelle fût permanente, il faudrait que tous les hommes eussent la
langue avec les idées en venant au monde; autrement, en supposant que la société du genre humain
ne conservât que le dépôt des signes, si ces signes
avaient besoin d'être appris, interprétés, expliqués,
ce serait comme si Dieu n'eût jamais parlé ou appris
la langue divine, puisque l'interprétation étant du
fait de l'homme, il pourrait toujours y avoir erreur,
tromperie. Sans une révélation immédiate faite à
chaque peuple, ou plutôt sans le secours de la grâce
qui agit sur les cœurs autrement que par des paroles, quel pourrait être le *criterium* public et social
pour distinguer la vérité de l'erreur, lorsque chaque
nation prétendrait posséder seule, avec la langue
inspirée, le trésor des vérités intellectuelles et morales ?

M. de Bonald oppose son hypothèse sur la transmission nécessaire du langage, moyen exclusif de

toute science ou vérité sociale, à cette prétention de
la philosophie que l'homme ne peut savoir que ce
qu'il a appris. Cette maxime, suivant l'auteur, doit
être bornée aux vérités spéculatives de la physique;
mais dans la pratique, il en est autrement : « Si
« l'homme physique vit de pain, l'homme moral vit
« de la parole qui lui révèle la vérité (1). » Sans
doute on conçoit que le monde physique ait pu exister
sans l'homme, tandis que le monde moral n'existerait pas sans l'homme, c'est-à-dire sans des êtres
ou agents moraux, pas plus que le monde physique n'existerait sans des êtres ou éléments physiques; cela va sans dire. Mais puisque ces deux mondes, tels qu'ils sont, tels que nous les nommons et
les concevons, ne sont que la totalité des deux espèces d'êtres et l'ensemble de leurs rapports, puisque ces rapports fondamentaux sont ce qu'ils sont,
quelle que soit d'ailleurs notre manière de les considérer ou de les juger, la distinction posée par M. de
Bonald entre la gravité des résultats des deux sortes
de spéculation est encore ici tout à fait vaine et frivole. Si rien n'est troublé dans la nature matérielle,
pendant que l'homme discute, approfondit la vérité
ou l'erreur des systèmes en physique, pourquoi tout
périrait-il plutôt dans le monde moral par cela seul
que quelques philosophes, hommes toujours en très-
petit nombre eu égard à la grande masse qui croit
sans examen, examineraient le fondement des croyances universelles, nécessaires, telles que l'existence de

---

(1) *Recherches philosophiques*, chap. I.

Dieu, la spiritualité de nos âmes, la distinction du bien et du mal ? Certainement s'il n'y avait pas d'autres causes de désordre dans l'influence naturelle des passions, les intérêts, la faiblesse ou les fautes des gouvernements, les sociétés seraient parfaitement tranquilles et réglées.

M. de Bonald insiste très-longuement sur des difficultés imaginaires qu'il se plaît à accumuler contre la possibilité de l'invention du langage. Mais tous ses arguments sont tels qu'en accordant tout ce qu'ils ont pour but d'établir, on ne pourrait parvenir à la conclusion, avec la thèse dont il s'agit. Dans cette énumération de preuves tirées de l'histoire des sociétés, et des admirables propriétés du langage, on reconnaît l'orateur disert bien plus que le dialecticien exact et sévère en matière de preuves.

Le sophisme perpétuel consiste à parler de l'état actuel des langues perfectionnées et enrichies par l'accumulation ou la combinaison des idées de tout ordre. Dans un période de la vie sociale aussi avancé que celui où nous sommes placés, si nous comparons nos langues comme nos connaissances et nos arts avec ceux des tribus grossières, il est impossible de ne pas se demander par quelle suite de progrès l'homme ou la société se sont ainsi élevés d'un état brut à celui où brille un art si merveilleux et si compliqué. Mais bien qu'il soit impossible de déterminer avec certitude quels ont été les progrès successifs

par lesquels une langue particulière a passé pour arriver des premiers rudiments à la perfection, si l'on
peut montrer par les principes de la nature humaine
comment ses diverses parties ont pu naître et se
développer à partir d'un premier principe, on
aura remporté un avantage sur cette philosophie in-
dolente qui, dans le monde moral comme dans le
monde physique, voit un miracle dans chaque phénomène qu'elle ne se sent pas en état d'expliquer.

Assurément personne ne peut croire qu'un ou plusieurs hommes aient pu inventer *a priori* cet immense
système, et la saine philosophie tend bien plutôt à
établir qu'il s'est formé de lui-même, comme tout
le reste, par une suite de développements de facultés,
de progrès dus à des circonstances heureuses, à des
événements inopinés que nulle force ou intelligence
humaine n'a pu prévoir, ni diriger. C'est à ceux qui
prétendent au contraire, comme M. de Bonald, que
le système complet du langage, tel que nous le possédons, a été primitivement formé d'un seul jet;
c'est à eux, dis-je, à prouver d'abord cette merveil-
le qui surpasse réellement les facultés humaines;
et c'est alors, mais alors seulement, qu'il faudrait
réellement admettre le fait mystérieux du langage
donné par Dieu à la première société humaine.

Mais s'il est vraiment impossible qu'un ou plusieurs hommes aient inventé ou prémédité un système tel que celui de nos langues actuelles, il ne
l'est pas de même qu'un tel système se soit formé
peu à peu, en partant d'un premier fond de signes
donnés par la nature même, répétés et imités avec

intention. Ce premier langage, naturel ou natif même, est le moyen nécessaire pour arriver à la formation des langues perfectionnées. Et le sophisme consiste à faire abstraction du moyen ou de l'intermédiaire, pour démontrer l'impossibitité où serait l'homme de franchir d'un seul saut l'immense intervalle qui sépare un état d'animalité, où il n'y aurait aucune espèce de signes, ni par suite d'idées dans l'esprit humain (*table rase*), et l'état d'intelligence perfectionnée, en possession du système le plus étendu de signes et d'idées.

Les philosophes qui sont entrés un peu plus avant que M. Bonald dans les profondeurs de la pensée humaine, se sont attachés à distinguer et énumérer ses formes les plus intimes, et ceux-là mêmes qui ont considéré les langues comme une sorte de miroir de l'esprit humain, ont senti d'abord le besoin d'étudier et de connaître la chose même en nature, avant de regarder le miroir, afin de pouvoir juger la ressemblance du modèle et de la copie. M. de Bonald semble au contraire vouloir démontrer que c'est le langage donné avec ses formes préétablies par la divinité, qui a seul imprimé à l'esprit humain les formes propres et naturelles sous lesquelles il conçoit et exprime toutes les idées ou notions intellectuelles. Cependant l'auteur admet des idées, ou notions *innées*, antérieures au langage, et par suite des rapports innés, quoique non encore exprimés entre ces idées. Mais n'y a-t-il pas contradiction entre ces deux thèses? S'il y a des idées ou des formes inhérentes à l'esprit humain et antérieures au langage donné, il faudra bien que ce langage en prenne ou en reçoive l'empreinte. Le moule étant donc tout intérieur, il faudra partir de la nature ou des formes de l'esprit humain pour avoir la raison suffisante des formes du langage, et non *vice versa*. Ce qu'il y aura donc de donné primitivement, ce seront les formes ou les facultés propres de l'entendement dont le langage, tel qu'il est, sera la conséquence ; et le progrès inverse ne pourra être admis, à moins qu'on ne suppose l'âme humaine *table rase* avant qu'il y ait un langage appris ; ce qui est contraire à la raison et aux idées mêmes de l'auteur.

« Si l'on s'obstine à soutenir que le langage est « l'ouvrage de l'homme, on est obligé d'admettre « autant d'inventeurs que l'on croit voir dans le « monde de langues différentes, et autant d'inventeurs qui ont eu précisément les mêmes idées sur « la formation du langage, l'ont construit partout « sur le même plan, et ont pour ainsi dire, jeté toutes les langues dans le même moule (1). »

Le moule doit être en effet le même partout, puisque c'est l'esprit humain dont la nature doit être la même partout; autrement ce ne serait plus de l'homme qu'il s'agirait. De ce que toute langue exprime nécessairement le sujet, l'attribut et le verbe, il faut

(1) *Recherches philosophiques*, chap. II.

conclure que cette manière de concevoir ou de juger
est fondamentale et nécessaire, à partir du fait primitif de la conscience ou de l'existence personnelle
du *moi*, sujet, cause agissante, en rapport nécessaire
avec un objet, ou un effet produit, rapport que l'esprit perçoit, et c'est pour cela qu'il existe, rapport
tout intérieur qui ne serait pas moins aperçu immédiatement quand il ne serait pas exprimé, mais qui
ne peut être exprimé par des termes quelconques
sans que ces termes soient au nombre de trois, nécessaires pour exprimer ou manifester cet acte de
l'esprit. C'est jusque-là qu'il faut remonter pour
trouver le fondement de cette valeur mystérieuse du
nombre trois. Tel est aussi le canevas de toutes les
langues, jetées toutes dans le même moule de pensée; c'est l'identité de fond qui donne l'identité de
forme, et non pas *vice versa*, comme l'entend M. de
Bonald. Tous les hommes ont fait partout la même
chose; nul n'a été inventeur. Chacun a exprimé à sa
manière un même fond d'idées qu'il avait dans l'esprit. Croire qu'avant le signe il n'y avait rien et qu'il
a fallu de toute nécessité qu'un signe révélé vînt,
non pas exciter, réveiller, mais créer l'idée, c'est
vouloir que le moule ait été fait par la chose mou-
lée; c'est nier toute l'activité de l'esprit humain.

Le sophisme perpétuel de M. de Bonald, c'est de
prendre pour type une langue toute formée, et de ce
qu'elle n'a pu être inventée à dessein et avec réflexion par un ou plusieurs hommes, de conclure
que l'invention est impossible. Il est bien vrai que
les hommes n'ont pas inventé à dessein la distinc-

tion du sujet, de l'attribut et du lien qui les unit ;
mais lorsque ces trois termes, distincts et présents
à la fois dès que le *moi* existe, ont dû être nommés,
chacun à part a dû inventer leurs noms. Ce que
M. de Bonald dit des signes n'est vrai que des idées.
Toute son hypothèse tombe s'il y a véritablement
conception interne de sujet et d'attribut, de cause
et d'effet indépendamment de tout langage. Or, comment se persuader que la personne n'existe ou ne se
connaît qu'autant qu'elle se donne un nom? qu'il
faut qu'elle pense une parole pour exister ou se penser elle-même? Ne suffit-il pas qu'elle agisse et
qu'elle pense son action quelconque? L'imitation et
la sympathie étendent le premier langage. Agir et
s'apercevoir, puis se souvenir qu'on a agi, répéter le
même acte avec intention, s'imiter soi-même et se
faire imiter, il n'y a pas là d'intervention mystérieuse. « Le langage est partout le même; » entendez : il y a partout même fond d'idées primitives et
même relation fondamentale entre ces idées. Les
signes et leurs rapports se conforment à ce premier fond qui subsiste le même sans le langage.

La preuve que M. de Bonald confond toujours le
langage avec les idées non exprimées, c'est ce qu'il
dit au sujet des idiomes divers qui font que les peuples ne s'entendent pas, tandis que leurs langues,
dit-il, se comprennent réciproquement et peuvent se
traduire les unes dans les autres, Divers signes sont
employés à exprimer le même fond d'idées. Que res-
te-t-il en ôtant les signes; ou, comme on dit, les idiomes? Y a-t-il encore un langage? Oui, dit M. de Bo-

nald, il y a des formes, des cases vides qui sont identiques. Mais c'est le rapport des idées qui est plus qu'une forme.

———

« Le don du langage fait au genre humain est, » suivant M. de Bonald, « le fait primitif extérieur, » et aussi « la question fondamentale de toute science morale. » Il faudrait nous dire d'abord comment un fait primitif, évident par lui-même peut être une question. Mais l'auteur ne se pique pas de tant d'exactitude dans son langage. Il ne paraît pas non plus sentir le besoin de bien s'entendre avec lui-même. Le fait primitif, ou extérieur pour lui, est tantôt le don du langage, comme il l'annonce d'abord, tantôt simplement le langage ou la parole donnée à l'homme par la société. Or, la parole est bien certainement un fait public, extérieur, à la fois moral et physique, comme on voudra, pourvu qu'on ne dise pas que c'est un fait primitif et *a priori*. Car un fait *a priori* implique contradiction dans les termes pour tout homme qui entend la valeur de ces mots ; et un fait primitif n'en suppose aucun avant lui qui en soit la condition. Or, comment entendre qu'avant la parole, ou sans elle, il n'y ait rien dans l'esprit ou l'âme de l'homme? Comment nier que la parole ou le langage, quel qu'il soit, dépend lui-même

———

(1) *Recherches philosophiques*, chap. I.

de plusieurs conditions et organiques et intellectuelles? Mais passons sur ce non-sens ; il va s'en présenter assez d'autres.

« Ce fait (le don de la parole) est absolument gé-
« néral et perpétuel, puisqu'on le retrouve partout
« où il y a deux créatures humaines, et qu'il ne peut
« finir qu'avec le genre humain. — Ce fait est abso-
« lument commun et même usuel, puisque absolu-
« ment tous les hommes libres de corps et d'esprit
« en offrent encore la preuve, les plus ignorants des
« hommes comme les plus habiles, et les peuples
« les plus abrutis comme les plus civilisés (1). » Dans
tout cela on voit bien qu'il s'agit du fait de l'existence universelle d'un langage quelconque entre les
hommes, fait que personne ne conteste ; mais l'auteur oublie qu'il s'agit pour lui du don primitif,
non pas de la parole seulement, mais d'un langage
déterminé. Or, que le langage soit inventé par
l'homme ou qu'il lui ait été d'abord donné par Dieu,
c'est ce qui ne peut nullement être éclairé par le
simple fait de l'existence d'un langage dans toute
société quelconque ; et l'auteur tombe dans une singulière distraction en donnant sans cesse le fait pour
l'explication, ou comme il dit la démonstration du
fait. Il est curieux de le voir se vanter d'aller en cela
plus loin que ces philosophes qui prétendent que les
faits primitifs n'ont pas besoin de démonstration,
comme si leur titre de faits primitifs n'était pas tout
fondé sur cette impossibilité ou nullité de démonstra-

---

(1) *Recherches philosophiques*, chap. I.

tion ou d'explication? Comment s'y prendrait-on pour
expliquer ou démontrer, par exemple, le fait vraiment primitif de l'existence du *moi* ou de la pensée,
comme l'entend Descartes? Il est vrai que c'est là
un fait intérieur, et M. de Bonald ne veut admettre
que l'extérieur, auquel on voit bien qu'il tend en effet
de toutes les forces de l'habitude et de l'imagination
toute portée au dehors. Mais si M. de Bonald était
un tant soit peu *l'homme intérieur* dans le sens de
saint Paul ou de saint Augustin, il saurait que rien
de ce qui est extérieur à l'homme ne saurait être
pour son esprit un fait primitif. Mais voici que le
fait primitif si évident du don de la parole change
subitement de nature : ce fait primitif ne nous est
plus donné que comme une hypothèse comparable
à celles qu'on admet dans les sciences physiques, hypothèse que des opinions respectables, des inductions plausibles rendent déjà probable avant la démonstration. Ce langage modeste contraste avec l'assurance donnée au commencement.

Mais avançons dans les preuves ou les probabilités
de l'hypothèse. D'abord nous trouvons l'assertion
positive que la parole est nécessaire à l'homme
« pour connaître ses propres pensées, » pour être
capable de quelque invention que ce soit, vérité
bien reconnue de nos jours, et fondée sur des preuves vraiment psychologiques que M. de Bonald aurait dû commencer par chercher à entendre avant de
faire son système. Nous trouvons en second lieu, et
par une transition un peu brusque, la probabilité
(fondée sur des recherches archéologiques et sur les

rapports entre un grand nombre de langues) d'une langue primitive qui a dû servir de tige ou de moule à toutes les autres. Mais cette conjecture, fût-elle vérifiée, serait-elle une démonstration suffisante du fait ou de l'hypothèse du don du langage, tel que M. de Bonald prétend l'établir? Certainement non.

« On ne saurait, » dit l'auteur, « refuser, à Dieu le « pouvoir de créer l'homme parlant, aussi facilement « qu'avec la seule faculté d'inventer la parole (1)! » Assurément les deux étaient également faciles à Dieu. Il a pu créer l'homme parlant la langue la plus riche, la plus savante, c'est-à-dire que le premier homme sortant des mains du Créateur a pu être doué de la science universelle sans avoir rien appris, rien trouvé de lui-même. On peut croire ou supposer tout ce qu'on voudra sur ce fait primitif, extérieur ou étranger à l'homme tel que nous pouvons le connaî-naître; mais il n'en reste pas moins vrai pour nous que nous ne savons rien sans l'avoir appris, et que si nous trouvons une langue toute faite dans la société où nous naissons, l'intelligence de cette langue ou la parole proprement dite, au lieu d'être un don, est pour chacun de nous une acquisition très-longue et très-difficile, une étude de toute la vie qui exige presque autant d'effort, de méditation et d'activité d'esprit que l'invention elle-même. En effet, il semblerait, d'après M. de Bonald, qu'il n'y ait aucune opération intermédiaire entre l'audition et l'articulation de certains mots et leur signification entendue,

---

(1) *Recherches philosophiques*, chap. I.

ou leur appropriation soit à tels objets sensibles, soit
à telles idées intellectuelles ou morales déterminées.

Quels que soient les rapports des signes parlés ou
écrits à ces idées, que les unes puissent être conçues
avant les autres, ou qu'au contraire il n'y ait point
de véritables idées dans l'esprit, sans qu'il y ait pour
chacune un signe propre dont l'idée même ne se
distingue pas, ces questions de logique ou de métaphysique, étrangères à celle de l'origine ou du don
du langage (quoique M. de Bonald ait cru vainement
pouvoir en tirer parti en faveur de son hypothèse)
supposent toutes également qu'il faut un travail de
l'esprit pour fixer la valeur idéale du son articulé.
Si ce signe ne sert le plus souvent qu'à résumer des
opérations de l'esprit ou à en conserver les résultats,
il est évident que ce sont ces opérations seules qui
constituent tout le fond réel de ce qu'on appelle langage humain ; autrement il n'y aurait que des sons
tels que ceux qu'on apprend à répéter aux oiseaux.

Cela posé, qu'entend-on par le don du langage
fait au genre humain ? S'agit-il d'une langue primitive que Dieu aurait donnée à l'homme en le créant,
avec toute la science possible ? Alors il ne faut pas
se borner à dire que le langage est un don de Dieu ;
il faut dire encore que toutes les sciences, tous les
arts, toutes les conceptions de l'esprit humain sont
des dons primitifs ; ce qui nous dispensera de chercher aucune autre origine naturelle. Prétend-on que
l'homme n'ayant apporté en naissant que des idées
et des facultés, Dieu lui a fait entendre ou lui a appris ultérieurement une langue ou un système com-

plet de mots articulés ou écrits? Mais cette langue
primitive, descendue du ciel toute faite, il a fallu que
l'homme l'étudiât ou qu'il apprît la signification de
chaque mot, comme nous faisons nous-mêmes, qu'il
répétât de lui-même toutes les opérations de l'esprit que supposent les termes généraux, abstraits.
Or, ce travail intellectuel n'était guère moins difficile aux premiers hommes que l'invention même,
à moins qu'on ne suppose que cette langue primitive était tellement parfaite, que chaque mot avait la
vertu de suggérer de lui-même ou de réveiller dans
l'esprit l'idée qu'il signifiait. Dans ce cas, cette langue divine ou surnaturelle se trouverait hors de toute
analogie avec nos signes de convention, arbitraires,
variables et acquis. Nous ne pourrions donc nous en
faire aucune idée, et comme il s'agirait de miracles
et de matières de foi, pourquoi chercher à raisonner,
à expliquer, à démontrer? C'est le tort qu'on peut
reprocher à M. de Bonald. Le don des langues, tel
qu'il l'entend et croit pouvoir le démontrer, ne peut
être qu'un objet de révélation, pourquoi donc le mê-
ler avec la philosophie et le profaner par ce mélange? C'est n'entendre ni la philosophie, ni la religion.

« Si l'expression est nécessaire, non-seulement à
« la *production* de l'idée ou à sa révélation extérieure,
« mais encore à sa *conception* dans notre propre es-
« prit ; c'est-à-dire, si l'idée ne peut être présente à
« notre esprit, ni présente à l'esprit des autres que
« par la parole orale ou écrite, le langage est *néces-*
« *saire,* ou tel que la société n'a pu, dans aucun
« temps, exister sans le langage, pas plus que

« l'homme n'a pu exister hors de la société (1). » Il
y a sur cet article bien des observations à faire. D'a-
bord c'est compliquer fort mal à propos la question
sur l'origine des langues, que de la lier avec celle de
l'origine des sociétés humaines ; c'est confondre un
problème rationnel avec un problème historique ou
traditionnel, et répandre à dessein sur celui-là les
mystérieux nuages qui couvrent celui-ci. C'est ce
que fait sans cesse M. de Bonald qui tantôt oppose
aux recherches de la philosophie spéculative les traditions sacrées qu'il interprète à sa manière, tantôt
accommode ces traditions elles-mêmes à un système
imaginaire qu'il appelle philosophie. C'est là confondre les genres, et montrer qu'on ignore les premières
lois du raisonnement spéculatif.

Quand on raisonne sur l'homme intellectuel et
moral, on suppose bien toutes les conditions nécessaires à son existence et à l'exercice actuel des facultés supérieures que l'on considère ; ainsi comme on
suppose une vie physique et une organisation sans
laquelle l'homme dont il s'agit ne saurait exister, ni
penser dans son état d'homme, on suppose de même
qu'il est placé dans des circonstances propres à maintenir cette double vie, c'est-à-dire que cet homme
individuel vit dans une société ou une famille hors
de laquelle on est fondé à croire qu'il ne saurait commencer ni continuer à exister ; et comme tout système
physiologique sur la manière dont peut commencer
et s'entretenir la vie physique de l'animal est étran-

_____

(1) *Recherches philosophiques,* chap. VIII.

ger, jusqu'à un certain point, aux considérations qui ont pour objet les idées ou opérations intellectuelles de l'être pensant, ces considérations spéciales sont encore plus éloignées de toutes les recherches ou de toutes les hypothèses sur l'origine et l'établissement des sociétés.

En supposant une première famille humaine qui aurait donné naissance à toutes les autres, on ne voit pas d'abord pourquoi la société de famille n'aurait pas pu s'établir sans le langage, tel que nous l'avons, ou sans une parole orale ou écrite, comme dit M. de Bonald. Il y aurait bien une sorte de langage naturel formé par la manifestation instinctive des premières affections, des premiers besoins ou appétits de la nature animale ; c'est ce langage naturel, qui pourrait être considéré comme aussi nécessaire à la société primitive que cette société elle-même est nécessaire à l'existence et à la conservation de l'homme individuel. Mais ce n'est pas ainsi que l'entend l'auteur. Dans sa pensée (s'il en a quelqu'une de bien nette ou bien arrêtée sur ce point de philosophie spéculative), il s'agit d'une langue d'idées, c'est-à-dire d'un système régulier de signes oraux ou écrits qui rendent les idées présentes à l'esprit qui pense, en même temps qu'ils produisent ou manifestent au dehors ces idées. Dans ce sens, il n'est certainement pas exact de dire que le langage oral ou écrit soit une condition nécessaire à l'existence d'une société quelconque, ni par suite à celle de l'homme individuel ; car nous avons la preuve que des familles ou de petites peuplades sauvages vivent dans un état de

société imparfaite, et se communiquent leurs affections, leurs besoins par des sons inarticulés accompagnés de gestes, sans avoir de langage régulier.
Nous avons sous les yeux une multitude d'hommes
grossiers, absorbés par les besoins et les sensations,
pour qui la langue des idées intellectuelles paraît
sans objet, sans signification, parce qu'ils vivent
sans penser.

Mais il y a un sens dans lequel on peut dire véritablement que le langage articulé, ou plus généralement volontaire, est nécessaire à l'être pensant ou à
l'homme individuellement considéré sous ce rapport ;
et le sens dans lequel cette nécessité des signes volontaires doit être entendue est loin de la pensée de
M. de Bonald, car il n'a pas analysé jusque-là et il
se l'interdit même, puisqu'il fait abstraction de
l'homme intérieur pour n'avoir égard qu'à l'homme
extérieur ou social. C'est vraiment un fait psychologique, et que nous pouvons constater par l'expérience
intérieure, que nulle sensation, affection, image ou,
en général, aucune impression de la nature purement
sentante ou animale ne s'approprie à l'homme moral
proprement dit, ou ne devient objet de l'esprit qu'au
moyen d'un acte volontaire, d'un mouvement quelconque qui est au pouvoir naturel de cette volonté, force
agissante, constitutive de la personne ou du *moi* lui-
même. En appelant langage ces actes ou mouvements
quelconques internes ou externes, signes des sensations, des images (de tout ce qui est passif en nous
et qui par là même n'emporte point avec soi le caractère d'idée), en appelant aussi langage la série ou

le système entier de ces signes coordonnés et tendant
plus ou moins régulièrement au double but de la
présence ou représentation intérieure des images ou
des sentiments d'une part, et de la manifestation
extérieure de l'autre, il sera très-vrai de dire avec
M. de Bonald qu'un langage quelconque (en prenant
ce terme dans un sens étendu, bien au delà de ce
qu'il appelle la parole orale ou écrite) est nécessaire
à la conception comme à la production de toute idée,
nécessaire à la production ou à la manifestation
même intérieure du *moi*, du sujet pensant ou se
pensant lui-même.

Mais de là aussi on tirera des conséquences tout
à fait opposées au système de M. de Bonald sur le
don primitif du langage ; car en partant de l'âme,
force ou substance créée libre ou active par Dieu qui
l'a faite à son image, on ne saurait nier que l'âme
ne se crée à elle-même les signes de ses modifications,
en vertu de la même force active par laquelle elle
crée ses divers mouvements volontaires, et se constitue par là même *moi*, personne consciente de ses propres opérations. Et en allant à ce sujet plus loin que
M. de Bonald, on peut dire que le langage est nécessaire à toute représentation sensible ou image distinguée du *moi* dans la conscience et ayant le caractère propre d'idée. Et ici on peut rétorquer tous les
arguments de M. de Bonald en prouvant contre lui
que l'homme doit inventer ou créer les signes de ses
premières idées, et qu'il ne peut les recevoir du dehors. Car il ne peut avoir la perception orale ou l'i-
dée sensible d'aucun son articulé communiqué du

dehors sans lier l'impression reçue à un signe tout intérieur, ou à un mouvement volontaire qui la lui approprie ou la fait sienne ; à quoi l'organe vocal, répétiteur naturel des sons qui viennent frapper l'ouïe extérieure, est merveilleusement propre.

L'homme n'entend véritablement le langage extérieur transmis par la société qu'au moyen d'un véritable langage intérieur, qu'il a dû se créer à lui-même en devenant une personne morale, ou en s'élevant de l'animalité à l'intelligence. Par exemple, avant d'entendre les premiers sons articulés transmis par la nourrice, l'enfant a dû d'abord émettre volontairement quelques voix ou sons, et s'apercevoir qu'il était entendu au dehors, comme il s'entendait lui-même intérieurement ; et ce n'est qu'après s'être entendu ainsi lui-même ou après avoir volontairement répété les premiers cris que l'instinct seul lui arrachait à la naissance, qu'il devient capable de répéter ou d'imiter aussi volontairement les premiers sons articulés qu'il reçoit du dehors, et d'y attacher une signification, comme il a dû attacher antérieurement un sens à ses propres cris ou voix spontanées pour en faire des signes volontaires de réclame. Nous concevons ainsi comment le langage peut commencer à naître dans une famille ou une petite société tout informe ou imparfaite qu'on la suppose. Chaque enfant qui naît dans cette famille humaine a son langage primitif qu'il entend et qui est entendu, répété par les parents dont l'enfant imite bientôt à son tour les voix ou inflexions. Entre des individus qui n'ont à se communiquer que des affections, des besoins sen-

sitifs et les images qui s'y rapportent, le langage ou
le système des signes doit être borné au cercle de
ces sensations, besoins et objets sensibles. C'est la
langue des peuplades sauvages, langue qui pour être
aussi bornée n'en est pas moins expressive d'idées
propremement dites, et nécessaire à la production
comme à la conception des idées sensibles, autant
que la langue la plus savante ou le système de signes
le plus complet est nécessaire pour la production ou
la conception des idées les plus intellectuelles. Cette
nécessité même qui paraît à M. de Bonald un argument victorieux contre l'invention ou la création du
langage par l'homme, nous paraît à nous précisément une preuve de cette création effectuée par l'activité seule de l'esprit humain, tel que Dieu l'a fait.
Car si l'homme dépendait absolument du concours
des causes ou des circonstances environnantes pour
la formation même des premières idées qui le constituent à titre de sujet intelligent et moral, il pourrait arriver qu'un homme abandonné au hasard de
ces circonstances et privé de tout secours extérieur,
n'aurait aucun moyen de s'élever de lui-même à l'i-
dée la plus simple, pas même à celle de son existence
individuelle; et que, créé par Dieu être intelligent,
il se confondrait néanmoins avec la brute ou resterait au-dessous même de l'animal le plus imparfait;
ce qui n'est ni vraisemblable ni vrai.

Mais, dit encore M. de Bonald, « si l'idée ne peut
« nous être connue que par son expression, comment
« les hommes auraient-ils pu connaître leurs idées
« et les communiquer aux autres antérieurement à

« toute expression et avoir ainsi une idée claire et
« distincte de l'expression avant d'avoir l'expression
« de leur idée? Aussi J.-J. Rousseau, après s'être
« étendu sur les difficultés insurmontables que pré-
« sente l'opinion du langage inventé par l'homme,
« finit par avouer que *la parole lui paraît avoir été*
« *fort nécessaire pour inventer la parole* (1). » La
solution de cette difficulté qui paraît si insoluble à
M. de Bonald se trouve dans les analyses qui précédent.

Comment un mouvement, un acte quelconque du
moi peut-il commencer à être volontaire et par cela
même intérieurement réfléchi? Le langage primitif
est celui des affections, des sensations pures ou des
besoins. Ces instincts de la nature sentante ont leurs
signes naturels que l'homme n'a pu inventer ; mais
l'homme qui commence à apercevoir ces signes, les
transforme en signes volontaires, il les institue ou
les invente en quelque sorte à leur titre d'expressions
significatives pour lui et ceux qui l'entourent. La
transformation des signes naturels instinctifs en signes volontaires, loin d'être hors de la portée de
l'homme, est précisément l'attribut caractéristique
de sa nature intelligente et active. Donc cette transformation est toute de son fait; elle n'est point adventice mais nécessaire à l'être intelligent. De la langue des sensations, des images ou des premiers
besoins, transformés en idées au moyen des signes
volontaires, n'y a-t-il pas un progrès naturel et né-

---

(1) *Recherches philosophiques*, chap. VIII.

cessaire (proportionné à celui des sociétés) à la langue des idées intellectuelles, des notions les plus abstraites, ou de ces opérations compliquées de l'intelligence dont les signes généraux et abstraits notent et conservent les résultats ; opérations auxquelles par conséquent le langage, considéré dans un haut degré de perfection, ne saurait être antérieur. Ce second passage doit paraître impossible à ceux qui ne veulent pas commencer par le commencement. Telle est aussi la source des difficultés prétendues insolubles que M. de Bonald s'est plu à accumuler en se fortifiant de l'autorité de J.-J. Rousseau, qui n'a pas mieux conçu le problème, comme il serait facile de le prouver par ses propres paroles. Un langage naturel ou spontané est nécessaire pour inventer ou créer le langage artificiel ou volontaire, comme en tout homme, l'intelligence consiste à faire, à répéter, ou commencer volontairement, avec intention et le sachant, ce que la nature sensible ou animale fait déjà à l'insu ou en l'absence de la personne intelligente. Nous devons attribuer à Dieu ce qui se fait régulièrement sans nous, mais non pas ce que nous faisons nous-mêmes.

Descartes s'élève contre une opinion de Regius tendant à établir que les *communes notions* qui se trouvent actuellement empreintes dans notre esprit tirent toutes leur origine ou de l'observation des choses ou de la tradition. Les arguments de Descartes me paraissent également s'appliquer d'une manière victorieuse à la réfutation de l'opinion de M. de Bonald qui prétend aussi dériver toutes les notions générales de la tradition, ou, ce qui revient au même, d'un langage primitif, donné à l'homme par Dieu et transmis aux générations successives.

Descartes (1) montre d'abord très-bien comment il est faux de dire que les idées mêmes des choses sensibles soient directement transmises par les sens, comme si les idées découlaient de cette source dans l'âme faites de toutes pièces, sans aucune coopération active de l'esprit, ou comme si les objets matériels pouvaient être les causes efficientes de ces idées. « Il n'y a rien dans nos idées qui ne soit naturel à « l'esprit ou à la faculté qu'il a de penser, si l'on en « excepte seulement certaines circonstances qui n'ap- « partiennent qu'à l'expérience. Par exemple, c'est « la seule expérience qui fait que nous jugeons que « telles ou telles idées matérielles, présentes à l'es- « prit, se rapportent à des choses ou des causes hors « de nous ; non pas à la vérité que ces choses les aient « transmises à notre esprit par les organes des sens « telles que nous les sentons, mais parce qu'elles ont « transmis quelque chose qui a donné occasion à « notre esprit, par la faculté naturelle qu'il en a, de « les former en ce temps-là plutôt que dans un au- « tre. Il suit de là que les idées mêmes des mouve- « ments et des figures sont naturellement en nous ;

---

(1) Lettres à M ***, Remarques sur un placard, etc. (1643).

« et à plus forte raison les idées de la douleur, des
« couleurs, des sons doivent être naturelles, afin que
« notre esprit, à l'occasion de certains mouvements
« qui n'ont aucune ressemblance avec elles, puisse
« se les représenter. Mais quoi de plus absurde que
« de dire que toutes les notions communes qui sont
« en notre esprit procèdent de ces mouvements ou
« qu'elles ne peuvent être sans eux ? »

Appliquons ceci au langage, à la liaison nécessaire
des idées ou notions générales avec les sons articulés.
Si l'on considère d'abord les premières sensations,
ou les impressions faites par les objets matériels sur
chacun de nos sens externes, comme une sorte
de langage que la nature extérieure parle elle-même
à notre âme, en se manifestant à elle ou lui révélant
les objets extérieurs, on comprendra que ce langage
est entendu par l'esprit en vertu d'une faculté qui lui
est propre, et qu'il ne tient que de son auteur. Quoique cette sorte de langage naturel soit un don de
Dieu, encore suppose-t-il quelque coopération active de l'âme qui apprend, à la vérité promptement,
en vertu de ses facultés naturelles, à voir, à toucher,
à entendre ; la présence ou l'action des objets extérieurs est toujours la condition nécessaire de cet apprentissage, ou la cause accidentelle qui fait que l'âme
commence à s'y livrer dans un certain temps plutôt
que dans un autre. Supposez qu'il y eût un langage
naturel pour les idées générales, ou un système primitif coordonné de sons articulés ou de mots écrits
propres à réveiller, ou ce qui revient au même, à
faire naître dans l'âme telles idées intellectuelles ou

morales; dès que ces mots ou sons viendraient frapper l'ouïe, ou du moins après un apprentissage plus ou moins court dont la nature ferait presque tous les frais, le langage serait entendu, les idées seraient rendues présentes à l'esprit, non que les sons fussent les causes efficientes productives de ces idées, mais parce qu'ils donneraient occasion à l'esprit de former ou d'apercevoir ces idées, dans ce temps plutôt que dans un autre, en vertu de la faculté naturelle qu'il a de les former ou apercevoir en lui.

En prenant à la lettre les passages de l'Écriture où il est dit que Dieu a parlé aux premiers hommes, et en supposant que ces hommes ne connussent pas encore un langage, il faudrait, pour que la langue venue de Dieu eût été entendue d'abord par l'homme, qu'il y eût entre les signes ou sons articulés et les idées ou choses signifiées, des rapports naturels semblables à ceux qui existent entre les premières impressions faites par les objets matériels sur nos sens externes et les perceptions ou idées sensibles qui représentent ces objets hors de nous; ou bien encore entre les premiers cris que la nature elle-même paraît avoir attachés aux affections de peine et de plaisir et ces affections elles-mêmes. En ce cas, il serait vrai de dire que la langue des idées, comme celle des sensations et des besoins de la vie animale, est d'institution naturelle et par là même un don de Dieu; car l'homme ne serait pas plus l'auteur ou l'inventeur des langues qu'il ne l'est des premières voix ou des cris instinctifs liés à ses premières affections, ses premiers besoins, pas plus encore qu'il ne l'est des

sensations auxquelles sont liées les perceptions ou
les images qu'il se fait des choses hors de lui. Mais,
dans cette hypothèse même, il ne serait pas vrai de
dire que le langage articulé fût la cause prochaine,
essentielle, ou exclusive de la formation ou de la
première manifestation des idées dans l'esprit de
l'homme; car quoique Dieu eût jugé à propos dans
un temps de réveiller ou de suggérer à l'âme de telles
idées au moyen de tels signes qu'il aurait établis, on
ne voit pas pourquoi la puissance de Dieu aurait été
restreinte à l'emploi de tels moyens ou de sons,
pourquoi il n'aurait pu parler à d'autres sens qu'à
celui de l'ouïe, ou même pourquoi il aurait eu besoin
de moyens matériels quelconques pour parler à
l'âme et lui faire entendre ses lois. L'institution de
la première langue même divine aurait donc été encore arbitraire dans son principe; et on ne pourrait
y trouver une cause efficiente nécessaire de la manifestation interne ou externe des idées de l'esprit.

Que sera-ce donc lorsqu'il s'agit du langage qui
est un résultat évident des conventions humaines,
qui varie dans chaque société, et dont les signes ont
si peu de rapport avec les idées ou choses signifiées,
que la même idée se trouve exprimée par une foule
de mots divers sans aucune analogie entre eux; que
chacun de ces mots est entièrement vide de sens
pour tout homme qui n'en a pas appris la signification, qu'il faut enfin un long apprentissage et plusieurs leçons directes pour parler ou entendre une
langue quelconque? Certainement toutes les traces
d'un premier langage naturellement institué ou, ce

qui revient au même, donné par Dieu, ont complétement disparu de nos langues arbitraires et de convention. Ce n'est que par hypothèse, ou par des conjectures dont les fondements ne sont rien moins que clairs, qu'on peut admettre l'existence d'une seule langue primitive complète, dont toutes les autres seraient dérivées malgré les altérations ou transformations à l'infini qui nous cachent cette origine. Certainement les langues que nous connaissons et pratiquons sont l'ouvrage de l'homme. Les difficultés, le temps, la réflexion et tout le concours des opérations de l'esprit nécessaires pour bien entendre les idées que leurs divers mots expriment et auprès desquelles le matériel même de ces mots est si peu de chose, prouvent assez la part active que l'esprit de l'homme a prise à leur formation successive ; elles prouvent le travail des générations dont chaque individu est appelé à profiter en travaillant lui-même autant que les premiers inventeurs. Le langage, dans l'état actuel où il est parvenu dans nos sociétés avancées, n'est pas plus un don immédiat de Dieu que ne le sont les mathématiques, la géométrie, tous les arts, toutes les sciences qui ont chacune leur langue. Les facultés seules, propres à faire toutes ces choses, viennent de Dieu, auteur de l'homme.

———

« Un son, dit M. de Bonald, n'a pu devenir ex-
« pression et parole que chez des hommes qui

« avaient déjà un langage articulé (1). » Cette maxime
est démentie par l'expérience journalière des enfants
et jusqu'à un certain point même des animaux pour
qui les sons inarticulés deviennent expressions de
sentiments avant ou sans le langage articulé. Tout
au contraire, il faut que les simples sons de la voix
soient déjà des expressions et commencements de
parole pour que le langage articulé puisse être inventé. C'est une chose étrange que de voir M. de
Bonald s'appuyer de l'autorité des philosophes qui
ont cherché à réduire toutes les opérations de l'intelligence au pur mécanisme des sensations matérielles et des signes du langage, en dissimulant à
dessein, ou dans des vues de système, une classe entière de notions ou d'opérations intermédiaires qui
n'ont pas plus de rapport nécessaire avec les sensations qu'avec les signes matériels dont elles sont indépendantes et qu'on ne peut même concevoir sans
elles. C'est pour avoir confondu les notions universelles et nécessaires de l'esprit humain avec les idées
générales, artificielles, arbitraires, comme celles des
classes, genres ou espèces, que Hobbes à réduit toute
vérité ou fausseté des jugements à l'application bien
ou mal faite des termes ; que Condillac et ses disciples disent que nous ne pensons qu'avec des mots.
Quand on remonte à l'origine de la connaissance et
au *moi* primitif, à la personne active et libre, on
trouve autre chose que des sensations et des signes.
Si les premières idées ou connaissances morales ori-

---

(1) *Recherches philosophiques*, chap. I.

ginelles sont absolument dépendantes du matériel
du langage articulé, il sera vrai que les idées sont
des inventions humaines. Si l'on démontre que le
matériel du langage est une invention de l'homme,
dépendante de telle circonstance, de tel progrès social fortuit, c'est faire dépendre le sort d'une question qui n'en est pas une pour tout homme de bonne
foi (savoir l'universalité, l'invariabilité nécessaire
des lois morales), de la solution du problème sur le
langage originel, inspiré ou inventé, problème sur
lequel on conviendra bien du moins qu'il est permis
d'hésiter beaucoup. Il paraîtra donc singulier à tous
les bons esprits, qu'on prétende conclure de l'universalité et de la nécessité première des idées morales l'universalité et la nécessité du langage, et que
l'on suppose celle-ci indivisible de la précédente,
sans voir que cette assimilation ou identité supposée
entre la parole et la pensée compromet la question
de savoir si l'homme a pu se donner arbitrairement
des lois morales, comme il a pu se donner un langage.

J'entrevois que toute la théorie de M. de Bonald
va reposer sur une équivoque perpétuelle. La parole
est-elle un don ou une invention de l'homme? Cela
dépend de ce que l'on entend par la parole. La faculté de parler est un don; les sons articulés, comme
moyens d'exprimer les idées, de même que les autres
mouvements volontaires ou disponibles, aptes à une
expression pareille (quoique moins immédiate), et
les rapports généraux de ces moyens à la fin qui est
l'expression ou la manisfestation de la pensée, voilà

autant de dons, si l'on veut ; l'homme les a reçus et
non pas inventés. Mais quant à l'application particulière de tels moyens au but, quant au choix du signe matériel employé à exprimer telle idée, conception ou notion, prétendre que c'est également un
don, une révélation ou un enseignement immédiat
de Dieu, c'est, au lieu de chercher à résoudre un
problème, vouloir couper le nœud en faisant intervenir le miracle, en recourant à la foi là où il ne s'agit
que de raison. Que la parole soit un don comme les
lois morales, j'y consens ; mais pour maintenir le
parallèle, il faut dire que la faculté d'exprimer des
idées de l'esprit ou des sentiments par les sons articulés ou inarticulés de la voix a été donnée à l'homme
comme la faculté de connaître le bien, de sentir le
bon moral et de l'aimer, lui a été donnée. Voilà pourquoi il y a un *logos*, une parole universelle, nécessaire, comme une morale, un attrait pour le bien,
pour la perfection et une aversion pour le mal, pour
ce qui tend à la destruction de la société, attrait et
aversion qui sont communs à tous les temps et à
tous les lieux. Mais telle parole, telle forme de langage primitif n'est pas plus un don que telle organisation sociale, telle institution, telle coutume, dépendante des circonstances de localité, de l'état des
peuples, et variables selon qu'ils se trouvent être
commerçants, guerriers, industriels, etc.

Ici, comme dans tout le reste, il s'agit de savoir
ce qui est commun, vraiment universel, vraiment
nécessaire à l'existence de l'individu ou de la
société ; et on peut affirmer que les hommes

n'ont pas inventé ces choses. Or, il est bien commun, universel et nécessaire à toutes les sociétés d'exprimer d'abord les besoins et les sentiments et plus tard les idées, au fur et à mesure des acquisitions intellectuelles, par des signes quelconques et même par des sons articulés en général ; mais non pas tels signes, tels sons articulés, choses qui varient à l'infini. D'où il suit que si l'on peut dire avec vérité que le langage est un don de Dieu, il faut entendre la faculté, les moyens généraux donnés pour l'expression des idées et non pas telle forme déterminée du langage. Dieu a créé l'homme avec l'instrument de la parole et la faculté d'acquérir des idées. Aussi l'homme a-t-il partout et toujours ces facultés dont l'usage est général et commun. Mais Dieu ne nous a pas donné de langue toute faite; aussi les langues varient-elles en tous lieux. La question de savoir s'il y a eu une langue primitive, universelle, dont toutes celles que nous connaissons soient dérivées, est tout hypothétique. Comment une langue première, donnée et enseignée aux hommes par Dieu même, se serait-elle perdue au point de devenir méconnaissable et introuvable? Pourquoi les lois morales, les notions et les sentiments vraiment communs à tout ce qui est homme, n'ont-ils pas subi les mêmes variations? Si l'on dit que ces sentiments, ces notions sont indivisibles de certains signes qui les expriment, il ne suffit pas de dire qu'il en est ainsi généralement, ou qu'on ne peut pas avoir telle idée morale sans un mot, un signe articulé en général, pour en conclure que le langage vient de Dieu immédiatement comme la morale; il faudrait pouvoir montrer de plus que tel signe, institué par Dieu primitivement pour exprimer telle idée, est resté aussi invariable qu'elle, aussi universel que l'expression naturelle des affections ou des passions du cœur humain par tels cris interjectifs, attitudes ou gestes, altération de la couleur ou des traits du visage, etc. : voilà bien ce que l'homme n'a pas inventé et qu'on trouve aussi en tous lieux. Il faut reconnaître, ou que les idées morales ont été primitivement données avec la parole qui les exprime, ou que les unes sont arbitraires comme l'autre. Ce qui est arbitraire, ce n'est ni l'idée morale, ni la parole en général qui l'exprime, mais telle parole, tel son particulier ou telle combinaison déterminée de ces sons articulés et inarticulés. En équivoquant du général au particulier on prouvera que la parole est un don, comme on prouvera qu'elle est une invention.

Le langage étant supposé ou donné comme un fait extérieur ou public, comme le dit M. de Bonald, si l'on demandait comment il est appris ou entendu par chaque individu, la question ne serait ni plus ni moins difficile que celle de savoir comment il a été inventé par l'homme. Il en est absolument de cette origine comme de celle des idées. Soit qu'on prenne en effet les idées pour des entités réelles qui sont en Dieu ; soit qu'on dise que ce sont des modalités unies à l'âme au moment de sa création, il est certain que si l'on demande, non ce que ces idées sont en elles-mêmes, si elles sont éternelles en Dieu, ou créées avec l'âme, mais ce qu'elles sont pour le *moi* qui les aperçoit ou les connaît, et quand ou comment a lieu cette aperception originelle, cette dernière question a un sens vrai, purement *psychologique*, et ce sens est tout à fait différent et indépendant de la question *ontologique* qui a rapport à l'essence réelle des idées ou à la manière dont elles sont en Dieu ou dans l'âme, indépendamment de son aperception ou avant la connaissance qu'elle en acquiert dans un temps.

La question de l'origine du langage a de même un côté psychologique, lequel consiste à déterminer quand et comment, selon quelle loi, d'après quelle faculté, l'homme commence à rattacher quelques idées à des signes auditifs, oraux, voix ou articulations. Or il n'importe pas que les signes matériels lui aient été donnés, ou révélés du dehors par une influence, une action surnaturelle, ou qu'ils viennent de lui-même, comme des produits naturels et spontanés de son organisation, qui naissent ou s'exécutent sans aucune participation d'activité ou de conscience du *moi*; car tout ce qui est, ou arrive ainsi hors du *moi* ou sans lui, et qui ne le touche point ou ne peut tomber sous l'œil interne de la conscience, n'est pas un fait psychologique, et ne peut être conçu que par le raisonnement ou l'induction, à titre de notion ou d'hypothèse. Prenons pour exemple les premiers cris de la douleur ou des be-

soins que la nature suggère à un enfant qui vient de
naître. L'émission de ces voix se fonde déjà sur un
mécanisme très-compliqué, le jeu de plusieurs muscles et divers mouvements organiques qui seront
volontaires dans la suite. Que ce soit Dieu, le moteur suprême, unique, qui exécute lui-même ces
mouvements à l'occasion de certaines affections ou
des impressions confuses de l'âme, que ce soit l'âme
elle-même en vertu d'une faculté motrice aveugle,
qui lui a été donnée par Dieu, quand il l'a créée ou
unie à un corps organisé : cela ne fait rien à la question psychologique du langage primitif inarticulé.
Les cris instinctifs, appelés vagissements, sont une
sorte de langage pour la nourrice qui les entend, et
qui démêle déjà les signes de chaque espèce d'affection dans les cris de l'enfant. Mais ce ne sont pas
des signes pour lui, tant qu'il n'en a pas la perception ou la connaissance interne, tant qu'il n'est pas
une personne, un *moi* constitué. Il arrive un moment où l'existence de l'enfant, cessant d'être purement sensitive, celle de la personne humaine va
commencer; et ce moment coïncide avec celui où
l'enfant qui a crié, comme il a excité tous les autres
mouvements sans intention, s'aperçoit de ces cris,
de ces mouvements opérés en lui sans lui par une
force, soit naturelle ou vitale, soit surnaturelle et divine, et les répète volontairement par sa force propre, en y attachant pour la première fois une intention ou un sens. Or, il est bien évident que ces sons
inarticulés, comme ces mouvements quelconques que
l'enfant, en commençant à devenir homme, s'appro-

prie à titre de personne agissante et institue par là
même signes, il ne les a pas inventés ou créés arbitrairement, mais qu'il les a trouvés tout faits, donnés par la nature ou par Dieu, et qu'il les tourne
seulement à son usage, comme des choses dont il
dispose quoiqu'il ne les ait pas faites.

Cette appropriation des premiers sons de la voix
comme de tous les mouvements spontanés à l'activité du *moi* ou à la volonté qui s'en empare, est la
vraie origine psychologique du langage ; origine qui
laisse entièrement de côté toutes les questions métaphysiques ou théologiques sur la création absolue
du premier langage, révélé immédiatement par Dieu,
ou infus à l'âme humaine comme les idées ou notions
premières, universelles et nécessaires. En effet, que
ce langage, comme ces idées, soient faits par l'homme
avec des matériaux donnés, ou qu'ils soient appris,
reçus du dehors par communication, toujours faut-
il reconnaître les facultés intérieures exclusivement
propres à l'homme, en vertu desquelles il apprend
ou conçoit le sens du langage. Et ces facultés ont un
commencement d'exercice ; elles naissent ou se développent suivant telle loi qu'il s'agit précisément de
déterminer par des recherches ou par la comparaison des faits psychologiques. Car le sens, l'intelligence n'est pas dans le matériel et la lettre du langage, mais bien et uniquement dans l'esprit qui entend et conçoit ce langage. Il pourrait y avoir entre des
intelligences supérieures des langues dont nous n'entendrions pas un seul mot ; ces langues seraient pour
nous comme si elles n'existaient pas ; et, en suppo-

sant que ces esprits supérieurs voulussent nous suggérer leurs signes matériels, et nous apprissent à
les répéter mécaniquement, ils entendraient quand
nous viendrions à les émettre, sans que nous pussions nous entendre nous-mêmes, comme la nourrice entend les cris instinctifs de l'enfant qui ne s'entend pas. Il faudrait donc un nouvel ordre de facultés ajoutées à celles que nous avons vues développées
par des moyens quelconques, externes ou internes,
pour que nous pussions commencer à répéter les signes donnés, autrement que d'une manière mécanique, c'est-à-dire avec l'intelligence ou la science de ce
qu'ils expriment. Alors seulement nous commence-
rions à apprendre la langue de ces esprits supérieurs
et nous nous entendrions nous-mêmes; nous pourrions
dire aussi que nous inventerions la langue qu'ils seraient censés nous apprendre ou nous apporter du
ciel toute faite; car l'invention consiste à approprier
à soi ou à son esprit, en vertu de ses facultés naturelles, des faits ou des vérités qui existaient de toute
éternité avant l'invention ; car si elles n'existaient
pas, elles n'auraient pu être découvertes. C'est ainsi
que Newton n'a découvert les lois de l'attraction ou
le système du monde que parce que ces lois étaient
de toute éternité, avant qu'aucun homme y eût pensé,
et ainsi de tout ce qui est, soit dans le monde extérieur ou physique, soit dans le monde intérieur ou
intellectuel.

On peut donc admettre que le *logos*, le verbe, la
langue éminement savante, a été de toute éternité
dans l'entendement divin, et qu'elle a été révélée

dans le temps à la nature humaine. Ces antécédents, pris dans un ordre surnaturel, ne touchent en rien la vraie question psychologique de l'origine du langage, qui ne remonte ni plus ni moins haut que la faculté purement réceptive (si l'on veut) d'entendre ce premier *logos*, ou de le répéter en y attachant un sens, comme l'enfant répète les premiers cris suggérés par la nature en leur donnant une première signification. Les facultés unes ou multiples d'entendre ou d'apprendre un langage donné, ne changent pas de nature en se développant de manière à embrasser un système entier de verbes avec leurs temps divers, de substantifs abstraits de tous les ordres. La difficulté n'est que dans le premier pas que fait l'intelligence soit pour inventer, soit pour apprendre. Comment, dit-on, l'esprit humain aura-t-il pu distinguer le temps des verbes, s'élever à ces termes si éminemment abstraits? Je demande comment il peut s'élever aux notions exprimées par des signes donnés, ou attacher à ceux-ci leur véritable valeur; car la difficulté est de même ordre : concevoir d'abord une certaine espèce d'idées et les rattacher à des signes sensibles qu'on invente suivant certaines analogies, ou recevoir d'abord un système complet de ces signes matériels, écrits ou parlés, et y rattacher exactement toutes les idées ou notions qu'ils représentent. Nul homme n'est capable de recevoir la vérité du dehors, ou de l'entendre si elle n'est déjà en lui. Des signes donnés ou appris ne peuvent tirer de l'entendement que ce qui y était déjà sans eux, plus ou moins obscurément.

Si l'on dit qu'il serait impossible d'avoir les idées sans les signes, je demande s'il est également impossible d'avoir les signes sans les idées. L'expérience dément la nécessité de cette dernière association, et la force seule d'une première habitude nous oblige à croire que l'autre est constante et nécessaire. Cependant on n'osera pas du moins affirmer qu'il y ait une telle affinité entre une notion quelconque et le signe arbitraire qui l'exprime, qu'il suffira d'avoir ce signe ou de le recevoir du dehors pour avoir au même instant la notion présente. On est forcé d'avouer que l'intelligence d'un terme abstrait exige le concours nécessaire de certaines opérations de l'esprit sans lesquelles ce signe serait mort et comme étranger à l'esprit. Eh bien! pourquoi ces opérations exécutées sur le signe, ou à son occasion, ne pourraient-elles pas avoir lieu par le seul fait de l'activité de l'esprit, et de manière que le signe n'intervînt qu'auxiliairement pour en noter les résultats? C'est ainsi en effet que les premiers signes de réclame, employés par l'enfant, résultent de ses besoins et de la volonté qu'il a de porter sa nourrice à les satisfaire, opération antérieure au signe employé.

NOTES

L'ÉVANGILE DE SAINT JEAN.

1820 ET 1823

AVANT-PROPOS DE L'ÉDITEUR.

L'idée et l'initiative des pages qu'on va lire, appartiennent à Charles Loyson, jeune homme distingué, prématurément enlevé à la culture des lettres, à l'âge de 29 ans. Dans les derniers temps de sa vie, il se lia d'amitié avec Maine de Biran (1), dont il paraît avoir adopté les doctrines psychologiques. Il crut reconnaître des analogies frappantes entre ces doctrines et le système théologique, exposé dans le premier chapitre de l'Évangile selon saint Jean. Il entreprit d'exposer ces analogies en traduisant, dans la langue psychologique, ce que l'apôtre affirme dans le point de vue religieux.

Ce travail est exécuté sur des feuilles intercalées dans un exemplaire du Nouveau-Testament, qui porte la date de 1819; le travail de Loyson est vraisemblablement de 1820. La mort, qui le surprit, ne lui permit pas d'achever la tâche qu'il avait entreprise. Cette tâche, M. de Biran la continua, et adopta en quelque sorte, par ce fait même, la pensée de son jeune ami. Plus tard, en décembre 1823, il fit, de nouveau, des notes sur les premiers versets de cet Évangile qui exerce sur toutes les âmes méditatives une puissance d'attraction si marquée.

Les pages qui suivent se composent donc de trois parties distinctes. On comprend qu'il ne pouvait être question

---

(1) Voir les *Pensées de M. de Biran*, sous les dates des 27 et 28 juin 1820.

de supprimer l'œuvre de Loyson qui seule explique celle de M. de Biran, dont elle fut l'occasion.

Nous n'avons nullement à nous prononcer ici sur la valeur du système d'interprétation, dont ces pages sont le résultat. Mais les *notes sur saint Jean* conservent de la valeur, dans tous les cas, parce qu'elles manifestent un progrès très-marqué dans les convictions chrétiennes de M. de Biran. Il suffit, pour s'en convaincre, de les comparer à *l'Examen des opinions de M. de Bonald* qui précède.

Il y a peut-être convenance à ne pas terminer cet avant-propos, sans donner quelques détails biographiques sur le jeune ami de Maine de Biran.

Charles Loyson naquit, en 1794, à Château-Gonthier, dans le département de la Mayenne. Ses brillantes études et ses heureuses dispositions le firent choisir, dans un âge fort jeune encore, pour exercer diverses branches de l'enseignement dans plusieurs collèges de province. Cependant son amour pour la science ne tarda pas à le conduire à Paris, où Napoléon venait de fonder l'École normale. Il sollicita et obtint d'y être admis en qualité d'élève. Ses talents et son zèle l'ayant bientôt fait distinguer entre tous ses condisciples, il fut nommé d'abord répétiteur de l'École, puis professeur d'humanités au Lycée Bonaparte. A la Restauration, Loyson, protégé par MM. Royer Collard et Guizot, entre dans l'administration, et devient chef du secrétariat de la direction de la librairie. Pendant les Cent-Jours, il se retire dans sa patrie, à Château-Gonthier, d'où il publie une brochure politique en faveur de la cause royale. Le retour de Louis XVIII le rappelle à Paris; il est nommé chef de bureau au Ministère de la Justice, et maître de conférences à l'École normale. En 1817, il concourt pour le prix de poésie, proposé par l'Académie française, et obtient un accessit. Il publie un grand nombre de traités, de brochures, de pamphlets ministériels ; il collabore avec M. Guizot à la rédaction des *Archives philosophiques,* plus tard, à celle du *Spectateur.* En 1819, un recueil de poésies et plusieurs articles publiés dans le *Lycée français,* dont il fut un des fondateurs, prouvent que les agitations et les luttes de la vie politique n'avaient point étouffé, chez lui, le goût des arts et de la littérature. Ce fut, sans doute, vers cette époque, qu'il fit la connaissance de M. de Biran auquel il s'attacha, ainsi que nous l'avons dit, par les liens d'une vive amitié. La Providence ne permit pas au temps de venir cimenter leur union ; l'année suivante, le jeune Loyson mourait sans avoir réalisé les espérances que ses brillants débuts avaient fait concevoir. Il ne laissait, pour monument de son court passage sur la terre, que des œuvres d'une importance secondaire, une renommée fugitive et des regrets durables dans le cœur de ses nombreux amis. C'est le 27 juin de l'année 1820, qu'il remit son âme à Dieu. M. Cousin a prononcé un discours à ses funérailles. (*Fragments littéraires,* page 62.)

NOTES

SUR L'ÉVANGILE DE SAINT JEAN,

CHAPITRE I, VERSETS 1 A 18,

Par Charles LOYSON.

Prenons d'abord ce que l'Apôtre dit de Dieu comme une pure description psychologique, et cherchons en nous-mêmes les faits qu'il décrit.

Verset 1. *Au commencement était le Verbe.* — Dans le premier comme dans le plus profond exercice que l'homme puisse faire de ses facultés, lorsqu'il se retire du dehors et se renferme en lui-même, se met vis-à-vis de lui-même et s'interroge ou s'écoute lui-même, il trouve le sentiment de son existence ou plutôt de son activité, car pour lui *être,* c'est agir. Ce sentiment double ou plutôt un, qui semble commencer dans un autre monde pour finir dans celui-ci, est une sorte de parole, un battement de la vie, signe de l'intelligence, c'est le verbe, le mot par excellence : *j'agis,* plutôt que je suis, ou l'un enveloppé dans l'autre. (Origine du langage. — Rapport du signe à la chose signifiée. — Verbe en grammaire, — pronom de la première personne.) Voilà donc la première chose que nous éprouvions : ce qui était au *commencement,* le *Verbe.*

Et le Verbe était avec Dieu. — En même temps que nous sentons cette manifestation de notre vie, de notre activité, nous concevons quelque chose de substantiel et de permanent, dont cette manifestation n'est qu'une production ou image, limitée par la durée. Cette substance, c'est Dieu le père, dans le mystère de l'Apôtre; ce sera l'âme dans la description de l'homme; le Verbe, le *moi* est avec, chez l'âme, *apud Deum.*

Et le Verbe était Dieu. — Le *moi* n'est pas seulement une action de l'âme, il en est une action (1), une production, son image, comme je l'ai dit, et sous ce point de vue, le *moi* est rigoureusement l'âme : *et le Verbe était Dieu.*

2. *Il était au commencement avec Dieu.* — Nous ne pouvons pas concevoir une âme dont la nature ne soit pas de se sentir, de s'exprimer en elle-même par un *moi.* Ce *moi* est donc au commencement avec l'âme, son contemporain, quoique son fils.

3. *Toutes choses ont été faites par lui et rien de ce qui a été fait n'a été fait sans lui.* — Ces paroles, dans un sens théologique, contiennent le mystère sublime de la création; dans un sens naturel, elles s'appliquent parfaitement à l'homme. Que faisons-nous? Prenons-y bien garde! rien autre chose que des arrangements, des dispositions; cela est vrai au

---

(1) Il y a visiblement ici une faute de rédaction, mais la correction à faire n'est pas assez évidente pour que l'éditeur en prenne la responsabilité.

sens intellectuel, moral et physique; les choses
préexistent et nous sont données. Mais qu'est-ce donc
que ces arrangements? l'œuvre de l'intelligence qui
n'a conscience d'elle-même que dans le *moi*. Le manœuvre qui exécute machinalement, agit d'après les
plans d'un autre *moi*. Tout se fait par le *moi* et rien
ne se fait sans lui. L'évangéliste a ajouté : « *de ce
qui se fait*, » aussi admirable par la précision que
par la sublimité.

4. *En lui était la vie.* — Ceci n'a pas besoin d'explication. Nous sentons que la vie et le *moi* se confondent. Admirons cependant l'exactitude du philosophe : la vie est dans le *moi* et non le *moi* dans la
vie. Le *moi* est plus ample : nous nous sentons vivants, mais nous sentons autre chose; l'évangéliste
ajoute donc :

Et la vie était la lumière des hommes. — Un moment d'attention sur notre conduite habituelle! Lorsque nous agissons, soit d'après des besoins aveugles,
des instincts irréfléchis, des préjugés reçus sans examen, lorsque nous abandonnons la partie de notre
vie à la matière, au temps, à l'habitude, lorsque
nous prononçons les paroles que nous avons été accoutumés à répéter dès notre enfance, et qui, avec
leur vague et leur indétermination, font tout le commerce de la vie, nous agissons à la lettre et nous
parlons sans lumière, sans savoir ce que nous faisons, ce que nous disons. Ce n'est pas nous qui agissons, qui parlons; le *moi* n'est pas là : nous nous
prêtons à un autre *moi* passé, étranger. Mais lorsque
nous ramenons chaque action, chaque parole en

nous-mêmes ; elles puisent leur force, leur vertu, leur fécondité à cette source ; elles s'éclairent à ce flambeau ; le *moi* est le premier mot dont tous les autres ne sont que des dérivés ; il en est la clef et on ne peut les entendre que par lui, et *la vie était la lumière des hommes.*

5. *Et la lumière luit dans les ténèbres et les ténèbres ne l'ont point comprise.* — Notre vie, la plupart du temps, et la vie tout entière d'une grande partie des hommes est telle que je viens de le dire, livrée aux circonstances, aux besoins, aux sensations, aux préjugés, c'est-à-dire aux ténèbres (ceci n'est point une métaphore). Cependant les hommes ont le *moi,* et le *moi* luit en eux, car il ne peut être sans luire ; mais il luit enveloppé, caché ; il luit dans les ténèbres. Ce n'est que par un effort que quelques hommes pénètrent jusqu'à cette lueur qui est en eux-mêmes, et aucun ne peut la contempler constamment, et il ne peut la contempler qu'en dissipant tout le reste, car tout le reste est ténèbres et par conséquent obstacles, et les ténèbres ne comprennent point la lumière. D'où vient ? sont-ce deux natures ? Mais pourquoi ne vivons-nous pas sans effort dans la principale, la plus parfaite, la plus nôtre ? Quelle a été dans l'origine la cause de ce désordre évident ? Comment les ténèbres ont-elles prévalu sur la lumière ? Naturellement nous l'ignorons, mais nous le voyons ; c'est un fait indubitable ; Dieu a voulu y remédier d'abord.

6 et 7. *Il y eut un homme envoyé de Dieu qui s'appelait Jean ; il vint pour servir de témoin, pour*

rendre témoignage à la lumière. — Voici le but du christianisme, rappeler les hommes à la vie intérieure, à la vie de lumière, à la vie du *moi*, bien entendu.

Afin que tous crussent par lui. — Le *moi* ne nous donne pas toute et pleine évidence sur toutes choses, mais nous y trouvons la nécessité de croire.

8. *Il n'était pas la lumière, mais il vint rendre témoignage à celui qui était la vraie lumière.* — Jean n'était qu'un sage envoyé de Dieu, qui savait vivre dans la partie la plus parfaite de sa nature ; mais enfin, il n'était comme les autres qu'un composé de lumière et de ténèbres, et tout ce qu'il avait de plus qu'eux, c'était de trouver dans la partie lumineuse de quoi rendre témoignage à celui qui était la lumière.

9. *Celui-là était la vraie lumière qui éclaire tout homme venant en ce monde.* — C'est ici le mystère. L'homme n'est qu'une faible image de la Divinité, image à la lettre, c'est-à-dire que ce qui se trouve imparfaitement dans l'homme se retrouve pleinement, substantiellement en Dieu. Le Verbe, le *moi* humain est l'image d'un verbe, d'un *moi* divin qui est la manifestation de la vie ou de l'activité divine, en qui Dieu se sent et se conçoit comme essence ; *moi* engendré, fils coéternel qui est en Dieu dès le commencement, par qui Dieu a tout fait ; parole intérieure par laquelle Dieu se dit éternellement : je suis et je produis ; et le disant, le fait ; et se substantialise et se personnifie en cette émanation de lui-même, vie de Dieu dans cette parole substantielle et lumière dans

cette vie, c'est-à-dire intelligence suprême. Tel est celui à qui Jean rendait témoignage et qui était la vraie lumière (attention à ce mot *vraie*), la lumière dont la nôtre n'est qu'une image, même dans sa perfection, lumière qui doit rallumer la nôtre ou plutôt la faire luire de manière à dissiper les ténèbres qui l'enveloppaient. Chaque homme qui vient dans le monde apporte sa lumière, mais elle n'est que l'image et la production de la lumière vraie, éternelle et créatrice.

10. *Il était dans le monde;* par sa toute présence, par la lumière naturelle du Verbe humain.

Et le monde a été fait par lui. — Platon dit aussi que c'est par son intelligence que Dieu *produit.* Au reste il est évident que c'est l'action de Dieu qui a tout produit, et le Verbe est comme nous l'avons vu, cette action substantielle, éternelle, et le manifestant lui-même à lui-même comme étant, et comme cause.

Et le monde ne l'a point connu. — Parce que les hommes vivant dans leurs ténèbres ne sont point descendus en eux-mêmes, dans ce sanctuaire où luit leur lumière, qui seule pouvait les rendre capables d'envisager la lumière vraie.

11. *Il est venu chez soi et les siens ne l'ont point reçu.* — *Il*, le Verbe, fils de Dieu, l'intelligence essentielle, première et unique, est venu, s'est manifesté en personne dans le monde des formes et des phénomènes. Qu'y a-t-il là de surprenant? *chez soi,* au milieu des hommes qui ont aussi leur verbe, image et émanation du verbe divin; et *les siens,* ces

mêmes hommes ne l'ont point reçu parce qu'ils sont
restés dans la vie extérieure et ne l'ont point cherché
en eux.

12. *Mais il a donné à tous ceux qui l'ont reçu le
pouvoir d'être faits enfants de Dieu.* — Ce n'est point
ici une métaphore. Ceux qui ont reçu le verbe divin
et par lui retrouvé la possession et la vie du verbe
humain, sont véritablement enfants de Dieu, non
avec la même plénitude, mais de la même manière
que le vrai verbe.

A ceux qui croient en son nom. — Mais pour cela
il ne suffit pas de le retrouver à demi dans son intelligence, il faut le retrouver aussi dans la foi.

13. *Qui ne sont point nés du sang ni de la volonté
de la chair, ni de la volonté de l'homme, mais de
Dieu même.* — Celui qui vit de la vie extérieure vit
en tant que né du sang, de la volonté de la chair,
suivant l'expression admirable de l'Apôtre, en un
mot de la volonté de l'homme, parce que toutes ses
actions sont le résultat de facultés dont c'est là l'o-
rigine ; ils sont donc à la lettre nés du *sang*, etc.
Mais dès le moment où un homme se retrouve et
qu'il commence à vivre dans la vie du *moi*, il vit en
tant que né de la volonté de Dieu. Je ne sais si je
parle clairement, mais il me semble qu'il y a à peine
ici le moindre mystère.

14. *Et le Verbe a été fait chair.* — Qu'est-ce que
la chair? qu'en savons-nous? Nous savons notre *moi*,
mais la chair n'est pas le *moi;* nous concevons seulement qu'il y a entre eux des rapports. Eh bien! le
moi divin a consenti à se mettre dans le même rap-

port, à affecter la même forme, à unir sa nature à
une autre nature, et à venir parmi nous dans les
conditions de temps, d'espace, de sensibilité qui forment ce monde réel ou phénoménique.

Et il a habité parmi nous. — Sa nature corporelle
et sensible a été comme la nôtre soumise aux mêmes
lois. Sa nature divine, intellectuelle et morale a
communiqué avec la nôtre. C'est en ce sens que
l'Évangile ajoute :

*Et nous avons vu sa gloire, sa gloire telle que le
Fils unique devait la recevoir du Père.* — Quelle est
cette gloire? C'est la manifestation de l'intelligence
suprême; l'Apôtre l'explique lui-même.

Plein de grâce et de vérité. — Plein de vérité, puisqu'il est la manifestation de l'être. Plein de grâce;
ce mot paraît ici pour la première fois. La grâce,
c'est l'amour, l'affection, le principe de l'action.
L'intelligence ne suffit pas.

15. Assez clair.

16. *Et nous avons tout reçu de sa plénitude.* — Cette
expression n'a plus besoin d'explication ; aussi ne la
citai-je que pour en faire remarquer l'exactitude.
J'aime à montrer la précision philosophique des mots
qui pourraient être pris comme des figures ou termes vagues.

Grâce pour grâce. — Notre amour, notre grâce humaine a attiré ce don surnaturel, cette grâce divine
qui éclaire et vivifie, féconde tout.

17. *Car la loi a été donnée par Moïse.* — Moïse a en
effet donné la loi, l'expression de l'intelligence et de
la volonté éternelle ; mais comme loi, il parlait aux

hommes extérieurs. Que fait Jésus qui vient apporter le règne de Dieu, c'est-à-dire la vie intérieure? Il donne la grâce, principe de la volonté et l'intelligence, la manifestation de ce qui est, c'est-à-dire la vérité; c'est l'âme de la loi.

18. *Nul n'a jamais vu Dieu; le Fils unique qui est dans le sein du Père est celui qui en a donné la connaissance.*— Ceci s'applique aussi mot pour mot à l'homme. Nul n'a jamais vu l'âme, le Verbe, le *moi;* le Fils unique qui est dans le sein de l'âme en donne la connaissance.

NOTES

SUR L'ÉVANGILE DE SAINT JEAN,

Par MAINE DE BIRAN.

1820

Ce Verbe qui demeure en Dieu, qui est Dieu, est
une personne sortie de Dieu même et y demeurant (1).
N'est-il pas bien représenté par la manière dont nous
percevons intérieurement que le *moi* (la pensée) est
et demeure dans l'âme toujours subsistant et toujours produit.

« Une même lumière nous apparaît partout; elle
« se lève sous les patriarches; sous Moïse et sous les
« prophètes elle s'accroît; Jésus-Christ plus grand
« que les patriarches, plus autorisé que Moïse, plus
« éclairé que tous les prophètes nous la montre dans
« sa plénitude (2).

« Celui qui a révélé les deux principaux mystères
« de la Trinité et de l'Incarnation nous en fait trou-
« ver l'image en nous-mêmes afin qu'ils nous soient
« toujours présents, et que nous reconnaissions la

---

(1) Bossuet.
(2) Bossuet. — *Discours sur l'histoire universelle.*

« dignité de notre nature. En effet, si nous imposons
« silence à nos sens, et que nous nous renfermions
« pour un peu de temps au fond de notre âme, c'est-
« à-dire dans cette partie où la vérité se fait enten-
« dre, nous y verrons quelque image de la Trinité
« que nous adorons. La pensée que nous sentons
« naître comme le germe de notre esprit, comme le fils
« de notre intelligence, nous donne quelque idée du
« Fils de Dieu conçu éternellement dans l'intelligence
« du Père céleste. C'est pourquoi ce fils de Dieu prend
« le nom de *Verbe*, afin que nous entendions qu'il
« naît dans le sein du Père, non comme naissent
« les corps, mais comme naît dans notre âme cette
« parole intérieure quand nous contemplons la vé-
« rité (1). »

Tout ceci est conforme à la vraie psychologie et
rentre parfaitement dans le point de vue de mon
jeune et à jamais regrettable ami Charles Loyson.
Comme l'âme se manifeste par la libre action, la parole intérieure, le *Verbe*, auquel le sentiment de *moi*
est inhérent, le Père se manifeste par son Fils dont
la parole vivifiante a produit et sauvé le monde. La
vérité psychologique intérieure correspond pleinement à la vérité religieuse absolue ou extérieure.
Cela prouve que ceux qui veulent tout faire venir
du dehors à l'homme en proscrivant toute spéculation ou recherche psychologique, entendent aussi
mal les intérêts de la religion que ceux de la philosophie ou de la raison.

---

(1) Bossuet. — *Discours sur l'histoire universelle,*

« L'homme isolé, dit M. de Lamennais (1), ne pou-
« vant ni recevoir ni transmettre, et cependant vou-
« lant vivre, essaie de se multiplier ou de créer en
« lui les personnes sociales, nécessaires pour con-
« server et perpétuer la vie. Vain travail, stérile ef-
« fort d'un esprit qui cherchant à se féconder lui-
« même, veut enfanter sans avoir conçu. Ce genre
« de dépravation, ce vice honteux de l'intelligence
« l'affaiblit, l'épuise et conduit à une espèce particu-
« lière d'idiotisme qu'on appelle l'idéologie. » Misérable, honteuse comparaison empruntée à M. de Bonald, qui devrait faire rougir jusqu'à ses admirateurs !
L'homme qui pense s'isole actuellement de tout ce
qui n'est pas son *moi*; c'est en s'isolant ainsi, en se
renfermant au fond de son âme, comme dit Bossuet,
dans cette partie où la vérité se fait entendre, que
l'homme trouve en lui-même quelque image de cette
Trinité qu'il doit adorer et dont tout ce qui est extérieur ou étranger à la pensée, au *moi*, ne peut lui offrir la
moindre conception ou n'est propre qu'à le distraire.

« Mais, continue Bossuet, la fécondité de notre
« esprit ne se termine pas à cette parole intérieure,
« à cette pensée intellectuelle, à cette image de la
« vérité qui se forme en nous. Nous aimons cette
« parole intérieure et l'esprit où elle naît, et en l'ai-
« mant nous sentons en nous quelque chose qui ne
« nous est pas moins précieux que notre esprit et
« notre pensée, qui est le fruit de l'un et de l'autre
« (tout sentiment de l'âme est le produit de son acti-
« vité), qui les unit et s'unit à eux pour ne former

---

(1) *Essai sur l'indifférence en matière de religion.*

« avec eux qu'une même vie…. Quelque incompré-
« hensible que soit cette égalité (des trois personnes
« divines), notre âme, si nous l'écoutons, nous en
« dira quelque chose. Elle est, et quand elle sait
« parfaitement ce qu'elle est, son intelligence répond
« à la vérité de son être, et quand elle aime son être
« avec son intelligence autant qu'ils méritent d'être
« aimés, son amour égale la perfection de l'un et de
« l'autre. Ces trois choses ne se séparent jamais et
« s'enferment l'une l'autre. Nous entendons que
« nous sommes et que nous aimons, et nous aimons
« à être et à entendre ; qui le peut nier, s'il s'entend
« lui-même ? »

Mais comment s'entendre soi-même si l'on se porte
tout entier au dehors et qu'on nie l'autorité de toutes
nos facultés, y compris la réflexion ou le sentiment
intime, pour ne croire que l'autorité du témoignage
ou d'une révélation toute extérieure? Comme si la
révélation qui s'adresse à l'homme ne s'adressait pas
nécessairement à quelqu'une des facultés de l'homme
dont l'autorité même, antérieure à toute autre, sert de
fondement à celle du témoignage ou de la parole révélée! Ainsi, on a beau faire; la psychologie, science
de l'homme intérieur, se présentera toujours comme
la première science, celle qui donne à la croyance
ses fondements nécessaires, et sans laquelle cette
croyance même n'est qu'un rêve de malade, une superstition aveugle et grossière. La foi elle-même
n'est qu'un fait psychologique, distinct de tout autre
fait primitif de conscience, comme de tout produit
de la raison qui reçoit ses données de la foi. Si c'est

là ce que M . de Lamennais a voulu dire en s'élevant contre l'abus du raisonnement ou de la raison appliquée aux croyances, tous les vrais philosophes seront de cet avis ; mais il ne fallait pas pour cela déclamer contre la raison et tomber dans des exagérations ridicules, renouvelées des Pyrrhoniens ou des Sophistes grecs, pour tomber dans une grossière inconséquence, en ramenant toutes les certitudes à une seule source, l'autorité du témoignage, qui est elle-même subordonnée à l'autorité de ces mêmes facultés qu'on renie.

CHAPITRE VI. VERSET 46. *Ce n'est pas qu'aucun homme ait vu le Père, si ce n'est celui qui est né de Dieu.* Tous les discours de J.-C. doivent être entendus dans le sens de cette vie supérieure où l'homme sent qu'il est animé, dirigé, inspiré par un esprit plus haut que lui, où il croit à cet esprit, s'y soumet tout entier, et est d'autant plus fort, d'autant plus intelligent qu'il croit en celui qui fait sa vie et en reçoit tout sans rien faire. L'esprit de l'homme ne voit que ce qui est de l'homme ; l'esprit de Dieu voit seul ce qui est de Dieu.

CHAPITRE VII. VERSETS 16 ET 18. *Ma doctrine n'est pas ma doctrine, c'est celle de celui qui m'a envoyé... Celui qui parle de son propre mouvement cherche sa propre gloire ; mais celui qui cherche la gloire de celui qui l'a envoyé est seul véritable.* La parole de Dieu se faisant entendre par une bouche humaine, Dieu lui-même se revêtant d'une forme sensible pour agir sur des hommes grossiers qui avaient besoin de voir, d'entendre, de toucher pour croire à la vérité ;

voilà l'objet de la mission du Christ, et c'est ce qu'il exprime dans tous ses discours.

Chapitre VIII. Versets 23 et 24. *Vous êtes de ce monde et moi je ne suis pas de ce monde… Si vous ne me croyez pas ce que je suis, vous mourrez dans votre péché.* Si vous ne voyez pas en moi la manifestation de la vérité; si vous ne recevez pas *l'esprit* que je cherche à vous transmettre par mes paroles ; si vous ne mangez ce pain de vie que je vous offre, vous demeurerez esclaves de vos sens, de vos passions, ne voyant, ne goûtant que ce qui est de la chair, et vous mourrez en la chair, avec elle et comme elle. L'âme a ses aliments appropriés comme le corps a les siens : les aliments de l'âme sont la vérité et la justice ; c'est le pain quotidien que nous demandons.

Chapitre VI. Verset 32 (1). « *Moïse ne vous a point donné le pain du ciel ; mon père peut seul vous donner ce véritable pain du ciel* » (l'esprit de vérité, la vie de l'âme). Les Juifs n'entendaient jamais les paroles de J.-C. les plus spirituelles que dans un sens matériel et grossier. Il leur parlait le langage d'une vie supérieure à celle des sens et ils le traduisaient dans celui d'une vie charnelle, dans la langue des sensations et des images grossières. Ils ne pouvaient entendre ainsi ces autres paroles du Christ : « *Je m'en vais ; vous me chercherez, et vous ne me trouvere point et vous mourrez dans le péché* (2). »

---

(1) Ces notes, comme on le voit, ne sont pas toujours disposées selon l'ordre du texte. Elles sont reproduites dans l'ordre où elles ont été écrites par M. de Biran.

(2) Chap. VII, verset 34, et chap. VIII, verset 24.

Je disparais aux regards du corps, vous me chercherez comme corps et ne me trouverez pas, car le *moi*
est l'esprit vivifiant, celui qui ne le cherche pas ou
ne le trouve pas meurt dans la *chair*. « Nous ne le
« verrons plus des yeux du corps, dit Bossuet, mais
« ne le verrons-nous plus des yeux de l'esprit? A
« Dieu ne plaise! où serait donc notre foi et notre
« espérance? Il s'en va donc et il demeure comme
« quand il est descendu du sein du Père il y est de-
« meuré, ainsi quand il y retourne, il ne demeure
« pas moins avec nous. L'homme qui disparaît est
« le même que Dieu qui demeure; celui qu'on voit
« est le même que celui qu'on ne voit pas. »

CHAPITRE VIII. VERSETS 14 ET 18. *Quoique je
me rende témoignage , mon témoignage est véritable.... et mon père qui m'a envoyé me rend aussi témoignage.* Celui-là seul qui vit de la vie de l'esprit
peut se rendre témoignage, avec la conscience intime
qu'il rend témoignage à la *vérité* que l'esprit seul
connaît comme elle doit être connue parce qu'il en
vient, et qu'il est identifié avec cette lumière du
monde.

VERSET 15. *Juger selon la chair.* C'est juger dans
l'état de passion où la conscience du *moi* a disparu,
et où il n'y a plus de dualité intérieure, savoir un
sujet jugeant et un être jugé.

Jésus-Christ dit donc supérieurement : « *Si je juge,
mon jugement est véritable, parce que je ne suis pas
seul, mais moi et mon père* (verset 16), » savoir, *moi,*
sujet, homme qui passe, et l'être qui ne passe point,
qui est la vérité même. J.-C. ajoute dans le même

sens supérieur : « *Si vous me connaissiez, vous con-naîtriez aussi mon père* (verset 19). » Celui qui con-naît le *moi* et se possède lui-même connaît Dieu et la vérité, l'être.

Remarquez bien encore les paroles de J.-C. : «*Celui qui m'a envoyé est véritable et je ne dis dans le monde que ce que j'ai appris de lui* (verset 26). » Nous sen-tons au dedans de nous-mêmes qu'il y a une vérité que nous ne faisons pas, qui nous est donnée, et dont nous sommes les organes dans ce monde exté-rieur si plein de mensonges. La vérité seule nous rend libres. La première et l'unique condition de notre liberté, c'est de nous connaître, de connaître la vé-rité qui est en nous par opposition aux passions de la chair qui sont hors de nous. La grande difficulté et le mystère même de notre existence, c'est de conce-voir la véritable dualité dans l'unité de sentiment ou d'aperception (moi et le Père), ce qui est successif, quoique identique dans le temps, et ce qui est éter-nel, immuable.

VERSET 18. *Je me rends témoignage à moi-même et mon père qui m'a envoyé me rend aussi témoignage.* Le *moi* qui se reconnaît ou s'atteste lui-même, s'at-teste aussi comme manifestation de l'être durable, absolu, d'où il sort, ou en qui il était avant sa mani-festation.

Se retirer dans le sein du Père, c'est entrer dans la vérité qui est plus haute que le *moi*, de telle sorte qu'il faut pour la voir, pour en jouir, pour entrer dans le sein du Père, pour retourner d'où il est venu, que le *moi*, l'esprit de l'homme perde de vue tout ce

qui est sensible et se perde lui-même de vue. C'est par
l'amour seul qu'il s'absorbe ainsi dans l'être. « L'es-
« prit de vérité juge de tout et ne dépend du juge-
« ment de personne. S'il ne luit pas dans nos ténèbres,
« notre esprit incertain ne sait où s'attacher, où s'en
« prendre parmi ces ombres qui l'environnent. La
« vie intérieure et spirituelle se passe ainsi entre la
« connaissance et l'ignorance, jusqu'à ce que vienne
« le jour où ce bienheureux esprit se manifeste, jus-
« qu'à ce que l'homme vive entièrement de cette vie
« dont il est écrit : « *Le juste vit de la foi qui opère par*
« *l'amour.* » L'esprit se manifeste à l'amour : douce
« manifestation que l'amour inspire, que l'amour
« attire (1). »

« Ce n'est plus nos froides et sèches spéculations ;
« on aime ce qu'on voit et c'est l'amour qui donne
« des yeux perçants pour le voir. Un moment de
« paix et de silence fait voir plus de merveilles que
« les plus profondes réflexions des savants. Alors ce
« n'est plus notre propre esprit, mais un esprit plus
« haut que l'homme qui juge seul ce qui est de
« l'homme et qui sait que ce n'est rien (2). »

Ce n'est pas avec notre esprit que nous pouvons
reconnaître le néant de cet esprit même et la vanité
de tout ce qui l'occupe. Ce n'est pas en se comparant à soi-même ou à ses semblables qu'on peut apprendre à mépriser ce qu'il y a de plus grand parmi
les hommes. La difficulté est toujours de bien enten-

---

(1) Bossuet.
(2) Fénelon.

dre ce qu'on dit quand on parle de l'esprit qui est en nous, qui habite en nous et que nous sentons pourtant bien supérieur à nous ou à notre propre esprit. Il faut que cet esprit d'en haut nous tienne, nous possède et que nous nous abandonnions à lui, et non point que ce soit nous qui prétendions le tenir, le fixer, le subordonner à notre *moi* qui tend toujours à dominer. L'acte de soumission du *moi* à la voix intérieure ou à l'opération de cet esprit supérieur est un acte libre. Le *moi* ne s'anéantit pas pour cela, et quand il s'absorbe dans l'enthousiasme, il n'y a plus rien de libre, plus rien de moral.

CHAPITRE IX. VERSET 41. *Si vous étiez aveugles vous n'auriez point de péché, mais maintenant vous dites que vous voyez, et c'est pour cela que votre péché demeure en vous.* Admirables paroles! ce n'est pas l'ignorance, mais la fausse science, la science orgueilleuse qui tue l'âme et fait le péché. Vous dites que vous voyez, et ce que vous voyez n'est rien qu'un fantôme qui vous égare, vous éloigne de la vérité et fait demeurer le péché en vous.

CHAPITRE X. VERSET 18. *Personne ne me ravit la vie. J'ai le pouvoir de la quitter et le pouvoir de la reprendre.* Attention à ces paroles! ce n'est pas de la vie organique ou animale qu'il s'agit, mais de la vie de l'esprit que l'âme a vraiment, en vertu de sa libre activité, le pouvoir de quitter, en s'attachant aux objets sensibles et s'y laissant absorber, et le pouvoir de reprendre, en s'élevant en haut, en s'unissant à la source même de la vie, à l'esprit de Dieu, le seul capable de connaître Dieu et d'y trouver sa paix.

Personne ne me ravit cette vie de l'âme, cet esprit divin ; il se retire et revient suivant que l'âme l'attire ou le repousse par un bon ou mauvais emploi de son activité.

CHAPITRE X. VERSET 35. *Si donc elle appelle dieux ceux à qui la parole de Dieu était adressée et que l'Écriture ne puisse être détruite.* La loi appelle dieux ceux à qui la parole de Dieu était adressée, ceux qui ont reçu l'esprit de Dieu et vivent de cet esprit,

CHAPITRE X. VERSET 37. *Si je ne fais pas les œuvres de mon père ne me croyez pas.* C'est aux œuvres qu'on reconnaît celui que Dieu a sanctifié, ce n'est qu'aux œuvres qu'il faut croire, l'esprit ne peut se manifester que par elles.

CHAPITRE VIII. VERSET 29. *Celui qui m'a envoyé est avec moi et ne m'a pas laissé seul, parce que je fais toujours ce qui lui est agréable.* Heureux l'homme qui n'est jamais seul dans la solitude, même la plus profonde ! mais qui sent toujours au dedans de lui un appui, un consolateur avec qui il converse, en la présence de qui il est sans cesse et sous la dépendance duquel il agit, en ne cherchant à ne faire que ce qui lui est agréable, ce qui est digne de cet esprit. — Ah ! je suis trop seul parce que le monde me vide, parce que mon compagnon de solitude ne me suit pas dans ce monde et qu'en rentrant je ne le trouve plus. La partie de moi-même où cet esprit se retire est offusquée comme un œil fermé à la lumière, qui ne peut s'ouvrir par faiblesse ou maladie, quoique la lumière ne cesse pas d'être présente.

CHAPITRE XI. VERSET 33. *Jésus-Christ frémit en*

son esprit et se troubla lui-même. Il est souvent parlé
dans l'Évangile de ces troubles du Christ. N'était-ce
pas le combat de deux natures? En se liant à une
nature sensible, la nature divine pouvait en partager
les affections et en éprouver momentanément quelque
résistance ou obstacle à sa volonté et à son action
toute-puissante. De là le frémissement dans l'esprit,
et le trouble momentané que la nature divine ne par-
tageait que pour le régler ou le surmonter.

CHAPITRE VIII. VERSET 19. *Si vous me connaissiez,
vous connaîtriez aussi mon père.* Sur ces paroles de
J.-C., Bossuet fait ce commentaire remarquable
comme vérité psychologique : « Ne croyez pas qu'en
« vous élevant à la connaissance de mon père je vous
« mène à quelque chose qui soit hors de moi ; c'est
« en moi qu'on connaît le père et vous l'avez déjà
« vu. Quel est ce nouveau mystère? Comment est-ce
« qu'on connaît le père en connaissant J.-C. ? » Comment connaît-on l'*âme* en connaissant ou apercevant
le *moi* intérieurement et immédiatement? C'est là
tout le mystère et le premier problème de la psychologie, car la vérité psychologique est la représentation de la vérité absolue : ce qui est dans l'homme,
image de Dieu, est la représentation de ce qui est en
Dieu d'une manière absolue.

On ne peut chercher et trouver ce qui est dans
l'*âme* ou ce qu'est l'âme elle-même autrement que
par la conscience ou l'aperception interne de ce qui
est dans le *moi* ou le *moi* lui-même. En apercevant
ce qui est dans le *moi*, on trouve ce qui est dans
l'âme, on conçoit son être et la manière dont les au-

tres choses ou les idées de ces choses y sont présentes. En étudiant le *moi* par l'observation ou l'expérience interne, nous avons donc déjà connu l'âme:
l'être pensant, l'absolu, est donné dans le relatif.

CHAPITRE XIII. VERSET 13. *Vous m'appelez votre
maître et vous avez raison, car je le suis.* Heureux
celui qui se sent toujours en présence du maître qui
lui parle au dedans, qui sait recueillir toutes ses paroles et obéir à ses commandements ou suivre, sans
les détourner, toutes ses inspirations. « Toute ma
« connaissance, dit Bossuet (1), ne consiste qu'à me
« *réveiller*, à me rendre attentif aux simples et pures
« idées que je trouverai en moi-même dans les lu-
« mières de la foi, ou peut-être dans celles de la rai-
« son aidée et dirigée par la foi même. »

L'emploi de notre activité bien réglée consisterait
en effet à nous tenir *éveillés* par l'esprit, en faisant
taire l'imagination et les sens ; en nous faisant taire
nous-mêmes pour laisser parler le maître et l'écouter.
Mais combien ne faut-il pas être disposé au dedans de
nous-mêmes, pour n'avoir qu'à écouter la voix intérieure ou pour que cette voix même y parle, car elle
ne parle pas toujours, et à tous les hommes, et dans
toutes les dispositions également. Suffit-il de se tenir
éveillé pour l'esprit, ne faut-il pas encore que l'esprit
agisse ?

Il y a une partie secrète de nous-mêmes où le *moi*
(le Dieu même qui est en nous) se retire et habite,
surveillant de là tout ce qui est dans l'homme ou de

_____

(1) *Élévations sur les mystères.*

lui, tout ce qui est produit par la volonté de la chair
(*ex voluntate carnis*), le dominant et le dirigeant. Là
seulement est le repos, la paix, la dignité de notre
nature, tout ce qu'il y a de vraiment moral. Pour
nous maintenir calmes et dignes, tout consiste donc
à tenir toujours cette partie intime de nous-mêmes,
ce lieu secret où Dieu habite, à l'abri de toutes les
passions, des troubles et des affaires du dehors.
« O hommes ! où courez-vous, de distractions en
« distractions, de visites en visites, d'affaires en af-
« faires? » Tout votre bien, tout votre contentement
et votre repos possible est en vous.

Je suis heureux dans la solitude parce que je me
sens relever de ce point central de mon être qui domine et se rend présent à tout. Je suis malheureux,
dégradé dans le monde et les affaires, parce que ce
centre supérieur est envahi, que le désordre et le
trouble s'étendent jusqu'à lui ou l'offusquent. Je ne
suis plus au-dessus ni à part de toutes les impressions
qui viennent m'assaillir, parce que j'existe tout entier
hors de *moi*, que le monde est *moi* ou que le *moi* est
le monde. Cet état singulier tient à une maladie nerveuse qui produit un besoin instinctif d'agitation,
de courses au dehors.

CHAPITRE XIV. VERSET 17. *L'esprit de vérité que le
monde ne peut recevoir.* Il y a bien de la différence
entre connaître la vérité et avoir l'esprit de vérité, de
manière qu'il soit en nous et qu'il y fasse sa demeure.

Quand nous aimons fortement et avec passion une
créature, son image est comme empreinte dans notre

âme, de manière qu'elle s'y représente sans cesse, qu'elle y vit, s'y meut, pour ainsi dire, et qu'elle est en nous autant que nous-mêmes ou comme nous-mêmes. Combien l'amour divin, celui de l'esprit de vérité peut encore mieux remplir notre âme et demeurer en nous quand nous savons l'y établir, quand nous méritons qu'il s'y fixe!

Tout ce discours de J.-C. doit être étudié, et peut être entendu dans le sens de la plus haute psychologie. *Si vous m'aviez connu, vous auriez connu mon père. Celui qui me voit, voit mon père* (1). Le père, c'est l'être de l'âme qui ne se manifeste que par le *moi*. Celui qui réfléchit profondément sur lui-même, en se distinguant de toutes sensations, a, dans la conscience même du *moi*, la connaissance certaine de l'âme dont le *moi* n'est que la manifestation. Celui qui ne réfléchit pas et se confond avec les sensations ne voit pas, ne connaît pas le père, l'être de l'âme que le corps cache et enveloppe, loin de la manifester. C'est là aussi ce que signifie la réponse de J.-C. à Judas (2), où Bossuet a vu le mystère inexplicable de la prédestination. Le monde n'aime pas l'esprit de vérité ; il hait la réflexion, la vie intérieure. Cet esprit ne peut donc pas se découvrir au monde, mais seulement aux disciples qui aiment, qui ne vivent pas comme le monde.

---

(1) Chap. xiv, versets 7 et 9.

(2) Id., Id. 22 et 23. Judas lui dit : Seigneur, d'où vient que vous vous découvrirez vous-même à nous et non pas au monde ? Jésus lui répondit : Si quelqu'un m'aime, il gardera ma parole, et mon père l'aimera, et nous viendrons à lui, et nous ferons en lui notre demeure.

CHAPITRE XIV. VERSET 6. *Je suis la voie, la vérité et la vie. Personne ne vient au Père que par moi.* Le *moi* est la vie, la vérité, la vie. Personne ne vient à reconnaître l'âme immortelle que par lui.

VERSET 26. *Le Saint-Esprit vous fera ressouvenir de ce que j'aurai dit.* Bossuet, dans ses *Méditations sur l'Évangile*, a traduit de même le texte latin : *suggeret vobis quæcumque dixero.* Je ne crois pas que cette traduction rende la pensée. Le Saint-Esprit ou l'esprit de vie suggérant les paroles de J.-C. doit leur ajouter ce caractère de *force vivante* qu'elles n'auraient pas sans lui. Il ne s'agit pas d'un simple acte de ressouvenir, qui n'équivaudrait pas à l'audition de la parole même, reçue immédiatement. Bossuet semble vouloir d'abord établir lui-même la distinction que nous faisons; mais il l'abandonne ensuite par préoccupation contre certaines idées mystiques qu'il veut combattre. « Soyons attentifs, dit-il, à « cette *école intérieure* qui se tient dans le fond du « cœur. Outre les enseignements du dehors, il fallait « un maître intérieur qui fît deux choses : l'une de « nous faire entendre au dedans ce qui nous avait été « enseigné *au dehors*, l'autre, de nous en faire sou- « venir et d'empêcher qu'il nous échappât jamais. »

Je ne crois pas que ce soit là deux choses différentes; mais l'une est la suite de l'autre: si l'enseignement intérieur a été donné par J.-C. en même temps que l'extérieur, si ses paroles ont été suggérées à l'âme de chacun de ses disciples en même temps qu'ils les entendaient, ils devront s'en ressouvenir d'eux-mêmes par la seule liaison naturelle des facul-

tés de l'homme. Il ne faut pas un secours supérieur
pour se souvenir de toutes les choses qui ont frappé
vivement le cœur et l'esprit. Mais si le cœur n'était
pas disposé à recevoir la parole alors qu'elle a frappé
le sens pour la première fois, ou même qu'elle a été
entendue par l'esprit, il sera vrai de dire que celui
qui parvient à la suggérer au cœur la lui fait entendre d'une tout autre manière, dans un sens bien
plus élevé, qui influe sur tous les actes, sur tout
l'ensemble de la vie, qui transforme en hommes tout
nouveaux ceux en qui une telle suggestion ou inspiration a lieu.

Sans doute, ce sont les mêmes choses qui sont
enseignées par J.-C. et par le Saint-Esprit; mais il
suffit que l'un enseigne au dehors et l'autre au dedans
pour que ce soient réellement deux maîtres. Le moment n'était pas venu pour les disciples d'être frappés
intérieurement des paroles de J.-C., de les entendre
par le cœur. Ce n'était pas la faute du maître, mais
celle de la nature qui exige une préparation, une
éducation. La troisième vie, la vie du cœur ou de l'a-
mour, ne pouvait se développer qu'après la deuxième,
ou la vie des sens et de l'entendement de l'homme.

Il ne s'agit pas seulement d'entendre la vérité,
mais de la tenir toujours présente à notre esprit par
l'attachement qu'elle nous inspire. L'esprit n'enseigne pas tant la science que l'amour, et c'est par lui
véritablement que nous sommes enseignés de Dieu.
« C'est l'amour, dit Fénelon (1), qui fait naître au fond

_____

(1) *Entretiens affectifs.*

« de l'âme les vérités que la parole sensible de J.-C.
« n'avait exposées qu'aux yeux de l'esprit ; on goûte,
« on se nourrit, on se fait une même chose avec la
« vérité. Ce n'est plus elle qu'on voit comme une
« chose hors de soi, c'est elle qui devient nous-mêmes
« et que nous nous sentons intimement comme l'âme
« se sent elle-même. »

CHAPITRE XV. VERSET 7. *Si vous demeurez en moi
et que mes paroles demeurent en vous, vous pourrez
tout ; sans cela vous ne pourrez rien* (1). Demeurer en
J.-C. c'est se transporter en lui en esprit, de manière à anéantir cet esprit, ce *moi* propre, et c'est
alors que la parole (le verbe vivant) habite en nous,
que nous agissons, nous existons sous sa seule influence. C'est le caractère de cette vie supérieure d'a-
mour qui nous fait demeurer dans l'être aimé, en
nous identifiant à lui, au lieu de prétendre l'attirer,
le fixer en nous, de manière à l'assimiler, à l'identifier avec notre propre nature.

« La parole de Dieu entre dans les plus secrets
« replis de l'âme et de l'esprit, séparant l'homme
« *animal* de l'homme *spirituel*, et discernant ce qui
« vient de l'un et de l'autre (2). » C'est là aussi le
but de l'analyse psychologique, entreprise avec les
seules forces de la raison appuyée sur l'observation
intérieure. Mais que peut-on sans le secours de l'es-

---

(1) Les propres paroles de l'Écriture sont : « Si vous demeurez
« en moi et que mes paroles demeurent en vous, vous demanderez
« tout ce que vous voudrez, et il vous sera accordé. »
(2) Bossuet.

prit qui juge tout d'un point de vue élevé? Ce qui
manque aux esprits les plus actifs, les plus péné-
trants, c'est de se fixer à ces vérités qui font la destinée et la vie de l'âme. On va d'une idée à l'autre
suivant la pente d'un esprit inconstant et mobile, qui
revêt successivement les modifications les plus opposées. Il n'y a que l'esprit de Dieu qui soit fixe quand
il demeure en nous; lui seul peut nous donner un
point d'appui de quelque côté que souffle le vent de
l'instabilité, nous maintenir les mêmes. « Soyons
« donc recueillis et intérieurs puisque c'est au de-
« dans que nous parle l'esprit. Homme, où cours-tu
« d'affaires en affaires, de visites en visites, de trouble
« en trouble? Tu te fuis toi-même, tu fuis l'esprit. »

CHAPITRE XIV. VERSET 30. *Le prince du monde va
venir quoiqu'il n'ait rien en moi qui lui appartienne.*
Jésus-Christ seul pouvait le dire; quel homme vit
assez de la vie de l'esprit pour que le prince du monde
n'ait rien en lui qui lui appartienne?

CHAPITRE XVII. VERSET 11. *Je ne suis plus dans le
monde, mais pour eux ils sont encore dans le monde,*
dit Jésus-Christ en parlant de ses disciples, et *il prie
pour eux et ne prie pas pour le monde* (verset 9). Le
monde, c'est l'orgueil de la vie et la concupiscence;
c'est l'esprit de l'homme abandonné à lui-même, absorbé dans sa chair et méconnaissant Dieu et lui-
même. Les disciples étaient des hommes élevés vers
Dieu, dignes de recevoir son esprit, mais qui n'avaient
pas encore dépouillé entièrement la vie de la chair
(la deuxième vie). C'était pour eux que priait le *médiateur,* comme pour tous les hommes qui, étant dans

la deuxième vie, aspirent à la troisième, qui sont dans le monde et le haïssent, qui sentent des passions, mais n'y *consentent* point et détestent le péché qu'ils ont le malheur de commettre.

Jésus-Christ, le Verbe incarné, était l'esprit de Dieu même sous une enveloppe mortelle. En se communiquant aux hommes, en se rendant leur médiateur, J.-C. a séparé du monde ceux qui ont reçu son esprit. Il dit aussi (1) : « *J'ai fait connaître votre nom aux hommes que vous m'avez donnés en les séparant du monde.* »

---

(1) Chap. XVII, verset 6.

NOUVELLES NOTES

SUR L'ÉVANGILE DE SAINT JEAN,

Par MAINE DE BIRAN.

1823

Les trois vies sont exprimées dans les paroles de l'Évangile de saint Jean. Comme Jésus-Christ, le Verbe incarné médiateur, manifeste le Père, l'esprit en soi, la cause première de tout ce qui est, de même saint Jean, le précurseur, annonce l'intelligence, le Verbe, mais il n'est pas le Verbe. Le *moi*, le Verbe incarné (ou entièrement uni au corps, à la chair), manifeste l'âme comme il est manifesté, annoncé, par les signes corporels empreints dans l'organisation humaine. L'analogie me semble parfaite.

VERSETS 1 ET 2. *Au commencement,* c'est-à-dire avant sa manifestation, l'esprit de l'homme était en Dieu (*apud Deum*), tout retiré en Dieu qui est sa source ; l'âme humaine, non-seulement ne se manifestait pas, mais même n'existait pas. Dieu crée cette substance et lui communique le premier souffle de son esprit. Ce souffle de l'esprit divin n'est point inhérent à la substance de l'âme ; ce n'est pas son attribut essentiel, mais une communication, une émanation de la Lumière. C'est ainsi que certains ob-

jets du monde physique, la lune et les planètes par
exemple, ont été doués de la propriété de réfléchir la
lumière qui ne leur appartient pas quoiqu'elle semble à la vue leur être propre, le sens ne pouvant distinguer si cette lumière est empruntée ou si elle est
propre aux objets réfléchissants. Mais il est évident
que ceux-ci existeraient également alors qu'ils ne ré-
fléchiraient pas la lumière. Ainsi, l'âme de l'homme,
créée force immatérielle et pensante, existerait substantiellement la même quant aux attributs essentiels et propres dont le Créateur l'a douée, alors
même qu'il ne lui aurait pas communiqué dans le principe un rayon de son esprit, et qu'elle ne réfléchirait
pas actuellement cette lumière divine; et il n'est pas
douteux que Dieu n'ait pu faire des êtres sentants ou
même doués d'un certain degré d'intelligence et d'activité auxquels il ne communique son esprit en aucune manière. Cela est évident pour les êtres purement sensitifs ou les animaux; et quant à l'homme,
la communication de l'esprit divin exige certaines
conditions, ou un certain exercice de l'activité, que
toutes les âmes ne sont pas capables ou ne sont pas
encore dignes d'atteindre.

3. *Toutes choses ont été faites par lui, et rien de ce
qui a été fait n'a été fait sans lui.* Tout ce qui est vrai
ou réel dans le monde intelligible que saisit la pensée de l'homme éclairé, dirigé par l'esprit, a été fait
par l'esprit et a été donné par lui à l'homme intelligent; et rien de ce qui a été fait ou donné ainsi n'a
été fait sans cet esprit qui est plus haut que l'homme.

4. *En lui était la vie, et la vie était la lumière des*

hommes. Point de vie réelle de l'âme sans l'esprit divin, car la vie de l'âme ne peut être que cette lumière réfléchie qui l'éclaire d'abord sur elle-même et sur la source d'où elle émane et où elle se reporte par l'amour.

5. *La lumière luit dans les ténèbres et les ténèbres ne l'ont point comprise.* L'âme, tout obscurcie qu'elle est par les ténèbres du corps, par les besoins et les passions spontanés de l'organisme à qui Dieu a voulu l'attacher, n'en a pas moins, en vertu de son existence, une image de l'esprit divin, défigurée, altérée par les passions, mais qui peut retrouver sa pureté et sa ressemblance en s'unissant de nouveau à son principe, en s'absorbant dans son sein. Jusque-là, tant que l'organisme domine, en même temps que l'intelligence de l'homme demeure fixée à son pôle inférieur, au *moi* qui est ou qui se fait le centre unique du monde sensible, jusque-là, dis-je, la lumière ne luit que dans d'épaisses ténèbres qui ne sauraient la comprendre.

6 et 8. *Il y eut un homme envoyé de Dieu, appelé Jean. Il n'était pas la lumière, mais il vint pour rendre témoignage à celui qui était la lumière.* L'homme, ce composé fait de l'union d'une âme à un corps organisé vivant, n'est point la lumière; l'esprit n'est point en lui, comme propre à lui, à titre d'intelligence bornée, d'être actif et libre, mais subordonné. Mais l'homme est ainsi créé pour rendre témoignage à la lumière ou pour témoigner l'esprit qui vient en lui, qui y fait sa demeure, quand il a préparé en lui cette demeure digne de l'esprit.

9. *Celui-là était la vraie lumière qui éclaire tout homme venant au monde;* au monde des phénomènes où reluit déjà l'esprit de vérité, mais offusqué par les ténèbres sensibles.

10. *Il était dans le monde et le monde a été fait par lui, mais le monde ne l'a point reconnu.* Le monde, ou l'ensemble des êtres sentants et pensants, renferme l'esprit vivant qui l'a créé, qui le maintient, et il ne connaît point cet esprit. Il est tout à fait incapable de le connaître tant qu'il s'égare lui-même, c'est-à-dire qu'il méconnaît sa nature mixte, sa faiblesse, sa dégradation animale et la source plus haute d'où il est descendu, où il faut qu'il remonte, sous peine de rester toujours dans son aveuglement et son ignorance.

11. *Il est venu chez soi et les siens ne l'ont point reçu.* L'esprit incarné (uni à la chair) a voulu élever l'homme à lui; mais l'homme charnel attaché aux sens ne l'a pas reçu ni conçu.

12. *Il a donné à tous ceux qui l'ont reçu le pouvoir d'être faits enfants de Dieu* (enfants de la lumière, comme dit saint Paul). Ce pouvoir ne peut venir en effet que de l'esprit.

13. En vertu de l'esprit qui l'éclaire et l'unit à Dieu, l'homme spirituel *n'est point né du sang ni de la volonté de la chair ni de la volonté de l'homme, mais de Dieu même.* Cela est évident, puisqu'il y a opposition entre l'homme spirituel et l'homme né du sang et qui tient encore au sang, qui est conduit par la volonté de la chair ou l'appétit animal, et même par une volonté constitutive de la personne humaine ou

du *moi*, qui se fait centre de tout et rapporte tout à lui-au lieu de se rapporter lui-même à Dieu; car, en tant que né de Dieu, l'esprit se rapporte à lui, il tend vers la source d'où il est émané.

14. *Le Verbe a été fait chair et il a habité parmi nous plein de grâce et de vérité.* « C'est en vous seul « que Dieu est; il n'est dans aucun homme comme « en vous, Dieu n'est point sans vous. » Ces paroles du prophète Isaïe ne peuvent s'appliquer à l'homme le plus spirituel mais à Jésus-Christ seul. Le Verbe, l'esprit ou le *moi* spirituel, a revêtu une forme de chair, sans néanmoins s'identifier avec la chair, et il habite ainsi parmi les hommes, considéré lui-même comme homme, quoiqu'il s'en distingue par la grâce et la vérité dont il est plein. Parlant humainement et dans un sens philosophique, Jésus-Christ serait un type de perfection spirituelle supérieur à la chair, à ses faiblesses et à ses misères qu'il partage comme homme, en planant sur elle par l'esprit dont la lumière a brillé en lui d'un éclat pur, de beaucoup supérieur à tout ce que la sagesse humaine a pu produire de plus admirable. Jésus-Christ a été ainsi la manifestation la plus vraie du Père des lumières, mais il n'aurait offert qu'un degré plus élevé de ce qui se trouve dans tout homme spirituel qui le prend pour modèle. Médiateur sublime entre Dieu et l'homme, Jésus-Christ a mérité d'être appelé le fils unique de Dieu, puisqu'il n'a point de frère égal en vertus, mais il a pour parent de la même famille, sorti de la même souche, tout homme qui vit de la vie spirituelle et qui a mérité d'être en possession de

la grâce et de la vérité, sans pouvoir en être plein comme le médiateur.

15. *Jean rend témoignage de lui et crie en disant : Celui qui doit venir après moi m'a été préféré parce qu'il était avant moi.* L'esprit ne vient qu'après la manifestation du *moi*, de l'homme, et le plein développement de cette libre activité qui lui a été donnée dans l'ordre de la nature pour pouvoir être élevé jusqu'à l'esprit dans l'ordre de la grâce. Mais si la vie de l'esprit ne vient qu'à la suite de la vie active de l'homme, dans l'ordre naturel du développement humain, l'esprit est avant le *moi*, quant à la prééminence de nature et de plus quant à la priorité absolue de l'être, car l'esprit était en Dieu ou chez Dieu (*apud Deum*) de toute éternité.

16. *Et nous avons tout reçu de sa plénitude et grâce pour grâce.* C'est par la plénitude de l'esprit divin qui était en Jésus-Christ, notre modèle, que nous pouvons tout recevoir par une communication de la grâce qui nous vient du médiateur, en telle sorte que, à part la divinité et les mystères qu'elle renferme, il n'y a pas une seule grâce en Jésus-Christ comme homme, fils de Dieu, que l'homme spirituel ne puisse obtenir par la conformité à son divin modèle. De là la justesse de l'expression de l'apôtre : *grâce pour grâce.*

17. *La loi a été donnée par Moïse, mais la grâce et la vérité ont été apportées par Jésus-Christ.* L'homme qui se conforme le plus exactement à la loi morale (au décalogue) n'est pas encore enfant de la lumière ou fils de Dieu ; la vie spirituelle est plus haut ; elle

ne vient pas de l'homme et ne pouvait être apportée
que par celui qui manifestait Dieu même parmi les
hommes. Tout ce qu'il y a de plus sublime dans la
morale stoïcienne n'est que vertu humaine, force du
moi humain, n'ayant d'appui qu'en lui-même.

18. *Le fils unique qui est dans le sein du Père est
celui qui en a donné la connaissance.* L'esprit, dans
son plus haut degré de manifestation (il est toujours
dans le sein du père, alors même qu'il ne se manifeste pas), a pu seul donner à l'homme la connaissance du vrai Dieu et apporter sa loi vivante, supérieure à la loi de l'homme. « Sans cet esprit, dit
« Bossuet, nous ne faisons qu'exercer une espèce de
« basse liberté, en nous promenant sans cesse d'une
« passion à une autre et ne sortant jamais de cette
« basse sphère ni de cet élément grossier. »

NOUVEAUX ESSAIS

D'ANTHROPOLOGIE

OU

DE LA SCIENCE DE L'HOMME INTÉRIEUR.

1823 et 1824

AVANT-PROPOS DE L'ÉDITEUR.

Après avoir retouché, à diverses reprises, pendant un espace de dix années, l'*Essai sur les fondements de la Psychologie,* M. de Biran reconnut la nécessité de renouveler assez complétement le cadre dans lequel il voulait exposer ses idées. Il fallait donner une place convenable à l'idée religieuse, aux rapports de l'âme avec Dieu, à la vie supérieure, et, pour cela, tout en profitant des matériaux de l'ouvrage ancien, il fallait faire un ouvrage nouveau. De là, les *Nouveaux essais d'Anthropologie* (1).

Le plan de cet écrit fut déposé sur le papier le 23 octobre 1823. Au milieu de mai 1824, M. de Biran ressentait déjà les atteintes de sa dernière maladie, et poursuivait, sans être arrêté par la souffrance, son œuvre loin encore d'être terminée. Peu de jours après, il dut renoncer à tout travail.

Au moment de la mort de l'écrivain, la dernière partie des *Nouveaux Essais,* la partie consacrée à la *Vie de l'Esprit,* n'existait probablement que sous la forme d'un petit nombre de notes qui subsistent. Il est vraisemblable que les deux premières parties étaient fort avancées, et qu'une partie considérable de la rédaction a été perdue par suite des vicissitudes étranges auxquelles ont été soumis les manuscrits de M. de Biran.

---

(1) Voir l'Introduction générale aux œuvres de M. de Biran, et l'avant-propos de l'éditeur à l'*Essai sur les fondements de la Psychologie.*

Cet ouvrage n'est pas entièrement inédit ; on peut avancer, comme un fait certain, que M. Cousin en a publié un certain nombre de pages, dont, en l'absence des secours nécessaires, il ne pouvait reconnaître la nature et auxquelles il a donné par suite des titres inexacts (1).

Le manuscrit des *Nouveaux Essais* est parvenu à Genève, à l'état de feuilles dispersées et dans le désordre le plus complet. Ces feuilles ont été rapprochées peu à peu, souvent sans aucun secours autre que le sens de leur contenu. Il en est résulté un certain nombre de fragments. Quelques-uns portaient des titres, d'autres ont dû en recevoir de la main de l'éditeur. Il était naturel de chercher à classer ces fragments, selon l'ordre général des trois vies, indiqué par le plan de l'ouvrage. Quant à l'ordre relatif des fragments, dans chacune de ces trois parties, il a fallu se contenter d'une disposition très-défectueuse, mais qui paraissait la moins mauvaise possible. La difficulté était d'autant plus grande qu'il n'est pas impossible que les parties des *Nouveaux Essais* qui subsistent appartiennent à deux rédactions différentes successivement entreprises par l'auteur. Il n'est point résulté de ce travail, un corps d'ouvrage régulier. Le lecteur ne doit pas perdre de vue que ce sont des débris qu'il a sous les yeux, il ne s'étonnera ni des répétitions, ni des lacunes, ni de quelque désordre dans la série des idées. Pour parvenir à un autre résultat, il aurait fallu ou posséder plus d'habileté, ou, ce qu'on n'a voulu se permettre à aucun degré, prendre la liberté de refondre et de compléter le texte de l'auteur. L'œuvre de M. de Biran, telle que nous la possédons, interrompue par la mort et mutilée par le résultat de circonstances extraordinaires, aura toujours plus de valeur qu'une

---

(1) Voir les numéros xxxvi et xxxvii du catalogue raisonné, à la fin de ce volume.

œuvre plus régulière, mais plus ou moins apocryphe, dès que l'éditeur se serait permis d'y mettre la main.

Dans la pensée de M. de Biran, le nouveau travail qu'il avait entrepris devait annuler l'*Essai sur les fondements de la Psychologie*, aussi existe-t-il un parallélisme marqué entre le texte de l'*Essai* et une partie des fragments ici publiés.

Quelques-unes des pages qui figurent sous le titre de *Vie de l'Esprit*, ont paru déjà dans le volume des *Pensées de M. de Biran*. Ce n'est point là le résultat d'une volonté arbitraire. Il est établi par les preuves les plus décisives, que les cahiers du *Journal intime* renfermaient une partie du texte destiné aux *Nouveaux Essais*. Entre ces preuves, il suffira d'en indiquer deux : le plan de l'ouvrage est déposé dans ces cahiers ; et M. de Biran relie son manuscrit à ces mêmes cahiers, par un signe de renvoi positif. En éditant les *Pensées*, il était naturel d'y insérer quelques-uns des fragments, destinés à l'ouvrage scientifique, qui étaient particulièrement propres à jeter du jour sur le développement individuel de l'écrivain ; mais il était indispensable de reproduire ces fragments à la place même qui leur était assignée par l'auteur. Du reste, comme aucun signe matériel ne distingue, dans le *Journal intime*, les pages destinées à l'écrit scientifique de celles qui ont un autre caractère, on comprend qu'il y avait à faire ici un choix qui n'était pas exempt d'incertitudes. Les *Pensées* de M. de Biran forment d'ailleurs le complément indispensable des *Nouveaux essais d'Anthropologie*.

Les morceaux trop rares et trop courts qui remplacent malheureusement une exposition proprement dite de la vie de l'esprit, ne sont donc que des notes ou des ébauches qui n'étaient pas susceptibles de recevoir un ordre rigoureux. On les a groupés en cherchant à placer d'abord ceux qui concernent les caractères généraux de la vie supérieure, puis ceux qui indiquent la préparation et les conditions de cette vie, puis enfin ceux qui exposent l'état de l'âme, dans son union avec Dieu, et les conséquences de cette union.

Les différences les plus essentielles qui existent entre les *Nouveaux Essais d'Anthropologie* et l'*Essai sur les fondements de la Psychologie,* sont le résultat des dernières modifications survenues dans la pensée de M. de Biran. Ces différences, sans parler de l'élément religieux qui est ici le fait capital, peuvent se ramener aux chefs suivants :

Importance accordée à la question des réalités absolues ;

Vues plus larges et plus fécondes sur l'histoire des systèmes métaphysiques ;

Tendance à envisager le fait primitif de l'effort sous un point de vue plus spirituel et plus dégagé de la considération exclusive du mouvement musculaire ;

Identification de la vie animale avec la vie organique ;

Attention accordée aux phénomènes du magnétisme animal.

Les points les plus essentiels de cette énumération ont été abordés dans l'introduction générale qui ouvre ces volumes ; il suffit d'appeler sur les autres l'attention du lecteur.

Disons en terminant que quelques parties du manuscrit qui ont été laissées de côté, pourraient être utilisées plus tard, lorsqu'on coordonnerait les débris des *Nouveaux Essais,* qui suivent ces lignes, avec les autres débris du même ouvrage qu'a publiés M. Cousin.

NOUVEAUX ESSAIS
D'ANTHROPOLOGIE.

AVANT-PROPOS.

Le titre de mon ouvrage annonce que je veux considérer l'homme tout entier et non pas seulement une partie ou une face de l'humanité. J'ai senti que si j'adoptais, suivant ma première intention, le titre de *psychologie*, il n'indiquerait pas mieux mon but que celui de *physiologie*. Mon livre doit traiter de l'homme et spécialement de l'homme intérieur considéré dans les rapports établis par la conscience entre le sujet identique, permanent, qui se dit *moi*, et les sensations, idées, fonctions, ou opérations de tout ordre, organiques ou intellectuelles, qui changent, passent et se succèdent avec une prodigieuse variété.

La science de l'âme, à part ce que la religion ou la foi nous enseigne de sa nature, de son origine et de sa destination, comme être ou substance séparée, ne peut se fonder que sur une abstraction ; car dans notre état actuel, l'âme ne peut avoir le sentiment ou la connaissance d'elle-même ou de son existence substantielle séparément du corps. Elle ne se laisse pas plus concevoir directement sous ce point de vue, que la matière dépouillée de toute qualité, de toute forme. Dans notre humanité, rien n'est senti, perçu ou conçu par le sujet ou la personne qui se dit *moi* que sous la condition de la vie organique, et, par suite, sous celle des instruments nombreux, des fonctions compliquées qui concourent à la former. L'homme se distingue de toute cette complication d'instruments, mais il ne saurait s'en séparer en restant lui. L'homme, comme l'a très-bien dit un philosophe, n'est donc pas une certaine âme, ni un certain corps organisé ; mais il est une telle âme unie à un tel corps. L'anthropologie prend ce lien tel qu'il est, elle l'appuie sur un fait : celui de la conscience ou de l'existence, et non sur aucune abstraction.

L'homme, il est vrai, lorsqu'on le considère dans ce seul rapport individuel qu'il soutient par sa conscience avec lui-même, à titre de sujet sentant, pensant et agissant, semble d'abord n'être également qu'un sujet abstrait ; et ce n'est, en effet, que par abstraction qu'il peut ainsi se mettre à part pour se voir et se penser lui-même, en s'isolant à la fois des objets de cette nature extérieure dont il fait partie, et hors de laquelle il ne saurait exister, et de la société de ses semblables dont il reçoit tout, et hors de laquelle sa vie physique et encore moins sa vie morale et intellectuelle ne sauraient commencer ni continuer.

Ne disputons pas sur les mots. On peut sans doute

appeler abstraction cet acte par lequel le *moi* humain se distingue et se sépare de tout ce qui n'est pas lui, de tout ce qui n'entre pas immédiatement dans le sentiment de son existence propre, de tout ce qui n'est pas une condition essentielle, je ne dis pas de cette existence objective, mais du sentiment ou de la conscience actuelle qu'il en a. Il faut reconnaître du moins que cette espèce d'abstraction ne ressemble à aucune autre, puisqu'elle tient au fait primitif de conscience et à la nature même du sujet pensant. Loin de se fonder sur quelque artifice de langage ou quelque travail de l'esprit, elle est plutôt la base de toute langue et la condition nécessaire de toute opération intellectuelle. Mais cette sorte de vue intérieure qui rend l'homme présent à lui-même, le fait assister à à ce qu'il sent ou fait intérieurement, plutôt qu'à ce qui se représente au dehors, me semble être une sorte d'instinct, une manière d'être ou de sentir propre à tels individus. L'activité d'une réflexion concentrée supplée jusqu'à un certain point cet instinct et peut le surpasser sous beaucoup de rapports, sans le remplacer entièrement, surtout dans l'espèce de modes ou de faits primitifs qui sont le plus près de nous, et qui échappant par leur intimité même à la conscience et à la perception de la plupart des hommes, ne peuvent tomber par suite dans le champ de cette observation réfléchie qui prend les choses de plus haut. Voilà pourquoi il y a, comme je m'en suis convaincu par l'expérience, telles idées de faits certains et évidents pour ceux qui les possèdent, et incommunicables à d'autres qui se trouvent naturelle-

ment placés tout à fait en dehors du point de vue
qui serait seul propre à les saisir. Voilà aussi pourquoi le sujet de ce livre paraîtra abstrait, obscur et
rebutant à la plupart des lecteurs, et même à des
philosophes qui partent de points de vue éloignés du
mien et sont accoutumés à combiner leurs idées sur
un tout autre plan. Ce que j'ose leur demander à
tous, ce que j'ai le droit d'attendre de leur justice,
c'est de ne pas se presser de juger du dehors ce qui
ne peut se juger que du dedans et ne se rapporte
qu'à la vérité intérieure. Une conscience réfléchie a
dicté cet ouvrage essentiellement de bonne foi par
la nature de son sujet. L'imagination et le bel esprit
ni l'esprit scientifique n'y sont pour rien. La conscience réfléchie de chaque homme de bonne foi curieux de se connaître, peut seule répondre à l'appel
que lui fait mon livre.

INTRODUCTION.

I

RÉFLEXIONS PRÉLIMINAIRES.

Tous les êtres de la nature bruts et inertes, ou doués de mouvement et de vie, sont régis par des lois générales, constantes et nécessaires qui les entraînent chacun dans une sphère invariable dont l'amplitude et tous les éléments peuvent être donnés par l'observation et l'expérience, ou précisément déterminés par un calcul qui ne trompe point. Les corps célestes suivent dans l'immensité de l'espace les lois de l'attraction qui règlent les formes de leurs orbites ; les molécules chimiques obéissent toujours aux mêmes affinités ; les êtres organisés, depuis le plus haut jusqu'au plus bas degré de l'échelle de l'organisation, germent, naissent, croissent et périssent ou changent de formes, suivant des lois constantes et dans des périodes régulières ; l'instinct même des animaux les plus élevés, dont les lois sont plus compliquées et moins fixes ou plus flexibles en apparence, n'en est pas moins renfermé pour chaque espèce dans des limites que rien ne saurait leur faire franchir. Placés dans les mêmes circonstances, les animaux font toujours les mêmes choses, tous

suivent aveuglément et avec une égale nécessité le
cercle que leur a tracé la nature, quelque agrandi,
changé ou modifié qu'il puisse être dans certaines
espèces par l'éducation et la société de l'homme.

Sans doute, l'activité et l'intelligence sont partout
répandues dans tous les règnes et manifestées même
par l'uniformité et la sagesse admirables des lois qui
président aux mouvements nécessaires et aveugles
de la matière morte ou vivante; mais cette activité,
cette intelligence, cette sagesse n'appartiennent pas
aux êtres qui sont dirigés ou entraînés par des lois
nécessaires qu'ils suivent sans le savoir; ce sont les
attributions d'une force suprême créatrice et motrice présente partout. La force, l'activité, la pensée
capable de se connaître en se donnant l'impulsion
elle-même, n'appartient pas plus à la combinaison
vivante organisée qu'à la molécule chimique; elle
n'est pas plus dans le singe que dans l'huître, pas
plus dans l'éléphant que dans le ciron.

L'homme réunit en lui deux natures et participe
à deux sortes de lois. Comme être physique organisé, comme animal sentant, il vit sans connaître sa vie;

Vivit et est vitæ nescius ipse suæ.

Cette existence purement sensitive, ces appétits
entraînants, ces penchants aveugles antérieurs à
toute expérience, enfin tout cet ensemble de déterminations et de mouvements automatiques qui se
manifestent à l'origine de l'existence et antérieurement même à la naissance de l'individu, peuvent
être compris sous le nom d'instinct ou de principe

sensitif; titre vague sans doute comme exprimant la force qui agite l'organisme au dedans, force aveugle qui s'ignore elle-même dans son exercice le plus énergique, et ne se manifeste intérieurement à l'être pensant que par ses oppositions ou son contraste perpétuel avec une autre force qui est lui-même, ou qui constitue son égoïté, sa personnalité identique, sa libre activité. C'est en effet au titre d'agent libre et proprement moteur et non pas mobile seulement, que l'homme se trouve originairement doué de la deuxième vie de conscience ou de relation qui le constitue *moi, personne*, ayant une existence propre, distincte ou séparée de celle de tout autre sujet, de tout ce qui peut être senti ou représenté comme objet. Avec cette deuxième vie naît la lumière de conscience qui vient luire dans les ténèbres de l'organisme. Dès lors commence à exister l'homme sous son vrai titre, et cette existence en lui n'est pas seulement la vie animale : non-seulement il a des sensations ou il sent, mais il sait qu'il sent; non-seulement il reçoit des impressions de ce qui l'entoure et en est affecté, mais il agit sur les objets de ces impressions, il se met en rapport avec eux, les recherche, les appelle ou les éloigne, et devient ainsi, en quelque sorte, le moteur et l'artisan des modes de son existence propre, de ceux à l'égard desquels il se constitue *moi*, de toutes les perceptions qui reçoivent l'empreinte de son activité.

En quoi consiste cette vie de l'homme, et qu'est-ce qui la distingue précisément d'une vie animale? Quel est ce sentiment de *moi* qui est distinct de toutes les

sensations reçues du dehors, de toutes les modifications adventices, qui reste le même quand elles passent ? Est-ce une abstraction de notre esprit ou est-ce,
au contraire, le fait primitif de l'existence, la première et la seule des réalités qu'il nous soit donné
de connaître ou de saisir immédiatement ou sans sortir de nous-mêmes?

Ces questions ne tendent à rien moins qu'à établir
ou à constater les fondements de la psychologie, et,
par elle, de toute la science humaine, qui cherche à
s'appuyer sur quelque base réelle et solide, hors des
atteintes du scepticisme qui, de tout temps, les a
contestées. Mais d'abord quel est le sujet propre et
spécial des recherches ou des idées ou des faits que
nous comprenons sous le titre de Psychologie? Avant
de procéder à ces recherches, à l'examen réfléchi des
qualités ou attributs d'une chose ou d'un être, il
faudrait bien savoir de quelle chose ou de quel être
il s'agit. .   .   .   .

II

RÉSUMÉ DES TRAVAUX ANTÉRIEURS AUX NOUVEAUX ESSAIS D'ANTHROPOLOGIE.

Il y a bien longtemps que je m'occupe d'études
sur l'homme, ou plutôt de ma propre étude ; et à la
fin d'une vie déjà avancée, je puis dire avec vérité

qu'aucun autre homme ne s'est vu ou ne s'est *regardé passer* comme moi, alors même que j'ai eu le plus de ces affaires qui entraînent ordinairement les hommes hors d'eux-mêmes. Dès l'enfance, je me souviens que je m'étonnais de me sentir exister ; j'étais déjà porté, comme par instinct, à me regarder en dedans pour savoir comment je pouvais vivre et être moi.

Une attention soutenue et persévérante fixée pendant un assez long temps sur les phénomènes intérieurs, a dû produire un ensemble d'idées psychologiques, d'observations et de mémoires, dont les notes auraient formé de gros volumes, si j'avais pensé que leur publication pût offrir aux autres le même intérêt ou l'importance que j'y attachais pour moi-même.

En 1802, la classe des sciences morales et politiques proposa pour sujet de prix de déterminer l'*influence de l'habitude* sur les idées, ou opérations de l'esprit humain. Je sentis alors, pour la première fois, le besoin de me produire au dehors. Je réunis les matériaux que j'avais par devers moi sur cette question, et j'apportai au concours un Mémoire, plutôt comme essai que comme pièce académique digne du prix, qui lui fut adjugé contre mon attente.

Il y avait dans ce travail une idée dominante, un fait d'observation principal autour duquel venaient se grouper tous les autres :

C'est que l'habitude, ou la répétition des mêmes impressions reçues du dehors, émousse, altère, flétrit peu à peu, et finit par effacer entièrement tout ce qu'il y a de sensible, à proprement parler,

dans ces impressions, c'est-à-dire tout ce qui a
d'abord affecté l'âme de plaisir ou de douleur;
pendant que, d'un autre côté, tout ce qui tient à la
connaissance ou à l'emploi des moyens de représentation claire ou distincte des idées, en nous ou hors
de nous, acquiert plus de netteté, de promptitude et
d'assurance par la répétition des mêmes impressions
ou des mêmes actes. Il y a donc, disais-je, dans la
représentation ou dans la perception objective, quelque chose ou quelque condition qui n'entre pas dans
la sensation subjective bornée à affecter l'âme de
plaisir et de douleur. Or, cette chose, cette condition,
d'où vient-elle? La comparaison des faits de notre
nature et une nouvelle analyse des sens montrent
qu'elle ne vient ni du dehors, ni de l'âme, bornée à
une simple activité passive, dépendante des stimu-
lants externes ou organiques, confondue par suite,
et comme identifiée sous ce rapport avec l'organisation vivante, ou le principe de la vie animale. Elle
vient de l'âme, douée par sa nature d'une libre activité, qui affranchit jusqu'à un certain point les
modes ou actes dont elle dispose des liens de la sensation, de la nécessité des choses de la nature extérieure; qui la fait vivre d'une vie nouvelle, imprime
à ses produits un caractère de force, de constance,
de perfectibilité qui manque entièrement à la sensibilité passive. Celle-ci sujette à l'influence délétère
de tous les objets qui l'excitent, se détruit elle-même
par la répétition de son propre exercice.

En distinguant les deux modes opposés d'influence
que l'habitude exerce sur l'homme tout entier, c'est-

à-dire en considérant successivement tous ses sens externes, toutes ses facultés réceptives et actives dans le rapport aux effets inverses que produit sur leurs opérations la répétition des mêmes actes, je me trouvai conduit par les phénomènes mêmes à tracer une ligne de démarcation assez exacte entre ce qu'il y a de passif et ce qu'il y a de vraiment actif ou de libre dans notre nature, entre ce qu'il dépend de nous de faire pour notre éducation intellectuelle et morale dans cette vie qui en prépare une autre, et ce que nous subissons malgré nous, ce qu'il n'est nullement en notre pouvoir de changer, ce qui passe, change incessamment et doit seul mourir tout entier comme il meurt à chaque instant. Considérant ainsi que la conscience, ou le sentiment identique que nous avons invariablement de notre existence particulière, ou de notre *moi*, devrait s'altérer plus que toutes les autres modifications sensibles, s'il n'avait pas un caractère essentiellement différent de celui des sensations transformées, j'en concluais déjà assez naturellement que le *moi*, la personne, avait son fondement, ou sa condition première, dans l'activité essentielle à l'âme humaine ; j'établissais que le *moi* n'était autre que le sentiment de la force agissante, actuellement en exercice pour imprimer au corps des mouvements quelconques de translation tendant à le déplacer, à le transporter dans l'espace, à mettre ses diverses parties à portée des objets ou causes de sensations, et servir enfin, dans plusieurs cas, d'instruments nécessaires à ces sensations mêmes. C'est ainsi que je trouvai dans cette première ébauche assez informe la base et le germe d'idées qui avaient besoin d'être élaborées et mieux éclairées dans mon esprit pour mériter l'attention plus sérieuse des philosophes.

La même Académie me fournit bientôt après l'occasion de développer le principe fondamental de mon ouvrage sur l'*habitude*, en me donnant un plus vaste champ à son application. La nouvelle question proposée au concours de l'an XIII (1805) était conçue en ces termes : « Comment peut-on décomposer la « faculté de penser et quelles sont les facultés élé- « mentaires qu'il faut y reconnaître ? »

Cette question a fait une sorte de scandale parmi certains hommes d'esprit, mauvais juges dans les matières philosophiques qui demandent autre chose que de l'esprit. Ces hommes, en possession de donner le ton dans le monde qu'ils habitent, crièrent contre l'Académie qui avait pu mettre en question, selon eux, la décomposition de l'âme, comme si elle était matérielle. Mais quand on discute sérieusement et de bonne foi, il faut prendre les mots, non dans le sens arbitraire qu'on se croit fondé à leur attribuer d'après telle opinion, mais dans l'acception déterminée où les ont pris les doctrines que l'on veut combattre. Il est bien vrai que dans le point de vue systématique où Descartes a employé le mot pensée pour exprimer l'attribut essentiel et l'essence même de l'âme, par opposition au corps qui a l'étendue pour essence, on ne pourrait chercher à décomposer cette pensée ou faculté de penser, ainsi abstraite et simple, sans se contredire dans les termes, sans être infidèle au principe qui a servi de point de départ, ou aux conventions de son propre langage. Mais l'opinion de Descartes, n'est pas plus un article de foi que le langage qui l'a consacrée.

On peut bien certainement comprendre sous le même mot *pensée* une multiplicité ou variété quelconque de modes, d'idées ou facultés élémentaires, et se proposer de décomposer la pensée ainsi entendue ou de la résoudre dans ses éléments, sans cesser de croire ou peut-être même en établissant plus fermement la certitude d'une parfaite simplicité de l'âme ou du sujet pensant, *moi*.

Le problème était posé dans le point de vue de la doctrine de Condillac qui réduit, comme on sait, l'âme humaine à une simple capacité réceptive de sensations ou d'impressions produites par des causes, ou objets quelconques, dont il suppose l'existence externe, en même temps qu'il pose la substantialité de l'être qui reçoit leur action. Descartes demande au moins le mouvement avec la matière pour former un monde physique pareil au nôtre. Il semble que dans la doctrine des sensations, la matière suffise et qu'il ne soit pas besoin de mouvement pour former le monde des idées dont se compose l'intelligence ou la pensée humaine. C'est un monde tout logique où ne se trouvent que des formes vides sans réalité. Analyser, décomposer la pensée en ce sens, c'est énumérer les diverses formes, les divers caractères que prend la sensation et que le terme générique *pensée* exprime d'après les conventions d'un langage exprès. L'on voit bien qu'il ne s'agit

que d'une décomposition ou analyse logique de la
même espèce que celle du mathématicien qui ajoute
ou soustrait, nombre ou dénombre des quantités homogènes ou des parties similaires d'une seule et
même étendue abstraite. En effet, dans le système de
Condillac, la sensation est tout aussi simple et indécomposable que la pensée dans le système de Descartes. Quoique, dans un sens différent, le tout artificiel
formé de plusieurs sensations de même nature puisse
se résoudre dans ses parties, il n'est jamais dissous
ou décomposé dans ses éléments primitifs et simples,
comme pourrait l'être un tout naturel qu'il s'agirait
de connaître dans ses véritables éléments constitutifs. Et l'on peut voir par là combien était importante et orthodoxe la question posée par l'Institut,
qui marchait alors sous les bannières de la philosophie de Condillac; combien était peu sérieuse
et de bonne foi l'accusation de matéralisme inten-
tée d'avance contre ceux qui chercheraient à la résoudre.

Quant à moi, j'entrai sérieusement dans le fond
de la question, en prenant les termes de l'énoncé,
non dans le sens métaphysique des Cartésiens, ni
dans le sens tout à fait logique de l'école de Condillac, mais dans une acception vraiment psychologique, fondée sur l'expérience intérieure ou le fait
même du sens intime ; fait primitif dont il s'agissait
à mon avis d'examiner ou d'étudier la nature, pour
savoir s'il y avait lieu à une analyse de la faculté de
penser, ou à quelle espèce d'analyse il était permis
de soumettre la pensée humaine.

Or, en se concentrant d'abord dans les limites de l'observation intérieure, ou des faits du sens intime, la pensée primitive n'est autre chose que la conscience de l'individualité personnelle exprimée par le mot *je*. Elle admet deux éléments distincts qui ne se laissent ramener à l'unité absolue qu'en tant qu'on sort du point de vue de l'expérience intérieure pour entrer dans le champ des abstractions ou des systèmes *a priori*, c'est-à-dire qu'on part de croyances nécessaires ou de notions intellectuelles toutes faites, comme des principes générateurs de la science humaine. Mais penser, c'est connaître; connaître, c'est voir par l'esprit, et voir est autre chose que croire. Nous croyons nécessairement l'être ou la cause que nous ne pouvons voir; mais il faut avoir l'idée ou la connaissance du visible pour concevoir l'invisible, et si l'invisible est avant le visible dans l'ordre absolu ou ontologique des existences nécessaires, il est certainement après, dans l'ordre naturel de nos connaissances relatives, ou dans celui du développement des facultés de connaître et de croire.

Considérant la pensée, la connaissance humaine dans son origine, pour l'embrasser ensuite dans l'ensemble de ses moyens et de ses objets, il s'agit donc de partir, non pas d'une notion toute faite, de la croyance de quelque chose d'inconnu, d'inaccessible à toute vue externe ou interne, dont on ne peut dire enfin ce qu'il est, ni comment ou à quel titre nous croyons qu'il est, mais d'une connaissance la plus simple, la plus certaine de toutes celles qu'il est donné à notre esprit d'acquérir, dans le développement complet de toutes les facultés ou moyens de connaître, il s'agit de partir d'une connaissance première sans laquelle nulle autre ne soit possible et avec laquelle toutes les autres le deviennent, c'est-à-dire d'un fait primitif renfermant, sous l'unité de conscience, un sujet pensant ou connaissant et un mode quelconque pensé ou connu.

En tâchant de saisir ainsi la pensée humaine dans ses premiers linéaments, et suivant ses progrès les plus élevés, j'y trouvais toujours matière à une véritable décomposition, ou à l'analyse de deux sortes d'éléments qui s'y combinent toujours, de la manière la plus intime, à partir de' l'idée de sensation réputée parfaitement simple, jusqu'aux idées les plus compliquées, les plus élaborées de l'intelligence et de l'activité humaine. Partant de ces principes et suivant le développement de leurs conséquences, j'arrivai à une solution psychologique du problème proposé qui dut paraître, sinon pleinement satisfaisante, du moins assez neuve pour mériter l'attention des penseurs et faire espérer quelques progrès de plus dans l'analyse de l'esprit humain. Ce furent sans doute ces considérations qui firent adjuger le prix à mon travail.

L'impression de ce Mémoire étant déjà avancée, des circonstances accidentelles qu'il serait trop long et inutile de rapporter, la firent suspendre. De nouvelles méditations m'avaient porté à reprendre sous œuvre tout ce grand travail. J'en étais occupé, lorsque l'Académie de Berlin proposa pour sujet du prix qu'elle devait distribuer en 1807, une question qui vint ébranler la chaîne entière de mes idées psychologiques.

Un programme publié par le Moniteur français du 5 octobre 1806, au nom de la classe de philosophie spéculative de l'Académie de Berlin, s'énonçait en ces termes : « L'Académie de Berlin a remarqué « que dans la recherche de l'origine et de la réalité « des connaissances humaines, on négligeait les faits « primitifs du sens intime sur lesquels repose la « science des principes et qui peuvent seuls servir « de base au travail de la raison; ou que du moins « on ne les avait pas observés, distingués, appro- « fondis avec soin et qu'autant on se montrait diffi- « cile sur les objets de l'expérience, autant on était « facile à admettre la certitude de certaines formes « de nos connaissances. En conséquence, l'Académie « a cru que plus de précision dans l'examen et l'é- « noncé des faits primitifs, contribuerait aux pro- « grès de la science. La classe de philosophie spécu- « lative propose donc à la discussion de l'Europe sa- « vante la questions uivante :

« Y a-t-il des aperceptions internes immédiates?

« En quoi l'aperception interne diffère-t-elle de « l'intuition?

« Quelle différence y a-t-il entre l'intuition, la « sensation et le sentiment?

« Quels sont les rapports de ces actes ou états de « l'âme avec les notions et les idées? »

Cette question semblait être un appel à l'auteur des deux Mémoires sur l'*habitude* et la *décomposition de la faculté de penser*, récemment couronnés par l'Institut de France. Je me sentis prêt pour y répondre plus qu'aucun autre ne pouvait l'être. J'aurais pu même me borner à adresser mon dernier Mémoire à l'Académie étrangère, et elle aurait cru qu'il était composé d'après son programme. J'employai en effet pour traiter la nouvelle question les mêmes principes, la même espèce d'analyse et le même fond d'idées que dans mes précédents Mémoires. Je sentis seulement le besoin de transformer mon langage et de modifier le plan de ma dernière composition. Ayant reçu fort tard le programme de Berlin, je n'avais pour ce travail qu'un petit nombre de jours qui me suffirent. Bientôt après j'eus le bonheur de recevoir avec un prix, une lettre (1) que je considérai comme ma récompense la plus douce, la plus honorable d'un travail entrepris sans autre intérêt que celui de la vérité et condamné par sa nature à mourir sans gloire, ignoré ou méconnu du monde qui la dispense.

1° Y a-t-il une aperception interne immédiate? — Oui, s'il y a un *moi* qui ait le sens intime de son existence individuelle, une, identique, restant toujours le même, quand toutes les modifications adventices varient sans cesse, quand tous les phénomènes internes et externes, sensations, représentations, images, passent et se succèdent dans un flux perpétuel.

Par l'aperception interne immédiate, le sujet *moi* se distingue non-seulement de l'objet senti ou pensé, c'est-à-dire de la cause des affections qu'il éprouve

---

(1) C'est la lettre de M. Ancillon, qu'on peut lire dans l'*Introduction générale* de l'éditeur, en tête du premier volume.

au dedans, ou des objets qui se représentent au dehors; mais de plus il se distingue lui, au fond de son existence personnelle, des idées et des sensations comme des représentations qui lui arrivent et passent incessamment. Tout le monde s'accorde à reconnaître en fait la conscience ou l'aperception interne, sous telle modification déterminée que le *moi* éprouve. Mais ce n'est pas là la solution du problème. En écartant toute impression accidentelle externe ou interne, en faisant *table rase* de sensations ou de représentations, y aurait-il encore une aperception immédiate interne du *moi*, immédiate ou simple, car elle ne peut être immédiate si elle n'est simple ou dégagée de toute composition? Je réponds encore : Oui. Posez une force agissante ou qui a l'action en puissance, qui commence le mouvement, en déployant son action motrice sur une organisation inerte, immobile, insensible et fermée à toute impression extérieure; posez de plus que cette force soit douée du sens de sa propre tendance : ce sens de l'effort immanent, qui est le fond même de la vie de relation constituera l'existence personnelle, à laquelle viennent s'ajouter et se combiner toutes les sensations venues du dehors ou de l'organisme, et qui ne se confond avec aucun mode passif ou adventice.

L'aperception interne est donc ce qui reste de toutes les sensations ou idées, opérations intellectuelles, quand on a ôté tout ce qui est passif, tout ce qui n'est pas inhérent au *moi*, ou ne naît pas de son activité constitutive. Il s'agit ici comme dans les deux questions précitées de l'*habitude* et de la *décomposi-*

tion de la pensée, de faire la part de ce qui est actif et de ce qui est passif dans l'homme, de ce qui est à nous, ou nous-mêmes, et de ce qui est extérieur, ou même le plus près de nous, en y étant uni de la manière la plus intime, sans pourtant être nous.

2° L'aperception est essentiellement subjective, quoiqu'elle prenne un caractère d'objectivité dès le premier pas de la connaissance, comme il sera dit. L'intuition est objective par sa nature; c'est la forme de toute extériorité. L'animal, ou l'homme dans l'état de passivité, a des intuitions : l'être pensant a seul des aperceptions internes.

3° L'intuition diffère de la sensation immédiate de plaisir ou de douleur ; aussi elle se projette dans l'espace hors de l'organe où tout est senti. La sensation se localise dans quelque organe ; le sentiment n'appartient qu'à l'âme qui ne se localise pas : l'une accompagne ou précède l'exercice de l'activité, l'autre suit cet exercice ou en est une dépendance.

4° L'aperception immédiate du *moi* est l'origine et la base unique de toutes les notions universelles et nécessaires d'*être*, de *substance* et de *cause;* elle entre seulement comme condition ou partie intégrante des idées, produits successifs et éventuels de l'expérience extérieure.

Tels sont les éléments psychologiques distingués dans mes premiers Mémoires, et que la question de l'Académie de Berlin me fournit seulement l'occasion de développer, pour la troisième fois, et de circonscrire avec une précision nouvelle dans le Mémoire qu'elle honora de ses suffrages.

Enfin, l'Académie royale des sciences de Copenhague proposa, en 1811, un sujet de prix qui rentrait
encore si complétement dans le sens de mes compositions précédentes, que malgré des occupations graves qui m'entraînaient au dehors, bien loin de toute
spéculation psychologique, je ne pus résister au désir
de répondre aux questions proposées par cette société savante. Le Mémoire que je composai à cette occasion n'était qu'un résumé de toutes mes méditations
et recherches antérieures sur les facultés de l'esprit
humain, sur les deux sortes de principes qui concourent à leur exercice et, par suite, à leur division en
facultés passives, organiques ou animales, et facultés
actives, intellectuelles ou humaines.

L'Académie demandait : 1° si les expériences ou considérations physiologiques ayant pour objet le corps
organisé vivant, pouvaient jeter quelque lumière sur
les opérations attribuées à l'âme humaine, ainsi que
sur le fait du sens intime qui fait la base de ces
opérations, et sert de *criterium* à ce qui appartient
proprement à l'âme, distinguée ou séparée de l'organisme.

Ainsi, l'Académie de Copenhague entrait tout à
fait dans l'intention précédemment énoncée par celle
de Berlin ; elle aussi voulait faire ressortir, sous un
nouveau point de vue, toute l'importance des faits
primitifs, pour avoir le fondement de toute théorie
rationnelle, tant sur les lois de la vitalité que sur
celles de la pensée, et sur les liens qui les unissent.
On voit par ce qui précède combien était directe l'application de mes recherches précédentes à ce nou-

veau point de vue de la science complète de l'homme.

L'Académie demandait : 2° si les recherches ou considérations psychologiques sur les faits de l'âme humaine, ou du sens intime, peuvent avoir une véritable utilité dans la science de l'homme physique, ou si cette utilité n'est pas bornée à l'observation des phénomènes et au traitement d'une espèce particulière de maladies, comme l'aliénation mentale et les différents désordres nerveux qui se lient à la perversion correspondante des facultés intellectuelles et morales.

C'était demander une théorie complète des rapports du physique et du moral de l'homme; sujet le plus curieux, mais en même temps le plus difficile et le plus vaste qui puisse occuper des penseurs. Pour être traité de la manière la moins imparfaite qu'il soit possible, avec des facultés aussi limitées que celles de l'homme du génie même le plus élevé, il est indispensable de réunir et de fondre, s'il est possible, dans un corps de science, mais en maintenant leur diversité, deux ordres de faits qui tendent toujours à se confondre et s'identifier au regard de l'observateur. L'observateur ne s'aperçoit pas en ce cas que c'est sa propre vue qui le trompe; que les faits qu'il considère tour à tour appartiennent réellement à deux natures essentiellement diverses; à deux genres que l'on ne saurait réduire à un sans faire disparaître le sujet même de l'observation, ou sans anéantir une partie essentielle de son existence par laquelle il est ce qu'il est : sujet pensant et non pas seulement organisé; sujet, être actif et libre, et non pas sentant passivement les impressions qu'il reçoit par ses organes; homme et non pas animal.

Quand l'esprit considère, en effet, dans un point de vue extérieur les conditions premières de toute vitalité organique, les instruments nécessaires de toute sensibilité et motilité appropriés à chaque espèce de sensations, enfin les fonctions de ces organes, ou les lois expérimentales d'après lesquelles se succèdent, se combinent, se propagent ou se transmettent les mouvements organiques constitutifs de ces fonctions, on se sent entraîné par une pente insensible à prendre les fonctions organiques pour les causes des phénomènes, ou pour les phénomènes eux-mêmes, bien qu'ils soient d'un ordre essentiellement différent de ceux que l'observateur peut se représenter par les sens externes ou l'imagination.

Réciproquement, quand l'esprit se considère ou s'observe lui-même par une sorte de vue intérieure, concentrée dans ses propres actes ou opérations actives, il s'abstrait et se sépare par là même de tout ce qui peut être représenté extérieurement; il se sépare par suite de toutes les conditions ou instruments organiques indispensables pour qu'il vive d'abord et peut-être pour qu'il agisse, ou commence le mouvement, pour qu'il réfléchisse comme il le fait présentement, et même pour qu'il doute, ainsi qu'il peut le faire, de l'existence réelle de ces organes, de ce corps vivant qui est une condition, ou une partie intégrante de son existence comme homme.

Dans les deux points de vue, l'homme total disparaît donc, et le sujet d'observation auquel on s'at-

tache n'est qu'une portion de l'homme. On serait
tenté de dire que ce n'est qu'une abstraction de l'humanité ou du fait total de l'existence humaine. Mais
on aurait tort de le dire, si l'on entendait par là que
la vie organique, sensitive ou animale, considérée
dans ses instruments ou ses conditions et ses lois objectives, ne peut exister ou n'existe pas réellement
dans le sujet que nous appelons homme extérieur,
abstraction faite de cette vie morale de la conscience
ou de la pensée qui constitue le *moi*, l'homme
intérieur. Les deux ordres de faits sont complets,
chacun dans son genre, sans que l'un paraisse rien
ajouter à l'autre. La physiologie et la psychologie
sont comme deux cercles qui se touchent au moins
par un point et peut-être par des points multiples,
suivant l'expression géométrique; les courbes se
pénètrent et rentrent l'une dans l'autre.

Quel est le point de vue où l'observateur pourra
saisir, dans une sorte d'unité, le phénomène ou les
phénomènes communs à deux existences, deux vies
réunies dans une seule vie composée, qui ne ressemble ni à l'une ni à l'autre des composantes? Quel est
le point de vue où ce même observateur parviendra à
déterminer le rapport de la cause active à l'effet passif;
à saisir le passage inappréciable pour la pensée réfléchie autant que pour tout sens spécial externe (quoiqu'il ne le soit peut-être pas pour un sens interne),
qui sépare encore la force virtuelle qui n'agit pas,
mais est prête à agir ou agit peut-être sans conscience,
de la même force en plein exercice et sachant qu'elle
agit ou commence l'action?..... Voilà le problème

de l'influence ou des rapports du physique et du moral, considéré en son fond et dans l'ordre le plus
élevé de l'équation qu'il faudrait résoudre pour déterminer ce rapport, non *a priori*, comme l'ont tenté
des métaphysiciens tels que Malebranche et Leibnitz, qui ne sont arrivés qu'à une solution négative,
non encore *a posteriori*, à l'aide d'une expérience
quelconque, prise séparément dans l'un ou l'autre
point de vue de l'humanité externe ou interne (car
ainsi le problème même disparaît, et, à la place du
rapport demandé, on ne trouve plus que l'unité, soit
matérielle qui anéantit ou *corporise* l'âme ou le *moi*
de l'homme, soit spirituelle qui anéantit ou idéalise
et phénoménise le corps organique vivant) mais par
l'expérience d'un fait *sui generis*, unique dans son
genre, qui embrasse les deux éléments de l'humanité dans un seul et même rapport indivisible, dont
les deux termes sont toujours distincts et ne peuvent
cependant être conçus séparés, sans que le fait primitif de l'existence ou le sujet même, constitué par
le rapport, se trouve détruit.

Ce point de vue, il faut en convenir, ne peut se
concilier avec la manière ordinaire d'entendre et de
définir le moral de l'homme, considéré dans ses rapports avec le physique. Le moral, selon nous, réside
tout entier dans la partie active et libre de l'homme.
Tout ce qui est passif en lui, tout ce qui tient immédiatement à l'organisme, tout ce qui s'y rapporte
comme à son siége local, ou vient de sa force aveugle, fatale, nécessaire, appartient au physique de
l'homme. Des affections immédiates de plaisir ou de

douleur; des attraits sympathiques ou des répu-
gnances inhérentes au tempérament primitif, ou
confondus avec lui et devenus irrésistibles par l'habitude, des images qui se produisent spontanément
dans l'organisme cérébral, et qui, tantôt persistent
opiniâtrément, tantôt se réveillent avec les paro-
xismes de telles maladies ou désordres nerveux,
les mouvements violents, brusques et précipités que
ces passions entraînent, soit que le *moi* de l'homme
étant absorbé n'y prenne aucune part, soit qu'il y
assiste comme témoin, les appétits, les penchants,
ces déterminations, ces idées qui suivent nécessairement la direction du physique : tout cela est hors
du domaine moral. Il ne faut pas même dire que ce
prétendu moral n'est que le physique retourné;
c'est tout simplement du pur physique ou physiologique; le moral est ailleurs.

Suivant ces principes, j'arrivai à résoudre les deux
questions proposées par l'Académie royale de Copenhague. Je résolus la première négativement, en
démontrant, dans mon sens, que les considérations
et les expériences physiologiques ayant pour objet
les phénomènes du corps vivant, étudiés dans les
fonctions, les mouvements ou changements divers
des organes qui le composent, ne peuvent jeter aucun jour sur les phénomènes de la pensée ou de la
conscience, sujets d'observations ou d'expériences
d'une nature toute différente. Je prouvai qu'elles sont
bien plutôt propres à les obscurcir, quand on prétend expliquer les faits intellectuels, à l'aide des
faits physiologiques. C'est ce qui peut être fait de

plusieurs manières ; soit que l'on prenne les fonctions ou mouvements des organes pour les causes des phénomènes intellectuels (Cabanis et les physiologistes) ; — soit qu'on emploie seulement les premiers comme des signes naturels ou des symboles propres à représenter les seconds (Ch. Bonnet) ; — soit enfin qu'on affecte de confondre les deux ordres de faits dans une même classe, en mettant la perception identifiée avec la sensibilité animale au rang des propriétés vitales ou organiques, en appliquant à la perceptibilité et la volonté humaine les titres trompeurs de sensibilité et contractilité animale (Bichat).

Ces prétendues explications étant illusoires et fausses, les expériences physiologiques étant réduites à leur valeur, il en résultera que le physique ne peut être dit agir sur le moral entendu dans son vrai sens, car les fonctions ou mouvements de l'organisme ne peuvent jamais être qu'effet de quelque force immatérielle et non pas cause des actes intellectuels et moraux qui n'ont avec eux aucune homogénéité de nature et ne sauraient être compris avec ces phénomènes sous un seul et même rapport de causalité.

Quant à la seconde question, ma solution était affirmative. J'affirmais que les recherches ou observations psychologiques des faits de sens intime pouvaient et devaient éclairer en plusieurs points essentiels la science de l'homme physique. Une bonne partie du Mémoire était employée à déterminer et distinguer les points où s'exerce cette influence ,

comme les conditions et les moyens de cet exercice.
L'expérience atteste en effet que les fonctions vitales
sont puissamment modifiées par des affections, des
sentiments ou des idées qui ne peuvent appartenir
qu'à l'âme de l'homme qui s'affecte elle-même sympathiquement, à la suite de certains changements arrivés dans les organes, quoique ceux-ci ne puissent
jamais être causes actives ou efficientes de ses propres modifications ni de ses actes. De plus, et avant
tout, la force propre de l'âme est la cause première,
libre, constamment active, d'une classe entière de
mouvements ou d'actes exécutés par certains organes qu'elle tient sous sa dépendance; et c'est ainsi
qu'elle peut changer seule et directement l'état du
corps, comme elle concourt à le changer indirectement et par sympathie dans les effets organiques des
passions. Le moral agit donc sur le physique jusqu'à
un certain point ; la volonté, la sensibilité de l'âme,
agissent et réagissent sur les fonctions vitales ou organiques, en tant que celles-ci sont modifiées par
l'âme cause, ce qui n'empêche pas que le corps n'ait
ses lois propres souvent contraires à celles de l'esprit.

III

PLAN DE L'OUVRAGE.

J'ai cru devoir présenter d'abord l'exposé som-
maire des principes et du fond d'idées communs aux
quatres Mémoires successivement honorés des suf-

frages de nos plus illustres sociétés savantes. Si ces suffrages, et avant eux le témoignage de ce sens intime que j'ai tant acquis l'habitude de consulter, ne m'induisent pas en erreur, je suis arrivé au terme sur ce sujet, après tant de modifications de cette existence dont j'ai noté tous les passages, après tant de points de vue et de faces diverses, sous lesquelles s'est représenté ou manifesté à lui-même cet homme *intérieur* qui ne peut être différent de tous les autres *moi*, en rappport de nature, de condition et de destinée avec lui. Je suis peut être autorisé plus que qui que ce soit à affirmer qu'il n'y a pas un système unique de la science complète de l'homme, mais plusieurs systèmes vrais à la fois, chacun dans son point de vue, et faux seulement en tant que chacun aspire à être exclusif, à embrasser un être multiforme à l'indéfini sous une seule face abstraite de cette nature humaine totale livrée à nos recherches.

C'est vainement en effet que chaque système de métaphysique prétend déduire d'un seul principe la science vraie d'un être mixte, organisé, vivant, sentant, pensant et libre, qui touche d'un côté à la nature animale avec laquelle il vient se confondre, en s'absorbant tout entier dans la sensation, pendant qu'il touche d'un autre côté à la nature divine d'où il émane, dont il est le reflet ou l'image, dont il reçoit l'influence ou l'esprit, précisément à mesure qu'il s'éloigne de cette sensation dont on a si bizarrement prétendu faire naître toutes ses facultés. A mesure, dis-je, qu'il s'éloigne des sensations ou du

monde phénoménique qu'elles composent, il peut
atteindre un monde supérieur de réalités invisibles,
qui ne se manifeste qu'à un sens sublime, à celui de
la religion ou de la foi et de l'amour. Il est temps de
développer ces différentes vues ou faces de notre humanité.

Je formerai trois divisions de la science de l'homme
telle que je la conçois. Cette notion de l'homme est
infiniment compliquée, puisqu'elle renferme tous les
modes passifs et actifs de notre existence, tous les
produits divers des forces vivantes qui la constituent.
Ces forces vivantes ou ces vies que l'expérience inté-
térieure apprend à distinguer et que le sens intime
ne permet pas de confondre sont trois et non pas
une seule, quoiqu'il n'y ait logiquement qu'un
homme et psychologiquement qu'un *moi* unique. Je
ferai en conséquence trois divisions de cet ouvrage.

La première comprendra les phénomènes de la
vie animale, que je ne distingue point de celle qu'on
a distinguée de nos jours sous le titre de vie organique. Je dirai pourquoi cette distinction futile en elle-
même est inutile à mon but.

La deuxième division renfermera les faits relatifs
à la *vie propre de l'homme,* sujet sentant et pensant,
soumis aux passions de la vie animale, et en même
temps libre d'agir par sa propre force, et en vertu
de cette force seule, personne morale, *moi,* qui se
connaît et connaît les autres choses, exerce diverses
opérations intellectuelles qui ont leur principe commun dans la conscience du *moi,* ou dans la force
active qui le constitue.

La troisième division, la plus importante de toutes, est celle que la philosophie a cru jusqu'à présent devoir abandonner aux spéculations du mysticisme, quoiqu'elle vienne aussi se résoudre en faits d'observation, puisés dans une nature élevée, il est vrai, au-dessus des sens, mais non point étrangère à l'*esprit* qui connaît Dieu et lui-même. Cette division comprendra donc les faits ou les modes et actes de cette *vie spirituelle* dont les caractères se trouvent si visiblement empreints, pour qui sait les voir, dans le premier, le plus beau, le plus divin, le seul divin des livres de philosophie, dans le code des chrétiens, dans toutes les paroles de Jésus-Christ telles qu'elles nous ont été conservées dans les Évangiles et dans les écrits qui nous les ont transmises avec l'esprit qui les inspira. Toutes les facultés relatives à la vie spirituelle, constituent l'esprit de l'homme en état de pure réceptivité d'une influence supérieure à lui, mais non étrangère à sa nature la plus élevée. Cette influence en se manifestant à sa vue intérieure, le manifeste en même temps à lui-même dans ce qu'il est au fond, et dans ses rapports avec un idéal de beauté, de perfection intellectuelle et morale, source de sentiments qu'il peut entrevoir momentanément comme le but de ses travaux, le terme de son éducation, dans ce monde passager et phénoménique, qui n'est que la simple figure de la réalité, de l'immutabilité de vie, de l'immortalité de bonheur réservées à l'homme vertueux qui aura rempli sa tâche, quand tout ce qu'il y a de mortel en lui se trouvera *absorbé par la vie.*

PREMIÈRE PARTIE.

VIE ANIMALE.

I

OBJET PROPRE DE LA PHYSIOLOGIE. — RAPPORTS DES FONCTIONS ORGANIQUES AVEC LA SENSATION ANIMALE.

La physiologie est la science qui a pour objet les propriétés des corps organisés vivants, ou les fonctions qu'ils exercent, en vertu d'un principe de vie, ou d'une force vivante, ayant ses lois particulières distinctes ou séparées de celles qui régissent la matière brute ou inorganique.

Cette science embrasse donc toute cette immense chaîne d'êtres vivants, dont le plus haut terme est l'homme considéré sous ce rapport très-partiel de son existence, et dont le plus bas va se perdre dans les derniers atomes de la matière organisée, sans qu'on puisse dire où la chaîne commence, pas plus qu'il n'est possible d'assigner humainement l'origine de quelque chose que ce soit. Partant du degré le plus bas où la vie commence sinon à être, du moins à paraître ou à se manifester, et suivant les termes indéfinis de la progression ascendante, depuis le premier atome organique jusqu'à la combinaison vivante la plus élevée, le physiologiste ne change pas de sujet ou de point de vue. Les phénomènes de cette nature organisée qui s'offre à son observation, ou à ses expériences, sont tous du même ordre : partout ce sont des machines dont les éléments sont plus ou moins simples et uniformes, ou variés et nombreux, dont les fonctions, par suite, sont plus ou moins compliquées, les rapports avec les autres êtres du monde physique plus ou moins étendus, mais dont les principes d'action, la force motrice interne ou spontanée se manifeste partout de la même manière, ou par les mêmes signes. Uniforme ou identique peut-être quant à son essence, elle ne varie que dans son intensité, ses modes ou ses caractères, qui sont proportionnés au nombre et à la qualité des ressorts qu'elle met en jeu. Les fonctions et les mouvements des êtres organiques, en qui peut se manifester de quelque manière cette force intérieure, ce principe de vie, en vertu duquel ils naissent, se nourrissent, croissent, se propagent, en exerçant une action propre sur les corps qui les entourent et qu'ils transforment en se les assimilant ; de plus, les résultats immédiats ou les produits homogènes de cette sorte d'action vitale, en tant qu'ils se manifestent simultanément ou à la suite de fonctions ou de mouvements organiques, termes directs de l'observation ou de l'expérience extérieure : tel est le véritable domaine de la physiologie. Il s'étend jusque-là, je le répète ;

jusqu'aux résultats immédiats des fonctions vitales
susceptibles de se représenter avec ou par les mouvements organiques qui les constituent. Mais cette
science, en tant que fondée sur l'observation et l'expérience extérieure, s'arrête à ces limites et ne va
pas plus loin.

S'il y a, hors de la portée de tout sens externe et
de tous nos moyens de représentation, des faits de
conscience exclusivement accessibles au sens intime
et à la réflexion propre du sujet, qui en est à la fois
l'auteur et le témoin ; s'il y a des actes intellectuels,
moraux ou libres, qui non-seulement diffèrent par
leurs instruments, moyens ou signes extérieurs, de
tous les résultats des fonctions organiques, mais encore leur sont tout à fait opposés et en eux-mêmes,
et dans le point de vue sous lequel il est permis de
les concevoir, et dans la cause ou force consciente
de ses actes qui les fait commencer, à part et contre
toutes les lois de la vie organique ; si ces faits sont
réels, comme on ne peut en douter, la physiologie ne
pourra évidemment s'étendre jusqu'à cette sphère
supérieure ; et, si elle prétend y pénétrer ou l'attirer à elle, ce ne sera qu'en la falsifiant jusque dans
ses éléments primitifs.

Cette ligne de démarcation, qui s'éclaircira mieux,
j'espère, par la suite, étant ainsi établie d'une manière générale et provisoire, je dis que si les fonctions vitales, physiologiquement considérées dans le
corps organisé d'un animal d'espèce quelconque, ont
pour résultat immédiat, ou pour produit indivisible
de ces fonctions mêmes, des effets internes appelés

sensations animales, modes généraux du plaisir ou
de la douleur qui constituent l'existence de l'animal,
lequel pour exister ou sentir ainsi, à son titre propre
d'animal, n'a pas besoin de savoir qu'il existe ou d'a-
percevoir qu'il sent, c'est-à-dire d'avoir la conscience,
l'idée de sa sensation, d'être une personne, un *moi*
constitué, un, simple, identique, restant le même
quand la sensation passe et varie ; si la sensation animale, et tous les modes de vie qui s'y réfèrent, peut
être ainsi considérée (à part la consience du *moi*)
comme un produit immédiat et indivisible des fonctions vitales exécutées dans certains organes, dont
les sensations mêmes représentent ou expriment chacune à leur manière l'état et les changements successifs : jusque-là, dis-je, les sensations animales
rentrent dans le domaine propre de la physiologie.
Un pas de plus, et là où commence le *moi*, ou la vie
propre de la force interne active et libre qui le constitue, là finit la science des phénomènes de la vie
organique sensitive ou animale.

Pour mieux circonscrire l'objet de la physiologie
dans ses limites, comme dans son étendue légitime,
nous tâcherons de prouver par quelques exemples de
faits tout physiques, les rapports d'immédiation et
non d'identité que nous croyons pouvoir établir entre les fonctions et leurs produits homogènes d'une
part, et les sensations dites animales, qu'on pourrait
aussi appeler vitales, d'autre part.

En premier lieu, on ne saurait douter qu'avant
toute impression excitative faite par des objets externes sur les organes appropriés, la force vitale sensi-

tive n'ait dû commencer par exercer quelque action
sur ces organes en y portant la première étincelle de
vie. En vertu de cette sorte d'action, d'une tout autre nature que celle du *moi* dans l'homme, chaque
organe qui commence à vivre et à fonctionner à sa
manière, peut être dit sentir, ou plutôt c'est l'animal, la force vivante, le principe d'individuation du
composé vivant qui sent immédiatement par le moyen
de ses organes toutes les impressions vitales, et représente ou exprime par ces premières sensations,
quelque obscures qu'elles puissent être, chaque mouvement, chaque changement opéré dans le corps ou
dans le principe qui le fait vivre. Loin que ces premiers mouvements organiques vitaux, et par là même
sensitifs, puissent être considérés comme les produits
de quelque force extérieure à l'organisation, comme
sont les agents des sensations externes, tout au contraire, les propriétés de ces agents physiques, ou l'espèce de pouvoir secondaire qu'ils ont d'exciter des
impressions dans les organes, se proportionnent nécessairement au ton propre de la vitalité de ces organes, ou à la manière dont ils étaient affectés ou
affectaient la sensibilité animale, avant l'action exercée par ces agents extérieurs.

Ici s'applique, encore avec plus de force, ce que nous
avons dit des lois et de l'indépendance du principe
simple de vie dans tous les êtres qui en sont doués.
L'influence des agents externes peut bien modifier
puissamment la vie ou la sensibilité dans les organes;
ils ne sauraient créer la force vivante où elle n'est pas,
où elle n'a pas déjà agi ou senti. Les idées mécaniques

trompent sans cesse, et tout particulièrement sur ces
origines si obscures qui se prêtent si aisément aux
hypothèses ; et qui peut calculer les résultats de ces
erreurs dans la manière d'envisager les principes?

Mais en second lieu, quel rapport peut-il exister
entre une sensation animale, même la plus obscure,
la plus dénuée de conscience qu'on puisse supposer
et ces mouvements causés d'une manière quelconque
dans les organes matériels? Considérer ce phénomène tout interne de la sensation comme le produit
immédiat d'une fonction organique ou d'un mouvement produit dans des organes soit par impulsion,
soit par une excitation quelconque, n'est-ce pas faire
encore de la mécanique sous une autre forme? Il
existe certainement un rapport quelconque de simultanéité ou de succession entre la sensation animale
et les mouvements ou changements produits dans les
parties de l'organisation vivante par des *stimuli*
quelconques internes ou externes. Ce rapport de coexistence ou de succession en temps est un fait, résultat de toutes les expériences physiologiques, fait
qu'on ne peut récuser sans tomber dans le scepticisme ou l'idéalisme. On ne saurait nier non plus, sans
étendre le scepticisme jusque sur la réalité de l'existence des causes ou forces productives des phénomènes, que les fonctions organiques, ou les divers
produits vitaux, ne soient des effets d'une force ou
d'un principe de vie qui s'exerce sur ou dans l'intérieur des organes, et se manifeste par les mouvements
ou les changements qu'il produit dans ces organes,
sans le concours ou avec le concours d'autres forces.

A chacun de ces changements correspond dans l'intérieur de l'animal une sensation qui le représente ; c'est une loi de la nature, constitutive de l'animalité même. On ne peut aller plus loin que le fait même du rapport de correspondance entre deux effets coexistants d'une même cause. Par exemple, la force vivante qui produit par les mouvements organiques de sécrétion, d'absorption, telles modifications de la matière, différentes humeurs, fluides ou liquides, comme le chyle, le sang, la bile, etc., produit en même temps une certaine manière d'être, de sentir pour l'animal. L'indivisibilité ou la coexistence nécessaire de ces deux effets de la même force, est le fait principal qu'il nous importe d'établir, pour connaître les fondements ou les vrais attributs de l'existence animale, de la vie organique et sensitive; par suite pour faire la part nette de la science des phénomènes de cette vie, et l'empêcher de s'immiscer dans les produits d'un autre ordre, qui sortent des limites de son domaine, et qu'il est très-dangereux de vouloir y faire rentrer.

En troisième lieu, on peut demander, si la sensation animale, considérée ainsi que nous prétendons qu'elle doit l'être, comme un produit immédiat indivisible de toute fonction vitale exercée par des organes quelconques, n'est pas au contraire circonscrite dans des organes, ou des instruments particuliers, savoir, dans les nerfs, ou les diverses parties du système cérébral, ayant un centre unique où toutes les impressions doivent se transmettre directement à l'aide des nerfs continus pour être sentie par l'animal. D'où suivrait l'insensibilité absolue des parties qui ne reçoivent pas dans leur texture quelqu'un de ces nerfs cérébraux ; et comme ces parties vivent ou fonctionnent chacune à leur manière, indépendamment de cette communication directe avec le cerveau, il s'en suivrait qu'il n'y aurait aucune identité, aucune liaison intime et nécessaire entre les fonctions vitales et la sensation, ou entre le principe de la vie simple organique, et celui de la sensibilité affective.

Reconnaissons ici la pauvreté de la langue et la difficulté de préciser nettement les idées quand on n'a qu'un mot pour exprimer des choses vraiment différentes ou hétérogènes par leur nature, comme aussi quand on a l'habitude de donner des noms différents à une seule et même chose, qui s'offre seulement sous diverses formes ou apparences.

Appliquons d'abord une observation très-judicieusement faite par un de nos savants physiologistes contemporains. « On n'a fait, dit-il, la physiologie « du système nerveux qu'avec les données de l'ana- « tomie humaine ; et l'on a pris pour des lois im- « muables d'organisation (animale, vivante et sen- « tante) les modifications accessoires qui ont lieu « chez l'*homme* : celui qui aurait fait la physiologie « du système nerveux avec les données relatives « à une classe inférieure d'animaux, aurait établi « comme fondamentales les propositions inverses de « toutes celles qu'on a établies jusqu'ici, et avec au- « tant de raison, dans la physiologie humaine (1). »

---

(1) Bérard. — *Doctrine des rapports du physique et du moral,* article cxv.

Il me paraît en effet que la physiologie du cerveau, ou du système nerveux cérébral, a été faite principalement dans l'hypothèse qu'il devait y avoir un rendez-vous commun des impressions diverses exercées et senties simultanément, ou un centre d'unité organique correspondant à l'unité de conscience sous laquelle les sensations, idées ou modes de l'âme se réunissent plusieurs à la fois, et par un seul acte d'aperception. Ainsi on a toujours vu dans la manière de sentir ou de percevoir du *moi*, de l'homme, le type unique de la sensation de l'animal.

On a étendu à celle-ci les mêmes explications physiologiques qu'on croyait devoir adopter pour interpréter la première, ou la traduire en symboles physiologiques ; comme si un fait primitif de sens intime avait besoin d'être expliqué, et pouvait se représenter, ou se transformer en images, sans changer de nature ou sans perdre son caractère de fait intérieur. Certainement le cerveau et les nerfs jouent un rôle essentiel dans les phénomènes de la sensibilité et de la motilité humaines ; et nous verrons plus précisément ailleurs en quoi il consiste. Sans doute aussi, ces ressorts principaux de l'organisation humaine exercent une influence particulière sur les sensations animales. Sans adopter, à beaucoup près, toutes les conclusions tirées des expériences physiologiques sur l'effet des ligatures, des sections ou des extractions d'une certaine partie du système nerveux, mais prenant pour vrais les faits constatés par ces expériences, nous reconnaissons que l'animal ne sent ou ne donne des signes d'une affection de dou-

leur ou de plaisir, qu'autant qu'il y a continuité nerveuse, et libre communication du cerveau, ou de la
moëlle, avec la partie qui reçoit l'impression. Mais,
comme il n'est pas permis de douter non plus que
différentes espèces d'animaux acéphales et inverté-
brés : les mollusques, les polypes, etc., ne jouissent
de la vie sensitive et n'éprouvent à quelque degré
des sensations de douleur ou de plaisir, quoiqu'ils
n'aient ni système nerveux, ni cerveau, ni centre
unique de vie et de sensation, il faut bien reconnaître que la sensation animale n'est pas essentiellement subordonnée à l'existence de ces instruments
organiques. Et, comme je crois qu'on peut prouver
d'autre part, par assez d'expériences que ces instruments organiques sont des conditions indispensables
de la sensation avec conscience, dans l'homme, il
faudra bien en conclure que celle-ci diffère de la
sensation animale; et, réciproquement, que le simple
exercice des fonctions de la vie dans les animaux inférieurs comme les acéphales, etc., emporte avec lui
quelque mode de sensation sans conscience : c'est
ce qu'il nous importe quant à présent de faire pressentir.

Nous observerons d'ailleurs qu'il existe deux
modes d'influence cérébrale ou nerveuse tout à fait
distincts, et qu'il n'est pas permis de confondre.
Dans le premier, qui est tout physiologique, le cerveau et les nerfs distribuent à toutes les parties avec
lesquelles ils sont en rapport, le principe, l'agent,
ou l'excitatif quelconque de leurs fonctions, et, par
suite, les impressions vitales immédiatement affec-

tives qui les accompagnent. C'est ici que la vie et la
sensibilité animale paraissent le plus intimement
unies, identifiées l'une à l'autre et dépendantes d'une
seule et même influence, ou action, qui est à la fois
vitale et sensitive. Car dans les animaux qui ont un
cerveau et des nerfs, ceux-ci ne servent pas moins
aux fonctions de la vie qu'à la production des modes
de la sensibilité. Ainsi, par exemple, une compression du cerveau, une lésion quelconque faite dans
cet organe, ou dans quelque partie du système nerveux qui y aboutit, altère à la fois les fonctions de
la vie simple dans les organes intérieurs et les sensations animales qui partagent cette altération et les
représentent en quelque sorte. Les livres de physiologie sont pleins d'exemples propres à constater ce
premier mode d'influence cérébrale ou nerveuse sur
lequel nous n'avons pas besoin de nous appe-
santir (1).

Quant au second mode d'influence, qu'exercent
plus directement le cerveau et les nerfs sur les sensations de l'homme, sur ses idées, ses images, ou
même sur certaines opérations d'une vie active et de
conscience, supérieure à l'animalité, ce n'est pas encore le temps ni le lieu de le spécifier. Il nous importe seulement de faire remarquer, dans notre but

---

(1) Voyez Cabanis, et particulièrement le dernier ouvrage de M.
Bérard intitulé : *Doctrine du rapport du physique et du moral.*
L'exemple de cet auteur est très-remarquable en ce que, n'ayant
pas reconnu de sensations animales sans conscience, il a été conduit à attribuer la pensée et des facultés au dernier des animaux,
à tout ce qui vit et sent, ce qui est l'extrême opposé de Descartes,
et que je préférerais s'il fallait choisir.

actuel, que les rapports qui peuvent exister entre les fonctions cérébrales, ou des mouvements organiques quelconques, et les faits de conscience, d'activité, de pensée humaine, étant d'un ordre tout différent des rapports qui unissent si étroitement les sensations et les déterminations animales aux mêmes fonctions des organes vitaux, cette première espèce de rapport ne saurait rentrer comme la seconde dans le point de vue physiologique ni être soumise aux mêmes moyens d'observation ou d'analyse expérimentale. Ici surtout, dans le passage des mouvements représentés ou imaginés dans un lieu organique, à des faits purement intérieurs, qui ne peuvent en aucune manière se représenter ou se localiser, l'esprit, toutes les fois qu'il entend bien la question (ce qui n'est pas commun), se trouve arrêté comme par un *hiatus*, ou plutôt par l'abîme qui sépare deux mondes, l'intérieur et l'extérieur. Cet abîme, la raison humaine ne le franchira jamais, tout armée qu'elle soit de formes ou de procédés logiques, et en possession de toutes les lumières présentes et à venir des sciences naturelles.

Si l'esprit de l'homme a des facultés de natures diverses, appropriées à l'un ou à l'autre monde, sans doute il pourra les visiter tour à tour et passer de l'un à l'autre. Mais il ne pourra dire comment il passe, ni quel est le point d'union. Si nous ne savons pas même quel est le lien entre deux propriétés d'une même substance, ou deux espèces de sensations différentes sous lesquelles nous nous la représentons, comment connaîtrions-nous le lien de deux substances de natures essentiellement diverses? Certainement on ne verra jamais le dedans avec des yeux faits pour le dehors et *vice versâ.* Pour apercevoir le lien ineffable qui unit le dedans au dehors, il faudrait pouvoir les embrasser à la fois, dans un point de vue commun et unique ; c'est-à-dire les saisir par un sens moyen, qui fût en rapport avec les deux au même instant du temps, au lieu de l'être tour à tour avec chacun d'eux. Ce sens moyen existe-t-il ? C'est ce qu'aucune analyse ni philosophique, ni physiologique, ne nous a encore appris, comme nous le verrons plus tard. Le physiologiste détermine par voie d'observation les rapports existant entre quelque compression ou lésion cérébrale, qu'il produit même artificiellement, et telle altération ou anomalie correspondante dans les fonctions vitales. Il reconnaît immédiatement cette altération, soit à des phénomènes organiques de même espèce, à des changements notables dans les habitudes du corps, soit à des phénomènes sensitifs, indivisibles de ceux de la vie, à des sensations animales plus obscures ou plus vives, à des appétits ou penchants instinctifs, des affections d'abattement, de langueur, etc., dont tous les signes se saisissent en dehors par une sympathie naturelle. L'ensemble de ces rapports se détermine physiologiquement, sans sortir du même point de vue ou de l'espèce d'expérience et d'observation appropriée à constater les phénomènes de l'organisation vivante. Mais s'agit-il de plus de déterminer les rapports que peuvent avoir les mêmes lésions du système cérébral avec

ces altérations de facultés mentales, qui peuvent se
manifester par des signes spéciaux d'une tout autre
nature que ceux dont nous venons de parler ? Veut-
on rendre compte, par exemple, de l'influence
qu'exerce tel état organique, soit du cerveau en
masse, soit de quelqu'une de ses parties, non-seulement sur le caractère général ou la direction des
idées de l'esprit, mais de plus sur l'exercice de chaque faculté intellectuelle ou morale isolément considérée ? Certainement, tous les moyens directs d'observation, d'expérience et d'analyse, échappent
alors à la fois au physiologiste, pour déterminer le
rapport qu'il prétend assigner. A la vérité il connaît,
ou peut connaître, l'un des termes, savoir le fait organique, pourvu qu'il l'ait suffisamment constaté
par l'espèce d'expérience qui lui est propre. Mais
quelle prise peut-il avoir sur le second terme, savoir sur tel fait intérieur qui ne se manifeste qu'à la
conscience ? Comment sait-il qu'il y a dans l'homme
une faculté appelée mémoire, distincte de l'imagination ; une autre appelée attention, distincte de la
perception ; d'autres appelées comparaison, méditation, réflexion, distinctes du jugement, du sens
intime et de l'activité libre d'un esprit qui se connaît ? De deux choses l'une :

1° Ou il se forme une idée précise et adéquate de
chacune de ces facultés, et de la liaison ou subordination qui existe entre elles ; et son système de connaissance à cet égard pourra être complet, sans qu'il
ait la moindre idée des formes ni même de l'existence
d'aucune des parties de cette organisation par la-

quelle il prétend expliquer tant de choses disparates.
Alors qu'il possèderait toutes les données des deux
sciences physiologique et psychologique, il renoncerait sûrement à des explications qui ne peuvent avoir
de base ni dans l'un ni dans l'autre des deux ordres
de faits qui leur appartiennent respectivement.

2° Ou bien, étranger à toute étude de l'homme
intérieur, et n'ayant jamais tourné sa vue en dedans,
sur cet ordre d'idées et de faits qui n'ont leur valeur
propre que dans le sens intime, il emploie les termes psychologiques tels qu'il les trouve dans la langue vulgaire, peut-être tels que les emploie en les
dénaturant tel système opposé à toute psychologie
d'observation (1). Dès lors, le prétendu rapport assigné entre tels états organiques du système cérébral,
la protubérance ou la dépression de telle partie du
cerveau, et le développement ou l'oblitération de telle
faculté intellectuelle ou morale, se réduira à une hypothèse absolument vide, qui n'offrira que des signes morts, arbitraires et conventionnels, à la place
des faits d'une nature vivante et pensante. Il pourra
arriver, par exemple, que le physiologiste, abusant
des mots qu'il n'entend pas et qui ne peuvent avoir
de sens que dans un point de vue opposé au sien,
prétende assigner un rapport d'action ou de coexistence entre telle faculté nominale de l'esprit ou du
cœur, et tel état organique qui est précisément exclusif de cette faculté, et inconciliable avec toute
vraie faculté intellectuelle et morale. Alors, par

---

(1) La doctrine de Gall, par exemple.

exemple, que tout ce qui constitue le moral ayant
disparu, il ne reste plus rien de l'homme, mais seulement une sensibilité sans frein, une imagination
sans règle, on dira pourtant du maniaque, livré à
une sensibilité animale désordonnée, à une imagination délirante, qu'il exerce éminemment les facultés
de jugement, de méditation, de réflexion (1).

En résumé, disons que si l'existence du cerveau
et des nerfs dans l'organisation humaine, ou un certain état de ces organes et de leurs fonctions, est
vraiment nécessaire et indispensable à l'exercice actif
de la pensée et de certaines facultés déterminées de
l'esprit (assertion qui demande à être restreinte aux
facultés des deux vies animale et active, exception
faite des modes d'une troisième vie, comme nous pourrons le voir par la suite), ces rapports de coexistence entre les faits de deux natures, exclut toute parité, toute
analogie, toute relation immédiate et nécessaire de la
cause à l'effet, ou de la force agissante à son produit.
On ne peut supposer, par exemple, que la force vitale et sensitive de l'organisation animale, aveugle
elle-même ou nécessitée quant aux lois générales qui
dérivent de son essence, ou de sa coordination primitive aux autres forces de l'univers, produise à
l'aide de ses instruments organiques ces actes intellectuels et libres que la conscience éclaire, que la
volonté de l'homme détermine. Le rapport dont il
s'agit, doit donc se réduire à celui qu'une double
observation peut constater entre les faits des deux

---

(1) Voyez Pinel, *Traité médico-philosophiq e sur l'aliénation
mentale.*

natures, savoir : entre un phénomène physiologique
donné comme condition (tel que l'existence, le lieu,
la forme, la connexion, l'état de telle partie du système organique, les mouvements vitaux spontanés
ou provoqués, la manière dont ils fonctionnent dans
l'animal vivant, etc.), et tel autre fait psychologique
constaté aussi à sa manière par le sens interne,
comme conditionnel ou lié au premier fait, de telle
manière que si celui-ci n'existait pas, l'autre ne
pourrait avoir lieu ou se manifester. Le philosophe
pourra interroger utilement le physiologiste sur la
vérité et la réalité des conditions organiques qui
peuvent s'attacher à l'existence, à la reproduction ou
à la manifestation de l'espèce de phénomène intérieur
dont ils s'occupent ; jamais il ne l'interrogera sur
les causes ou forces productives ; car le physiologiste
ne les connaît pas et ne peut les connaître. Si l'observateur du dedans ne connaît pas davantage les
causes absolues des faits, la force productive en soi.
il a du moins l'avantage de savoir où il faut s'adresser pour trouver la force qui doit servir de type
exemplaire à la notion universelle et nécessaire de
causalité. Cette notion-mère de toute vraie philosophie, tourne pour ainsi dire autour de deux pôles
fixes, dont l'un, premier dans l'ordre analytique des
faits, est le *moi* ; l'autre, premier aussi dans l'ordre
synthétique, est Dieu. C'est en allant de l'un à l'autre qu'on trouve la vraie, l'unique relation de causalité, sans laquelle il n'y a rien. Vainement on la
demanderait aux phénomènes du dehors ; ils n'en-
gendrent que des ombres sans consistance, sans réa-

lité, sans vie. Or, une cause ou force productive,
étant posée avec les effets qui manifestent son existence (je ne dis pas son essence ou son être absolu),
on peut chercher la condition ou le moyen qui sert,
ou qui concourt à la manifestation de la force. Mais,
étant donnée la condition instrumentale ou organique, on ne saurait ni en dériver l'effet ni s'en servir
pour remonter à la cause. La mort ne produit point
la vie, et l'organisation matérielle, condition actuelle,
peut-être nécessaire, de certaines formes de la pensée humaine, ne produira jamais la pensée. Ainsi
sont posées les limites que la physiologie ne saurait
franchir, sous peine d'écarts, d'illusions de toute espèce.

II

DOCTRINES DE DESCARTES ET DE STAHL OU SYS-
TÈMES SUR LES FONCTIONS VITALES ET SENSITIVES.
— DISTINCTION DE LA PHYSIOLOGIE ET DE LA
PSYCHOLOGIE.

Dans le système de Descartes et le point de vue
de la philosophie dont ce grand homme fut le chef,
il n'existait point de science physiologique, distincte
de la physique générale ou de la mécanique. D'après
la manière de philosopher d'alors, il ne pouvait
exister en effet que deux ordres de substances ou
deux grandes classes d'êtres, savoir: les substances
spirituelles, esprits ou âmes intelligentes, ayant la

pensée pour attribut essentiel et propre, et les substances matérielles, les corps, ayant de leur côté
pour attribut essentiel l'étendue divisible, séparable,
mobile. Chaque ordre de substances avait ses lois
constantes, générales et communes à tous les êtres
du même ordre. Les lois de l'esprit vivant régissaient
également toutes les âmes, séparées ou réunies à des
corps, quelle que fût la forme, l'état variable de leur
organisation. Les lois des corps ou de leurs mouvements reçus et communiqués par impulsion, étaient
aussi universelles et constantes, pour tous les êtres
ou objets du monde matériel, sans exception, quelles
que fussent les variétés de figure, de volume, de den-
sité, de divisibilité actuelle ou possible. Point de
lois moyennes, pas plus que d'êtres moyens, entre
les âmes pensantes, les esprits vivants, intelligents
et libres, et les corps bruts, étendus et inertes. Les
corps organisés, qui vivent, se nourrissent, croissent, se développent par une force propre, ceux
mêmes qui nous offrent toutes les apparences de la
spontanéité dans leurs mouvements, de la sensibilité
au plaisir et à la douleur, sont des corps comme
tous les autres, régis par les lois générales de la matière. Ce sont de pures machines enfin, plus ou
moins artistement arrangées par le Créateur de toutes choses, dont elles représentent et expriment
l'intelligence infinie ; mais il est impossible qu'elles
sentent, c'est-à-dire qu'elles aient quelque conscience
de plaisir ou de douleur, ou de leur existence ainsi
modifiée, car cette conscience est une pensée, attribut d'une âme immortelle et libre. Il répugne que

des êtres matériels, comme la plante et le zoophyte,
quoiqu'ils vivent, soient douées d'une âme pensante.
Or les animaux les plus parfaits dans leur organisation matérielle ne sont pas d'une autre nature. Leur
vie et leurs mouvements les plus composés, le plus
parfaitement coordonnés entre eux et avec le but
où ils tendent, ne sont pas moins nécessairement
régis par des lois générales, mécaniques ou physiques, et ne doivent ou ne peuvent s'expliquer que
par elles.

Ce système est tranchant; il aura toujours contre
lui le sens commun et la conscience du genre humain. Mais du moins il est parfaitement conséquent
aux principes qui lui servent de bases, et il s'en déduit de la manière la plus logique. C'est cet avantage,
qui me semble manquer sous beaucoup de rapports
à d'autres doctrines en opposition avec celle de Descartes. Ce qui importe par dessus tout en philosophie
(et même pour qu'il y ait une philosophie), c'est de
sauver la distinction des principes qui servent respectivement de bases à deux mondes ou sommes de
substances ou, si l'on aime mieux, d'idées, de faits à
jamais irréductibles à un seul. A cet égard le système
de Descartes reconnaissait du moins la dualité des
principes, et par là éloignait la ruine de toute philosophie. Mais, approprié à l'homme spécialement,
confondant les divers principes de vie ou les forces
vivantes, avec les forces mécaniques de la matière
morte, le Cartésianisme arrêtait, à la source même,
le développement et les progrès de la maîtresse
branche des sciences naturelles, et pouvait même

les entraîner toutes ensemble dans une fausse direction.

Mais, supposé qu'on fût réduit à opter entre deux systèmes absolus, qui s'accorderaient à diviser tous les êtres de la nature en spirituels ou pensants, et matériels ou non pensants, avec cette différence que l'un comprendrait dans la seconde classe, tous les êtres organisés vivants, considérés comme machines, tandis que l'autre les ferait passer dans la première, en mettant une âme, une pensée partout où est l'organisation et la vie ; lequel des deux systèmes conviendrait le mieux au philosophe ? celui qui élève le dernier. être vivant et sentant jusqu'à la pensée, en ôtant à l'homme son caractère de prééminence, ou celui qui fait descendre l'animal le mieux organisé au rang de machine insensible, en conservant l'excellence et la dignité de la nature humaine ?

Heureusement nous ne sommes plus réduits à opter : il y a un milieu entre les deux extrêmes, et c'est là qu'est la vérité. Il fallait, ce semble, en effet, être aveuglé par l'esprit de système, pour n'avoir pu reconnaître que les êtres organisés vivants différaient essentiellement des corps bruts, par la nature et le genre, en ce qu'ils avaient en eux-mêmes le principe de leurs mouvements, ou changements d'état, c'est-à-dire une force propre (*vis insita*) qui non-seulement différait des forces mécaniques appliquées à la nature morte, mais, de plus, leur était souvent opposée et leur donnait des lois au lieu d'en recevoir.

Stahl saisit de l'œil du génie ces caractères d'activité, ces premiers titres distinctifs qu'offre partout la nature organisée vivante à ceux qui ont des yeux pour la voir. L'observation de cette nature lui apprend que les êtres organisés qui vivent et sentent, sont une classe tout à fait à part de celle des corps bruts ou inorganiques. Mais ces êtres peuvent-ils se ranger dans la classe de ceux qui sont doués d'une force intelligente et libre? Que ce soit une âme pensante qui fasse en eux ce qui ne s'y fait point évidemment par les seules lois de la matière brute : voilà certainement une hypothèse qui ne résulte ni des faits d'aucune nature, ni des inductions légitimes qu'on peut en tirer. Cependant le point de vue sous lequel Stahl venait de considérer les phénomènes de la nature vivante, était une innovation bien importante faite dans les principes mêmes de la philosophie cartésienne encore dominante, et dont le Stahlisme naissant renversait toute l'influence.

En supposant, en effet, que toutes les fonctions de la vie ressortent de l'activité de l'âme, Stahl ne faisait qu'appliquer différemment le principe de la division des substances, en spirituelles et matérielles, pensantes et non pensantes; ce qui entraînait la conséquence forcée que tout ce qui ne pouvait appartenir au corps comme tel devait nécessairement être attribué à l'âme pensante, l'idée de tout intermédiaire substantiel étant écartée. Mais, d'un autre côté, il fallait changer entièrement la notion que Descartes avait attachée au mot âme. Car, en exprimant par ce mot le sujet dont toute l'essence consiste à penser, c'est-à-dire à apercevoir tout ce qui est en lui, ou est lui-même, il répugnait d'attribuer à l'âme, ainsi conçue,

tout ce qui est ou se fait dans le corps organisé vivant, sans que l'âme le sente ou le sache, c'est-à-dire
sans la pensée, c'est-à-dire encore sans l'âme. Pour
sauver cette contradiction dans le terme comme dans
l'idée, il fallait enter hypothèse sur hypothèse, en
disant qu'il y avait des pensées et des actes de l'âme
que la continuité ou la répétition constante rendait
ensuite obscurs et inaperçus, quoiqu'ils fussent aperçus clairement dans l'origine. D'aussi vains subter-
fuges étaient propres à confirmer encore plutôt qu'à
ébranler les principes qui servaient de fondement
au mécanisme des animaux, tant qu'on ne sortait
pas de la division absolue et tranchée des substances pensantes et non pensantes, des esprits et des
corps.

Mais la véritable innovation introduite par les
idées de Stahl, celle qui créa une science réelle des
faits de la nature vivante, organisée, science distincte à la fois et de la physique et de la psychologie, ce fut l'application du principe de causalité à
cet ordre de faits qui, dans l'être mixte vivant, sentant et pensant, dans l'homme, est un véritable intermédiaire ou moyen entre les propres attributs de
l'esprit et ceux de la matière inerte, insensible et
morte. Le pivot unique sur lequel roulait la philosophie cartésienne, était la notion de substance passive, modifiable, et bornée à une pure réceptivité,
notion qui semblait convenir éminemment à la matière, mais qui embrassait aussi l'âme, en tant qu'elle
reçoit du principe même de la création, toutes les
idées innées ou apportées par elle en naissant, en

tant aussi qu'elle reçoit du dehors toutes celles qui lui sont adventices. Le grand principe de causalité, ou la notion de cause efficiente ou de force productive, restait en dehors des principes de cette philosophie, qui semblait avoir cherché à dessein à en éloigner l'application, en le considérant une fois pour toutes dans là cause suprême, infinie, unique, créatrice de toutes les substances.

C'est par là que le Cartésianisme semblait ouvrir un accès aux unitaires spiritualistes et matérialistes, au panthéisme de Spinoza et au mysticisme de Malebranche. Par là aussi se préparaient ces systèmes où tout semblerait se réduire à des formes passives, inertes, considérées dans l'âme ou conçues hors d'elle, abstraction faite de l'esprit vivifiant qui donne la forme (1).

Stahl considère l'âme non plus comme une substance ayant pour attribut exclusif une pensée fondamentale, modifiable indéfiniment; mais comme renfermant de plus dans son essence une activité, une force propre et constitutive, en vertu de laquelle elle produit ou crée, en elle comme hors d'elle, une infinité de modifications, de formes et de mouvements.

Dès lors s'éloigne toute idée de passivité ou de pur mécanisme dans les fonctions de l'âme, comme dans celles de la pensée. Toute la philosophie pourra venir se réduire dans une théorie dynamique embrassant sous des lois générales et communes tout

---

(1) Telles sont les formes de Kant et la sensation de Condillac.

ce qui vit, sent et pense, peut-être même tout ce qui
existe réellement (1)......

L'âme étant définie *substance pensante,* il suit
de cette essence nominale qu'elle ne peut être sans
pensée, ou sans aperception interne de soi. On conçoit, dans un sens plus réel, que partout où il y a
une action, un mouvement qui commence, il existe
nécessairement une cause ou force qui le fasse commencer, soit que cette force s'ignore elle-même, soit
qu'elle ait la conscience de son effort constitutif.
Ainsi, en supposant que l'âme soit une force essentiellement agissante, ou qu'elle soit une force virtuelle se portant d'elle-même à l'action, ou y étant
déterminée d'une manière quelconque, cette force
peut être telle, et agir ou produire certains effets
déterminés sans savoir qu'elle est ou agit. Une telle
conception loin d'être absurde et contradictoire est
plutôt conforme à la manière dont l'esprit humain
conçoit nécessairement toutes les forces de la nature
auxquelles il rapporte les phénomènes. Mais il n'est
pas moins dans l'ordre naturel des procédés de l'esprit de ne juger l'identité de cause que par la ressemblance ou l'analogie des effets observés, et réciproquement de croire à une diversité de causes quand
les effets sont de nature hétérogène, ou dépendent de

---

(1) De là, l'affinité entre la philosophie de Leibnitz et la physiologie de Stahl, comme on peut le voir dans les annotations de ce
grand métaphysicien sur la théorie de Stahl.

lois opposées. Il fallait forcer toutes les hypothèses et se mettre en contradiction avec les faits de notre nature et avec le témoignage du sens intime, pour attribuer à l'âme qui aperçoit sa propre causalité dans ce qu'elle veut et fait réellement avec un sentiment de liberté, pour attribuer, dis-je, à cette force une, identique, et les faits de conscience, les actes de vouloir où elle se manifeste, et les fonctions vitales de l'organisme, soumises à des lois aveugles et nécessaires opposées à celles du vouloir ou au *moi*, qui ne peut exister en aucune manière, là où la conscience et la liberté ne sont pas. Certainement on ne pouvait faire une application plus fautive du principe de causalité que de rapporter tout ce qui se fait dans le corps vivant sans être pensé ni voulu, précisément à une cause dont la nature est de penser et de vouloir; car, c'est égaler ou identifier le *moi* et le *non-moi*.

Mais pour être mal appliqué, le principe n'en était pas moins reconnu. Les fonctions vitales de l'organisme cessaient d'être assimilées aux mouvements de la matière brute; elles obéissaient à une force supérieure à l'organisation qui recevait d'elle sa forme et ses lois. La vie enfin, n'était plus un mécanisme; tout y était dynamique, et se résolvait en force, puissance ou action, qui réglait la machine sans être déterminée par elle, sans se confondre avec elle. Ainsi la physiologie était créée.

C'était un grand pas d'avoir reconnu dans l'âme une force essentiellement active; et, quoique cette activité fût étendue au-delà de ses bornes, en la voyant où elle n'était pas, Stahl apprenait à la voir où elle était. Ainsi était dès lors ouverte une voie plus facile à ceux qui tenteraient plus tard d'établir la dualité de principes ou de forces, et de substituer à l'unité, la théorie vraie des fonctions dynamiques des deux vies, homologues dans leur principe sans pouvoir être identifiées dans leur cause.

Mais, avant d'arriver à cette période de progrès, il fallait passer encore par une nouvelle sorte de théorie mécanique, dont le Stahlisme lui-même semblait préparer et accréditer l'illusion. La doctrine mère, écartant toute idée de mécanisme organique et matériel, enseignait que l'âme pensait par le cerveau (cet organe étant considéré comme la condition, l'instrument d'action de la force pensante, et non point du tout l'agent, encore moins le sujet local de la pensée), dans le même temps que cette même âme fonctionnait dans le cœur, l'estomac, le foie, pour la sécrétion du chyle, du sang, de la bile. Ceux qui prétendirent ensuite écarter toute notion de la force comme obscure et vague, pour tout ramener à des idées claires, c'est-à-dire aux simples représentations, ou figures des sens externes, ne dirent plus que l'âme pense et veut dans le cerveau, comme elle digère dans l'estomac, sécrète dans d'autres organes et agit dans tous; ils dirent que les organes même agissent, que le cerveau sent, digère la pensée, comme l'estomac digère les aliments, sécrète le chyle, etc. Cette assimilation absurde et grossière entre des choses aussi disparates par leur nature, tout opposée qu'elle est aux principes de la doctrine stahlienne, n'en paraît pas moins avoir été autorisée, jusqu'à un cer-

tain point, par l'analogie que Stahl lui-même avait
été conduit à établir entre des fonctions hétérogènes
en principe, comme en résultats; surtout par l'identité ou l'unité de cause efficiente à laquelle il prétendait les rattacher. C'est ainsi que l'exagération ou
l'abus d'un principe en entraîne presque toujours la
destruction. N'est-il pas bien remarquable en effet,
qu'une nouvelle espèce de système matériel et mécanique ait pu s'introduire dans la physiologie et la
science de l'homme physique et moral, par une certaine application détournée du principe même, établi
à dessein de fermer toute issue aux explications matérielles et mécaniques des fonctions de la vie et de
la pensée ?

La manière dont Stahl s'y prenait pour spiritua-
liser la vie organique, semblait encourager ceux qui
viendraient après lui, à matérialiser la pensée; car
on a beau faire, le côté organique des fonctions vitales ressort toujours, et c'est celui qui frappe surtout l'imagination. Si la pensée, l'activité de conscience ont mêmes lois et même principe, pourquoi
ne seraient-elle pas aussi purement organiques, par
suite nécessaires et fatales, comme tout ce qui est
organique ou physique? Il fallait faire sans doute
une grande violence aux faits, pour attirer dans le
domaine de l'âme et dans la sphère propre de son activité, toutes les fonctions du corps organisé, toutes
les impressions passives et les déterminations aveugles et nécessaires de l'instinct sensitif ou vital. Mais,
ce pas franchi, combien cette assimilation des fonctions vitales et intellectuelles, faite pour ainsi dire au

profit de l'âme, ne tendait-elle pas à tourner dans les
conséquences tout au profit du corps. On ne pouvait oublier, à la vérité, qu'il s'agissait d'un corps
vivant, doué d'une force propre, sensitive et motrice,
qui le rangeait dans une classe à part de ceux qui
sont soumis à des lois mécaniques, universelles et
constantes, précisément parce que leur action n'est
modifiée par aucun principe intérieur spontané, capable de faire sans cesse varier les résultats. Si le
dernier même des êtres organisés jouit d'une force
vivante, si cette force (une ou plusieurs) végète dans
la plante, sent et meut dans chaque point vivant du
polype ou du zoophyte ; si l'on ne peut, sans blesser
les principes de toute théorie physiologique, rapporter à l'organisation matérielle d'un corps vivant
quelconque, les fonctions et les actes de cette vie qui
s'ignore, ne serait-il pas cent fois plus absurde encore de considérer des organes quelconques comme
les propres agents, les causes, les sujets mêmes des
plus hautes fonctions, non-seulement de la vie animale qui peut encore s'ignorer, mais même de la vie
du *moi* humain qui se sent agir dans sa force constitutive, qui se connaît? On ne peut donc attribuer la
pensée ni la volonté à aucune forme d'organisation
matérielle ou locale, comme à aucun centre nerveux,
sans se mettre en contradiction avec toute manière
raisonnable de considérer les faits, même les plus
simples de la nature vivante, avec les premières
données de la raison humaine sur la relation de
cause à effet, avec les fondements mêmes de tout
langage, où la cause est toujours nommée distincte-

ment de l'effet, le sujet distinctement du mode ; sans
se mettre en contradiction avant tout, avec le fait
primitif de la conscience, du *moi*, qui est toujours
là comme témoin, pour attester que toute modification, toute fonction qui tient à sa vie propre ne saurait être matérialisée ni imaginée objectivement,
comme inhérente à des organes quelconques hors du
moi, sans que le signe employé à l'exprimer perde
toute sa valeur propre pour en prendre une autre
toute différente.

Ainsi flotte encore le principe fondamental de la
science des corps *vivants*, c'est-à-dire le fait primitif
qui doit lui servir de base. Il s'agit encore, en effet,
de déterminer plus précisément la nature et le caractère propre de ce fait qui doit servir d'origine et
de type à tous ceux de même espèce, dont l'enchaînement ou la combinaison constitue la vraie théorie
des forces vitales, ou la dynamique animale.

Le fait en question est-il un premier mouvement
imprimé à la machine organisée (quelle que soit la
nature ou la cause de ce mouvement que l'imagination tend toujours à se représenter comme une impulsion première) ? — La physiologie rentre sous
les lois générales de la mécanique ou de la physique, dont elle est une branche ; et la doctrine cartésienne règne encore sur ce point, malgré toutes les
observations et les arguments contraires de Stahl et
de ses successeurs.

Ce fait primitif se confond-il sous le titre d'une
première sensation avec celui de la conscience, du
moi humain ? — La physiologie n'a plus de domaine

à part de la psychologie, et il n'y a plus lieu de distinguer ni de nommer deux sciences qui rentrent l'une dans l'autre et se fondent dans la même : la psychologie est essentiellement physiologique dans sa base; car elle part aussi de la sensation; et la sensation n'est, par l'hypothèse, qu'un phénomène physiologique, un élément ou un résultat premier et nécessaire des fonctions et des lois de la vie organique. La physiologie est à son tour psychologique dans ses développements, car elle embrasse toutes les fonctions de la vie animale et les produits quelconques de ces fonctions; or les opérations de l'intelligence et de la volonté humaine, à quelque degré d'élévation qu'on les considère, ne sont que des développements du *moi*, des dérivés, des produits du fait primitif de conscience, c'est-à-dire encore, par l'hypothèse, d'une première sensation qui sert de base à la physiologie.

Pourquoi donc persister dans la distinction formelle et nominale des deux sciences, là où l'on n'en reconnaît au fond qu'une seule? C'est là pourtant où en sont encore aujourd'hui nos plus savants physiologistes, d'accord en ce point avec les idéologues qui, ne voyant point de salut hors de la doctrine de Locke ou de Condillac, où ils prétendent cristalliser pour ainsi dire toute notre philosophie, prennent la sensation pour l'origine exclusive des idées et des facultés de l'esprit humain. Et, comme cette sensation telle quelle, qui sert de point de départ, est pour eux un fait simple et indécomposable, ils en abandonnent l'analyse à la physiologie qui, par ce seul point essentiel, semble dominer la psychologie, puisqu'elle donne ses premiers éléments, ses lois, et jusqu'à son langage à la science des facultés de l'esprit humain, réduite à n'être plus qu'une des divisions de la science des fonctions vitales, appelée aussi *science de l'homme.*

Le premier physiologiste, je crois, qui ait adopté ce titre emphatique, et si évidemment disproportionné à l'objet et au but de l'ouvrage qui le porte, est un médecin philosophe justement célèbre, et qui le serait peut-être davantage, si l'on eût mieux reconnu l'importance des idées et des lumières nouvelles dont son génie a vraiment éclairé les principes de la science des êtres vivants. En récusant le titre de l'ouvrage de Barthez (1), tout philosophe qui creusera un peu dans le fond du sujet de cet ouvrage, y trouvera, je crois, le complément de la grande révolution produite dans la même science par Sthal, révolution dont le sort se trouvait compromis par l'esprit de système, et l'hypothèse abusive qui en avait été le principe.

Cette nouvelle théorie des forces vivantes de Barthez, transporte irrévocablement sur un autre champ, la question fondamentale agitée d'abord entre les mécaniciens et les animistes, les Cartésiens et les Stahliens. Désormais la physiologie ne saurait plus s'appuyer sur une théorie mécanique, physique ou chimique. Les lois de la vie, générales pour tout ce qui vit et sent à un degré quelconque, mais spéciales

(1) Nouveaux éléments de la science de l'homme.

à la nature vivante et sentante, sont parfaitement
garanties de ce côté contre l'invasion de la physique,
toujours prête à ressaisir son ancien empire. Quant
à la métaphysique, dans le domaine de laquelle
Sthal avait attiré et prétendait fixer la théorie de la
vie, l'auteur de la *science de l'homme* a bien aussi
indiqué quelques points de division des deux sciences, mais il n'a pas pu ou n'a pas voulu fixer de limites précises de ce côté. Malgré l'esprit philosophique dont son livre porte l'empreinte, l'influence
des doctrines de son temps, et sa prédilection pour
la science qu'il avait tant agrandie, lui montraient
sans doute, comme son titre l'annonce, la science de
l'homme tout entier gravitant vers la physiologie,
qui aurait ainsi tout à perdre à former une science
à part, distincte de la psychologie. Comment d'ailleurs poser les limites entre la science des facultés
de l'âme humaine et celle des fonctions ou des forces du principe vital, qui vont peut-être se rallier et
se confondre dans cette région des essences qu'il
n'est pas donné à l'esprit de l'homme de pénétrer?
Trop philosophe pour oser même aborder la solution d'un tel problème, Barthez semblerait incliner
plutôt vers l'opinion affirmative. Mais, en s'arrêtant
à la distinction des faits de deux ordres ou de deux
natures diverses, la seule qui nous importe, il est
évident qu'elle ne ressort tant soit peu clairement ni
de cet ouvrage si instructif, ni bien moins encore,
d'autres théories soit physiologiques, soit idéologi-
ques, où elle se trouve, au contraire, entièrement
effacée.

Notre question est donc entière. Tout le monde reconnaît qu'il y a quelque distinction à faire entre deux sciences qui ont deux noms et aussi deux champs d'observation, entre deux espèces de faits qui ne peuvent être constatés de la même manière, ou par la même expérience extérieure, quant à leurs caractères, leurs modes de succession ou de combinaison. D'où vient cette distinction? N'est-elle donc que nominale et purement artificielle ou logique? Si elle n'est pas dans le fait primitif qui sert de base aux deux sciences, ou plutôt à la même, sous deux noms et deux formes, elle est donc dans quelque circonstance accessoire, qu'il faudrait déterminer. Or quelle est cette circonstance? Comment se fait-il que, partant d'un commun principe de fait, ou considérant un seul et même sujet sentant, sous des rapports circonstanciels différents, la physiologie et la psychologie s'éloignent l'une de l'autre au point de ne plus s'entendre réciproquement, de ne se prêter aucune lumière et de paraître pour le moins aussi étrangères que le sont deux autres sciences quelconques qui n'ont aucune analogie dans leur objet, leurs procédés ou leurs moyens d'investigation, comme, par exemple, l'astronomie et la minéralogie?

Tout ceci annonce quelque malentendu, soit de la part des physiologistes, soit de celle des métaphysiciens qui prétendent chacun de leur côté fonder leurs sciences respectives sur le même principe de fait. Il est temps de chercher quel est ce malentendu et de lever l'équivoque, soit pour confirmer, soit pour détruire l'identité ou l'unité du principe.

Qu'une partie quelconque du corps d'un animal vivant (n'importe l'espèce) éprouve quelque changement, soit spontané, par l'action même de la force ou du principe qui constitue sa vie sous quelque nom qu'on le désigne, soit provoqué par le contact d'un corps, d'un stimulant externe quelconque, ce changement dont nous ne déterminons ni la nature, ni le caractère peut être exprimé sous le titre vague d'*impression vitale*. Cette impression diffère essentiellement du contact, d'une impulsion, d'un choc physique comme celui qui a lieu entre des corps inorganiques. Ici toutes les analogies sont trompeuses et on ne saurait trop se méfier de celles du langage.

L'impression vitale n'est point nécessairement accompagnée de conscience. Nous disons qu'elle ne l'est jamais dans l'animal, ni dans aucun des êtres auxquels peut s'appliquer ce terme générique, à quelque élévation qu'ils soient dans l'échelle des êtres organisés vivants. Nous disons aussi que la même impression peut n'être pas accompagnée de conscience dans l'homme. Cela dépend d'une certaine condition, qui sera déterminée ci-après, et qui marque le point de divison entre l'animalité et l'humanité, entre la vie sensitive et la vie active, entre la sensation et la pensée.

Maintenant on demande si une impression purement vitale sans conscience est une sensation. Parmi les physiologistes, les uns l'affirment et construisent le dictionnaire de leur science sur cette hypothèse, qui est à leurs yeux un fait; d'autres le nient absolument. Ces derniers font entrer la conscience comme élément nécessaire et constitutif, dans l'idée qu'ils expriment par le mot sensation. Les premiers l'excluent de l'idée, différente en ce cas, qu'ils expriment par le même mot.

Les seconds entendent qu'il y ait des impressions purement vitales, qui ne sont accompagnées dans l'animal d'aucune sorte de modification affective, même au degré le plus obscur, et ils n'admettent pas qu'une impression ainsi non sentie par l'animal puisse être appelée sensation. Que si l'impression devient affective à quelque degré, ou que la sensibilité de l'animal, et non pas sa vie totale, en soit modifiée, alors seulement ils reconnaissent le caractère propre d'une sensation avec conscience. Ainsi ils ne distinguent point l'affection douloureuse ou agréable de ce qu'ils appellent la conscience; toute modification de la sensibilité animale est pour eux une véritable sensation qui comprend indivisiblement la conscience.

Quant à ceux qui identifient toute impression vitale avec la sensation; comme ils en excluent la modification affective de la sensibilité animale, en même temps que la conscience, la sensation n'est à leurs yeux qu'un phénomène purement organique, ou un mode de ce mouvement intérieur qui constitue la vie simple, comme l'irritabilité. Mais ils reconnaissent des sensations organiques, susceptibles de devenir animales en augmentant de degré; auquel cas ils reconnaissent qu'elles s'accompagnent nécessairement de conscience, par cela seulement qu'elles deviennent animales, c'est-à-dire affectives, agréables ou douloureuses à un degré plus ou moins marqué.

Ces deux opinions diffèrent au fond par une nuance tellement légère qu'on ne peut y voir qu'une dispute de mots. Des deux côtés on convient en effet, que la conscience et l'affection agréable ou douloureuse, ou la sensation animale, sont la même chose, exprimée par des mots différents. Des deux côtés aussi, on reconnaît qu'il y a des impressions vitales qui ne sont pas affectives mais qui sont susceptibles de le devenir à tel degré indéterminé, sans qu'on puisse assigner le point où l'affection et par suite la conscience commence et finit. Tout le débat roule donc sur cette expression, *sensation organique*, qui, en effet, est assez mal choisie et ne peut guère se justifier comme une idée précise exprimant un fait spécial déterminé.

En effet, toute sensation animale pourrait être dite organique, comme étant le résultat immédiat d'une fonction vitale, exercée dans un organe particulier interne ou externe, spontanée ou provoquée par quelque stimulant; car l'effet sensitif de l'impression externe d'un stimulant dépend bien plus du ton, de la disposition vitale de l'organe, que de l'action de l'objet.

Réciproquement toute sensation organique est aussi animale ou affecte la sensibilité de l'animal à un degré quelconque de douleur ou de plaisir. Il faut à la vérité un certain degré de force et de durée dans l'impression pour que la sensibilité se mani-

feste, ou s'exprime au dehors, par ses signes naturels, les mouvements, les cris. Mais peut-on croire
que le degré où la sensation animale se manifeste,
soit le même que celui où elle commence? D'ailleurs
est-ce qu'une sensation particulière quelconque est
autre chose qu'un changement, une modification apportée à la sensibilité générale? L'animal sentait
donc avant l'impression dont il s'agit. Il est impossible de supposer qu'il vive un seul instant, sans qu'il
éprouve quelque affection de plaisir ou de douleur,
qui fait son existence. Or toute impression vitale,
interne ou externe, quelque faible qu'on la suppose,
est un changement porportionné dans cette existence.
C'est donc là une véritable sensation.

Les idées mécaniques l'emportent toujours. On se
figure chaque impression au contact comme produisant la sensation, et créant ainsi en quelque sorte
chaque modification successive de la vie animale.
Mais cette vie roule sur elle-même; et, comme il
est impossible de la concevoir autrement que comme
sensitive, ou comme une succession des divers modes du plaisir ou de la douleur, on voit bien que les
impressions adventices ne constituent pas la vie; et
qu'étant au contraire réglées par elle ou s'y propor-
tionnant, elles ne peuvent pas davantage former la
sensation animale. Mais de ce que l'impression vitale s'identifie avec la sensation, et ne peut en être
distinguée dans l'animal que par abstraction, s'en-
suit-il que cette impression, cette sensation organique, portée au degré qui peut la rendre éminemment
animale, soit inséparable de la conscience, comme

elle l'est de ce degré de plaisir ou de douleur qui la constitue animale? Je dis non, et à l'instant, toutes les voix s'élèvent contre cette assertion négative. Qu'est-ce que sentir si ce n'est avoir conscience d'une modification? Comment concevoir une sensation qu'on ne sent pas? C'est ici surtout que s'observe la défectuosité du langage et de ses formes naturelles et nécessaires qui, portant toutes l'empreinte du *moi* et de la personne humaine, ne trouvent plus d'application là où le *moi* n'est pas.

« Qu'est-ce qu'une sensation qu'on ne sent pas? » Je demande à mon tour à quoi se rapporte ce *on?* L'homme sent la sensation qu'il éprouve dans son organisation; il sent, ou mieux il sait, il aperçoit qu'il sent, parce qu'il est une personne identique, permanente, qui se distingue de toutes les sensations passagères et ne se confond avec aucune. L'animal ne sent pas, ne sait pas sa sensation, parce qu'il n'est pas une personne constituée pour savoir ou apercevoir au dedans son existence individuelle, comme au dehors, celle des autres choses; mais il sent sans se savoir sentant, comme il vit sans se savoir vivant.

> Vivit et est vitæ nescius ipse suæ.

Le mot conscience ne signifie rien si on l'entend autrement que se *savoir soi*, avec une modification différente du *soi*, puisqu'il reste quand elle passe. Pourquoi employez-vous cette expression sensation *avec conscience*, (1) si toute sensation, en tant qu'a-

---

(1) Voyez Bérard. *Rapport du physique et du moral.* Articles XXXI–XLV.

gréable ou douloureuse, est indivisible de la conscience, si cette conscience même n'est autre que la
sensation ?—Quel pléonasme, quel vague de langage !

Veut-on se faire une idée plus précise de la sensation sans conscience, et bien comprendre en même
temps combien l'idéologie se sépare de la physiologie,
en se servant des mêmes mots, et en paraissant s'appuyer sur le même principe de fait? Ouvrez le *Traité
des sensations* de Condillac. La statue n'est point un
être organisé vivant; aucune impression vitale ne
se fait en elle ou sur elle; elle est seulement une
âme capable de sentir, ou d'être modifiée par toutes
les impressions adventices faites du dehors sur chaque organe séparé, et qui lui seront transmises on
ne sait comment. Cette âme, être ou substance, table
rase avant la sensation, reçoit toute son existence
dans la première impression du dehors. Ce passage
de l'être absolu à l'existence sensible ou relative,
opéré dans la première sensation d'odeur de rose,
est plus qu'une modification. C'est une sorte de
création. Aussi Condillac dit-il supérieurement que
l'âme de la statue non-seulement est modifiée en
odeur de rose, mais qu'elle *devient* cette odeur. Elle
devient ce qu'elle n'était pas : voilà l'existence sensible parfaitement entendue et exprimée.

Mettez à la place de l'être fictif de Condillac un
véritable animal, pris à un degré quelconque de
l'échelle; et ces premiers modes de l'existence purement sensitive attribuée à la statue, ne seront
plus des abstractions ou des hypothèses, mais de
vrais faits de l'existence animale, faits complets et

non partiels, représentant cette existence tout entière, comme elle est pour l'animal réduit à vivre, à sentir, sans savoir qu'il vit, qu'il sent, sans qu'il y ait de témoin intérieur présent à la sensation, capable de l'apercevoir ou de la redire. Or c'est uniquement là ce qu'est la conscience, comme le mot même le fait entendre. Aussi Condillac ne dit-il pas que la première sensation soit accompagnée de conscience ; et comment le serait-elle en effet, si l'âme de la statue *devient* successivement chacune de ses modifications et s'identifie avec toutes ?

Ici le métaphysicien tombe, il est vrai, dans un singulier paradoxe, lorsque, après avoir reconnu qu'aucune sensation en particulier n'admet le *moi*, il prétend faire ressortir ce *moi* primitif d'une sorte de combinaison de deux sensations, ou d'une sensation et d'un souvenir, dont ni l'un, ni l'autre n'ont de conscience ou de *moi* ; comme si le sujet un, identique, qui perçoit les modifications sensibles, en se distinguant de toutes, pouvait être un résultat de leur combinaison, comme si le souvenir ne présupposait pas l'existence du *moi*.

Mais il ne s'agit pas pour nous, en ce moment, de déterminer l'origine de la personnalité, ni de dire où et quand le *moi* commence à se manifester intérieurement, à exister pour lui-même, à avoir la conscience de l'un, du simple, du permanent, dans le composé, le variable des sensations successives. Nous ne procédons ici que par exclusion, en disant où le *moi*, le fait de conscience n'existe pas.

Or il ne commence pas à l'impression vitale, à ce

degré indéterminé où l'animal commence à sentir.
Il faut bien en convenir, ou se résoudre à adopter
des conséquences révoltantes, démenties par tous
les faits de la nature vivante, parce qu'il faut attribuer à tous les êtres de cette nature la conscience de
leurs impressions sensitives, et avec elle la pensée,
la volonté et toutes les facultés de l'âme humaine,
qui vont se rattacher au fait primitif de l'existence
personnelle. Ce fait primitif est complet, *sui generis*,
comme le fait de la sensation animale, ou vitale, est
aussi un fait primitif, complet dans son genre. Ces
deux faits se combinent, s'associent dans la vie totale de l'homme, de bonne heure et d'une manière si
intime qu'il devient difficile à l'esprit de les concevoir distinctement et séparément l'un de l'autre :
voilà pourquoi le mot sensation renferme toujours
d'une manière implicite et indivisible la conscience
du sujet sentant, si bien que, ce sujet étant ôté, la
sensation semble s'évanouir avec lui.

Aussi les physiologistes qui ne considèrent qu'en
dehors les phénomènes de la vie animale, ne par-
viennent-ils à abstraire de la sensation l'idée de
conscience, ou du *moi*, qu'en détournant tout à fait
le sens du mot, et en le faisant passer du propre au
figuré. On changerait, en effet, toutes leurs expériences, en les ramenant du dehors au dedans. Et l'on
voit bien que ce n'est que par une métaphore assez
hardie, qu'on peut exprimer le mouvement organique
d'une fibre nerveuse, d'un fluide, etc., par un terme
tel que celui de sensation employé à désigner une
modification tout intérieure de l'âme. Pour les mé-

taphysiciens, même sensualistes, ce n'est pas non
plus la sensation pure qui est le point de départ ;
car ils ne peuvent prendre une métaphore pour un
principe ; et, en considérant de prime abord la modification sensible dans l'âme, ou l'âme même modifiée de telle manière agréable ou douloureuse, ils
excluent du principe (fait ou abstraction) qui doit
servir dé base à leur science, toute part d'organisation, toute impression vitale. Ce n'est donc pas la
sensation animale qu'ils considèrent comme origine
de dérivation des idées ou des facultés humaines,
mais bien (et par confusion de mots) la conscience,
l'idée première de sensation. C'est de là en effet que
Locke part : c'est cette idée toute faite qui va lui servir à faire d'autres idées. En parlant sans cesse des
premières idées de sensation comme parfaitement
simples, il ne se demande point ce que peut être la
sensation elle-même, à part l'idée, c'est-à-dire sans
la conscience, ou l'aperception. Il ne se demande
point si ce n'est pas un mode véritablement simple de
l'âme, auquel cas toute idée de sensation serait un
composé de deux éléments, et donnerait lieu à une
analyse ; ou si c'est au contraire un pur néant, supposition qui, renfermant toute existence dans les limites de l'aperception ou de l'idée, entraîne les plus
graves conséquences, et donne gain de cause à l'i-
déalisme et au scepticisme.

Au commencement de son *Traité des sensations*,
Condillac semble se placer dans le vrai point de vue
d'une analyse subjective. La première modification
avec laquelle l'âme s'identifie, la première sensation

qu'elle devient, n'est pas encore l'idée de sensation,
car il n'y a pas encore de conscience, point de *moi*
qui sache que la statue sent, qu'elle est modifiée de
telle manière. Comment et quand cette première idée
naîtra-t-elle? D'où viendra la conscience du *moi*? ou
quand commencera-t-elle à se joindre à la sensation
pour former l'idée? C'est, nous dit-on, que la première sensation perçue se transforme d'elle-même en
conscience du *moi*, en idée de sensation; et cette
prétendue tranformation, vraiment inintelligible et
paradoxale, est reconnue nécessaire pour amener toutes les autres qui s'en déduisent en effet très-logique-
ment. Mais, dans ce passage de la sensation à l'idée
que l'auteur du *Traité des sensations* franchit si
brusquement, sans paraître se douter qu'il y a là
un abîme, on reconnaît tout l'empire d'une première
liaison d'habitude, consacrée par le langage; et c'est
ce qui fait précisément que la sensation sans conscience doit paraître à tous un être de raison, un pur
abstrait, quand on ne réduit pas le signe à une figure ou à un symbole.

Cependant, il faut le reconnaître, Condillac a
trouvé et fidèlement exprimé le vrai point de réunion des deux natures, et aussi le vrai point de contact des deux sciences, celle des phénomènes et des
lois de la vie sensitive ou animale et celle des faits
de la vie de conscience, du *moi* humain et des lois
de la pensée. Toute sensation que l'âme sensitive
devient, tout mode simplement affectif de la force
vivante ou du principe de vie, nécessairement identifié avec l'existence de ce principe, commun à

l'homme et à l'animal, dans tous les degrés de l'échelle, est du domaine de la physiologie; c'est cette science qui est chargée d'en explorer toute l'étendue, d'en déterminer les éléments, les conditions et les lois, par la méthode d'observation et d'expérience qui lui est propre. Mais là où finit la sensation animale considérée soit en elle-même, soit dans les fonctions ou les conditions instrumentales dont elle peut être le résultat, là aussi s'arrête la physiologie sans aller plus loin. Là où commence l'idée de sensation, le fait de conscience vraiment primitif dans son ordre, ou vraiment originel de tous les faits intellectuels et moraux, le physiologiste n'a plus rien à voir et le psychologue commence. Son domaine embrasse un monde invisible, où l'esprit humain s'égare infailliblement, dès qu'il cherche à s'éclairer des sens, de l'imagination et de toute donnée sensible, monde où il se perd aussi dans le vague de ses propres pensées, toutes les fois qu'il s'écarte d'une ligne vraiment directrice, dont les pôles immuables ne trompent jamais l'œil qui les fixe et l'esprit qui les prend pour guides dans le laborieux passage d'un monde à l'autre : la personnalité de l'âme, le *moi* de l'homme, pôle inférieur, la personnalité de la cause suprême infinie, Dieu, pôle supérieur, séparé du premier par un intervalle immense, effrayant pour la raison humaine, mais que franchit l'âme portée sur les ailes du sentiment, de l'amour et de la foi.

N'anticipons rien; mais résumons tout ce qui précède sur le caractère de la sensation animale, considérée comme point de division de deux sciences qui

tendent à se confondre précisément par ce point. De
deux choses l'une :

Ou il n'y a pas de sensation, pas de mode du
plaisir ou de la douleur, à un degré quelconque,
qui ne soit joint ou identique avec la conscience du
moi, ou qui ne soit idée de sensation ; et alors tous
les êtres sentants depuis le zoophyte jusqu'à l'homme,
différant les uns des autres seulement par les degrés
d'une même force vivante, ou les gradations organiques de réceptivité, et non point par leur nature,
tous les êtres sentants, dis-je, sont en même temps
des êtres pensants, qui savent ce qu'ils font, qui
sont aussi actifs et libres, et qui ont la conscience,
la personnalité inséparable de l'activité du vouloir
ou de l'effort.

Ou bien, il y a de véritables sensations sans
conscience, mais aussi sans aucun mode du plaisir
ou de la douleur, pures impressions vitales, identifiées avec les mouvements ou les phénomènes purement organiques d'irritabilité, de contractilité, qui
manifestent ces sensations inhérentes à diverses parties de la machine organisée ou à son ensemble. Dans
ce cas, l'existence d'une multitude d'êtres organisés
vivants et dits sentants, peut se réduire par le fait à
l'état de pures machines insensibles ; et de proche en
proche, on parviendrait à dire comme les Cartésiens
que tout ce qui ne pense pas est machine, soumis
aux lois générales ou particulières qui régissent les
différentes espèces des corps.

Je crois qu'en effet cette deuxième opinion parai-
trait la seule vraie si nous étions de purs esprits, ou

si, comme les livres sacrés nous représentent l'état
du premier homme avant le péché, l'homme actuel
n'avait pas une nature animale, un principe de vie
sensitive, par laquelle il est soumis à des passions,
esclave d'une foule de nécessités, régi enfin par les
lois du corps organisé, vivant ou sentant, opposées
aux lois de l'esprit pensant et voulant.

Ces modes de la vie sensitive, attribut d'une nature animale que l'homme aperçoit ou reconnaît dans
son organisation, ou dans son existence concrète, y
seraient également quand il ne les apercevrait pas,
ou quand il n'en aurait pas la conscience : voilà le
type de la vie animale ou de la sensation sans conscience. Ainsi nous ne pouvons croire d'après Descartes que les animaux soient de pures machines,
dénués de toutes sensations ou affections de plaisir,
de douleur, d'appétits, de passions qui déterminent
leurs divers mouvements ; car nous trouvons tout
cela en nous-mêmes, quand nous pouvons y penser,
et nous nous assurons aussi indirectement, par des
moyens et des signes dont nous parlerons, que cette
partie de notre existence concrète a passé par ces diverses modifications sensitives, dans certains états
de vie et de sensibilité où il n'y avait point de conscience, c'est-à-dire de *moi* capable de s'en apercevoir.

Nous sommes donc autorisés à conclure contre la
première opinion extrême dont nous avons parlé,
que les animaux de tous les degrés de l'échelle peuvent avoir de véritables sensations, ou éprouver, chacun dans son mode de vie, diverses affections de plai-

sir ou de douleur sans conscience, sans idée de sensation, sans rien qui puisse être comparé à la pensée,
au libre vouloir de l'homme. Il y a donc plus qu'une
différence de degré entre l'homme et la brute.....

DEUXIÈME PARTIE.

VIE HUMAINE.

I

LE FAIT PRIMITIF. — OPINIONS DES PHILOSOPHES.

....S'agit-il de ce que l'âme est absolument comme chose, ou plutôt de ce qu'est l'homme comme être en soi? Il n'y a pas de lumière directe ni réfléchie qui puisse le lui apprendre. En supposant la pensée la plus profonde, la réflexion la plus concentrée sur les modes intimes, répétés et variés de toutes manières dont se composerait une vie intellectuelle indéfiniment prolongée, cette pensée ne serait jamais le fond même de la substance de l'âme. Elle ne saurait la révéler à elle-même, comme Dieu la connaît, tout entière. Les progrès les plus élevés de la connaissance du *moi* seraient toujours à la connaissance de l'âme substantielle dans le rapport incommensurable, ou infini, de l'asymptote à la courbe.

Mais s'agit-il de ce que le *moi* de l'homme est pour lui-même, immédiatement ou à l'œil intérieur

de sa conscience? Et par suite de ce qu'il est en soi
réellement, sinon dans son essence complète, du
moins sous cette face par laquelle il lui est donné de
se concevoir, ou de s'entendre comme il est, réellement et actuellement, aux yeux de Dieu comme aux
siens propres? L'homme, sujet pensant, actif ou
libre parce qu'il pense, sait très-certainement (*certissima scientia et clamante conscientia*), qu'il y a en
lui, ou plutôt qu'il est lui-même une force qui se
porte d'elle-même à l'action, qui détermine cette
action sans y être contrainte, poussée ou inclinée par
aucune impulsion étrangère, qui commence certains mouvements ou actes et en continue la série,
ou les interrompt et les suspend, par l'effort et le
vouloir seul, constitutif de la personne. A ce titre,
dis-je, l'homme a le sentiment immédiat, l'aperception interne de son individualité propre et actuelle,
de l'unité et de l'identité constante du *moi* qui reste
quand tout passe et varie dans la sensibilité passive.
Avec ce sentiment intime, il a encore l'idée, ou la conception simple et parfaitement adéquate, de son être
réel à titre d'agent, de ce qu'il est réellement en soi,
aux yeux de Dieu, comme personne intelligente et
libre, capable de mérite et de démérite. Sous ce rapport d'activité, il sait parfaitement ce qui reste *lui*, et
constamment identique, au sein de toutes les modifications variables d'une existence sensitive, passagère, distincte de la sienne, quoiqu'il se l'approprie
et tende souvent à s'y confondre.

Ainsi le principe de la philosophie est trouvé : il
s'identifie avec celui de la force ou de la causalité

même, dès qu'il est prouvé, par le fait de sens intime, que le *moi* actuel est pour lui-même force, cause
libre qui commence le mouvement ou l'action, force
constamment distincte de ses effets transitoires,
comme de tous les modes passifs étrangers à son
domaine. Ce fait primitif de la conscience et de
l'existence réunit les conditions et les caractères
propres du principe de la science humaine. Pris en
nous-mêmes, il emporte avec lui ce sentiment d'évidence immédiate qui ne peut que se réfléchir sur
toutes les vérités qui en empruntent leur certitude.
Comment en effet pourrait-il y avoir quelque vérité
s'il était permis ou possible de révoquer en doute
un seul instant cette première expérience interne
immédiate qui manifeste le *moi* à lui-même, comme
force ou cause libre, identique, permanente, avant,
pendant et après les actes ou sensations transitoires
qu'elle détermine ou qui accompagnent son exercice?
La force, la causalité interne, la libre activité, comme
l'existence personnelle qu'elle constitue, n'est qu'une
aperception première, immédiate, un fait de sentiment. Mettre ce fait en question, prétendre le déduire de quelque principe antérieur, en chercher le
comment, c'est demander ce qu'on sait et ne pas
savoir ce qu'on demande.

Si Descartes a cru poser le premier principe de
toute science, la première vérité évidente par elle-
même, en disant : *Je pense, donc je suis chose ou
substance pensante*, — nous dirons mieux, et d'une
manière plus déterminée, avec l'évidence irrécusable
de sens intime : *J'agis, je veux, ou je pense en moi*

*l'action, donc je me sais cause, donc je suis ou
j'existe réellement à titre de cause ou de force.* C'est
sous ce rapport très-précisément que ma pensée intérieure est l'expression, la conception de mon existence réelle, en même temps que la manifestation
première et l'enfantement du *moi* qui naît pour lui-
même, en commençant à se connaître. Ici, et dans
ce cas seulement, exclusivement à celui où l'être
pensant est identifié à la substance ou chose pensante modifiable à l'infini, l'on est fondé à dire avec
Bacon : *ratio essendi et ratio cognoscendi idem sunt,
et non magis a se invicem differunt quam radius di-
rectus et radius reflexus.*

Et vraiment, la cause ou la force *moi*, manifestée
à elle-même par son effet seul, ou par le sentiment
immédiat de l'effort qui accompagne tout mouvement ou acte volontaire, est bien comme le premier
rayon direct, la première lumière que saisit la vue
intérieure de l'agent. La réflexion de la force sur
elle-même, en tant que virtuelle, ou ayant en elle le
pouvoir immanent de déterminer et d'effectuer l'action sans se déterminer actuellement à l'effort, n'est-
elle pas bien exprimée sous l'image du rayon de
lumière réfléchie que saisit la pensée de l'agent intellectuel et moral développé au point que comporte
sa nature? Ici enfin la pensée réfléchie de l'être
moral qui s'entend lui-même dans son fond, n'est-
elle pas l'expression et la conception de sa puissance
réelle vraiment causale, de son être tel qu'il est en
soi ou aux yeux de Dieu même?

Nous résoudrions ainsi la plus terrible difficulté

qui puisse être élevée par le scepticisme, comme
par la doctrine critique, contre la réalité du principe
de la connaissance humaine, ou du fait de conscience qui lui est identique. En effet, disent les
sceptiques, le sentiment d'une force actuellement
en exercice, comme celui d'une idée présente, d'un
acte ou mode actuel de la pensée ou de la sensibilité
humaine, pourrait-il servir de preuve certaine à la
réalité d'une force absolue hors de l'action, ou d'une
substance pensante hors de la pensée actuelle? Je
rétorquerai l'argument en demandant comment on
entend que le sentiment immédiat identique et permanent de la force agissante, ou de l'état d'effort
qui constitue la veille du *moi*, est une marque incertaine de la réalité absolue de la force ou de l'être
actif qui en est doué, lorsqu'il est impossible à un
esprit humain de croire le contraire ou de le penser;
car on ne peut concevoir et exprimer un pur phénomène, séparé de l'être, ou de la chose dont il est
la manifestation, un mode ou une qualité sans un
sujet d'inhérence, un effet sensible sans quelque
cause cachée, un mouvement quelconque, qui commence dans le temps et l'espace, sans une force
quelconque qui le fait commencer. Hors de nous,
comme en nous-mêmes, nulle substance exprimée
et conçue dans son absolue réalité, ne saurait être
représentée phénoméniquement, ou comme fait,
quoique cette notion entre comme élément et condition nécessaire de tous les faits externes ou internes,
et qu'elle serve de lien (*vinculum substantiale*) à tous
les phénomènes.

En nous, et seulement en nous-mêmes, la cause, la force productive des mouvements ou actes libres exécutés par des organes, se manifeste à la fois, et comme phénomène ou fait de sens intime dans l'effort voulu et senti, et comme notion ou conception de l'être actif par essence, ou de la force virtuelle absolue qui était avant de se manifester, et qui reste la même après l'acte, alors même que son exercice est suspendu. Le phénomène et la réalité, l'être et le paraître coïncident donc dans la conscience du *moi,* identique avec le sentiment immédiat de la force, ou de la cause, qui opère par le vouloir. La distinction entre le *phénomène* et le *noumène,* le relatif et l'absolu, alléguée contre la réalité de la substance passive ayant la pensée pour attribut, reste sans objet ou sans valeur, quand on prétend l'appliquer au principe de la force qui ne peut s'apercevoir ou se penser elle-même comme agissante et libre sans être en soi, comme force virtuelle, ce qu'elle sait ou pense être dans son exercice actuel. Cette assertion porte sa preuve avec elle, ou dans la conscience même. Que se passe-t-il dans le passage de l'inertie à l'action, à l'effort volontaire, dans le passage de l'état de sommeil à celui de veille, qui en diffère seulement par la présence de la volonté, indivisible de la conscience de *moi*? Quand le sentiment de *moi* suspendu, renaît pour lui-même avec l'effort voulu, l'être pensant qui rentre en possession de son pouvoir d'agir sur le corps, se manifeste de nouveau à lui-même, non comme sortant du néant ou comme créé une seconde fois, mais comme recouvrant l'exercice d'une force ou d'un pouvoir qui n'a pas cessé d'être ou de durer, en cessant d'agir ou de se manifester. Il en est de la lumière intérieure comme de l'extérieure : ni l'une ni l'autre ne créent les objets qu'elles nous font voir, en dissipant les ténèbres qui les couvraient sans les détruire.

Le *moi* n'existe pour lui-même que dans le temps; et il n'y a de temps que pour un être qui a conscience de son individualité identique. Or cette condition de se reconnaître le même dans deux instants ne suppose-t-elle pas nécessairement la réalité absolue de l'être qui reste ou qui dure dans l'intervalle de ces deux instants donnés?

Ainsi se trouve à l'abri des attaques du scepticisme, la réalité du principe de la force, en tant que cette force est prise là où elle est, et peut être primitivement sentie comme phénomène, et conçue comme réalité, dans le fait de conscience.

Je veux, j'agis (*cogito*) donc je suis (*ergo sum*). Je suis, non pas indéterminément une chose pensante, mais très-précisément une force voulante, qui passe du virtuel à l'actuel par sa propre énergie, en se déterminant ou se portant d'elle-même à l'action.

.   .   .   .

.   .   .   .

.   .   .   .

Dirons-nous que le *moi* identique, permanent, qui sent ou aperçoit son existence actuelle, individuelle et identique, n'est autre chose que le mode fondamental de l'âme, ou le fond même de l'être de cette substance séparée, dont l'attribut essentiel est la pensée, ou l'aperception d'elle-même à part toute sensation adventice? Mais comment le dire en sachant bien ce qu'on dit? Ne faudrait-il pas se demander d'abord à quel titre nous possédons la notion d'âme substance, ou chose en soi, distincte ou séparée de cette autre substance que nous appelons corps organisé, et de toutes les modifications sensibles dont ce corps est le siége ou du moins la condition, l'instrument ou le véhicule nécessaire?

De grands métaphysiciens croient que l'âme ne peut exister en aucun temps, ni être conçue séparément d'un corps organisé quelconque, qui ne fait que se développer ou s'envelopper dans les modes successifs d'une vie impérissable. Que devient, dans cette hypothèse, le mode fondamental de l'âme, ou le sentiment du fond de l'être qui constitue le *moi*, la personne identique? Ce sentiment de *moi* un et permanent, distinct de toute modification adventice, ne devrait-il pas être celui de la coexistence des deux substances, éléments indivisibles du même tout concret qui est l'homme, au lieu d'être le sentiment de l'existence absolue d'un des éléments abstraits de ce tout, d'un des termes de ce rapport fondamental, constitutif de l'existence humaine? Certainement nous ne pouvons nous faire aucune idée de ce que l'âme est en soi, à titre de substance qui se sentirait elle-même dans son fond identique, permanent et un, à part toutes les modifications adventices, comme sous ces modifications diverses. Par suite nous ne pourrons concevoir ce que peut être une modification sensible quelconque dans l'âme séparée, quoique nous sachions très-bien ce qu'est pour le *moi* une sensation qu'il perçoit en se distinguant d'elle.

Nous n'avons donc pas besoin de remonter jusqu'à la notion d'une substance modifiée, abstraite de tout mode et réduite au fond de son être, pour entendre ce qu'est le propre sujet de la science de nous-mêmes ou du *moi* humain, tel qu'il existe pour lui-même, à son titre propre de sujet qui s'attribue à lui-même tout ce que l'aperception interne, ou la réflexion concentrée, peuvent lui découvrir comme lui appartenant ou le constituant. Et non-seulement je dis que nous n'avons pas besoin de partir *ex abrupto* de la notion de la substance ou de la chose pensante et sentante en soi, mais je dis de plus que cette notion d'une chose ou d'un être à part qui n'est pas *moi* ou qui est en dehors de la conscience, dénature entièrement le propre sujet de la science de l'homme intérieur, en la faisant passer soit dans le domaine de la physique ou de la science des objets sensibles, soit dans celui de la théologie, ou d'une science des êtres invisibles, dont nous pouvons être fondés ou nécessités à croire l'existence, indépendamment même de la foi religieuse, mais en ignorant invinciblement ce qu'ils sont en eux-mêmes.

Il n'est que trop aisé de voir par l'exemple des doctrines de Malebranche et de Spinosa, si rapprochées l'une de l'autre, et par le sort même de la doctrine cartésienne, dont le principe était gros pour ainsi dire des systèmes matérialistes qui devaient la remplacer plus tard, il est, dis-je, trop aisé de voir comment l'emploi exclusif de la notion de substance, commune aux sciences qui ont pour objets, d'abord séparés, les attributs des esprits et les affections des corps, tend presque invinciblement à ramener les deux sciences à une seule. Il n'est que trop aisé de voir aussi comment la balance penche nécessairement du côté de l'unité matérielle, s'il est vrai que nous ne puissions entendre la substance que sous quelque symbole d'étendue ou d'espace, ou sous quelque raison de matière, comme le dit Hobbes expressément, et comme semblent le prouver les comparaisons, les expressions figurées et tout le langage des plus purs spiritualistes tels que Malebranche. Aussi les philosophes qui se sont proposé d'entrer le plus avant dans la connaissance de l'âme humaine, ont-ils bien senti d'abord qu'il fallait commencer par écarter toute notion objective, toute considération de ce qu'était ou pouvait être la chose sentante ou pensante en soi, pour ne songer qu'à ce que l'homme, ou le sujet pensant et sentant *in concreto*, est pour lui-même, à l'œil intérieur de la conscience, quand il veut descendre au fond de lui-même pour s'étudier et se connaître dans sa constitution actuelle, comme étant lui et non *chose*. A la vérité, comme les habitudes premières de l'esprit se trouvent moulées sur le monde extérieur, que le langage surtout substantifie tout ce qui est senti ou conçu, et sensibilise tout ce qu'il substantifie (tellement qu'il entre toujours de l'être, sinon dans toutes nos idées, comme dit Leibnitz, du moins dans tous nos signes), rien n'est plus difficile que cette mise à part du sujet actuel. Tout en se pensant ou se disant *moi*, il ne peut jamais se séparer entièrement de la conception de quelque chose qui est, peut être, ou rester, hors de la pensée actuelle ou du *moi*, et à laquelle le signe même de celui-ci, tend à se transporter. Mais il est curieux de voir les efforts qu'ont faits en tout temps les esprits le plus profondément appliqués à la connaissance intérieure, pour s'affranchir de la tyrannie de ce monde extérieur qui, chassé sans cesse du fond de la pensée, revient toujours avec le langage où il domine exclusivement.

Entendons saint Augustin : « Puisqu'il s'agit de « la nature de l'esprit (du sujet qui s'aperçoit inté- « rieurement), éloignons de notre méditation toutes « les choses que nous ne connaissons que par le de- « hors et au moyen de nos sens, et ne donnons une « attention réfléchie qu'aux choses qui sont immé- « diatement et intérieurement connues par notre es- « prit, et dont il est certain. Car les hommes se sont « partagés de tout temps, l'un s'efforçant de prouver « une chose et l'autre prenant un parti opposé, « quand ils ont voulu examiner si la force que « nous avons de vivre ou de sentir, de vouloir, de « penser, de juger, etc., appartient à l'air, au feu, « à la cervelle, au sang ou aux atômes, ou à un « corps d'une autre nature au-delà de quatre élé- « ments, ou si la cause est uniquement la structure « du corps. Cependant, qui doute s'il vit, s'il sent, « s'il veut, s'il pense? »

Il remarque très-bien que l'état de doute renferme essentiellement le sentiment de l'existence ou des opérations de l'esprit, dont on voudrait feindre de douter, en demandant ce qu'il est ou s'il est; et il continue ainsi : « Ceux qui pensent que notre es- « prit, notre *moi* est ou la contexture des parties « solides, ou le mélange des fluides de notre corps, « veulent que ce *moi* ou ses actes soient dans un su- « jet, et que ce sujet soit une substance comme l'air, « le feu ou quelque autre corps, et que l'intelligence « soit inhérente à ce corps comme une de ses qua- « lités, en sorte que ce corps soit le sujet, et que l'in- « telligence soit dans le sujet. Ils ne considèrent pas, « tous ces personnages, que l'esprit (le *moi*) se con- « naît même quand il se cherche, puisqu'il est cer- « tain avant tout d'exister ou de se sentir, de vou- « loir, d'agir, de penser, et qu'il n'est rien moins « que certain d'être de l'air, du feu, un atôme, une « monade, ni rien de ce qui peut être représenté, ou « conçu par le dehors, comme objet ou chose. Quand « on lui prescrit donc de chercher à se connaître, il est « certain d'y réussir en s'assurant qu'il n'est aucune « des choses ou objets dont il s'enquiert comme « étant ou n'étant pas sa substance, et qu'il est cer- « tainement et uniquement ce qu'il se sent ou aper- « çoit être intérieurement. »

Je ne crois pas qu'on puisse mieux exposer le vrai point de vue psychologique, le vrai principe de la science de nous-mêmes, ou de la connaissance de l'homme, fondée sur le fait primitif de la conscience ou de l'existence intérieure du *moi*, qui se connaît en se distinguant de tout ce qui n'est pas lui.

Observez bien que l'exclusion donnée par le grand

Augustin à tout ce qui peut être conçu comme chose
ou objet dont on peut douter s'il est ou non notre
substance propre, s'applique également à l'âme substance, ou chose en soi, conçue hors de l'aperception interne et actuelle du *moi*, qui se connaît ou se
sait exister *certissima scientia et clamante conscientia*. L'exclusion s'applique à cette substance spirituelle telle que Dieu, qui l'a faite, peut seul la connaître ou la voir du dehors, soit comme ayant dans
son fond des facultés ou des attributs, qui attendent
peut-être pour se développer un autre mode d'existence, ou des conditions et des instruments autres
que ceux qui sont attachés à notre vie présente ; soit
comme modifiée par Dieu même, et à son insu, dans
son fond le plus intime ; soit enfin comme modifiable
à l'infini, ou d'une infinité de manières, que notre
esprit ne saurait embrasser, alors même que l'âme
les aurait toutes éprouvées dans une éternité d'existence ; car nous ne savons rien de tout cela par le
sentiment ni par la raison. Tout absolu échappe invinciblement à toutes les facultés présentes de notre
être. Mais nous savons certainement par conscience
que le *moi* est identique, qu'il perçoit, veut et agit ;
nous pouvons savoir aussi par la raison que la force
immanente, l'énergie radicale et intérieure qui se
manifeste à elle-même par son déploiement actuel,
ne cesse pas d'être ou d'exister, en cessant de se manifester par un effort présent ; nous savons enfin que
c'est là le fond de notre être pensant, essentiellement immatériel, puisqu'il est une force, essentiellement un, simple, actif et libre, comme nous sen-

tons et savons certainement qu'est le *moi* dans son existence relative.

Toute la force du principe de Descartes repose sur le point de vue psychologique si nettement exposé dans le passage de saint Augustin qui vient d'être cité. Je pense, donc j'existe ; je suis infailliblement certain de l'existence de *moi* qui pense, par cela seul que je pense ou que je me sens exister ; et, comme je ne puis douter de ma pensée actuelle, puisque douter même serait une pensée, je ne puis douter non plus de l'existence du sujet qui doute.

Le principe est évident, et offre une base réelle et solide à toute la connaissance humaine ; mais c'est sous une condition, savoir : qu'il n'ait d'autre valeur que celle du fait de conscience, ou d'existence actuellement aperçue ou sentie, exprimé par le premier membre de l'enthymème : *Cogito*. Si l'on ajoute dans le deuxième membre, ou la conclusion, *ergo sum*, un élément nouveau qui n'était pas contenu dans le premier, savoir : la notion de la substance, de la chose pensante dont l'essence est de penser et, par suite, qui pense toujours par cela qu'elle est, quoiqu'elle ne s'aperçoive pas toujours qu'elle pense ou qu'elle existe, dès lors le doute recommence. Il y a lieu à demander d'où vient cet élément, ce principe synthétique. Comment vient-il s'ajouter au fait de conscience et sur quel fondement affirme-t-on de l'âme quelque chose de plus que la pensée actuelle, c'est-à-dire l'existence sentie, *moi* présent ? Ici Descartes franchit hardiment et sans paraître s'en douter, l'abîme qui sépare le relatif de l'absolu. Il confond sous une même forme logique et sous un seul signe, *je*, pris tour à tour dans deux valeurs différentes, la conscience du *moi* qui se joint à toutes nos perceptions, avec la notion de l'être ou de la substance de l'âme, comme elle est en elle-même, et indépendamment de la conscience du *moi*. Mais, comme l'a remarqué profondément depuis le célèbre philosophe de Kœnigsberg, l'analyse la plus subtile de ce sens intime qui nous assure que c'est nous-mêmes qui pensons, n'est pas capable de répandre le moindre jour sur la connaissance de nous-mêmes comme objet hors de la pensée.

Le principe de Descartes affirme une chose du *moi* ou du fait de l'existence, et ce qu'il pose de plus n'étant pas donné par l'aperception, ou par aucune expérience interne ou externe, ne peut y être qu'au titre de notion innée. Reste à savoir si l'analyse est complète.

Le principe de la doctrine de Condillac, plus rapproché peut-être de Descartes qu'on ne le croit généralement, reste au contraire en deçà du fait de conscience et ne s'élève pas jusqu'au *moi* humain, quoiqu'il parte de la notion de l'âme, substance pensante ou sentante, attribuée à son fantôme. Ce point de départ lui fait illusion. Nous trouvons dans la base même sur laquelle se fonde le *Traité des sensations* un exemple éminemment propre à faire entendre la distinction essentielle que nous avons en vue. Cet exemple peut nous montrer aussi combien la notion d'une substance sentante, purement modifiable ou passive, posée *ex abrupto* et sans réflexion, à l'o-

rigine de la science de nous-mêmes, jette d'incertitude, de doute, d'obscurité et d'arbitraire dans la
source même de l'évidence intérieure.

La statue de Condillac est, d'après l'hypothèse,
un homme que l'auteur veut étudier par les détails
et recomposer pièce à pièce. Elle a donc un corps
organisé extérieurement comme le nôtre, et des sens
pareils qui vont s'ouvrir l'un après l'autre, au moyen
d'impressions faites du dehors sur chacun d'eux par
des causes ou des objets ; elle a aussi une force vivante pareille à la nôtre, une âme qui sent seule les
impressions reçues par les organes, et ne les sent
qu'autant qu'elle en est modifiée ou changée dans
son état fondamental ou son être propre.

Telle est la statue, quant au fond de son être, pour
celui qui la voit ou la considère du dehors. Mais demande-t-on ce qu'elle est, ou ce qu'elle va devenir,
pour elle-même, en recevant les premières impressions sensibles, dans son existence intérieure, ou
quant à la manière de sentir cette existence ou ses
propres modifications? Le point de vue change alors,
et l'on ne peut pas s'aider des données de fait, ou des
notions prises dans un point de vue extérieur qui n'a
aucune analogie avec celui où il s'agit de se placer,
pour répondre à la question ou même pour l'entendre.

Par les premières sensations, en effet, la statue ne
peut rien connaître ni au dehors, ni au dedans d'elle-
même; car elle ne peut que sentir, et sentir n'est
pas connaître. Non-seulement donc elle ne connaît
pas, mais même elle ne sent pas son corps ni ses

organes ; car ils sont hors d'elle et distincts d'elle-
même comme tout le reste. On ne saurait non plus
dire qu'elle ait d'abord quelque connaissance, ni
même quelque sentiment obscur de son âme, ou de
sa force propre, comme distincte du corps et des organes, à qui elle est censée unie. On sait combien
cette distinction psychologique est tardive, difficile et
même toujours incertaine pour la plupart des esprits.

Quelle sera donc l'existence intérieure de la statue dans les premières sensations ? Comme elle ne
peut être pour elle-même que ce qu'elle sent,
et comme elle ne se sent et qu'elle ne peut se sentir ni corps ni âme, puisque dans le fait elle n'est
ni l'un ni l'autre, séparément, il impliquerait contradiction de dire qu'elle se sent elle-même modifiée par les premières impressions. De ce que l'âme
est, ou est censée être en soi, une substance modifiée par les impressions, on ne peut conclure, qu'elle
a d'abord le sentiment de son être ainsi modifié.
Aussi Condillac a su se préserver de cette contradiction, quand il dit que la statue n'est d'abord pour
elle-même que sa sensation présente ; qu'elle devient
successivement odeur de rose, d'œillet. Par où il
n'entend pas sans doute que la substance de l'âme
change comme chacune de ces modifications successives. Tout au contraire, c'est bien toujours la même
substance immatérielle qui est censée rester, comme
soutien nécessaire, et lien commun de toutes les sensations qui varient et passent. Mais que fait ici cette
notion d'identité de substance sous la variété des
modes transitoires, puisque ce n'est pas ainsi que

la statue peut jamais se sentir intérieurement, ou exister pour elle-même, quels que soient le nombre ou l'espèce des sensations passives ou modifications adventices de l'âme qui viennent s'ajouter les unes aux autres, ou se combiner comme on voudra le supposer? Certainement, il est impossible de faire ressortir un *moi* ou la personnalité, de toutes ces sensations venues du dehors que la statue devient tour à tour, et avec chacune desquelles son existence intérieure s'identifie complétement, sans être rien de plus pour le sujet de cette existence. Mais il faut louer l'auteur du *Traité des sensations* d'avoir si bien vu, et si positivement établi, qu'en admettant, à titre de notion ou de croyance, plutôt que de science, une âme substantielle, distincte à ce titre de toutes les modifications senties ou non senties, il n'en résultait nullement la distinction de conscience entre le sentiment toujours identique du sujet modifié, et le sentiment variable des modifications ou des impressions sensibles de ce sujet.

Ainsi s'est trouvée nettement posée, par l'hypothèse même de l'auteur du *Traité des sensations*, la ligne de démarcation entre l'être et le connaître, le *ratio essendi* et le *ratio cognoscendi*, appliquée à l'âme, ou à l'homme même tout entier, se prenant pour sujet de sa propre étude intérieure.

Il n'a pas assez bien compris cette distinction essentielle, le disciple de Condillac qui a mérité de se placer à son tour au rang des maîtres, quand il s'exprime ainsi sur le sujet fondamental qui nous occupe : « En refusant de reconnaître la personnalité

« ou le *moi* dans un premier sentiment, Condillac la
« trouve dans un second, un troisième, etc. Car en
« faisant passer successivement sa statue de l'odeur
« de rose à celle d'œillet, etc., elle doit *nécessaire-*
« *ment distinguer elle-même* quelque chose de va-
« riable, et quelque chose de *constant* : or, du va-
« riable elle fait ses modifications, et du constant
« elle fait son *moi* (1). »

Pourquoi donc la statue distinguerait-elle nécessairement en elle-même et avant qu'il y ait pour elle
un dehors, quelque chose qui varie et quelque chose
qui est constant? Est-ce que toutes les sensations venues du dehors ne varient pas? Ne sont-elles pas toutes sujettes, plus ou moins, à varier comme les objets qui les causent? Est-ce que la statue ne s'identifie pas avec toutes? Qu'est-ce donc que ce quelque
chose qui reste et se distingue nécessairement de ce
qui est changé? L'âme, dira-t-on. Je l'accorde bien;
mais pour que la substance sentante reste identique
dans le fond de son être absolu, ne faut-il pas encore
qu'elle se sente ou se sache rester, ou qu'elle ait
le sentiment d'elle-même comme restant? Si l'on en
convient, comme on ne peut s'en dispenser, je demande si ce sentiment fondamental de l'être est une
sensation comme une autre. Dans le cas de l'affirmation, je demande comment il se distingue nécessairement de toute autre sensation, comment il peut se
faire qu'il reste seul identique quand tout passe et
varie. Dans le cas de la négation, il faut donc recon-

---

(1) Leçons de philosophie de M. Laromiguière, tome i.

naître quelque chose en nous qui n'est pas sensation
du dehors. Quel est le sentiment constant de l'être?
d'où vient-il? quand commence-t-il? Il ne vient pas
du dehors, car il ne serait alors qu'une espèce de
sensation comme les autres; et soit qu'il commence
à la première impression, ou à la seconde, ou à la
troisième, comme il ne pourra naître que du fond de
l'âme, ou de l'être sentant, il faudra bien reconnaître qu'il y a quelque chose d'inné, du moins dans le
sens que Leibnitz attache à cette expression.

Le même auteur semble bien le reconnaître aussi,
quand il dit dans un autre endroit : « La preuve cer-
« taine que la statue aurait le sentiment de son exis-
« tence, à la première impression sensible, c'est
« qu'une telle impression, considérée dans l'âme ne
« peut être que cette substance même modifiée d'une
« certaine manière. » C'est bien là l'illusion commune à tous les systèmes métaphysiques qui partent
des notions comme principes, en y subordonnant
les faits, en les altérant, en reniant même ces faits
tels qu'ils sont, tels que l'observation externe ou interne les donne, s'ils ne peuvent se coordonner avec
les notions synthétiques que l'on adopte comme
principes de la science et qui ne devraient en être
que le couronnement particulier.

La doctrine qui nous sert d'exemple, a su se préserver, il est vrai, de ces illusions communes aux
systèmes métaphysiques, mais c'est en se jetant dans
d'autres écarts non moins abusifs et peut-être plus
dangereux encore dans la pratique. Mais, en rentrant dans le point de vue de l'auteur du *Traité des*

sensations, et l'interprétant avec plus de fidélité que le disciple même de Condillac dont nous parlions tout à l'heure, nous dirons que ce je ne sais quoi de permanent ou de constant, dont la statue est dite faire son *moi*, en faisant ses modifications de ce qui varie, doit être non pas, comme on l'a dit, du moins implicitement, dans le passage cité, l'âme qui reste identique quand ses modes changent, ni même le sentiment que cette substance a en même temps, et d'elle-même comme permanente quant au fond de son être et des modifications qui varient; mais bien une sensation. Cette sensation, il est vrai, est d'une espèce toute particulière et *sui generis*, puisque son caractère de permanence et de fixité la distingue essentiellement de toutes les autres sensations qui varient sans cesse avec les objets qui les causent; et puisque cette constance même est une preuve infaillible que l'espèce de sensation ou de sentiment dont il s'agit ne peut avoir d'objet ni de cause hors de l'être sentant. Néanmoins, ce sera toujours, dans le point de vue où nous sommes, un mode de l'âme, mode fondamental, le seul sous lequel cette substance se manifeste à elle-même, le seul avec lequel on puisse dire qu'elle s'identifie, non point en tant qu'elle est ou existe comme chose ou être modifiable, mais en tant qu'elle se sent exister comme *moi* ou comme sujet modifié.

Il s'agit de chercher, à l'aide d'une analyse ou d'une observation appropriée, quel est précisément, entre tous les modes ou produits des fonctions de nos divers sens externes ou internes, celui qui a les caractères de simplicité, d'unité, de permanence, d'identité par lesquels il doit naturellement se distinguer de toutes les sensations ou modifications variables. Nous aurons ainsi une raison suffisante de cette distinction, prise dans le fait même, et sans sortir du domaine des sens ou de l'expérience intérieure, sans remonter jusqu'à la notion même de la substance et de ses attributs, jusqu'à des notions innées, pour en déduire l'explication des faits (*tanquam Deus ex machinâ*). Nous aurons enfin complété les analyses du *Traité des sensations* ou rempli ses lacunes. . . . .

. . . .

Voici un raisonnement pris dans le *témoignage du sens intime* de l'abbé de Lignac : « Tout *effet* qui se « sent exister et qui se sent modifier du dehors, sent « nécessairement et essentiellement l'existence de « sa cause. Or, notre âme est un *effet* qui se sent « exister, qui se sent modifier du dehors dans toutes « ses perceptions, qui sent le fond de son indivi- « dualité identique et toutes ses modalités. Donc no- « tre âme sent nécessairement et essentiellement « l'action et l'existence de sa cause, et dans le sens « intime de son existence et dans toutes ses moda- « lités. »

La majeure de ce raisonnement n'est point primitivement ni absolument vraie; elle ne l'est que consécutivement à certains principes ou données de fait; et cette condition c'est que l'être qui se sent modifier du dehors, ait d'avance le sentiment ou l'idée de sa propre causalité. En ce cas seulement, il peut mettre hors de lui l'antécédent du rapport de causalité, quand il se sent modifier malgré lui ou indépendamment de son action, c'est-à-dire quand il éprouve des modifications adventices dont il n'est pas cause.

Mais il faut bien entendre, en premier lieu, que cette aperception du rapport de causalité renversé, présuppose la constitution personnelle du *moi*, dans le rapport direct, naturel et primitif, où le *moi* est et se sent, dans son effort, cause productive du mouvement. Anéantissez cette aperception première, et l'être sentant ne percevra aucune de ses modifications, comme l'effet d'une cause extérieure. D'où il suit que la majeure du raisonnement ci-dessus doit s'interpréter ainsi qu'il suit : Tout être actif et libre qui a le sentiment de sa propre action, c'est-à-dire de lui-même comme force agissante, et qui éprouve ou perçoit des modifications qu'il ne fait pas et dont il n'est pas cause, sent nécessairement et essentiellement ces modifications comme effets d'une cause étrangère ou extérieure à lui. Or, notre âme sentant le fond de son individualité identique au titre de force active et libre, sent de plus des modalités passives ou qu'elle ne produit pas. Donc notre âme perçoit nécessairement et essentiellement l'action et l'existence de quelque force ou cause extérieure dans toutes les modifications dont elle n'est pas cause elle-même.

Il faut bien entendre, en second lieu, que le raisonnement ci-dessus exclut l'existence de toute aperception directe de l'être absolu, de la substance

même de l'âme, comme existant absolument en soi,
ou comme effet relatif à une cause créatrice ou productive en substance. Car, si l'âme ne s'aperçoit ou
ne se manifeste à elle-même par la conscience, qu'au
titre de force agissante, ou qui produit librement l'effort et le mouvement, il répugne que cette force une
et identique soit ou s'aperçoive actuellement comme
effet d'une autre cause. Ce serait, en effet, lui ôter
et lui donner en même temps la libre activité qui
fait son essence. Une force passive est inintelligible.
A la vérité, on peut entendre qu'un être pensant,
même agissant et libre, soit passif en ce sens qu'il
ne s'est pas donné l'être, qu'il ne se conserve pas et
qu'il ne se modifie pas non plus lui-même. Sous les
deux premiers rapports, la passivité de notre être est
certaine, en tant que la raison seule, sans la foi, peut
démontrer qu'une substance quelconque a besoin
d'une cause extérieure à elle pour commencer et
continuer à être ou pour durer. Et c'est là que les
raisonnements systématiques, ne roulant que sur
des notions ou des définitions logiques, peuvent n'offrir qu'un tissu de propositions verbales de même
nature, tissu admirable par l'enchaînement et la
liaison étroite des parties, mais nul quant à la vérité
ou la réalité des choses qu'il s'agirait d'établir, ou
de connaître en elles-mêmes. Ce que nous savons
bien, *certissima scientia*, c'est que l'âme ne peut
avoir aucun sentiment ou aperception d'elle-même à
titre de substance passive, comme être durable, subsistant en soi, ni dans ses modifications adventices
variables, sous lesquelles nous croyons actuellement

que subsiste le fond du même être absolu. La conscience ne dit rien là-dessus.

Condillac a raison : l'âme qui est une substance
simple, identique, immortelle, douée de tant de
belles facultés aux yeux de celui qui l'a faite, n'est
rien pour elle-même, quand elle ne sent pas, quand
elle n'est pas modifiée par quelque cause étrangère
à elle-même. Comme elle s'identifie successivement
avec toutes ses modifications adventices, elle ne peut
se distinguer d'aucune ni se sentir ou se connaître
dans son fond. Elle n'est point, elle ne deviendra
jamais pour elle-même une personne individuelle,
un être à part de ses sensations. Comment donc entendre que l'âme est une substance modifiée, si la
conscience n'en dit rien, et si aucun fait, aucune expérience externe ou interne ne le manifeste, et si
d'ailleurs le raisonnement abstrait qui ne s'appuie
sur aucun fait de l'un ou l'autre ordre, ne peut
amener qu'à des conclusions logiques, indépendantes
de la vérité et de la réalité des choses comme elles
sont ? Vainement opposera-t-on au point de vue de
Condillac et de son école qu'il répugne de supposer
des modalités quelconques sans une substance ou un
sujet d'inhérence, car il ne dit pas le contraire ; et,
en faisant de sa statue un être pensant, il lui attribue nécessairement une âme sentante avec un corps.
Il croit bien aussi que cette âme était quelque chose
avant de commencer à sentir, et qu'elle n'est pas
anéantie quand toute sensation cesse. Tout ce qu'il
dit, c'est que, hors de la sensation, l'âme est pour
elle-même comme si elle n'existait pas. Et il est im-

possible de le démentir, à moins qu'on ne suppose que la substance sentante a un sentiment permanent du fond de son être, à part toute modification. C'est ce que les Cartésiens reconnaissent sous le titre de pensée substantielle. Mais ce n'est là qu'une hypothèse forcée, contraire au fait de sens intime et au caractère essentiellement relatif de ce fait ; car il ne peut y avoir de pensée ni de sentiment actuel d'un absolu, et l'absolu lui-même devient relatif dès qu'il est senti ou pensé.

Cependant nous n'en sommes pas moins forcés de reconnaître deux vérités qui sont le fondement de toute psychologie :

La première, c'est qu'il y a un sentiment ou une aperception du *moi*, un, identique, permanent, dans toute la succession et la variété de nos impressions sensibles, qui reste distinct de toutes ces impressions et qui ne se confond avec aucune, tant que l'homme a le *conscium suî*, le *compos suî*, c'est-à-dire tant qu'il veille ou qu'il n'est pas fou.

La seconde vérité fondamentale, c'est qu'en même temps que le *moi* se sent ou s'aperçoit comme distinct, non-seulement des autres existences, mais encore des sensations qu'il localise ou rapporte à son corps, il doit se prendre lui-même pour un être durable, qui était avant, qui sera encore après la conscience qu'il a de lui-même et de la modification actuelle. Le *moi* sent en effet qu'il ne commence pas à être en commençant à se sentir, et son existence personnelle lui apparaît non comme une création subite, mais comme la continuation d'une vie qui était avant de se manifester à la conscience ou par elle. On ne peut certainement pas dire que le *moi* aperçoive le fond de son être, hors de sa manifestation, ou de la conscience présente qu'il a de lui-même, ou qu'il s'aperçoive comme substance distincte de la modification présente ; car la substance ne peut être conçue que du dedans au dehors, et il n'est point ici question du dehors, puisqu'il ne s'agit que de nous-mêmes et que le *nous-mêmes* ne peut se connaître du dehors comme objet, pas plus qu'un homme ne peut se mettre à une fenêtre pour se voir passer.

Nous n'apercevons donc pas l'être substantiel, mais nous croyons qu'il est ; et nous le croyons immédiatement et nécessairement sans aucun acte de raisonnement. Le *donc je suis* qui conclut de la pensée actuelle l'être absolu de la chose pensante, est une pure illusion logique. L'existence du *moi* actuel et la croyance à l'être pensant peuvent être deux faits collatéraux, ou deux éléments indivisibles du même fait de conscience, mais certainement le second n'est pas déduit du premier et il n'est point de passage de l'un à l'autre. Toute opération, tout effort de l'esprit tendant à prouver une première réalité absolue par l'intermédiaire d'idées ou de conceptions qui ne renferment pas essentiellement cette réalité est une tentative vaine et illusoire. C'est là ce qui a fait les sceptiques de tous les siècles. Ce que nous croyons nécessairement, nous ne le savons pas.

Croire n'est pas savoir. Ce que notre esprit croit universellement et nécessairement, il ne l'a pas fait ;

or il ne sait que ce qu'il fait ou peut faire ; et ce qu'il a
fait, comme ses idées générales, ses classifications,
sa langue, ses combinaisons arbitraires, il n'y croit
pas et ne peut y croire comme à des choses existan-
tes . . . .

. . . . Le Leibnitzianisme tout entier repose
sur ce principe : que toute substance est essentiellement active, ou a en elle-même la force constitutive
qui détermine tous les changements opérés en elle
ou par elle, tous les passages continus d'un mode
ou d'un état donné à un autre mode ou à un autre
état, et cela sans aucune provocation extérieure. Les
conséquences sont rigoureuses et le système est parfaitement lié dans toutes ses parties. Mais le tout repose sur un principe de définition ou sur une notion hypothétique. Si l'influence physique ou l'action réciproque des substances est impossible dans
le point de vue de Leibnitz, c'est que tout dans l'univers et le *microcosme* en particulier, se résolvant en
forces actives, chacune à leur manière, nul être ne
peut recevoir du dehors ce qu'il a en lui-même.

Dans le point de vue de Malebranche au contraire,
où toute substance est essentiellement passive et purement modifiable, aucune action n'appartient aux
créatures ; nul être créé ne peut agir ni influer directement ou physiquement sur un autre pour le
mouvoir ou le changer. L'âme n'agit donc pas réellement sur le corps ; ce n'est pas elle qui lui donne

le mouvement par quelque force efficace qui soit en elle; car, de même qu'un être ne peut recevoir ce qu'il a en lui, comme l'entend l'auteur du système de l'*Harmonie préétablie*, il ne saurait donner ou communiquer ce qu'il n'a pas : d'où l'*Occasionnalisme* de Malebranche. Les deux principes opposés aboutissent donc au même résultat, savoir : à l'impossibilité de l'influence physique et du pouvoir qu'a l'âme de remuer le corps.

Mais ce résultat ne saurait avoir une valeur autre que celle du principe dont il dépend. Or ce principe est tout entier dans la définition même de la substance prise au titre universel, soit comme absolument et exclusivement active, soit comme absolument et exclusivement passive. Mais comment savons-nous d'abord qu'il y a hors de nous des substances réelles conformes à nos idées, et ensuite que ces substances sont toutes actives et pouvant tout tirer d'elles-mêmes, sans rien recevoir du dehors, ou toutes passives et n'ayant rien qu'elles ne reçoivent actuellement de la cause unique suprême, qui les créa et les crée encore à chaque instant en les conservant ou les modifiant? Toute notre science à cet égard se réduit à des hypothèses, ou à des vérités de définition, et toujours il reste vrai, en dépit de tout système, que le sujet *moi* qui peut, veut et agit, ou fait effort pour produire un mouvement ou un effet quelconque, est la vraie, l'unique cause actuelle, intérieure du mode qu'il s'attribue à ce titre, par le fait de conscience.

A cette occasion, Descartes dit supérieurement

dans une de ses lettres : « Que l'esprit qui est in-
« corporel puisse mouvoir le corps, il n'est ni rai-
« sonnement ni comparaison tirée d'aucune autre
« chose qui nous le puisse apprendre, et néanmoins
« nous le savons d'après l'expérience certaine, évi-
« dente qui nous le manifeste intérieurement à cha-
« que instant de notre vie. » Pourquoi donc raisonner et faire des hypothèses, quand il ne s'agit que de
sentir, d'apercevoir ce qui se passe au dedans de
nous? Serait-ce donc des hypothèses, des notions *a
priori*, ou des définitions qui pourraient altérer l'é-
vidence de cette vérité d'expérience intérieure? Que
la métaphysique explique comme elle pourra les faits
psychologiques ou de sens intime, mais qu'elle ne
vienne pas les démentir comme des illusions, ou de
purs phénomènes sans consistance; car les faits d'expérience intérieure, portant avec eux leur lumière,
ont aussi par leur nature une autorité antérieure et
supérieure aux notions des êtres, auxquels ils peuvent seuls communiquer la valeur réelle et le crédit que l'esprit leur attribue. Loin donc de juger la
vérité des faits de sens intime, d'après des notions
absolues, semblables à celles qui servent de fondement aux systèmes dont nous parlions tout à l'heure,
il faudra juger de la réalité des notions d'après les
faits d'expérience intérieure et les réputer fausses si
elles sont en désaccord avec eux. La marche contraire suivie par les métaphysiciens a produit toutes
les illusions et les contradictions des systèmes. Si
les hypothèses physiques et astronomiques ont besoin de se justifier par leur accord avec les faits de

la nature, il y a une nature intérieure dont les faits
sont encore plus évidents, l'autorité plus infaillible.
Pourquoi donc le métaphysicien ne serait-il pas en
présence du sens intime, ce qu'est l'astronome en
présence du ciel étoilé?

Leibnitz l'a très-bien reconnu lui-même dans ses
Nouveaux essais sur l'entendement humain, où il dit
expressément que « si les expériences internes im-
« médiates ne sont pas certaines, il ne peut y avoir
« aucune vérité démontrée. » Il ajoute : « Les scep-
« tiques gâtent tout, en voulant étendre leurs doutes
« jusqu'à ces premières expériences » Voilà ce qu'il
ne fallait jamais oublier.

Certes, le principe d'où Descartes déduit, dans ses
Méditations, la distinction essentielle des deux substances dont la liaison constitue l'homme, aurait moins
prêté le flanc à tant et à de si fortes attaques du matérialisme et du scepticisme, si, au lieu de se fonder
sur l'absolu de la substance, ou de l'être spirituel en
soi, l'auteur des *Méditations* eût donné à son principe
toute la valeur du fait primitif de sens intime, et s'il
ne lui eût donné d'abord que cette valeur seule, en
montrant que la distinction entre les deux substances, ou entre l'absolu du sujet pensant et l'absolu de
l'objet pensé, hors de l'acte même de la pensée ou de
la conscience, en était la conséquence ou l'induction
nécessaire. Or c'est là ce qui me semble pouvoir être
établi avec une force supérieure à celle de la pure
logique, par le raisonnement psychologique suivant:

Si le sentiment d'une force agissante, ou librement
exercée dans la production d'un mode quelconque

intérieurement aperçu ou senti comme l'effet ou le produit de cette force, ne peut être tel qu'il est dans le *moi* actuel, ou le fait de conscience, à moins qu'il n'existe une force absolue, ou une substance active perdurable, liée dans le temps avec une substance passive, apte à recevoir de la force ces modes spécifiques que le *moi* aperçoit seul intérieurement, sous le rapport de l'effet à la cause ou à la force productive ; — il s'en suivra nécessairement que les deux substances active et passive, ou la force immatérielle de l'âme et la substance corporelle, existent réellement, chacune en soi, et de plus sous la relation de l'effet produit à la cause productive.

Or, le fait primitif de la conscience, ou le *moi* de l'homme n'est autre que ce sentiment d'une force agissante et identique, qui se sent intérieurement distincte de certains modes ou effets temporaires, qu'elle produit librement, ou sans aucune provocation extérieure ; et ce sentiment ne saurait être tel qu'il est, ou le *moi* ne pourrait être tel qu'il est pour lui-même, s'il n'y avait pas réellement deux substances distinctes (une force immatérielle distincte d'un corps matériel) liées entre elles essentiellement sous la relation de la cause à l'effet.

Donc l'âme et le corps existent réellement et distinctement l'un de l'autre, quoique intimement liés entre eux, sous la relation de la cause à l'effet ; et le fait primitif de conscience est à la fois l'expression et la preuve du fondement de la relation de causalité hors du *moi,* et de la réalité absolue des deux termes de cette relation.

La majeure de ce raisonnement a besoin d'être prouvée. Elle ne peut l'être que d'une seule manière, savoir comme fait, par l'observation ou la réflexion intérieure qui remet en évidence ce que l'habitude, ou tout le bruit du dehors nous empêche d'apercevoir au dedans de nous. C'est ce que nous tâcherons de faire bientôt. Quant à la mineure du raisonnement, elle est l'expression d'une croyance nécessaire, qui n'est pas susceptible de preuve et n'en a pas besoin, lorsque la condition est posée ou lorsque le sujet à qui cette croyance s'attache nécessairement, est donné en fait. L'homme n'a pas l'aperception immédiate interne de l'être absolu de son âme, pas plus que de son corps; mais dès qu'il a le sentiment du *moi*, celui de la force exercée par sa volonté sur un terme inerte et mobile distinct de cette force même qui ne peut se localiser ni se figurer en dehors, il lui est impossible de ne pas croire à la réalité absolue et perdurable de cette force et de son terme d'application, alors même que le sentiment cesse ou est suspendu.

Enfin la conclusion du raisonnement, la vérité des prémisses étant admise, paraît devoir être à l'abri des attaques du matérialisme et du scepticisme. Elle prouve :

1° D'abord, contre Descartes lui-même, que nous ne sommes ni plus ni moins assurés de l'existence réelle de notre corps, que de celle de notre âme.

2° Que la réalité des deux substances qui constituent l'homme, et par suite les autres êtres immatériels et matériels, ressort du même principe, de la

distinction immédiate du fait de la conscience ou de
l'existence du *moi*.

3° Qu'ainsi ce n'est point la liaison des deux substances ou celle de la force agissante et de son terme
d'application immédiate qui fait le grand mystère
de l'humanité, ou le grand problème de la psychologie. Cette liaison étant une donnée primitive de la
conscience ou de l'existence de l'homme, le mystère
serait plutôt dans la possibilité ou la nécessité même
de concevoir ou de croire, la réalité absolue de chacun des termes séparés l'un de l'autre, problème
vraiment insoluble *a priori*, si le fait de conscience
ne servait pas d'antécédent et de preuve justificative
à la croyance de l'absolu.

4° Que la grande relation de la cause à l'effet, fondamentale de toute science, l'est aussi de toute existence, à partir de celle du *moi* qui n'existe pour lui-
même qu'à titre de cause libre ou de force productive
de certains effets.

5° Que la notion universelle et nécessaire de causalité, prise hors du *moi*, ne doit être considérée ni
comme infuse à l'âme à titre d'idée innée, ni comme
formée d'après quelque représentation extérieure,
mais comme ayant son type essentiel et primordial
dans la liaison même de l'âme et du corps, où elle
s'appuie également sur le fait de conscience qui seul
en justifie la réalité absolue.

6° Enfin, que le sceptique qui nie la réalité absolue des causes, ou qui cherche à les confondre avec les
phénomènes transitoires, renie non-seulement toutes
les existences étrangères, mais même la sienne

propre... Quand on compare tous ces appareils de principes, d'âmes, d'esprits, de démons, de facultés, de formes, etc., employés dans les anciennes écoles pour expliquer notre humanité considérée sous tant de rapports ou de faces diverses, à la simplicité où nos modernes prétendent avoir réduit l'étude de l'homme, on se demande si cette science a fait réellement des progrès tels qu'on soit parvenu, à l'aide des faits mieux vus, rapprochés, comparés, saisis dans leurs analogies, à réduire ainsi le nombre des principes et à systématiser la science d'une manière plus parfaite. Mais, quand on vient à comparer de bonne foi, et avec une réflexion suffisante, l'ancienne philosophie à la nouvelle, l'on ne saurait s'empêcher de reconnaître que la simplicité, l'espèce de clarté dont se vante notre idéologie moderne, bien loin d'être due à une connaissance plus approfondie des faits de l'homme et à plus de précision ou de véritable simplicité apportée dans la manière de les observer et de les classer, d'après des analogies exactes et rigoureuses. Cette clarté tient plutôt à l'emploi d'une certaine méthode abstraite et hypothétique, fondée sur le besoin et le parti pris d'avance de simplifier le langage, ou de n'avoir recours qu'au plus petit nombre de termes et de formules les plus symétriques, pour former ce qu'on appelle la science : science logique ou conventionnelle où l'on croit tout expliquer à force d'abstraire, de dissimuler ou de dénaturer les choses ou les faits rebelles aux catégories formées d'avance.

Ceux qui tiennent à la simplicité, à la clarté des

principes et du langage d'une philosophie qui prétend tout réduire à la sensation, pourront se récrier ou se moquer peut-être d'un tel jugement. Mais ceux qui ont pris un parti absolu à cet égard peuvent se dispenser d'aller plus loin. Je prie les autres de suspendre leur jugement jusqu'au bout, mais d'abord de relire avec attention les ouvrages sortis de l'ancienne école de Platon ou des métaphysiciens d'Alexandrie, les ouvrages de Descartes, Malebranche, Leibnitz; qu'ils reprennent en sous-œuvre les distinctions, je ne dis pas seulement de principes abstraits, mais de faits incontestables que l'observation interne et externe de l'homme ne permet pas de nier; qu'ils cherchent sérieusement par quel tour de force logique ils parviendront à exprimer tant d'éléments, de facultés de diverses natures, par un seul terme tel que *sensation, faculté de sentir*, en s'assurant toutefois qu'ils n'ont pas confondu ou rapproché dans la même classe les choses les plus disparates et les plus hétérogènes par leur nature. Peut-être seront-ils alors moins éloignés de reconnaître la nécessité d'exprimer et de consacrer par le langage les distinctions de principes et de faits réels de natures diverses que la véritable science de l'homme consiste précisément à distinguer, ainsi qu'on pourra s'en assurer par cet ouvrage.

L'homme a la conscience d'une foule de choses qui se passent ou se font en lui, sans lui, ou sans qu'il y participe par sa volonté. Ce qu'il fait, même en lui, ou dans son corps, le sachant et le voulant, comme les mouvements qu'il opère par le vouloir,

il ignore absolument par quel moyen ou de quelle
façon il l'opère, il ne connaît pas même l'objet matériel ou l'organe sur lequel sa volonté se déploie.
Ce qui se produit en nous, sans nous, ou sans notre
consentement, on a été naturellement conduit à l'attribuer à des causes ou des forces animées d'inten-
tions bonnes ou nuisibles, conçues à l'instar de notre
moi. De là les dieux ou les démons bons ou mauvais, dont des écoles, même très-savantes, ont fait un
grand usage pour expliquer l'homme et tout ce qu'il
y a de plus extrordinaire, de plus mystérieux en lui.
Mais l'application du principe de causalité s'est
trouvée en défaut, quand, remontant au-dessus du
moi, la philosophie a cherché ailleurs que dans la
force propre constitutive de ce *moi* la cause des mouvements volontaires, en se fondant uniquement sur
ce que l'esprit de l'homme ne connaît pas les termes
organiques sur lesquels il exerce son action volontaire.

Sur ce point fondamental, il me semble qu'on ne
s'entend pas; et il est extrêmement difficile de bien
entrer dans le point de vue que je crois le plus vrai
et le seul conforme à la vérité subjective et objective
en même temps. Les philosophes orthodoxes qui reconnaissent et croient établir le plus solidement la
distinction de l'âme et du corps, considèrent ces
deux substances comme naturellement séparées par
l'incompatibilité de leurs attributs essentiels, savoir,
d'un côté la pensée, et de l'autre l'étendue; ils trouvent bien là une sorte d'explication ontologique de
l'unité et de l'identité permanente du *moi*, ou de la

personne, qui n'est autre, disent-ils, que l'âme même.
Mais ce n'est point une unité abstraite, absolue, qui
peut servir de principe, ou de point de départ à la
science de nous-mêmes, mais bien l'unité de la conscience, ou du même *moi*, ou le fait même d'existence
de la personne humaine. Or, cette unité, ce fait de
l'existence de l'homme, n'est certainement pas celle
de l'âme séparée, non plus que celle du corps séparé ; elle n'est pas davantage le composé substantiel de ces deux substances ; autrement le *moi* ne serait plus un et simple, la personne serait pour elle-
même, et en soi, une dualité composée d'âme et de
corps, pensante et étendue à la fois, pensée matérielle, ou matière pensante indistinctement, ce qui
est absurde et contraire au fait même de la conscience. Le fait de la conscience, ou de l'existence
du *moi*, le premier acte de la pensée, consiste précisément, en effet, à se distinguer de tout ce qui est matière ou étendue ; et comme tout ce que nous appelons matière en soi ne peut se manifester que comme
objet de la pensée, distinct et séparé du sujet pensant, ou encore comme terme de résistance à une
action, distinct et séparé du sujet qui agit et meut,
admettre l'union substantielle de la pensée avec la
matière, dans le fait de la conscience du *moi*, c'est
détruire ou anéantir ce fait, c'est ériger en principe
une contradiction, un pur néant, un non-sens. Ce
n'est donc pas une unité absolue, ou substantielle,
qui peut être le point de départ de la science d'un
sujet mixte tel que l'homme, ayant conscience de lui-
même, ou de son unité permanente, dans le temps.

En partant de ce fait de conscience, il est bien vrai qu'on part du simple ou de l'un; mais c'est cette con-science même, ou le sentiment d'existence indivi-duelle, qui est un et simple, quoique cette existence substantielle, ou prise dans l'absolu, et telle que peut la voir du dehors un autre être intelligent, soit peut-être composée de deux ou plusieurs substances.

Supposons donc qu'en effet, notre humanité, telle que nous la sentons, ou telle que la conscience la manifeste intérieurement à titre de personne hu-maine, soit un composé de deux substances, unies ou liées l'une à l'autre par un lien ineffable. Ce lien substantiel sera nécessairement un rapport quel-conque, sinon de contiguïté ou de contact, comme de corps à corps, du moins de coexistence, de subor-dination, de correspondance, d'harmonie préétablie, enfin d'action et de réaction, de cause et d'effet. Or le fait de conscience, tel qu'il est en nous, n'emporte avec lui aucun sentiment du rapport de deux êtres distincts, unis, existant chacun en soi, se correspon-dant et formant ensemble une harmonie. Le véritable et l'unique rapport qui constitue ce fait de conscience ou l'existence même du *moi,* un et identique, est bien, à la vérité, celui d'une action, c'est-à-dire celui d'un sujet ou d'une force qui agit et se manifeste par un effet ou mode produit; mais le sentiment un de ce rapport subjectif n'est pas encore celui de la liaison de deux substances qui seraient entre elles dans le rapport objectif de cause à effet. Seulement l'un mène à l'autre; et ce n'est qu'en s'appuyant sur le premier, comme base ou principe de fait de la science humaine, que l'entendement pourra s'élever au second, comme nous essaierons de le montrer.

Remarquons bien, en attendant, que si l'on peut dire, dans le point de vue absolu, que le *moi* de l'homme n'est autre que l'âme, unité absolue, spirituelle, accidentellement unie au corps, ou même considérée dans l'état de séparation, il n'en est pas moins vrai que la conscience de ce *moi*, ou ce *moi* lui-même, en tant qu'il existe pour lui intérieurement, à titre de personne humaine, est tout entier dans le sentiment du rapport d'une force à son produit, ou d'une cause qui se sent ou s'aperçoit actuellement comme cause, à son effet senti ou perçu intérieurement comme effet. C'est ce sentiment de rapport qui est un et parfaitement simple, en tant que ces deux termes, quoique distincts, n'en sont pas moins indivisibles dans le fait ou le sentiment unique de *moi*, qui ne serait plus tel, si, d'une part, les deux termes cessaient d'être distincts, ou se réduisaient en un, et, d'autre part, s'ils étaient séparés ; car, sans l'effet senti comme effet, la force n'existerait pas pour elle-même, ou comme cause (terme essentiellement relatif), et, réciproquement, sans le sentiment de la cause s'apercevant elle-même intérieurement, il n'y aurait point d'effet produit ni senti.

Voici donc nos premiers principes psychologiques :

1° Le fait primitif de conscience, qui sert de base à la science de l'homme, est tout entier dans le sentiment simple et identique d'un rapport de cause à effet.

2° Les deux termes distincts de ce rapport sont indivisibles, et ne peuvent même être conçus séparés, sans que le rapport soit détruit. En ce cas la personne humaine disparaît : le sujet et l'objet de la science de l'homme changent entièrement de nature, il n'y a plus de sujet d'étude ou d'observation intérieure qui serve à l'esprit de point fixe pour s'élever plus haut ; tout commence par une hypothèse, ou par quelqu'une de ces notions universelles et nécessaires, dont on ne sait d'où elles viennent, comment et à quel titre l'entendement les possède.

3° Si l'homme peut s'étudier et se connaître tel qu'il est, ou exister à sa propre vue intérieure, ce n'est donc ni comme âme séparée ni comme corps, ni même comme une certaine âme unie d'une manière quelconque, mystérieuse à un certain corps, qu'il peut s'étudier et se connaître ainsi en dedans. Toute la connaissance intérieure est limitée par sa nature même, ou son genre unique, à la conscience d'une force constitutive vivante et actuellement agissante, manifestée par quelque mode ou changement intérieur senti ou aperçu comme effet.

4° Demander que la conscience, ou le sentiment intérieur de cet effort, prenne un caractère d'objectivité ou de représentation extérieure, c'est détruire le *moi*, qui ne peut rien connaître au dehors, sans se connaître ou se sentir ainsi lui-même intérieurement ; c'est chercher à se voir du dehors en dedans, prendre pour se voir d'autres yeux que les siens et se chercher là où il n'y a plus de *soi*.

5° Nous pouvons apprécier dans ce point de vue

cet argument que de grands philosophes ont cru pouvoir tirer du défaut de connaissance objective des parties intérieures du corps soumises à l'influence motrice de cette force *moi*, appelée volonté, contre l'efficace de cette influence, ou même contre la réalité absolue de cette force. . . . . .

Bossuet dit du Verbe de Dieu qu'il est créateur de tout, non point par effort, mais par un simple commandement et par sa parole : « Il a dit, tout a « été fait; il a commandé, tout a été créé. » C'est bien vainement qu'on prétendrait assimiler la production du mouvement corporel par le vouloir, à ce simple commandement créateur ; car il y a certainement dans l'exercice de notre force motrice, un effort, quelque inertie, quelque résistance matérielle vaincue. La parole ne suffit pas. J'aurai beau dire ou ordonner à ma jambe de se mouvoir, désirer même qu'elle se meuve spontanément : cet ordre, ce vœu ne seront point accomplis. Il faut un vouloir actif, un effort indivisible, instantané; il faut que je fasse moi-même, ou que ma force propre agisse elle-même, et non pas seulement qu'elle ordonne, commande, désire. Aussi, la formule de la volonté ou de l'*intelligence servie par des organes* (1), n'est-elle pas heureuse, quoi qu'on en ait dit. Elle

---

(1) Voyez ci-devant l'examen critique des opinions de M. de Bonald.

dénature, plutôt qu'elle n'exprime, le fait de la conscience. L'âme n'est jamais servie à propos par ses organes. Le plus grand nombre n'obéit pas même à son action; mais elle se sert efficacement de certains organes qui obéissent en effet, non pas à son commandement, mais à son effort. L'intelligence a été mal à propos séparée de la volonté agissante; car, sans cette volonté première, ou sans la libre activité, il n'y aurait pas d'être intelligent; mais la même âme, la même force agissante, exécute, en vertu d'idées acquises ou conçues intérieurement, les mouvements ou moyens nécessaires pour atteindre le but qu'elle s'est proposé.

« Quel prodige, dit Fénelon, mon esprit comman« de à ce qu'il ne connaît pas et qu'il ne peut voir, « à ce qui ne connaît point et qui est incapable de « connaissance, et il est infailliblement obéi. Que « d'aveuglement! que de puissance! L'aveuglement « est de l'homme, mais la puissance de qui estelle? » Dans le mouvement volontaire, l'esprit ne se borne point à commander : il conserve, d'après l'expérience acquise, les souvenirs des actes voulus et antérieurement exécutés. En vertu de ces déterminations, l'âme répète les mêmes actes, continue le même effort; on ne peut dire qu'elle veuille ou fasse ce qu'elle ne connaît pas : car ce qu'elle veut faire et ce qu'elle fait réellement, c'est le mouvement et l'effort qu'elle connaît très-bien, ou dont elle a une idée, une connaissance expérimentale. L'âme, dis-je, veut le mouvement qu'elle fait avec connaissance et sentiment d'elle-même; elle ne veut

pas le jeu de tous ces ressorts organiques, nerveux
ou musculaires, qu'elle ignore parfaitement, ou dont
la connaissance, la représentation objective, lui serait tout à fait inutile. En effet, le plus grand physiologiste ne veut pas mouvoir ou ne meut pas son
corps autrement que le paysan le plus ignorant.
Mais aussi, qui nous assure que le mécanisme des
mouvements volontaires est le même que celui des
mouvements animaux ou instinctifs? Il y a une certaine manière ineffable dont l'âme se rend présente
aux fonctions des organes et aux impressions sensibles, dont alors elle a conscience, en les rappor-
tant au corps et les localisant dans les parties. Il y
a une autre sorte de présence plus expressément
active, dans laquelle l'âme a la double conscience
d'un effort, qu'elle seule commence et continue par
sa force propre, et de certains modes ou mouvements qu'elle sent aussi dans le corps organique, et
qu'elle reconnaît de plus comme effets ou produits
de sa force. La physiologie nous apprend à distinguer les conditions de ces mouvements libres, voulus, accompagnés d'effort et auxquels l'âme, le *moi*
se rend toujours présent, en tant qu'il se les attribue comme des créations de son vouloir. Mais dire
comment ces conditions sont mises en jeu par l'action de l'âme, n'est guère plus possible que d'expliquer généralement comment l'âme se rend présente
aux fonctions du corps ou aux résultats de ces fonctions dont elle a conscience. Nous savons seulement
que, dans les mouvements volontaires auxquels
l'âme se rend présente comme les opérant elle-

même par son effort voulu, il faut une condition de
plus que dans les impressions sensibles auxquelles
elle se rend présente sans les produire en aucune
manière.

Supposez que l'âme fût dans le corps comme un
pilote dans son vaisseau, dont il connaît parfaitement toutes les parties et le mécanisme ; en ce cas,
elle emploierait sa force à mettre en jeu successivement ou à la fois toutes les fibres nerveuses destinées à opérer les contractions et les mouvements des
muscles ; elle percevrait ou jugerait du dehors les
produits de l'application de sa force, ou ne les sentirait tout au plus que comme l'écuyer sent les mouvements du cheval qu'il manœuvre. En ce cas, ce que
l'âme voudrait et ferait, c'est le jeu intérieur de
ressort qu'elle ne connaît ni ne sent, ni ne veut dans
notre état actuel. Elle aurait la prévoyance expérimentale du but de son action ou du mouvement final, qui ne serait plus le terme immédiat de son
vouloir. Ainsi nous ferions, si tout l'appareil des
nerfs et des muscles se représentait à notre esprit
toutes les fois qu'il s'agit de mouvements volontaires
à exécuter : les mouvements deviendraient tout à
fait externes, nous en jugerions comme de ceux d'un
autre. Mais qui ne voit que cet acte simple et immédiat de l'âme, que nous appelons vouloir et effort,
disparaît et change de nature dans cette hypothèse ?

On peut concevoir que le premier homme avait
été créé de manière que son corps obéît immédiatement, et en vertu de son mécanisme propre, aux
commandements de son âme, sans que cette force

intelligente eût besoin de s'exercer ou de s'appliquer à lui pour le mouvoir. C'est dans ce cas seulement qu'on pourrait définir l'homme une intelligence servie par des organes obéissants. Mais le joug qui pèse sur les enfants d'Adam impose à l'âme un corps le plus souvent indocile à gouverner, qu'elle est appelée à diriger et à mouvoir elle-même avec effort et labeur.

II

DIVERSES CLASSES DE MOUVEMENTS.

Les vains efforts tentés par un des physiologistes les plus distingués de nos jours pour faire rentrer les produits immédiats de la volonté dans le cadre symétrique qu'il forme des fonctions ou des propriétés vitales, font ressortir avec une clarté nouvelle le caractère vraiment hyper-organique et sur-animal de cette force intelligente, dont les actes ou les attributs spéciaux se distinguent si éminemment de tout ce qui peut être rapporté aux fonctions de l'organisme ou de l'animalité.

Après avoir distingué deux espèces de sensibilité, l'une organique, l'autre animale, différentes entre elles seulement par la proportion ou le degré d'intensité, ou, comme il dit, la dose de la même force ou propriété vitale, Bichat transporte dans les modes de la contractilité musculaire le même caractère spécifique, la même base de classification physiolo-

gique. En conséquence il devait distinguer une contractilité purement organique, ou insensible, et une
contractilité sensible ou animale. Mais comme alors
il reconnaissait très-bien que les contractions ou
mouvements volontaires renferment quelque chose
de plus que la contractilité même sensible, et doivent former une classe à part, ce fut à cette classe
qu'il se détermina à transporter le titre spécifique
de contractilité animale; comme si les effets sensibles formaient deux subdivisions de la même contractilité organique, l'une animale, l'autre sensible;
comme si cette dernière ne devait pas être considérée comme animale, d'après la convention même,
qui avait servi à établir les deux espèces de sensibilité ; comme si la volonté humaine surtout n'était
autre chose qu'une propriété vitale, ou une fonction
animale. Mais; tout en s'appuyant sur une classification si artificielle, si peu conséquente à ses propres
principes, Bichat ne craint pas de remarquer lui-
même que si la sensibilité organique peut se transformer en animale, par l'augmentation de dose ou
d'intensité d'une même impression, il n'en est pas
ainsi des deux grandes divisions de la contractilité
considérée en général. L'organique, dit-il, ne peut
jamais se transformer en animale. Comment donc la
contractilité insensible devient-elle sensible, en augmentant de degré ou de dose, et peut-elle être sensible sans être aussi animale? Pourquoi déroger ici
aux premières conventions du langage établi? C'est
que, pour conserver la symétrie, on veut n'avoir que
deux espèces de contractilité, parallèles aux deux

espèces de sensibilité, et sous les mêmes titres spécifiques : organique et animale. Et pourtant, on est
obligé de reconnaître ici que la contractilité organique sensible, et par là animale, ne peut se transformer en contractilité volontaire ; d'où il faudrait conclure précisément que celle-ci est plus qu'animale
et qu'il y a là une autre espèce de contractilité musculaire, *sui generis*, qu'on nommera comme on voudra, pourvu qu'on ne l'appelle ni organique ni
animale.

Ainsi, loin de s'étonner que la contraction sensible restât constamment de même nature, quelle que
fût son exaltation ou son accroissement d'énergie, il
faudrait s'étonner beaucoup s'il en était autrement,
ou si la sensation animale se transformait en vouloir, en acte libre de la personne humaine, car ce
serait là vraiment une transformation de nature, une
sorte de transcréation miraculeuse. Tout au contraire, plus la contraction organique devient sensible
ou animale, plus elle s'éloigne du caractère propre
et actif du vouloir humain. L'opposition de caractères attestée par la conscience, prouve qu'il y a aussi
une différence essentielle dans les conditions organiques ; et cette distinction une fois établie dans les
deux points de vue psychologique, il n'y aurait plus
lieu de demander pourquoi la contractilité organique
sensible ne se transforme pas en volontaire, car ce
serait demander pourquoi l'animal ne devient pas
homme.

« Les muscles locomoteurs (ou mieux locomobi-
« les), c'est-à-dire ceux des membres, du tronc, ceux

« en un mot différents du cœur, de l'estomac, dit
« ce physiologiste, peuvent être mis en action de
« deux manières : 1° par la volonté; 2° par les sym-
« pathies. Ce dernier mode d'action a lieu, quand,
« à l'occasion de l'affection d'un organe intérieur, le
« cerveau s'affecte aussi et détermine des mouve-
« ments, alors involontaires, dans les muscles loco-
« mobiles. Ainsi une passion porte son influence sur
« le foie : le cerveau excité sympathiquement excite
« les muscles volontaires; alors c'est dans le foie
« (l'organe interne) qu'existe le vrai principe de leurs
« mouvements lesquels, dans ce cas, appartiennent
« (en tout ou en partie) à la vie organique (je dis ani-
« male) : en sorte que les muscles (volontaires),
« quoique toujours mis en jeu par le cerveau, peu-
« vent cependant appartenir tour à tour dans leurs
« fonctions à l'une et à l'autre vie (1). »

Ce que Bichat attribue ici à cette vie qu'il appelle
organique, n'est-il pas bien le caractère propre et
constitutif de la vie animale? Ainsi ces mêmes mouvements qui sont volontaires dans l'homme, en tant
que déterminés par une force libre en exercice, sont
effectués par une force aveugle qui ne se connaît ni
ne les dirige, mais qui est entraînée, nécessitée par
les appétits de l'instinct et toutes les impulsions de
l'organisme; force vivante qu'on pourrait indistinctement appeler organique ou animale, si l'animal est
tout entier dans l'organisation, ou la sensibilité physique qui s'y proportionne. Mais peut-on sans ab-

---

(1) *Recherches physiologiques sur la vie et la mort.* Première
partie, art. VIII, 2.

surdité prétendre caractériser sous l'une ou l'autre
dénomination, cette force intelligente et *sui juris* qui
se détermine elle-même à l'effort, et qui donne l'impulsion, sans jamais être nécessitée à la recevoir?

Nous modifierons ainsi la langue du physiologiste
qui nous sert, par ses écarts mêmes, à marcher plus
sûrement vers notre but, et nous dirons avec Bichat,
« que la locomotion de l'animal ou de l'homme con-
« sidéré dans sa nature animale, ou dans les divers
« états d'organisation qui le réduisent ou le rappro-
« chent de la simplicité native (*simplex in vitali-*
« *tate*), n'est point, comme dans l'homme entier et
« développé (*duplex in humanitate*), une fonction
« propre de la vie active; que son exercice ne sup-
« pose point la préexistence (ou la présence) d'une
« volonté qui la dirige et en règle les actes; mais
« qu'elle est un effet purement sympathique dont le
« principe est tout entier dans la vie organique, ou
« dans les affections internes, qui s'y rattachent.
« Le plein développement de l'instinct et l'exercice
« des divers mouvements qu'il entraîne supposent
« nécessairement certaines influences exercées par
« les organes internes sur le cerveau, et, par suite,
« de nombreuses réactions de ce centre sur les orga-
« nes musculaires mûs alors sympathiquement. Les
« mouvements organiques (exécutés sous la loi de
« l'instinct par les muscles volontaires), ainsi que
« les affections du cerveau qui réagit sympathique-
« ment pour les produire, disposent peu à peu et ce
« centre et les organes musculaires qu'il tient sous
« sa dépendance, l'un à la perception distincte des

« sensations, ou des mouvements mêmes, les autres
« à l'exécution de ces mêmes mouvements de la vie
« active qui va commencer (1). »

Ainsi, cette motilité organique, qui s'exerce d'abord sous l'influence sympathique ou purement réactive du centre cérébral, s'exerce plus tard et par une suite du développement animal, sous l'influence directe et active du même centre. Or, dans le premier cas, il ne peut y avoir aucune perception immédiatement distincte des effets mêmes de la contractilité organique ; car tout est confus dans l'animal qui commence à vivre ou à sentir ; et, en supposant même que les conditions propres à faire naître la sensation musculaire existassent dans ces premiers temps de la vie, cette sensation demeurera absorbée dans les impressions affectives qui entraînent les mouvements de l'instinct animal. Dans le second cas, où la contraction musculaire s'exerce sous l'influence directe et active du cerveau, le mouvement peut être senti, ou distinctement perçu, et l'expérience nous prouve qu'il l'est en effet dans certains cas analogues de notre organisation.

Voilà donc une véritable transformation de contractilité organique insensible en contractilité sensible et vraiment animale, exercée par des muscles volontaires, en vertu d'une impulsion qui, partant du centre, est transmise par les nerfs cérébraux jusqu'à l'organe mobile. Ne sont-ce pas bien là les conditions physiologiques du mouvement volontaire ?

---

(1) Les lignes qui précèdent sont une paraphrase du texte de Bichat, à la suite de l'endroit cité plus haut.

Il semble qu'on devrait l'affirmer si le mouvement volontaire n'est autre que l'espèce d'action exercée directement d'un centre organique aux organes locomobiles, c'est-à-dire un mouvement produit ou transmis de corps à corps. Cependant on n'ose pas le dire. On dit seulement avec hésitation et restriction, au sujet de la motilité exercée sous l'influence directe et active du cerveau, comme dans les rêves, par exemple, on dit que les mouvements coordonnés qui ont lieu alors sont *pour ainsi dire* ou *presque* volontaires. On reconnaît donc tacitement qu'il leur manque quelque condition pour l'être tout à fait. Or, quelle est cette condition? ou que faut-il ajouter au mouvement exécuté par l'influence cérébrale directe pour qu'il soit tout à fait volontaire ?

Nous appellerons dorénavant mouvement *spontané* celui que les physiologistes reconnaissent comme produit par une action directe du cerveau, ou émanée de lui, en le distinguant, d'après les mêmes principes, du mouvement instinctif ou sympathique produit par une réaction du même centre, consécutive à des impressions sensibles d'organes intérieurs. Et nous voyons, d'après ce qui précède, que le développement de la vie animale doit nécessairement amener la transformation des premiers mouvements instinctifs insensibles en eux-mêmes, ou dans les conditions qui les effectuent, en mouvements spontanés, qui peuvent être sentis dans l'animal et distinctement perçus, quand il existe un *moi*.

Nous demandons maintenant si les mouvements spontanés ne peuvent pas se transformer immédia-

tement en volontaires, et, dans ce cas, quelles sont
les lois de cette transformation, ou les conditions de
ce passage, de ce nouveau développement de la vie
animale, si toutefois on peut continuer à appeler
ainsi la vie de l'âme manifestée par le *conscium*, par
le vouloir, l'effort.

Avant d'aller plus loin, remarquons d'abord que
sous le titre de mouvements spontanés, nous ne comprenons que ceux qui sont coordonnés, réguliers,
tendant à un but apparent, presque comme s'ils
étaient dirigés par la volonté, ou par une force active, sachant ce qu'elle fait, ce qui a autorisé Bichat
à les considérer comme étant *pour ainsi dire* volontaires. Nous ne croyons pas devoir renfermer dans
la même classe ces mouvements irréguliers, isolés
ou anormaux, excités dans les muscles volontaires
par des irritations accidentelles faites, soit immédiatement sur les organes mobiles, soit sur le cerveau même, d'où part en ce cas le principe de la
contraction musculaire. Les mouvements convulsifs
et forcés sont sentis dans les deux cas de la même
manière. Et si l'individu les perçoit, c'est sans aucune
conscience de vouloir ni de pouvoir, capable de les
commencer ou de les arrêter. Nous trouvons encore là
une nouvelle preuve que les conditions de la motilité
organique sensible, où animale, sont loin de consti-
tuer la motilité volontaire, et peuvent même lui être
tout à fait opposées. Le cas actuel exclut en effet évidemment toute possibilité de transformation des mouvements sensibles en volontaires, comme dans le cas
des mouvements spontanés auxquels nous revenons.

A l'exemple cité par Bichat, de la locomotion produite par les rêves, nous pouvons ajouter ceux que nous fournit l'observation des animaux et notre propre expérience. Quoique la motilité instinctive et sympathique soit en effet le caractère essentiel de toute nature animale, nous voyons que divers animaux exécutent des mouvements bien coordonnés, hors de la sphère de l'instinct nutritif ou conservateur propre à leur espèce. En excitant dans un animal des affections de douleur ou de plaisir, en le forçant par les coups ou les menaces, ou par des amorces appétitives, on parvient à lui faire exécuter des suites longues et compliquées de mouvements, dont son organisation contracte le pli par la répétition constante des mêmes moyens et des mêmes actes. A part cette sorte d'éducation donnée par l'homme à l'animal, les circonstances particulières où celui-ci se trouve placé peuvent aussi lui faire contracter l'habitude de mouvements spontanés plus ou moins éloignés de son instinct primitif. Ainsi cette sphère de l'instinct peut s'élargir ou s'étendre en se rejoignant d'une manière immédiate dans l'animal à celle des habitudes non moins aveugles et aussi nécessaires que l'instinct dans leurs déterminations.

L'existence animale, renfermée dans ce cercle fatal, ne peut qu'y rouler perpétuellement. L'être actif et libre, l'homme seul, en franchit les limites; et le début de sa vie de relation ou de conscience lui ouvre une carrière de développement moral qui doit n'avoir d'autres bornes que celles de son activité même.

Pour apprécier les circonstances et les moyens de ce
nouveau développement, il s'agit d'en bien fixer l'origine, en saisissant pour ainsi dire le point où l'animal finit et où commence la personne humaine, le
moi qui veut et agit.

III

ORIGINE DU VOULOIR OU DE LA PERSONNALITÉ.

Les mouvements instinctifs ou sympathiques, physiologiquement attribués à la réaction du centre organique, n'emportent point avec eux de sensation
particulière, et nous en avons dit la raison.

En devenant spontanés, ces mouvements passent,
du moins en apparence, sous une même loi. Exécutés par des muscles volontaires, sous l'influence directe et active du centre cérébral, ils semblent réunir toutes les conditions physiologiques de la contractilité animale, et pourtant ils ne sont pas encore
volontaires ; ils ne le sont et ne le seront jamais pour
l'animal qui passe de l'instinct à la spontanéité ; ils
ne le sont pas, mais ils sont prêts à le devenir pour
l'homme, en qui seul la pure spontanéité, encore aveugle à ce titre, peut se transformer immédiatement en volonté libre et éclairée. Au mouvement spontané même correspond une sensation musculaire spéciale , *sui generis*, dont les conditions
physiologiques différentes de celles de toute autre
sensation sont les suivantes :

1° Elle commence dans le centre cérébral où elle a son principe unique ;

2° Elle a pour organe ou pour instrument des pièces différentes et hétérogènes de la machine animée, savoir les nerfs et les muscles dont le concours réciproque est nécessaire pour la produire, tandis que les autres sensations n'ont que des organes homogènes et purement nerveux (condition essentielle de perceptibilité distincte que nous aurons occasion d'apprécier ailleurs) ;

3° D'être le produit de deux transmissions en sens inverse : la première, du cerveau au muscle ; la seconde, du muscle contracté au même centre d'où est partie l'action contractile.

Ces trois conditions, dont la dernière sera particulièrement appréciée dans l'analyse des sensations externes que nous ferons plus tard, concourent à la perceptibilité distincte des mouvements spontanés, à l'exclusion des mouvements instinctifs ou sympathiques, dont les différences de caractères s'expliquent par cela même. Rappelons en effet :

1° Que ces derniers mouvements, prenant leur source dans quelque affection des organes internes, sont, quant au principe de leur détermination, *excentriques*, en quelque sorte, à l'organe de l'âme ;

2° Que la double transmission de mouvement que nous indiquions précédemment, ne se fait point d'une manière régulière et ordonnée comme dans le développement de la vie animale, mais confusément et avec une précipitation qui correspond au tumulte et

au mélange des impressions sensibles du dedans et
du dehors, dont les plus fortes obscurcissent et absorbent les plus faibles ;

3° Enfin, que la réaction du centre moteur, ainsi
entraînée ou forcée, ne saurait se manifester ou se
rendre sensible dans ses produits qu'enveloppent et
absorbent les affections provoquantes. Aussi, quand
bien même on dirait que l'âme est le principe nécessaire des mouvements ou déterminations de l'instinct, il faudrait toujours convenir que cette force
intelligente ne s'y manifeste point elle-même à titre
de force agissante. Car la réaction forcée, même de
la part de l'âme, ne peut être que l'effet d'une action
qui a précédé, et non cause de ce qui suit : il n'y a
de cause que ce qui agit, et réagir n'est pas agir ou
commencer l'action. Aussi le *moi* n'existe-t-il, ou
l'âme ne peut-elle se manifester à elle-même par
quelque mode d'activité ou de force, dans des impressions dont les organes musculaires seraient les
instruments ou les siéges, pas plus que dans d'autres sensations limitées au système nerveux exclusivement. Que faut-il donc pour qu'une sensation musculaire puisse être appropriée intérieurement au
moi, sous la relation intime de la cause à l'effet?

Il faut deux conditions : l'une, que le mouvement
commence dans le centre unique que nous sommes
fondés à considérer comme l'organe propre de l'âme,
celui sur lequel s'exerce immédiatement sa force
motrice; la seconde, que cette force s'exerce véritablement pour commencer le mouvement, sans être
provoquée ou entraînée par aucune impression, au-

cune cause étrangère à elle-même. Et ici nous voyons combien est imparfaite et sujette à erreur la méthode de Bacon, qui consiste à écarter d'abord de la recherche ou de l'observation des phénomènes, toute considération sur leurs causes productives. Car ici, faire abstraction de la cause du mouvement musculaire, c'est mettre à l'écart précisément le fait primitif et essentiel à considérer, le propre sujet de l'observation intérieure, et le seul caractère ou moyen de distinction entre des phénomènes essentiellement divers, savoir le mouvement volontaire ou produit par une volonté, une force consciente d'elle-même en exercice, et le mouvement involontaire organique ou animal, étranger à cette force.

A la vérité, nous ne pouvons figurer ou représenter la force comme nous figurons et représentons un centre organique et le jeu des muscles et des nerfs placés sous sa dépendance; mais il s'agit de savoir si nous devons rejeter le fait de sens intime, d'expérience intérieure, par cette seule raison que nous ne pouvons pas le représenter ou le traduire, pour ainsi dire, en figures qui s'adressent à la vue et à l'imagination? Or j'en appelle au sens intime de chaque homme dans l'état de veille et de conscience, ou de *compos sui*, pour savoir s'il a ou s'il n'a pas le sentiment de son effort qui est la cause actuelle de tel mouvement qu'il commence, suspend, arrête ou continue comme il veut et parce qu'il veut; et s'il ne distingue pas bien ce mouvement de tel autre qu'il sent ou perçoit, dans certains cas, comme s'opérant sans son effort ou contre sa volonté : tels par exemple que les mouvements convulsifs de l'habitude? Mais les physiologistes ont reconnu que le centre cérébral fonctionnait dans ces derniers mouvements involontaires, comme dans les premiers : il faut donc bien qu'il entre dans l'exercice de la volonté appliquée à mouvoir le corps, quelque chose de plus que dans les fonctions de l'organisme nerveux et cérébral; et ce quelque chose de plus, sous quelque titre qu'on l'exprime, devra être considéré comme la part nécessaire d'une force hyper-organique, laquelle sera au cerveau et aux nerfs (quant à l'initiative ou à l'ordre de priorité d'action), ce que ces organes sensitifs et moteurs sont aux muscles ou organes contractiles et mobiles.

Cherchons encore à mieux préciser les termes de ce double rapport physiologique et psychologique : Nous avons distingué par le nom de sensation musculaire, l'espèce d'impression sensible attachée à l'excitation ou au changement quelconque opéré dans un organe musculaire par quelque cause que ce soit, externe ou interne, à part la volonté. Et il ne paraît pas en effet qu'en excluant cette force hyper-organique, la diversité des causes excitantes qui peuvent entraîner immédiatement ou médiatement les contractions musculaires en produise aucune dans l'espèce de sensation qui y est attachée. Il importe seulement de bien distinguer les cas où cette sorte d'impression interne, et plus ou moins obscure de sa nature, est susceptible d'être sentie ou perçue, séparément de toutes les autres impressions sensibles qui la couvrent ou l'absorbent par leur mélange.

Ainsi, par exemple, dans les cas, très-bien précisés par Bichat, où la locomotion instinctive, le mouvement animal exécuté dans l'homme par les muscles dits volontaires, est déterminé, soit par l'influence immédiate du système nerveux de la vie intérieure, soit par la réaction sympathique du centre moteur, la sensation musculaire, nécessairement offusquée par toutes les affections internes qui s'y joignent, peut être considérée comme nulle pour la conscience, alors même qu'il y a un *moi*, une personne préexistante.

Et, à cette occasion, nous remarquerons en passant combien paraît peu fondée l'hypothèse qui rattache l'origine de la connaissance humaine, et le premier jugement d'extériorité à la sensation du mouvement (1) originairement déterminé par les besoins des organes, les appétits de l'instinct, les affections de plaisir ou de douleur, des préférences enfin que l'école de Condillac, comme celle de Descartes, identifie avec les premiers vouloirs, en confondant ainsi notre activité constitutive et originelle, avec tout ce qu'il y a de plus passif en nous, comme si les mouvements ainsi entraînés pouvaient être accompagnés de quelque sensation distincte, ou remarqués à part des vives impressions qui les provoquent; comme si cette distinction, alors même qu'elle est possible, ne supposait pas d'abord un sujet distinct lui-même des impressions, un *moi* préexistant, une personne constituée et déjà réfléchissante; comme

---

(1) Voyez les *Éléments d'idéologie* de M. de Tracy, tome 1er.

si la sensation du mouvement, ou de la translation, même volontaire, du corps dans l'espace extérieur n'emportait pas la connaissance anticipée de cet espace, et cette perception même d'extériorité qu'on prétend expliquer par elle; comme si enfin le *non-moi* pouvait être avant le *moi* et indépendamment de lui.

Revenons : Soit qu'on attribue la réaction motrice et l'espèce d'impression musculaire qui y est attachée, au centre cérébral considéré comme une espèce de ressort qui se débande pour produire le mouvement animal ; soit qu'on l'attribue à l'âme même, force aveugle, en ce cas, nécessitée et provoquée à agir ou à réagir sur les impressions reçues ou transmises par les organes, — le mouvement animal, ainsi organiquement déterminé, ne s'accompagnera dans aucun cas d'aucune aperception ni d'aucune sensation déterminée à laquelle on puisse rattacher quelque connaissance proprement dite, externe ou interne, subjective ou objective. Les ténèbres ne produisent pas la lumière; ce n'est pas de la nécessité ou du *fatum* de l'organisme que peuvent ressortir l'activité et la prévoyance de l'esprit. Les circonstances, ou les conditions organiques de sensibilité et de motilité animales, où l'âme subjuguée s'ignore elle-même, où le *moi*, déjà en plein exercice, s'enveloppe et s'absorbe au sein des affections et des mouvements organiques qu'elles entraînent, ne sont certainement pas les mêmes qui servent aux premières manifestations de l'âme comme force agissante, aux premiers développements du *moi* humain.

« Mais, dit le physiologiste déjà cité, la réaction
« sympathique du cerveau qui produit les premiers
« mouvements de l'instinct animal, dispose peu à
« peu ce centre et les muscles, l'un à la perception
« des sensations (musculaires), l'autre aux mouve-
« ments de la vie animale (qui sont improprement
« appelés volontaires). » C'est bien ainsi, je crois,
qu'on peut expliquer physiologiquement le passage
des mouvements instinctifs aux mouvements spontanés qui commencent dans le centre cérébral. Mais
y a-t-il là vraiment une transformation des mouvements instinctifs en mouvements volontaires? Le
physiologiste même n'ose le dire. Seulement il reconnaît que le mode de contractilité réactive ou instinctive dispose ou prépare un mode tout différent
de motilité volontaire, faussement appelée animale,
tant qu'elle s'attribue par confusion à l'animal comme
à l'homme.

Nous disons à notre tour qu'une contraction organique insensible, en tant qu'elle a son principe
dans quelque organe interne, hors du centre où la
perception s'accomplit, en tant surtout que l'impression particulière qui peut s'y rattacher, se trouve
mêlée avec les affections provoquantes, doit d'abord
devenir sensible ou perceptible avant d'être voulue,
déterminée, effectuée par le *moi* qui s'en rend
compte ; que ces mouvements spontanés et sensibles
forment un intermédiaire essentiel entre les produits
de l'instinct aveugle et ceux de la volonté ; que, à
part ce moyen, il ne saurait y avoir de transformation ni même de passage possible de l'un à l'autre de

ces deux domaines. La spontanéité des mouvements qui fait ce passage intermédiaire de l'instinct à la volonté, et qui est le terme du développement de la vie purement animale, n'est que le commencement de la vie active, et ne doit qu'en ouvrir le cercle.

Toute l'éducation de l'animal consiste, en effet, à contracter l'habitude des divers mouvements qui ne ressortent pas directement de l'instinct propre à son espèce. Forcée ou poussée d'abord par des affections de douleur ou de plaisir, des appétits, des craintes, des menaces, à exécuter ces mouvements, l'organisation de l'animal finit par s'y plier à force de répétitions, et par les accomplir d'elle-même par une pure spontanéité, comme nous accomplissons nous-mêmes tous les mouvements d'habitude, sans le vouloir, sans y penser, sans en avoir même la plus légère conscience. C'est ainsi que le domaine de l'instinct peut s'agrandir, à la vérité, mais en se rejoignant immédiatement à celui des habitudes non moins aveugles , non moins nécessaires. Toute l'existence animale est enveloppée dans ce cercle fatal et y roule perpétuellement; l'homme seul est doué d'une activité libre, d'une puissance d'effort et de mouvement qui l'entraîne hors de ces limites dans la carrière indéfinie ouverte à son développement intellectuel et moral. Pour bien connaître les moyens et les circonstances de ce développement, il faut le prendre à son origine, et le saisir, pour ainsi dire, à ce premier pas où l'animalité finit, et où l'humanité, la personnalité commence.

Dans l'homme, comme dans l'animal, le mouve-

ment exécuté par des muscles (volontaires dans
l'homme), peut se transformer d'instinctif en spontané ; là s'arrête l'animal. Dans l'homme seul, ce
mouvement devient volontaire. Le mouvement instinctif n'est pas senti ni voulu ; le mouvement spontané est senti ; et, dès qu'il est effectué dans l'animal,
il est immédiatement voulu et opéré par le vouloir
dans l'homme.

Nous venons de dire que le mouvement spontané,
exécuté par des muscles volontaires, sous l'influence
directe du centre cérébral, peut devenir immédiatement volontaire ; et, quoique cette sorte de transformation semble échapper à l'observation interne et
externe, à toutes les données de l'observation psychologique ou physiologique, elle n'est cependant pas
pour nous une hypothèse gratuite. Nous trouvons
dans notre nature mixte divers faits étrangers à la
volonté ; et notre propre expérience intérieure elle-
même nous assure, pour ainsi dire, de cette étran-
geté. Il nous arrive, par exemple, d'être éveillés en sursaut par des mouvements brusques et
violents entraînés par l'image de dangers imminents
ou d'objets effrayants, ou encore par des suites de
mouvements réguliers qui tendent vers un but imaginaire. A l'instant du réveil, le *moi* rentrant en possession de son domaine, saisit et prend sur le fait,
pour ainsi dire, ces produits d'une force qui n'est pas
la sienne, quoiqu'elle en imite ou contrefasse les
actes, et il part de là pour les arrêter, les suspendre,
les continuer par une action, alors seulement volontaire, et purement spontanée ou involontaire l'instant

d'auparavant. Ces exemples sont encore plus sensibles pour ceux qui parlent ou crient en dormant, quand ils sont réveillés par les sons et les fortes articulations de leur propre voix ou par l'effort commencé qui les accompagne. Ces mouvements nerveux, ou leurs produits sensibles, sont encore perçus dans leur détermination propre et spontanée, sans être voulus, quoiqu'il dépende du *moi* de les continuer ou de les créer de nouveau par son vouloir, dès qu'il les aperçoit.

Les phénomènes de l'habitude surtout nous fournissent des exemples plus propres encore à nous manifester intérieurement le passage du spontané au volontaire. L'habitude tend sans cesse et dans toutes les natures, à agrandir le domaine de cette spontanéité qui caractérise ses produits. Elle domine à la fois et sur l'instinct animal qu'elle continue, et sur la volonté humaine qu'elle obscurcit et limite. En rendant spontanés et aveugles dans leurs déterminations les mouvements ou actes volontaires ou éclairés par la conscience, l'habitude ferait dégénérer ces mouvements en un pur automatisme, si l'activité du vouloir qui leur imprime d'abord son caractère, ne luttait constamment contre cette force aveugle qui lui dispute l'empire.

Nous sommes à chaque instant témoins et acteurs dans cette espèce de lutte intérieure. Une suite de mouvements coordonnés et liés entre eux avec effort, et par des actes répétés du vouloir finissent, à force de répétitions, par s'exécuter d'eux-mêmes spontanément, sans aucun vouloir, sans conscience. Bien

plus, le même effort qui présidait dans le principe
à leur exécution, ne sert qu'à les empêcher ou les
troubler quand l'habitude est formée. Mais, pendant
que ces mouvements sont ainsi aveuglément entraînés dans leur cours rapide, le vouloir ou la conscience du *moi* n'a qu'à s'éveiller un instant, et ces
mouvements spontanés, perçus par le *moi* comme
les produits d'une force aveugle qui n'est pas la
sienne, passent immédiatement sous ses lois et sont
arrêtés ou continués, quoique moins bien ou moins
sûrement, par son effort qui recommence dès lors
à les causer librement.

Cette sorte de contraste, ou ce passage successif
et intérieurement aperçu de la spontanéité à la volonté, et *vice versa*, en nous faisant distinguer en
nous-mêmes ce qui appartient à l'animal, à l'automatisme organique, et ce qui est de l'homme, ne
peut-il pas aussi jeter quelque jour sur l'origine de la
personnalité, identique avec le premier vouloir ou le
premier sentiment d'un effort moteur?

Dans l'enfant à sa naissance, par exemple, la locomotion et la voix qui rentre dans le même domaine, ne peuvent être mises en jeu que par un
instinct encore aveugle, et en vertu de cette réaction cérébrale sympathique dont la physiologie assigne les caractères. L'enfant (*infans*) s'agite ou est
mû, plutôt qu'il ne se meut, par la force même qui
remuait le fœtus au sein de la mère. Les premières
affections pénibles, douloureuses, qui commencent
pour lui avec l'existence, lui arrachent les premiers
vagissements, et ces cris inarticulés sont l'expres-

sion naturelle des premiers besoins de l'instinct de
nutrition ou de conservation qui se manifeste avec
la vie, et ne finit qu'à son dernier souffle. Cette expression ou manifestation s'adresse à l'intelligence
capable d'entendre, de voir et de juger du dehors au
dedans, mais elle est complétement nulle pour le sujet qui ne fait encore que vivre, sentir et réagir.
L'enfant, dont la vie n'est encore qu'animale, obéit
à l'instinct qui lui fait exécuter immédiatement et
sans les avoir appris, les mouvements compliqués
par lesquels il saisit le sein de sa nourrice, y colle
ses lèvres, suce et aspire le lait nourricier. C'est en
vertu du même principe qu'il crie d'abord, uniclue-
ment parce qu'il a besoin et qu'il souffre, restant
endormi, en repos parfait, quand ces mobiles n'existent pas. Bientôt l'enfant se meut et crie hors du
besoin ou de la douleur, seulement par habitude,
parce que les mêmes mouvements ont été déjà répétés plusieurs fois. La nourrice, comme ceux qui
observent, ne se trompe pas sur cette différence
d'expression. Déjà les mouvements ont passé de
l'instinct à la spontanéité, mais il peut n'y avoir encore aucun pas fait hors de la vie animale. Un progrès de plus, et l'homme commence.

L'enfant pourra percevoir ses propres cris alors
spontanés, et non plus provoqués ou entraînés par
les affections de l'instinct ou par une sympathie organique, nécessaire et aveugle. Ils sont devenus les
produits directs des déterminations ou des tendances
propres du centre moteur et des organes locomobiles. Ces mouvements, perçus dans leurs détermi-

nations spontanées, transformés dans l'animal en
habitudes aveugles, vont prendre dans l'homme
le caractère d'actions que la volonté exécute et que
l'intelligence sait et dirige vers un but. Comme les
vagissements du besoin et de la souffrance sont devenus hors de l'instinct des cris d'habitude, ceux-
ci deviennent des cris volontaires, des signes d'appel émis avec une intention, de la part de l'agent,
manifeste pour le témoin, et non équivoque pour
l'observateur. L'enfant a fait ainsi son premier pas
d'homme : il a volontairement institué les premiers
signes de sa langue; il est en possession du principe
de tout langage; il a distingué l'attribut du sujet,
ou mieux la cause qui est lui-même, de l'effet produit, c'est-à-dire le vouloir et l'effort qui met en jeu
l'organe vocal, du son émis qui le frappe comme
venant de lui, comme une création de son activité.
Dès qu'il commence à penser, à vouloir, au même
instant où *il pense sa parole*, son cri inarticulé (mais
volontaire ou intentionnel), *il parle sa pensée*, il a
l'équivalent du mot *je*. Il ne restera plus qu'à développer ce premier germe de tout langage humain, à
revêtir de formes ce premier fond que l'être intelligent et actif a tiré de son propre sein ou du sentiment de l'effort qui le constitue.

L'animal, qui sort de l'instinct pour tomber sous
la loi nécessaire de l'habitude, ne parle pas : c'est qu'il
ne pense pas; c'est qu'il ne distingue pas le sujet de
l'attribut, la cause de l'effet; c'est qu'il n'est pas lui-
même cause, étant nécessité. L'animal le plus avancé
n'est encore qu'au premier degré de l'échelle de

l'intelligence, savoir à la spontanéité des actes ou des mouvements d'habitude. L'activité de l'homme franchit seule ce premier pas, et alors, mais seulement alors, s'ouvre pour lui le champ de l'instruction ou du perfectionnement qu'il parcourt *pro viribus*, en vertu des facultés données à chaque homme, et différentes, non en nature, mais en intensité.

Revenons. Les actes de la locomotion ou de la voix ne passent du spontané au volontaire, ne commencent à être voulus, qu'en tant qu'ils sont d'abord sentis ou perçus. Ainsi se trouverait satisfaite la condition demandée par les philosophes qui refuseraient à l'acte du vouloir ou de l'effort constitutif du *moi*, le caractère et le titre de fait primitif. Mais nous disons avec plus de vérité, et d'après le fait de sens intime, que le *moi* seul connaît, et que pour connaître, il faut qu'il existe. Or, il n'existe pour lui-même que par le vouloir et l'effort. Si les affections de la vie organique conservaient l'initiative ou la prédominance qu'elles ont dans l'instinct, les mouvements sympathiques qui leur correspondent ne commenceraient jamais à être sentis ou perçus à part ; et si ces mouvements restaient toujours ce qu'ils sont sous les lois d'une spontanéité purement animale, ou ce qu'ils deviennent sous celles de l'habitude, ils ne seraient jamais voulus et intérieurement aperçus.

. . . .

L'expérience intérieure nous induit à distinguer

ce qui reste toujours confondu dans le même fait de conscience, savoir le vouloir et son résultat organique le plus immédiat.

Quand le corps est disposé pour l'exercice des fonctions locomotives, comme dans l'état ordinaire, il n'y a aucun intermédiaire, aucun intervalle de temps assignable entre le vouloir ou l'effort de l'âme, et l'action organique musculaire qui en est le produit. Ici l'aperception interne de la cause *moi* et la sensation du mouvement coïncident ou se réunissent simultanément en un seul et même fait de conscience. Le sentiment de la liberté s'attache donc alors au mouvement comme à l'effort ; et pourtant la liberté n'est inhérente réellement qu'à l'effort ou au vouloir de l'âme et ne se transmet au mouvement qu'au moyen de conditions organiques indépendantes, par leur nature, de la volonté ou du *moi*.

Supposez, en effet, qu'au moment où je veux lever mon bras, il soit frappé de paralysie, le vouloir et l'effort auront lieu, mais sans résultat organique, par défaut des moyens naturels de communication. Au sentiment de la cause se joindra alors une sorte de mode privatif, ou le sentiment du manque de l'effet accoutumé. De là nous pouvons conclure que c'est par habitude et non point par nature (ou par l'idée innée qu'a l'âme de son union avec le corps), que le mouvement corporel musculaire devient l'objet immédiat du vouloir de l'âme ; ce vouloir ne pouvant avoir primitivement d'autre objet immédiat que l'effort même déployé sur le centre organique d'où partent les premières déterminations motrices.

Ce centre, qui est celui de l'âme sensitive, n'est soumis qu'en partie à la force de l'âme. Il fonctionne seul dans tous les actes, mouvements internes ou externes, impressions ou affections de la vie *animale ;* et tout ce qui est fait ou senti sous l'empire exclusif de ce centre, ne l'est que par l'animal, et non par le *moi :* il n'existe point alors, en effet, de personnalité, parce qu'il n'y a pas de déploiement de la force libre, par qui seule l'âme humaine se manifeste à son titre de *moi.*

Que faut-il donc pour cette manifestation ? Que le centre de l'âme sensitive passe sous la direction de la force libre qui est l'essence de l'âme humaine, et s'y subordonne de manière à exécuter sous son influence toutes les opérations organiques de l'animal. Dès lors, en effet, lorsque la détermination ou tendance organique du centre moteur s'effectue par une action immédiate de l'âme qui commence le mouvement, et alors seulement, l'âme commence à se manifester à elle-même intérieurement, à titre de force agissante, force *sui juris,* qui n'a rien d'extérieur ou d'antérieur qui la provoque, force *moi,* une, simple, identique, et toujours la même, indestructible par sa nature, la même aussi quant au sentiment de son effort immanent ou exercé sur le terme organique, en qui et par qui elle se manifeste (1).

---

(1) S'il est impossible de concevoir une force agissante sans un terme quelconque de déploiement, l'indestructibilité de la force de l'âme doit emporter avec elle celle de quelque terme organique qui lui a été approprié depuis l'origine. Tel est le point de vue de Leibnitz, développé par Ch. Bonnet, dans sa *Palingénésie philosophique.* Voyez dans cet ouvrage l'emploi si ingénieux de la pa-

C'est ainsi que nous croyons pouvoir, non pas expliquer, mais rattacher à quelque symbole dans notre organisation, l'origine de la personnalité, le premier sentiment du *moi*, identique avec la première aperception interne du vouloir ou de l'effort, en qui se manifeste la force agissante de l'âme déployée sur son terme propre d'application.

Cette force et ce terme sont donnés distincts dans le fait primitif de conscience; ce fait même résulte de la distinction des deux éléments constitutifs et essentiels, et s'évanouit dans leur séparation; et il ne reste plus rien que des notions abstraites. C'est ainsi qu'en métaphysique, en attribuant le *moi* primitif à la substance, soit de l'âme, soit du corps organique, qu'on voudrait concevoir séparément, on commence par écarter ou détruire précisément le sujet qu'il s'agit de poser. C'est un travers d'idée auquel on se trouve entraîné par le langage toujours pris dans l'objectif, quand une réflexion intérieure éveillée n'arrête pas cet entraînement. C'est par cette sorte de travers qu'il nous faut expliquer l'éloignement réciproque où restent les uns à l'égard des autres, les métaphysiciens qui se sont occupés de recherches sur les facultés de l'âme, et les physiologistes qui s'occupent des fonctions du corps organisé, comme si le fait primitif qui doit servir de base à la science de l'homme pouvait être saisi dans l'âme seule, *a priori*, à part des conditions orga-

---

rabole du grain semé en terre, de l'enveloppement du papillon dans la chrysalide, et des diverses métamorphoses d'insectes.

niques qui servent nécessairement à poser le *moi ;* comme si, d'autre part, le *moi* n'était lui-même que le résultat ou le produit organique de ces conditions, prises mal à propos pour les causes des phénomènes, ou pour le *moi* lui-même qu'elles servent à manifester.

Nous voyons maintenant comment il faut chercher, par l'expérience intérieure ou l'observation psychologique, ce qui manque évidemment à la physiologie pour la détermination du fait primitif de conscience, et comment aussi on peut parvenir à mieux circonscrire ce fait, en le rattachant aux conditions physiologiques qui le précèdent et l'amènent sans se confondre avec lui.

IV

DIFFÉRENCE DU VOULOIR ET DU DÉSIR. — MAGNÉTISME.

Pour faire ressortir plus complétement le caractère du vouloir à titre de fait primitif, et mieux préciser la valeur des termes divers sous lesquels les métaphysiciens ont cherché à représenter ces caractères, il s'agit maintenant d'établir les titres essentiels de distinction qui séparent le désir du vouloir ; car, comme le dit si bien Locke (1), sans paraître lui-même se douter de tout ce qu'il y a de profondément vrai dans ses paroles, le vouloir de l'homme

_____

(1) *Essais.* Livre II, chap. XXI, De la Puissance, § 30.

s'arrête aux choses dont il dispose, c'est-à-dire aux choses qu'il sait ou qu'il sent immédiatement être en son pouvoir, et ne va pas plus loin. Le désir s'étend aux choses qui sont hors du *moi* et indépendantes de lui, c'est-à-dire du vouloir et de l'effort qui le constitue. Entrons plus avant dans l'analyse de ce sujet.

Le vouloir est un acte simple, pur et instantané de l'âme, en qui ou par qui cette force intelligente et active se manifeste au dehors, et à elle-même intérieurement. Aussi l'effort est-il le mode permanent de l'âme (*moi*) tant que la veille dure ; cet effort cessant, l'âme cesse de se manifester et la personne ou le *moi* s'enveloppe dans le sommeil.

Le désir est un mode mixte ou composé, où l'action et la passion se combinent et se succèdent l'une à l'autre. Nous l'avons vu, l'âme, force intelligente et active, liée à un corps organisé, n'est pas unie également ou de la même manière à toutes les parties de cette organisation. Il y a du moins deux modes de cette union qu'il n'est pas permis de confondre. L'union de la force active au terme immédiat de son déploiement, et par lui à tous les organes de la locomotion volontaire, est directe, simple, nécessaire, constante, et ne demande aucun temps ; elle s'accomplit instantanément par un vouloir unique. L'union de la même force avec tous les organes sensitifs est purement sympathique, médiate, accidentelle et variable ; elle n'a lieu que dans le temps et d'une manière indirecte ou médiate. Ce n'est pas, en effet, la volonté qui produit tous les changements opérés par une passion quelconque dans les organes sensitifs, comme le cœur, l'épigastre, le foie, le sixième sens. On sait combien ces organes internes sont indépendants de la volonté, et pourtant ils sont puissamment modifiés par le désir ou la tendance plus ou moins énergique des facultés de l'âme vers un objet qui l'attire ; et lorsque cet objet l'intéresse assez vivement, elle tend à s'unir à lui aussi intimement qu'elle l'est à son objet immédiat ou à son propre corps.

L'homme n'est pas une pure *intelligence servie par des organes* (1) ; il n'est pas même une force pure de volonté se servant d'organes pour agir et se manifester ; car l'intelligence n'est servie que par les organes à qui elle commande, comme la volonté ne se sert que des organes dont elle dispose. Que faire donc de ceux dont elle ne dispose pas, et qui desservent au lieu de servir ? Faudra-t-il les exclure de la définition de l'homme ? Mais s'ils entrent essentiellement dans la constitution humaine, comment la définition pourrait-elle être vraie ? Méfions-nous de ce ton sentencieux, de ces antithèses de mots, de ces formes aphoristiques, brillantes pour l'imagination, vides ou creuses pour la raison.

Si le vouloir est l'attribut essentiel d'un être simple, le désir comme toute passion, ne peut être que l'attribut d'un être mixte, ou composé de deux natures qui se limitent en s'opposant l'une à l'autre. Les affections qui prédominent toujours dans le désir, sont

---

(1) Définition de M. de Bonald.

attachées au jeu de certains organes sensitifs qui, loin de servir l'intelligence, ne font guère qu'obscurcir sa lumière et absorber son activité.

Dans le vouloir ou l'action directe exercée sur les parties du corps qui lui sont soumises, l'âme s'approprie véritablement ces parties par l'action immédiate, instantanée qui la manifeste intérieurement à elle-même. Dans le désir, où sous l'influence sympathique exercée par l'imagination sur les organes sensitifs et involontaires, ce sont plutôt les organes sensitifs qui s'approprient l'âme, l'attirent à eux, et peuvent absorber dans leurs impressions toutes les facultés de sa nature. En tendant à s'unir, à s'identifier par le désir avec une nature quelconque, spirituelle ou corporelle, différente de la sienne, l'âme ne s'approprie point ainsi les propriétés purement sensitives de son organisation; et les instruments ou moyens excitatifs de cette tendance ont bien plus d'influence sur l'âme qu'elle n'influe sur eux pour les gouverner. Le désir, même le plus intellectuel dans son objet, le plus actif dans son principe, ne s'élève ou ne se soutient à un certain degré d'exaltation que par le concours manifeste de ces mêmes organes intérieurs qui sont aussi les siéges d'affections ou de passions purement sensuelles.

« Il n'est personne, dit Herder (1), parmi ceux
« qui se mêlent de réfléchir et de penser, qui ne soit
« convaincu, par sa propre expérience, de la corres-
« pondance singulière qu'il y a entre l'organe de

(1) Lettre sur les désirs.

« l'imagination et celui ou ceux de la génération ;
« combien certaines idées causent de changement
« dans ces parties, et combien promptement aussi
« un changement contraire dans ces parties fait éva-
« nouir ces idées.

« De tous les moyens physiques qui servent à ef-
« fectuer la tendance de l'âme vers une union d'es-
« sence, celui qui forme l'union des deux sexes est
« celui qui se manifeste le plus dans toutes les es-
« pèces de désirs de l'âme. » Et c'est cela même qui
peut rendre funeste, au moral comme au physique,
les extases du mysticisme même le plus épuré dans
son principe.

Il est aussi une observation que les hommes réfléchis peuvent faire sur eux-mêmes, en avançant en
âge, et qui confirme les rapports sympathiques des
deux natures : c'est que la disposition à l'enthousiasme, même pour les choses qui sont de l'ordre le
plus supérieur aux sens, s'affaiblit et décroît dans la
même proportion que l'influence de ces organes intérieurs, où Platon avait déjà placé le siége de la
concupiscence.

En réfléchissant sur les modes et les effets divers
de cette influence purement sympathique et réciproque de l'imagination sur les organes sensitifs involontaires, et de ceux-ci sur l'imagination, on trouve
que, si la volonté proprement dite prend quelque
part à ces effets sensibles, elle ne peut être qu'instantanée, et se borne à mettre en jeu l'organe de
l'imagination, ou à donner le premier branle à ce
centre qui forme seul le lien des deux vies. Tous les

phénomènes qui suivent et qui constituent la passion, sont les effets d'actions et de réactions sympathiques entre les organes des deux vies qui luttent, s'équilibrent, ou prédominent tour à tour. Dans les passions où l'objet du désir est d'abord le plus éloigné des sens, on pourrait croire que l'âme cherchant à s'unir plus étroitement à la partie sensible de l'organisation dont elle ne dispose pas, tend à s'approprier ces parties et à les élever à sa hauteur, ou à les faire concourir vers l'objet intellectuel auquel elle tend à s'unir ou à s'identifier. Mais il est évident d'après l'expérience intérieure que, dans cette tendance sublime, et dans l'emploi même le plus actif des moyens qui peuvent préparer et amener l'état d'extase, comme la méditation ou l'attention fixée longtemps sur le même sujet, surtout la prière orale déterminée d'abord par l'intention la plus énergique, l'âme n'agit point réellement sur les parties sensibles de l'organisation qui peuvent tantôt servir à son objet, tantôt lui manquer entièrement, suivant les dispositions sympathiques propres (*vis insita*) à ces organes sur lesquels la volonté n'exerce aucun pouvoir réel.

Il me paraît absurde de croire qu'elle en exerce davantage sur des organisations étrangères, comme l'ont cru quelques magnétiseurs.

Pour un être humain, un *moi*, constitué par sa propre force de vouloir et d'agir, il ne peut y avoir aucune puissance de même nom capable de se mettre à sa place, pour exécuter les mêmes mouvements qu'il s'attribuerait à lui-même, comme étant volon-

taires, c'est-à-dire accompagnés d'effort. Mais il n'est
pas impossible qu'un désir vif et soutenu, ou une imagination qui vient à se frapper et se préoccuper fortement et avec amour de telles idées propres à produire
dans son organisation tels phénomènes organiques,
ne parvienne à les exciter aussi dans une organisation étrangère ; si ce n'est directement, du moins par
l'intermédiaire de l'imagination, qui ferait tendre les
machines organisées vers un même but, comme fait
l'attraction pour les corps bruts et inanimés. Mais,
pour écarter le merveilleux de ces cas de sympathie
extraordinaire, où l'on dirait que l'âme exerce hors
de son propre domaine une sorte de pouvoir magi-
que, il suffirait de rapprocher ces cas anormaux de
certains faits d'expérience sensible qui ont le plus
d'analogie avec eux.

Or, dans le désir vif et soutenu qui prend, par sa
durée, le caractère d'une passion, il y a toujours le
concours nécessaire de deux sortes de fonctions de
nature diverse, simultanées ou successives, qui se
correspondent selon une véritable harmonie, savoir :
les fonctions de l'imagination, soumise en partie à
la volonté qui peut d'abord la mettre en jeu et la
tenir fixement attachée à une certaine espèce d'idées,
et celles de l'organisme intérieur qui s'affecte sympathiquement à la suite de ces idées, par une association
soit naturelle ou primitive, soit accidentelle ou d'habitude. En vertu de ce pouvoir, du moins partiel, de
la volonté sur la production des images, tel individu
qui réunit une certaine force d'imagination avec une
organisation intérieure assez mobile peut se rendre

maître, jusqu'à un certain point, de certains mouvements organiques, étrangers par leur nature à toute
influence directe et immédiate de la volonté. Le pouvoir de la volonté se manifeste bien plus en arrêtant
ces mouvements qu'en les excitant. Or, il me semble
qu'il n'est guère plus difficile de concevoir comment
un désir, une passion, une tendance forte et soutenue
de l'âme, peut avoir une influence sur l'être extérieur sensible, animé, qui est l'objet de cette tendance, qu'il n'est difficile d'expliquer l'influence des
désirs ou de l'imagination même de l'agent sur les
affections ou les mouvements de ses propres organes
intérieurs. Ceux-ci, en effet, peuvent être considérés
comme étant étrangers au *moi*, en tant qu'ils sont
hors de la sphère du vouloir ou de l'effort qui le
constitue. Si donc il était possible de déterminer
précisément les conditions ou les moyens organiques de cette dernière action sympathique, on pourrait très-vraisemblablement l'étendre aussi , avec
quelques modifications, aux divers modes plus ou
moins mystérieux de cette influence extérieure sympathique, en vertu de laquelle un être animé qui
sent et imagine avec une certaine force, se soumet
et attire pour ainsi dire des organisations étrangères
dont il semble disposer en certains cas, presque
comme de la sienne propre.

Qu'un tel individu, par exemple, ait senti à la présence de certaines images son cœur battre, ses lar-
mes couler et toute son organisation intérieure
agitée d'impressions et de mouvements extraordinaires étrangers à sa volonté, le même individu

pouvant, à l'aide de certains signes, exercer quelque pouvoir volontaire sur la reproduction des images auxquelles ces mouvements organiques se trouvent associés, pourra aussi concourir par cet intermédiaire actif en partie, à les exciter en lui-même ou par suite dans des organisations étrangères qui se trouveraient montées au même ton de sensibilité ou d'imagination. C'est ainsi qu'on voit certains hommes se passionner eux-mêmes, pour ainsi dire, d'abord volontairement et à froid, et finir par se passionner tout de bon et d'une manière contagieuse qui s'étend comme par une communication électrique à tous les êtres sensibles qui sont à portée de leur influence. C'est là qu'est tout le secret de l'art de l'orateur comme de l'acteur dramatique, dont les gestes, les accents, inspirés par une véritable passion commencée en eux, remuent profondément les âmes, les maîtrisent et font vibrer toutes les cordes sensibles.

N'est-ce pas là une sorte de vertu qu'on pourrait dire magnétique? Les choses extraordinaires racontées de nos jours sur les effets du magnétisme et du somnambulisme artificiel ne seraient donc que des cas particuliers de cette tendance sympathique poussée à l'extrême, par l'emploi de certains moyens dont l'effet tiendrait surtout à certaines dispositions particulières du système nerveux, ou à des altérations accidentelles et maladives. Je crois qu'il faut se garder sur de tels sujets d'une crédulité trop aveugle comme d'un scepticisme trop absolu. Mais la plupart des phénomènes extraordinaires, relatifs à l'influence magnétique dont on nous parle, me sembleraient pouvoir se rapporter naturellement aux sympathies organiques ordinaires, exercées par l'intermédiaire de l'imagination du magnétisé qui, à l'aide de certains signes connus ou inconnus, se mettrait en communication sympathique puissante avec l'imagination du magnétiseur, par exemple par le désir ou l'intention fixée. Ainsi ce serait d'abord en imitant ou copiant les idées ou images présentes à l'esprit de l'agent magnétiseur que telles affections ou tendances sensitives, tels mouvements organiques, pourraient avoir lieu dans le patient, le magnétisé.

Le comment de cette sympathie qui lie et enchaîne l'une à l'autre deux imaginations, et par suite deux sensibilités, est bien inexplicable sans doute ; mais expliquons-nous mieux le comment de cette sympathie de même espèce qui s'exerce au dedans de nous-mêmes entre notre imagination excitée, avivée d'une manière quelconque, et les changements organiques ou affections qui y correspondent ? Ce qui serait non pas seulement inexplicable mais bien miraculeux, hors de toute vraisemblance ou analogie avec les faits physiologiques et psychologiques, ce serait l'influence directe et immédiate du désir ou de l'intention du magnétiseur sur un organisme étranger, dont la vie entière se serait comme identifiée avec celle de l'agent et absorbée en lui. Il n'est guère moins absurbe en effet de supposer une sorte de transport ou de transfusion du principe de vie individuelle (*principium individuationis*) qui constitue précisément tel organisme ayant aussi son principe d'individualité à part, que de supposer le transport du *moi* avec conscience dans un autre *moi* qui agirait, mouvrait par un effort étranger substitué à son propre effort constitutif, c'est-à-dire à son *moi*. Une telle identification, dans l'un et l'autre cas, répugne absolument à toutes les lois de la nature, de la pensée et de la vie de l'homme, telles que nous les connaissons ou les sentons. Si les êtres animés tendent généralement à s'unir par leurs côtés homologues, pour ainsi dire; si toutes les organisations semblables sont portées à s'imiter réciproquement, ou à répéter les impressions et les mouvements les unes des autres, chacune de ces organisations vivantes n'en reste pas moins toujours ce qu'elle est au fond, ou dans son essence, sans pouvoir jamais être identifiée ou absorbée dans une autre, comme la partie dans le tout, la modification dans le sujet.

A l'aide de ces considérations rationnelles, et d'une appréciation sévère de ce qu'il y a de réel dans ces cas de sympathie extraordinaire manifestés par les expériences magnétiques, peut-être parviendrait-on à en écarter sinon le mystère, du moins le miracle ou l'interversion aux lois naturelles de la vie, de la sensibilité et de l'intelligence humaine. Or, il me paraît que l'influence sympathique exercée du dehors, dans le magnétisme, par un agent sur un ou plusieurs individus prédisposés à la recevoir, ne peut guère être qu'un cas particulier ou une extension et une suite de l'influence propre que le même agent (le magnétiseur) peut exercer au dedans de

lui-même sur cette partie de l'organisation étrangère
à sa volonté, à son effort, et par suite à son *moi* : le
cœur, le foie, l'épigastre, etc. Je laisse aux observa-
teurs philosophes qui sont à portée de faire une sage
critique ou une analyse sévère des faits recueillis
dans les diverses expériences du magnétisme, le
soin de prononcer jusqu'à quel point notre proposition peut être fondée (1).

---

(1) Ceci était écrit au moment où a paru l'ouvrage de M. Bertrand (*Traité du somnambulisme*, 1822), qui confirme mon point
de vue au-delà de mes espérances. Voyez le chapitre sur la *communication des pensées*. Suivant ce jeune auteur, le plus sage à
mon avis de ceux qui ont écrit sur ce sujet encore si obscur,
« les phénomènes prouvent que ce n'est pas à la volonté du som-
« nambule qu'on peut attribuer l'influence qu'il paraît exercer sur
« sa propre organisation. Mais ce n'est pas une raison pour aller
« en chercher la cause hors de lui ; car l'expérience nous montre
« la réalité d'une influence autre que celle de la volonté sur un
« grand nombre de phénomènes qui se passent en nous. Qui pour-
« rait à volonté trembler, pâlir, couvrir son corps d'une sueur
« froide ? L'érection qui suit les désirs vénériens n'offre-t-elle pas
« encore un résultat du pouvoir de l'imagination dans un cas où
« la volonté est tout à fait impuissante ? l'influence des somnam-
« bules sur leur organisation est de même nature ; c'est le résul-
« tat direct de l'impression produite sur eux par l'idée qu'ils ont
« de la puissance de leur magnétiseur. »
Cela semble supposer que le somnambule sait que son magnétiseur est présent et qu'il l'influence. Il peut il est vrai se préve-
nir de cette idée avant de tomber en somnambulisme, en voyant
son magnétiseur ; mais pour que les effets extraordinaires de cette
action aient lieu pendant l'accès, il faut bien qu'il y ait des moyens
particuliers à l'état du somnambule qui manifestent la présence
et l'action du magnétiseur ; et toute la difficulté consiste à déterminer l'espèce et la nature de ces moyens.
« La volonté du magnétiseur, ajoute M. Bertrand, est par elle-
« même tout à fait insignifiante ; elle n'agit qu'autant qu'elle est
« connue ou sentie par le magnétisé. Voilà pourquoi le comman-
« dement signifié par le magnétiseur est nécessaire, et que sa vo-
« lonté seule ou tacite est si souvent insuffisante. »
Elle n'est donc pas toujours insuffisante, et s'il arrive d'ailleurs

Je me bornerai à faire remarquer ici que ce qu'il paraît y avoir de plus mystérieux dans ces expériences tient à l'espèce des signes, ou des moyens physiologiques, qui peuvent servir à mettre en communication sympathique l'imagination et la sensibilité du magnétisé, ou les parties organiques dont elles sont des fonctions, avec l'imagination ou avec les parties homologues de l'organisme en jeu dans le magnétiseur. Dans l'état de veille ordinaire, chacun de nous ressent plus ou moins, suivant ses propres dispositions, l'influence que peut exercer sur lui tout homme doué d'une force supérieure d'imagination, lorsqu'il est animé surtout par une passion ou

---

que le commandement signifié, avec une volonté tacite opposée mette le somnambule dans un état pénible de doute qu'il explique lui-même en disant qu'on lui ordonne le contraire de ce qu'on veut qu'il fasse, comme dans l'exemple rapporté ailleurs par M. Bertrand lui-même, comment peut-il dire que la volonté du magnétiseur est tout à fait insignifiante ?

Il est vrai que, dans mon sens, on peut dire que c'est la pensée ou l'imagination du magnétiseur qui se communique et non point la volonté proprement dite ; car je puis commander une chose opposée à ce que je désire ou pense au fond ; mais je ne puis pas ordonner le contraire de ce que je veux ; car le vouloir est toujours positif et actif, et si je puis désirer qu'un événement auquel je pense n'arrive pas, je ne puis vouloir ainsi une pure négation. Mais il suit de là que l'auteur s'exprime mal quand il dit que la volonté du magnétiseur est connue ou sentie par le crisiaque et que aussitôt qu'elle est sentie elle produit son effet indépendamment de la volonté de celui sur qui elle fait impression.

Ce ne peut être la volonté même qui est sentie, mais bien l'objet de la pensée ou du désir du magnétiseur qui se représente sympathiquement à l'imagination du magnétisé, et c'est par l'influence de cette imagination que s'effectuent tous les phénomènes subséquents, indépendamment de la volonté du magnétisé comme de celle du magnétiseur.

Cette explication, conforme à la doctrine de l'auteur, rectifie ce qu'il y a d'inexact dans son langage.

un désir violent. Les moyens sympathiques par lesquels un tel homme nous intéresse, nous unit à lui, nous associe en quelque sorte à ses affections, sont les signes connus de la voix, de la parole ou du geste. C'est en s'adressant aux sens externes de la vue et de l'ouïe, qu'il transmet d'abord à notre esprit ou à notre imagination les idées vives dont il est pénétré, et qu'il excite secondairement dans l'âme sensitive et dans les organes de la vie intérieure, les affections et les mouvements passionnés qui l'agitent. Toutes les circonstances du phénomène composé total, s'enchaînent et se succèdent suivant le même ordre dans l'acteur et dans les témoins. Ce sont, comme on l'a très-bien dit (1), des organes similaires qui imitent ou sont imités, à partir de celui de l'imagination qui est évidemment le premier en jeu et donne le branle à tous les autres dans le cas dont il s'agit.

Dans le sommeil accompagné de rêves, comme dans le somnambulisme naturel, diverses expériences concourent à prouver que l'imagination peut être également influencée du dehors, au moyen des signes qui s'adressent à tel sens externe éveillé, tandis que les autres dorment. L'imagination, d'abord avertie et réveillée la première par ces signes, excite à la suite sympathiquement dans les organes intérieurs, les diverses affections sensitives qui donnent aux rêves telles couleurs et aux mouvements exécutés par le somnambule telle direction particulière. Ce

---

(1) Cabanis, *Rapports du physique et du moral de l'homme.*

qui a lieu dans le somnambulisme artificiel, ne saurait différer entièrement de ce que nous pouvons observer dans l'ordre naturel. Quant aux moyens ou conditions organiques, et surtout à la priorité d'influence sympathique de l'imagination, ou de la pensée du magnétiseur, sur les facultés ou les organes du magnétisé, on pourrait être induit à croire seulement, d'après les expériences magnétiques, qu'il peut y avoir des signes ou des moyens de communication d'imagination à imagination, ou plus généralement d'organes à organes semblablement disposés, des signes, dis-je, spécialement appropriés à l'état de l'âme ou du corps appelé magnétique. Dans cet état il paraît certain que l'excitabilité de l'organe de l'imagination se trouvant singulièrement accrue par l'influence du magnétisme, une multitude d'impressions, nulles ou sans effet dans l'état ordinaire, devenues sensibles alors, pourraient servir de signes ou de moyens de communication du magnétiseur au magnétisé. Mais n'y aurait-il pas encore de plus un sens particulier auquel les signes magnétiques s'adressent exclusivement, comme il y a des signes exclusifs et spéciaux pour la vue, le toucher, l'ouïe, l'odorat? Ce sens, absorbé ou endormi dans l'état ordinaire de veille, ne pourrait-il pas se réveiller ou ne se manifester que dans le sommeil de tous les autres sens ou organes de la vie active ou de relation? Nous ne formons point d'hypothèses. Des expériences suivies avec réflexion pourraient mettre sur la voie de découvrir ce qu'il peut y avoir de fondé dans des suppositions semblables.

En terminant cette digression, j'ai besoin encore de faire observer que les organes de la vie sensitive commencent à être mis en jeu sous l'influence sympathique de l'imagination. Toute cette partie des phénomènes qui tient au mode nouveau de leurs fonctions et de la réaction qu'ils exercent sur l'imagination doit se trouver soustraite à l'influence du magnétiseur ; elle ne peut dépendre que de la tendance ou des déterminations propres du principe de la vie dans le magnétisé. Par là on pourra expliquer la variété des phénomènes magnétiques produits sous une seule et même influence. En admettant même la puissance exagérée d'action et de direction que certains magnétiseurs s'attribuent sur les magnétisés, ils ne sauraient jamais répondre des résultats sensitifs de leurs procédés qui pourraient entraîner, dans certains cas, les désordres ou les inconvénients les plus graves au moral comme au physique.

Nous pouvons tirer de tout ce qui précède des conclusions essentiellement afférentes à notre sujet.

1° La différence essentielle qui sépare les facultés du désir et du vouloir, c'est que la sphère propre de celui-ci ne renferme ou ne limite celui-là en aucune manière. Ce sont dans l'un et dans l'autre des organes ou instruments différents, mis en jeu par des forces, sinon diverses dans leur essence une, différentes du moins dans leurs modes ou dans les conditions et les moyens de leur exercice. D'une part, tout désir exalté et prolongé devient passion dans l'homme; d'autre part, toute passion, ou désir transformé en habitude, suppose un rapport sympathique établi ou fixé dans l'organisation humaine, entre le centre cérébral, ou le lieu des images représentées à l'âme, et tels organes vitaux ou sensitifs dont les affections ou les mouvements sont associés à ces images, ou leur correspondent, comme par harmonie préétablie. Dans le développement progressif du moral, ou des facultés actives de l'homme, ou même dès l'origine de ce développement, l'imagination a presque toujours la priorité d'influence sympathique sur les organes de la vie intérieure et sur les affections ou les émotions dont ils sont les siéges. Ainsi la passion, ou l'ensemble de phénomènes compris sous ce terme général, qui se compose d'images (objets du désir ou de la tendance de l'âme) et d'impressions affectives ou mouvements organiques, a son siége et son premier mobile dans l'imagination même, qui doit être considérée comme appartenant aux deux vies intellectuelle et sensitive dont elle forme le lien.

Sous ce rapport, il faudrait donc dire, en empruntant le langage physiologique, que la sympathie entre les images et les mouvements organiques dans les passions humaines, commence par être active de la part du cerveau et passive de la part des organes internes, dont les émotions, le trouble, propagés jusqu'au centre de l'empire de l'âme, ne prennent à leur tour l'initiative et la prédominance sur toutes les facultés actives, qu'autant que le *moi*, cessant de faire effort pour les modérer ou les distraire, en est complétement absorbé. Alors l'homme retombe sous la loi de l'instinct et comme sous le *fatum* de l'organisme. Ce n'est qu'alors aussi que la passion, n'ayant

plus rien d'humain, perdant son titre en changeant
de nature, n'a plus pour siége ou pour foyer que
cette organisation intérieure où tous les appétits
aveugles de l'animalité, toutes les tendances instinc-
tives de l'organisme prennent exclusivement leur
source. Comment donc peut-on dire que tout ce qui
est relatif aux passions appartient à la vie organique?
Comment assimiler quant aux caractères, et même
aux conditions physiologiques, les affections de l'instinct animal, ou les mouvements nécessaires de l'organisme, et les tendances passionnées de l'âme dont
la force propre, après avoir donné à l'organisme la
première impulsion vers tel but sensible ou intellectuel, n'en reçoit l'impulsion à son tour qu'autant
qu'elle cesse de vouloir ou d'agir? Comment se refuser au témoignage du sens intime qui nous rend à
chaque instant témoins de ces scènes intérieures où
il y a mélange et succession des phénomènes des deux
vies, dont chacune prend tour à tour la priorité d'influence ou d'action sympathique, de cette lutte continuelle de deux forces vivantes dont l'une est *moi*,
et l'autre ne l'est pas?

2° Ce n'est pas seulement le degré de vivacité du
désir et ce caractère de durée et de nécessité constitutif de toute passion humaine, c'est encore la nature
de l'objet de ce désir, de cette passion qui détermine
l'ordre de priorité et la part d'influence des deux
forces qui y concourent. Ces forces qui sont deux en
effet, au moment où s'établit le premier rapport sympathique des parties séparées de l'organisation qui
leur sont respectivement soumises, peuvent se ré-

duire à une seule qui absorbe l'autre, quand elle est
portée à son plus haut point d'énergie ou d'exaltation.
Quand l'objet du désir est inaccessible aux sens externes et éloigné par sa nature de toutes les impulsions de la sensibilité organique ou animale, la priorité d'influence affective, sympathique, ne peut évidemment appartenir qu'à l'imagination ; cette faculté
doit, dès le principe, être dirigée, fixée, soutenue, à
l'aide de signes volontaires, sur l'idéal auquel elle
s'attache. En s'exaltant ainsi peu à peu, par une contemplation assidue, le mouvement de l'imagination
passe à cette partie sensitive de l'organisme humain
qui est, pour ainsi dire, le plus près de l'âme, qui
répond le plus directement à des émotions de toute
nature.

La continuité ou la fréquence du même désir, de
la même tendance sensible vers un idéal approprié
au besoin ou à l'état actuel de l'âme, fixe pour ainsi
dire toute sa vie dans un centre intérieur, foyer unique des sentiments de l'âme les plus purs, les plus
élevés ; toutes les facultés actives, les passions, les
idées sont suspendues comme les fonctions ou mouvements naturels de l'organisation animale. Le *moi*
ne vit plus, n'existe plus pour lui-même ; il semble
ne faire plus qu'un avec l'idéal, objet du désir qui a
précédé et amené cette absorption ; et, en redevenant
lui-même, en se rappelant ses transports, ses jouissances extatiques, il croira s'être uni, identifié avec
la source même de l'être, de la vie et du bonheur de
l'âme. Tel est cet ordre supérieur de facultés, cette
quatrième vie de l'âme que les nouveaux Platoniciens

ont mieux décrite d'après des expériences intimes
qu'ils n'ont pu l'expliquer dans leurs rêveries systé-
matisées.

En appréciant ces systèmes à leur valeur, sans en
dédaigner aucun, ils peuvent nous montrer la nature
humaine sous une face nouvelle, dans ces états particuliers où elle semble vraiment atteindre une nature plus élevée, vers laquelle elle tend avec toute
l'exaltation du désir. Dans cette tendance élevée, on
dirait que l'âme attire à elle l'organisation sensible
à laquelle elle est unie, pour la transporter, la fondre,
l'identifier avec elle dans son objet idéal. Dans une
tendance opposée vers les objets du sensualisme grossier qui captivent l'imagination, l'organisme attire
l'âme à lui et l'unit ou l'identifie, pour ainsi dire,
avec la matière ou la chair qui lui sert d'enveloppe.

La personnalité s'efface également dans les deux
cas : le *moi* s'absorbe et se perd ; ici dans le monde
des corps où sa nature se dégrade, là dans le monde
des esprits où est son pôle supérieur, sa tendance
propre, sa direction la plus sublime.

3° Continuons à bien marquer cette différence qui
vient d'être établie entre le désir, ou toute tendance
passionnée de l'âme vers des objets quelconques hors
d'elle ou de son pouvoir, et la volonté, ou le mode
essentiellement et purement actif de l'âme, en qui ou
par qui seul l'âme se manifeste à elle-même. Tandis
que le plus haut degré de clarté de cette manifestation du *moi* est précisément le plus haut point d'é-
nergie du vouloir ou de l'effort luttant contre une
résistance ; au contraire, l'enveloppement et l'absor-

ption la plus complète de la personne ou du *moi* correspond au plus haut point d'exaltation du désir, ou de la tendance de l'âme à s'identifier avec un objet idéal, ou imaginaire et sensible, qui n'est pas elle. Comment donc serait-il possible que la personnalité prît sa source ou son caractère individuel de conscience dans le même mode de l'âme où elle s'absorbe et s'évanouit à tel degré?

4° Dans tout vouloir, l'exécution ne peut être qu'immédiate, actuelle et instantanée, comme nous le savons par les faits mêmes de conscience. La force manifestée et son produit sensible externe ou interne, coexistent donc en un seul point indivisible du temps, et sont inséparables, quoique distincts, dans la dualité primitive qui constitue l'existence même du *moi*. Admettez le moindre intervalle ou le plus simple intermédiaire sensible entre un acte de vouloir et son effet, vous dénaturez cet acte, vous détruisez la force même dans son principe, ou son mode essentiel de manifestation.

Au contraire, dans cette tendance de l'âme appelée désir, ce qui se manifeste à l'âme ou au *moi* préexistant, ce sont les bornes de sa force propre et constitutive, c'est le temps, la succession des moyens employés pour atteindre l'objet désiré. Composé d'éléments hétérogènes où la passion prédomine nécessairement sur l'action, le désir n'est jamais la cause efficace, mais l'occasion à la suite de laquelle arrivent tels phénomènes éventuels, tels effets sensibles internes ou externes, toujours involontaires par leur nature. Si le désir est satisfait et le but atteint, ce n'est point parce que le *moi* l'a voulu ou précisément comme il l'a voulu, mais parce que l'événement a succédé à propos et à point nommé, parce que la suite des mouvements organiques ou physiques qui s'interposent toujours entre la tendance première de l'âme et le terme ou l'objet final du désir, s'est déroulée de la manière la plus propre à atteindre ce but; et cela n'a pas eu lieu en vertu d'une force consciente d'elle-même qui crée ces mouvements, mais par une harmonie préétablie et originelle entre telles affections ou appétits de l'âme et tels mouvements corporels, ou encore par une volonté étrangère suprême qui excite ces mouvements comme l'âme les désire.

Demande-t-on encore, comment deux modes, tels que le vouloir et le désir, peuvent avoir été confondus dans presque tous les systèmes de philosophie spéculative? Il faut demander d'abord pourquoi nous nous apercevons le moins de tout ce qu'il y a de plus intime à nous, y compris le *nous-mêmes*, ou ce qui le constitue? pourquoi dans une succession toute passive de phénomènes qui arrivent à la suite et non en vertu les uns des autres, l'action qui a précédé toute la série se cache, disparaît aux regards de la conscience? Cette dissimulation de la cause, du principe, a lieu en nous, par une loi de l'habitude qui facilite et précipite nos propres actes, de manière à les rendre insensibles ou même à les annuler. Elle a lieu hors de nous, parce que nulle force ne peut tomber sous le sens ou sous l'imagination, et qu'elle se manifeste seulement par des phénomènes ou des signes sensibles. Ces phénomènes et ces signes usurpent la pensée de l'homme irréfléchi, pour lequel rien n'existe que ce qui peut être figuré à la vue ou au toucher. C'est ainsi qu'un premier vouloir vient se confondre et se perdre dans le désir ou la passion, comme l'activité de l'âme dans la sensation, la cause dans l'effet, la liberté dans la nécessité, le *moi* dans la nature.

Nous tenons là le fil de tous les tortueux labyrinthes où roulent, depuis des siècles, les tristes et décourageantes spéculations du panthéisme, de l'idéalisme et du sceptiscime. En répondant aux objections de ce dernier, nous espérons répandre encore un nouveau jour sur ce point capital de philosophie première.

V

ARGUMENTS TIRÉS DES DOCTRINES QUI NIENT L'EFFICACE DE LA VOLONTÉ EN LA CONFONDANT AVEC LE DÉSIR. — RÉPONSES A CES ARGUMENTS.

De tous nos moyens de connaître, selon Malebranche, le sentiment intérieur, ou le sens intime, est le plus incomplet et le plus confus, et de là il suit que c'est hors de cette source confuse que nous devons chercher la vraie lumière qui peut nous éclairer sur les choses comme sur nous-mêmes, sur le monde des esprits, comme sur celui des corps. Nos premières notions ne sont que les émanations de cette lumière que notre esprit prend ou reçoit de sa

source unique ; il n'y a donc point de fait de sens
intime qui puisse servir de principe et qui soit le véritable premier dans l'ordre de la connaissance humaine. Nul fait de cette espèce ne peut même être
considéré comme connaissance ou idée; et de là il
suit encore, contre Descartes, ou contre le principe
fondamental de sa philosophie, que nos idées premières, celles qui portent avec elles un caractère
propre d'évidence ou de réalité, sont essentiellement
objectives, et sont les seules que notre esprit puisse
recevoir, comme par émanation de la source vraie
et unique de toute idée, les seules qu'il puisse voir
en Dieu : tels sont les rapports éternels et immuables des parties du nombre, de l'étendue du mouvement, de l'espace et du temps. Quant à notre âme
et à ses modifications, comme nous ne pouvons les
connaître que par sentiment intérieur, nous n'en
avons réellement aucune idée, aucune connaissance
proprement dite.

Admirons la diversité des points de vue systématiques. Cette première vérité, ce point d'appui solide
que Descartes cherche et croit trouver dans le sujet,
ou dans le sentiment qu'il a du *moi* pensant, ou le
fait primitif de conscience, Malebranche la trouve
exclusivement dans l'objet : le premier rayon de lumière ne peut venir à l'âme que du dehors. C'est la
même division qui subsiste éternellement entre les
philosophes spéculatifs dont les uns prennent pour
base la subjectivité absolue, les autres l'objectivité
absolue.

Selon Kant toute connaissance vient du sujet ou

lui est inhérente ; l'espace et le temps ne sont que les formes de sa sensibilité. C'est bien là la subjecti= vité absolue et aussi l'idéalisme qui était implicite- ment renfermé dans le principe de Descartes.

Les successeurs de Kant ont cherché à tout ra- mener à l'objectivité absolue, ou, ce qui est la même chose, à mon avis, à l'indifférence de sujet et d'objet, caractère de l'absolu d'où tout émane, et où tout s'absorbe par l'intuition intellectuelle. C'est bien là le Panthéisme qui se trouve encore implicitement renfermé dans les principes de la philosophie de Malebranche.

Pour se soustraire à ces deux tendances systéma- tiques opposées que les siècles voient sans cesse se reproduire, il fallait s'assurer que le premier pôle de la science humaine, le *moi* primitif, ayant essentiel- lement le caractère de fait, ne saurait s'identifier avec l'absolu ni subjectif ni objectif, quoiqu'il se réfère à l'un et à l'autre à la fois, dans l'ordre logi- que d'exposition de la connaissance humaine, quand elle est acquise et développée.

Toute la doctrine de Malebranche se fonde sur l'identité qu'il établit, dès le principe, entre le désir de l'âme, inefficace par lui-même, et le vouloir dont il n'aurait pu s'empêcher de reconnaître et d'avouer l'efficace, s'il l'eût réduit à ses propres limites, et s'il avait accordé quelque poids au témoignage de ce sens interne, où il ne trouve que confusion et obscurité. « Tu penses, dit Malebranche, être la vé- « ritable cause du mouvement de ton bras et de ta « langue, parce que le mouvement de ces parties

« suit immédiatement tes désirs; mais renonce à tes
« préjugés et ne crois plus qu'une chose soit l'effet
« d'une autre uniquement parce que l'expérience
« t'apprend qu'elle ne manque jamais de la sui-
« vre (1). » Non certainement le désir n'est pas la
cause du mouvement, quoiqu'il puisse en être suivi,
dans certains cas harmoniques et à point nommé ;
mais c'est justement par là que le désir diffère du
vouloir auquel le mouvement correspond d'une manière infaillible, instantanée, sans aucune succession.

Qu'on applique mal la causalité en la confondant
avec la succession ! Et c'est là le préjugé le plus universel comme le plus opposé à la vraie science.
Mais, pour faire une fausse application du rapport
de cause à effet, il est bien nécessaire que nous
ayons préalablement la notion de cause productive.
Or, d'où la tenons-nous? Est-elle innée? Vient-elle
du dehors ou du dedans? Est-elle un produit de
l'expérience répétée, ou de l'habitude, comme toutes
nos idées de succession? N'est-ce pas plutôt une
aperception immédiate interne, infaillible au premier moment? Malebranche ne fait point ces distinctions.

« Je vois bien ce qui te trompe, ajoute notre philo-
« sophe, en interpellant son esprit, c'est que pour
« remuer ton bras, il ne suffit pas que tu le veuilles;
« il faut pour cela que tu fasses quelque effort; et tu
« t'imagines que cet effort, dont tu as le sentiment

---

(1) *Méditations chrétiennes*. Méd. VI, § 5. La citation n'est
pas textuelle.

« intérieur, est la cause véritable du mouvement qui
« le suit, parce que ce mouvement est fort et violent
« à proportion de la grandeur de ton effort (1). »

Certainement je n'imagine pas ce que je sens. Or,
vous convenez que j'ai le sentiment intérieur de mon
effort, et je vous demande d'abord si ce sentiment
est autre que celui d'un acte parfaitement libre que
je puis faire ou ne pas faire, et qui ne commence et
ne continue que par le seul fait de mon vouloir, et
qui, par conséquent, ne peut avoir de cause étrangère à ce vouloir, ou au *moi* lui-même.

Je demande, en second lieu, si le sentiment intérieur de l'effort pourrait être en moi ce qu'il est, s'il
n'y avait pas quelque changement, ou quelque modification nouvelle, produite simultanément dans la
partie du corps à qui cet effort s'applique. N'est-ce
pas en effet par ce changement produit dans l'organe
musculaire que l'effort, qui n'est que la force propre
de l'âme en action, se manifeste intérieurement?
et pourrait-il y avoir un autre mode de manifestation de l'effort ou du vouloir même de l'âme? Si l'on
disait, par exemple, qu'il y a un effort de l'âme dans
toute fonction vitale, toute affection d'un organe intérieur, comment pourrait-on le constater par l'expérience intérieure ou le sens intime? D'où viendrait
alors cette distinction si claire, si évidente pour chacun de nous, entre les mouvements ou actes volontaires, et ceux qui ne le sont pas ou sont toujours
étrangers à la volonté ou à l'effort comme à la con-

_____

(1) *Méditations chrétiennes.* Méd. VI, § 14.

science du _moi_? Disons donc, en distinguant bien
le vouloir positif du désir indéterminé, que le même
sentiment intérieur qui manifeste à l'âme son effort
propre, identique à ce vouloir même, lui manifeste
en même temps la modification organique, produit
de l'effort, avec ce caractère de produit ou d'effet
relatif à sa cause, c'est-à-dire à la force de l'âme
agissante dont il est absolument indivisible.

« Mais, continue Malebranche, vois-tu clairement
« qu'il y ait quelque rapport entre ce que tu appelles
« effort et la détermination des esprits animaux, dans
« les tuyaux des nerfs qui servent aux mouvements
« que tu veux produire?..... Crois ce que tu conçois
« clairement et non pas ce que tu sens confusé-
« ment (1). » Certainement non, je ne vois ou je ne
me figure aucun rapport de ressemblance entre mon
vouloir, mon effort, intérieurement aperçu ou senti,
et un mécanisme quelconque de fluides ou d'esprits
mus dans des canaux matériels. Mais, dès qu'on est
conduit à admettre quelque correspondance naturelle ou harmonie préétablie entre ces deux ordres
de phénomènes disparates, hétérogènes, il faut bien
reconnaître que les termes comparés existent réellement l'un comme l'autre. Or qu'y a-t-il de plus certain, de plus évident pour moi, que le sentiment intérieur de mon vouloir, de mon effort actuel, comme
produisant certains modes ou changements que je
m'approprie comme des effets dont je suis cause?
Qu'y a-t-il, au contraire, de plus obscur, de plus

---

(1) _Méditations chrétiennes._ Méd. VI, § 14.

incertain que ce jeu d'esprits, ces mouvements vibratoires de nerfs, que mon imagination se figure comme étant les conditions organiques nécessaires des mouvements, des actes libres dont je dispose et que je sens être tout à fait en mon pouvoir?

Je n'ai donc nul besoin de chercher quels sont les rapports entre ce que je sais, et ce que je puis imaginer ou supposer; je n'ai nul besoin de concevoir clairement ces rapports pour m'assurer avec toute l'évidence propre au sentiment intérieur, évidence complète dans son genre, que ce que j'aperçois audedans de moi est vrai, quelles que soient d'ailleurs les conditions ou les instruments organiques qui correspondent naturellement à ces faits de sens intime. La conception des rapports dont il s'agit, est ici d'autant moins nécessaire que je ne puis avoir cette conception qu'en me plaçant dans un point de vue tout à fait extérieur à moi-même, c'est-à-dire en détruisant précisément le fait que je voudrais expliquer. Si en effet, le sentiment de l'efficace du vouloir est identique à celui que j'ai de moi-même, pour expliquer ou prouver la réalité à laquelle correspond le sentiment, il faudrait que je fusse en même temps moi et un autre; il faudrait que je fusse le propre créateur de ma substance. Toute la difficulté élevée ici par Malebranche, tient donc à la confusion de deux points de vue qu'il suffit de distinguer pour dissiper les nuages ou pour reconnaître que l'obscurité, au lieu d'être dans le point où cet esprit systématique la trouvait, est bien plutôt là où il cherchait la lumière.

Il continue : « Ne sens-tu pas que souvent tes
« efforts sont impuissants? Autre chose est donc
« *effort*, et autre chose *efficace* (1). » Cette objection
va précisément contre la thèse de l'auteur, et prouverait au besoin l'efficace sinon absolue, du moins
relative du vouloir ou de l'effort. Car nous ne pouvons sentir dans certains cas que notre effort est
impuissant, qu'autant que nous avons auparavant
éprouvé ou senti son efficace. Par exemple, que je
veuille mouvoir un membre paralysé, je ferai en ce
cas un effort impuissant, dont je sentirai l'inefficace
précisément parce que je sais certainement par mes
souvenirs qu'il a eu auparavant une vertu efficace ;
et c'est ce souvenir même d'une efficace antérieure
qui détermine la répétition du même effort, avec le
pressentiment que la même cause produira le même
effet.

Mais voici une objection plus générale et qui paraît surtout frapper les esprits irréfléchis : « Peut-
« on faire, peut-on même vouloir ce qu'on ne sait
« point faire? Peut-on vouloir que les esprits ani-
« maux se répandent dans certains muscles, sans
« savoir si on a des esprits ou des muscles? On peut
« vouloir remuer les doigts parce qu'on voit et qu'on
« sait qu'on en a ; mais peut-on vouloir pousser des
« esprits, qu'on ne voit point et qu'on ne connaît
« point? Peut-on les transporter dans des muscles
« également inconnus, par les tuyaux des nerfs éga-
« lement invisibles, et choisir promptement et im-

---

(1) *Méditations chrétiennes*. Médit. VI, § 14.

« manquablement celui qui répond au doigt qu'on
« veut remuer (1) ? »

Nous verrons bientôt qu'il y a une connaissance
intérieure de sentiment attachée à chaque terme organique ou inerte sur lequel l'âme déploie son action
ou son effort volontaire, et que nous n'avons pas besoin de voir du dehors les parties du corps mobiles
à volonté pour être assurés de l'existence de ces parties, comme distinctes du sujet de l'effort et localisées hors de lui. Bornons-nous quant à présent à
faire observer que ce que l'âme ou le *moi* veut, c'est
uniquement telle modification ou sensation musculaire qu'elle a éprouvée, dans l'origine, comme étant
en son pouvoir, ou dépendant de sa force. Elle sait
donc ou connaît ce qu'elle veut. Quant aux moyens,
ou au jeu organique auquel se trouve liée la sensation musculaire, d'après les lois de la constitution
humaine, le *moi* n'a pas besoin de les connaître, ou
d'y penser, pour produire l'effort et en sentir l'efficace. Aussi ne veut-il pas ces moyens ou ces conditions organiques, pas plus qu'il ne veut les conditions
de son existence, ou qu'il ne veut se créer lui-même.
Ces conditions, auxquelles le fait même de conscience
ou la manifestation de l'âme est attachée, sont avant
le *moi*, et subsistent hors et indépendamment de lui.
Sans doute je ne puis remuer mon bras qu'en conséquence des lois générales de l'union de l'âme et du
corps que je n'ai point faites, et il suit bien de là
que je ne me suis pas donné à moi-même le pouvoir

(1) *Méditations chrétiennes.* Médit. VI, § 11.

de remuer mon corps, pas plus que je ne me suis
donné l'être. Mais quand j'use volontairement ou librement du pouvoir qui me vient du Créateur, dirai-je
que mon vouloir ou mon effort actuel est inefficace,
uniquement parce qu'il ne s'étend pas jusqu'à l'origine ou à l'essence même du pouvoir ou de la force
agissante? Comment prouverait-on qu'une force ne
peut être libre qu'autant qu'elle se créerait elle-
même, ou qu'elle serait libre de toute éternité? N'a-
t-on pas craint d'anéantir ainsi toute liberté, toute
personnalité dans son principe, dans son véritable
et unique fondement, qui est le fait même de conscience?'

A en croire l'auteur du système des causes occasionnelles, « puisque je ne remue mon bras qu'en
« conséquence des lois générales de l'union de l'âme
« et du corps, mes volontés sont par elles-mêmes en-
« tièrement inefficaces (1). » Certainement inefficaces
quant à ces lois générales que la volonté de l'homme
n'a pas faites et qu'elle ne peut changer au fond,
quoiqu'elle puisse jusqu'à un certain point les modifier ou s'en affranchir. Mais, de ce que la sphère
d'activité de mes vouloirs est limitée, ayant un commencement et une fin, comment en induire que le
vouloir est inefficace, même dans les limites naturelles assignées à cette activité? Comment prouvera-
t-on, encore une fois, qu'il faut que le pouvoir soit
infini pour être efficace; par suite qu'il n'y a qu'un
seul pouvoir, une force unique dont tout ce que

---

(1) *Méditations chrétiennes.* Médit. VI, § 12.

nous appelons mal à propos force ou cause particulière, personnelle ou limitée à l'individu, n'est que
l'ombre ou l'apparence, sans réalité, la modification
sans l'être? N'est-ce pas là le panthéisme ou le spinosisme sous une autre forme? Quelle que soit, en
effet, l'expression ou la forme d'un système qui renie ou méconnaît en principe le caractère du fait
primitif de conscience, la libre activité ou la causalité primitive et constitutive du *moi*, il doit tendre
invinciblement, malgré tous les détours, à s'abîmer
et se perdre dans le gouffre dévorateur de toutes les
existences individuelles, y compris celle de Dieu
même. Le malebranchisme bien compris et poussé
dans ses conséquences, ne pourrait se soustraire à
cette pente funeste, et on peut s'étonner que la remarque n'en ait pas été faite plus tôt.

Ajoutons ce dernier argument qui explique encore
mieux le fond de la pensée de notre auteur : « Puis-
« que ton bras ne se remue que parce que Dieu a
« voulu qu'il se remuât toutes les fois que tu le
« voudrais toi-même, supposé que ton corps fût
« disposé à cela ; lorsque tu remues le bras, il y a
« deux volontés qui concourent à son mouvement :
« celle de Dieu et la tienne (1). » On confond ici,
dans la vue du système, sous la même expression
vouloir, deux choses essentiellement différentes, savoir : d'une part, la volonté proprement dite, individuelle, particulière ou la force même de l'âme
actuellement employée à mouvoir le bras, et à pro-

(1) *Méditations chrétiennes.* Médit. VI, § 12.

duire ainsi ou à créer une modification spéciale, qui ne saurait commencer ni continuer que par l'exercice de la volonté; d'autre part, la puissance suprême, la volonté infinie qui a créé les substances de l'âme et du corps et établi dès l'origine les lois générales de leur union, de telle sorte que l'existence du tout substantiel qui en résulte, les actes, les pensées, les mouvements et tous les attributs, toutes les relations de cet être composé, dérivent de cette première volonté créatrice, non pas comme un effet dérive de sa cause, ou force actuelle qui le produit, mais comme la conséquence dérive de son principe, ou mieux comme un fait conditionnel dérive de la condition première sans laquelle il serait impossible qu'il existât.

Sans doute, ma volonté, ma force une, actuellement en exercice, suppose une force suprême qui l'a faite ce qu'elle est substantiellement. Mais, après l'avoir créée ainsi force individuelle et une, destinée à mouvoir librement dans sa sphère, Dieu même ne pourrait plus entrer en concours d'action avec elle, ou agir réellement à sa place, quand elle veut et croit agir par elle-même, sans détruire la force qu'il a créée, ou sans vouloir en même temps qu'elle soit et qu'elle ne soit pas.

Certainement, comme dit encore Malebranche, en parlant d'une volonté toute-puissante et infinie, « il y aurait contradiction à ce que Dieu voulût ac- « tuellement que mon bras fût remué, et que mon « bras restât immobile (1); » mais c'est qu'alors

---

(1) *Méditations chrétiennes.* Médit. VI, § 12.

Dieu s'identifierait au *moi*, ou le *moi* serait en lui, en cessant d'être lui-même, au titre individuel de personne ; et la contradiction serait qu'il y eût deux personnes distinctes et séparées, quand il n'y a qu'une seule volonté efficace et vraiment agissante.

Enfin, il est vrai que je suis infailliblement certain qu'il y a une liaison nécessaire entre les volontés d'un être tout-puissant et leurs effets substantiels ou réels ; mais je suis certain avant tout, d'une autre manière et avec une autre sorte d'évidence (*certissimâ scientiâ et clamante conscientiâ*), qu'il y a un rapport primitif de coexistence et de causalité de fait entre ma volonté, mon effort actuel, et la modification (effet) qu'elle produit ; et, sans cette première certitude de conscience, l'autre qui est toute de raison ou de raisonnement ne saurait même avoir lieu.

Je crois en avoir assez dit, et peut-être trop, pour prouver que les arguments de Malebranche contre la double thèse que nous soutenons, l'efficace du vouloir et sa distinction essentielle d'avec le désir, confirment bien plutôt qu'ils n'atténuent la force des preuves sur lesquelles nous cherchons à l'établir.

Les mêmes motifs qui nous ont porté à présenter ces arguments avec quelques détails, nous engagent à nous arrêter encore à résoudre, dans le même point de vue, les objections sceptiques d'un philosophe (1) qui a donné plus qu'aucun autre, à la fois de grandes et utiles leçons aux philosophes qui n'admettent comme principe que la sensation ou l'expérience

---

(1) Hume.

extérieure, et aux métaphysiciens purs qui récusent au même titre de principe tout fait d'expérience intérieure comme extérieure (1). . . . . . .

. . . . , . .

(1) M. de Biran avait sans doute le dessein de reproduire ici le contenu des appendices à l'*Examen des leçons de philosophie* de Laromiguière.

TROISIÈME PARTIE.

VIE DE L'ESPRIT.

I

L'homme est intermédiaire entre Dieu et la nature. Il tient à Dieu par son esprit et à la nature par ses sens. Il peut s'identifier avec celle-ci, en y laissant absorber son *moi*, sa personnalité, sa liberté, et en s'abandonnant à tous les appétits, à toutes les impulsions de la chair. Il peut aussi, jusqu'à un certain point, s'identifier avec Dieu, en absorbant son *moi* par l'exercice d'une faculté supérieure que l'école d'Aristote a méconnue entièrement, que le platonisme a distinguée et caractérisée, et que le christianisme a perfectionnée en la ramenant à son vrai type.

L'absorption en Dieu, la perte du sentiment du *moi* et l'identification de ce *moi* avec son objet réel, absolu, unique, n'est pas l'absorption de la substance de l'âme ou de la force absolue qui pense et veut. Leibnitz a mal à propos accusé les quiétistes, en confondant le *moi* et l'âme substance.

Il résulte de tout cela que le dernier degré d'abaissement comme le plus haut point d'élévation peuvent se lier à deux états de l'âme où elle perd également sa personnalité; mais dans l'un c'est pour se perdre en Dieu, dans l'autre c'est pour s'anéantir dans la créature.

L'état intermédiaire est celui où l'être conserve sa personnalité avec sa liberté d'agir; c'est le *conscium, compos suî*, qui est l'état propre et naturel de l'homme, celui où il exerce toutes les facultés de sa nature, où il développe toute sa force morale, en luttant contre les appétits déréglés de sa nature animale, en résistant aux passions, à tous les entraînements, à tous les écarts de l'imagination. Au-dessus et au-dessous de cet état, il n'y a plus de lutte, plus d'effort ni de résistance, par suite plus de *moi;* l'âme est dans cet état d'élévation, tantôt en se divinisant, tantôt en s'animalisant.

« Le zoophyte est composé de deux parties distinctes : l'animale et la végétale, qui ne se confondent point, mais qui sont unies par un rapport intime, non pas de contiguïté, mais de correspondance harmonique dans les développements et les fonctions de cet être vivant, etc. (1) »

L'union des deux parties ou forces, végétale et animale, dans le polype, représente très-bien soit

---

(1) Barthez. *Éléments de la science de l'homme.*

l'union de la vie animale et de la vie active du *moi*, soit celle de la deuxième vie de l'homme avec une troisième vie plus haute, qui est toute spirituelle. L'homme est aux yeux des intelligences supérieures qui vivent de cette vie, ce que le polype est aux yeux du naturaliste. Car nous sentons bien aussi en nous-mêmes la force animale unie intimement à celle de l'esprit qui ne s'y confond pas, mais qui semble le plus souvent y être comme absorbée. L'intelligence supérieure qui contemplerait ainsi l'homme, dans le plus grand nombre de ses actes extérieurs, le verrait sans doute aussi rapproché des animaux qui lui ressemblent par l'organisation, que les naturalistes voient le polype rapproché du végétal. Mais ces intelligences sauraient, mieux encore que nos naturalistes, faire la part de deux forces dont le lien intime ne saurait les empêcher de reconnaître la diversité et la nature respective dans tous les actes humains, produits du concours de ces deux forces distinctes, comme les mouvements du polype et ses fonctions assimilatrices sont les produits combinés des forces végétatives et animales.

L'homme tient peut-être, en effet, dans l'échelle des esprits, le rang qu'occupe le polype dans celle des êtres sentants. Il est même plus près de l'animal que le polype du végétal. Mais ce qui fait la grande distinction, c'est que l'homme est doué d'une activité propre, par laquelle il peut de lui-même monter dans l'échelle, avancer son rang et s'y préparer encore une place supérieure quand son éducation actuelle sera finie, quand la mort aura été entièrement *absorbée par la vie* (1).

Les passions naturelles ont leur source dans la vie organique et appartiennent à l'animal avant d'être dans l'homme. Tels sont les appétits relatifs à la conservation des êtres organisés sentants, et à la propagation des espèces. Les passions sociales se joignent toujours dans l'homme aux passions naturelles et les compliquent. Dans l'état le plus ordinaire des hommes en société, toute passion naturelle, ou appétit organique, partant de l'organisme, monte pour ainsi dire de la vie animale à celle de l'homme. Il y a mélange de phénomènes ou échange des produits de deux forces différentes. De là l'influence de l'imagination sur la sensibilité, les combats de la volonté, de la raison, de l'intérêt, les affections entraînantes, le malheur dans le désordre ou le défaut senti d'harmonie. Dans cette deuxième vie, moyenne, toute passion se caractérise par la spontanéité des produits, soit de l'organisme, soit de l'imagination, qui prennent tour à tour l'initiative, mais n'en sont pas moins toujours hors du cercle d'activité du *moi*, de l'homme libre et proprement moral, qui n'assiste aux phénomènes intérieurs que comme témoin, faisant effort pour empêcher, distraire les produits d'une force qui n'est pas, et qu'il sent bien n'être

---

(1) 2ᵉ Épître de saint Paul aux Corinthiens, chap. V, verset 4.

pas la sienne. Ce mélange de produits et cet antago-
nisme de forces constituent la passion de l'amour et
tous les plaisirs sympathiques que goûtent les hommes, en satisfaisant ensemble des besoins ou des
goûts communs. Mais au-dessus de cette deuxième
vie, il en est une troisième qui, pas plus que la vie
organique, n'a en elle-même son principe, ses aliments, ses mobiles d'activité, mais qui les emprunte
d'une source plus haute, la même qui a tout produit
et qui dirige tout vers une fin.

La deuxième vie de l'homme ne semble lui être
donnée que pour s'élever à cette troisième, où il est
affranchi du joug des affections et des passions, où
le génie, le démon qui dirige l'âme et l'éclaire
comme d'un reflet de la divinité, se fait entendre
dans le silence de toute nature sensible, où rien ne
se passe enfin dans le sens ou l'imagination qui ne
soit ou voulu par le *moi*, ou suggéré, inspiré par la
force suprême, dans laquelle ce *moi* vient s'absorber
et se confondre. Tel est peut-être l'état primitif d'où
l'âme humaine est descendue, et où elle aspire à remonter.

Le christianisme seul explique ce mystère; seul il
révèle à l'homme une troisième vie, supérieure à celle
de la sensibilité et à celle de la raison ou de la volonté humaine. Aucun autre système de philosophie ne s'est élevé jusque-là. La philosophie stoïque
de Marc-Aurèle, tout élevée qu'elle est, ne sort pas
des limites de la deuxième vie, et montre seulement
avec exagération le pouvoir de la volonté, ou encore
de la raison (qui forme à l'âme comme une atmo-

sphère lumineuse dont la source est hors de l'âme)
sur les affections et les passions de la vie sensitive.
Mais il y a quelque chose de plus, c'est l'absorption
de la raison et de la volonté dans une force suprême,
absorption qui constitue sans effort, un état de perfection et de bonheur.

Notre âme semble obéir à diverses attractions,
comme ce que nous appelons la matière. Les affections de l'organisme, quand elles sont nombreuses,
vives et variables en raison du tempérament, attirent à elles presque toutes les forces de l'âme et la
fixent ou l'absorbent dans le corps, au point que la
personnalité, la liberté peuvent disparaître entièrement, et que l'homme se trouve réduit à l'état de
l'animal. Il ne pourrait même jamais sortir de cet
état, si son âme n'était pas douée d'une force propre
qui l'empêche d'obéir toujours et entièrement à l'attraction du corps. Cette force active peut concentrer
l'âme en elle-même, en la faisant tourner, pour ainsi
dire, sur elle-même et autour de ses propres idées :
c'est la vie philosophique qui consiste dans la méditation intérieure, dans l'exercice de l'activité employée à résister à ses propres affections, à se bien
conduire dans le monde intérieur, de manière à atteindre un but intellectuel. La force active peut aussi
porter l'âme hors d'elle-même, vers un idéal, un infini qui lui est donné, ou qu'elle se donne pour but
de ses efforts. En entrant ainsi dans une sphère su-

périeure, toute lumineuse, l'âme peut encore obéir à une attraction tout à fait opposée à celle du corps et s'y absorber de manière à y perdre même le sentiment de son *moi* avec sa liberté. C'est la vie mystique de l'enthousiasme et le plus haut degré où puisse atteindre l'âme humaine, en s'identifiant autant qu'il est en elle avec son objet suprême, et revenant ainsi à la source d'où elle est émanée. La liberté interne gouverne la force attractive de l'âme, ou plutôt cette force se gouverne librement elle-même, mais jusqu'à un certain point seulement. L'âme, par ses désirs et en vertu de sa nature intellectuelle, tend à l'union avec Dieu ; en vertu de sa nature sensitive ou animale, elle tend à l'union avec les corps et avec le sien propre : double tendance qui empêche le repos de l'homme. Les âmes les plus pures, les plus élevées, sont encore souvent dominées par une tendance terrestre, et celles qui s'abandonnent le plus complétement à la vie animale sont encore plus souvent tourmentées par les besoins d'une autre nature, qui s'expriment par le malaise, l'ennui, l'agitation intérieure qui tourmentent les malheureux comblés au dehors de tous les dons les plus brillants de la fortune ou de la nature : *Toute créature gémit.*

Dans l'état ordinaire de l'homme, ayant le *conscium* et le *compos suî*, les impressions du sens vital se joignent nécessairement à toutes les idées, toutes les opérations et toutes les combinaisons actives de

l'être pensant. C'est même de cette source que les
idées de chaque homme empruntent l'espèce de couleur ou de teinte affective qui leur est propre, comme
aussi les caractères, tantôt d'assurance, de clarté, de
fixité, tantôt de trouble, d'hésitation, de lenteur et
de mobilité qui les différencient dans divers individus, ou dans le même en différents temps. Les résultats de cette association sont généraux et communs à tous les hommes, quoiqu'ils ne s'en aperçoivent pas toujours; et ils n'ont aucun moyen direct
de s'en affranchir, quel que soit le degré d'effort et
d'activité qu'ils mettent dans le choix des idées élaborées par l'intelligence; toujours ils dépendent
quant à la manière dont ils saisissent ces idées, dont
ils y adhèrent avec amour ou dégoût, de certaines
dispositions organiques. Et c'est là ce qui explique
l'inconstance, la légèreté de la plupart des esprits
qui s'intéressent et se désintéressent si rapidement
pour les mêmes objets d'étude. Cette adhérence de
l'esprit à ses propres idées tient donc au corps, et
exprime en quelque sorte les rapports que la vie organique, ou animale, entretient toujours avec la vie
active de l'homme; mais il n'en est pas de même
pour la vie de l'esprit.

L'âme qui se trouve unie et comme identifiée par
l'amour avec l'esprit supérieur d'où elle émane, n'est
plus sujette à l'influence de l'organisme, elle ne
s'occupe plus de quel côté souffle le vent de l'instabilité, mais elle demeure fixée à son centre, et tend
invariablement vers sa fin unique, quelles que soient
les variations organiques et les dispositions de la sen-

sibilité. C'est même souvent quand le corps est abattu, que toutes ses forces languissent, que la machine tombe en ruines et que l'animal a perdu toute vivacité, toute énergie vitale, que la lumière de l'esprit jette le plus d'éclat et que l'âme vit le plus complétement de la vie de cet esprit, qu'elle en jouit avec le plus d'amour. *L'esprit souffle où il veut* (1) ; quelquefois il se retire : l'âme tombe dans la langueur et la sécheresse ; mais comme ce n'est pas l'organisme qui la soutient et fait ses états d'élévation, ce n'est pas lui non plus qui l'abandonne quand elle tombe en défaillance ; tout au contraire, elle défaille d'autant plus que l'organisme prévaut.

Tout est inverse dans les deux vies : là où l'animal se réjouit et se sent plein de courage et d'activité, d'orgueil de la vie, l'esprit s'afflige, s'humilie et se sent abattu, comme privé de son unique appui. Réciproquement, où l'homme animal s'inquiète, se trouble, s'attriste et ne trouve en lui que faiblesse, sujet de découragement et de désespoir, l'esprit s'élève et se livre à la plus douce joie.

Cette hauteur avec laquelle l'âme qui vit en Dieu juge et méprise souverainement tout ce qui fait la gloire et les joies de la terre, s'allie admirablement avec cette humilité profonde, tant recommandée par le Christianisme, et qui fait précisément le caractère distinctif de sa morale. Plus l'esprit est haut ou élevé vers Dieu, plus il humilie l'homme, mieux il lui fait sentir tout ce qu'il y a de dégradation ou

_____

(1) Évangile selon saint Jean, chap. III, verset 8.

d'abjection dans cette nature animale qui l'enveloppe
de toutes parts et tend sans cesse à l'absorber.

Les rapports qui existent entre les éléments et les
produits des trois vies de l'homme, sont le sujet de
méditation le plus beau, mais aussi le plus difficile.
Le stoïcisme nous montre tout ce qu'il peut y avoir
de plus élevé dans la vie active, mais il fait abstraction de la nature animale et méconnaît absolument
tout ce qui tient à la vie de l'esprit. Sa morale pratique est au-dessus des forces de l'humanité. Le
Christianisme seul embrasse tout l'homme. Il ne
dissimule aucun des côtés de sa nature et tire parti
de ses misères et de sa faiblesse, pour le conduire à
sa fin, en lui montrant tout le besoin qu'il a d'un
secours plus élevé.

Tant que la lutte persiste entre les deux natures,
la chair n'est pas encore absorbée par l'esprit, la
mort par la vie; l'homme est livré à sa force propre, dont l'énergie se manifeste et se développe dans
l'opposition ou la résistance de l'organisme. C'est le
plus haut degré de la vie du *moi*; mais la vie de
l'esprit n'a pas encore commencé.

C'est au moment où le *moi* triomphe, où la passion
est vaincue, où le devoir est accompli contre toutes
les résistances affectives, enfin où le sacrifice est
consommé, que, tout effort cessant, l'âme est remplie
d'un sentiment ineffable, où le *moi* se trouve absorbé.
Alors seulement la lumière luit au milieu des ténè-

bres ; les ténèbres se retirent ; un calme pur succède
aux tempêtes ; une douce paix se fait sentir où existait auparavant une affreuse guerre. La vie de l'esprit
a commencé : Dieu se fait entendre ou sentir à l'âme
de l'homme vertueux.

Le sentiment de la vertu qui triomphe des penchants, le sentiment du devoir satisfait est, en
effet, le sentiment de la divinité pour ceux mêmes
qui ne la connaissent pas, ou que les lumières d'une
religion positive et révélée n'ont pas encore éclairés.
C'est ainsi qu'il faut entendre cette vérité incontestable, que c'est par le sentiment seul de l'amour que
l'âme se trouve élevée jusqu'à Dieu ; pourvu que
l'on entende bien que c'est un sentiment qui n'est
point passif, ni spontané, ni prévenant l'action,
comme le dit si bien Malebranche des plaisirs des
sens ou des affections immédiates de la sensibilité,
mais le sentiment du bien, du beau moral, de la
vertu et du devoir satisfait, de la vérité sortant des
nuages, etc.

Ce sentiment est celui du repos de l'âme après et
non avant l'effort ; après l'emploi de toute l'activité
de l'âme dirigée vers un but digne d'elle, approprié
à sa nature et à sa destination, et non pendant que
cette activité s'exerce. Le moment du repos, du
calme des sens ou de la chair assujettie, est celui où
l'âme se place sous l'influence de cet esprit qui seul
connaît Dieu et fait en lui sa demeure fixe. Ainsi
s'explique cette grande parole que la foi ne vient que
par les œuvres, que l'amour donne tout.

Quand on a vaincu une passion, ou qu'elle s'est

détruite elle-même par ses excès, on se sent transformé en un autre homme. L'objet de la passion se
montre sous une face entièrement opposée; toutes
les idées qui s'y rapportent ou dont il était le centre,
s'évanouissent ou changent de direction et de caractère. Que s'est-il donc passé dans l'intérieur de
l'homme? car tout est le même au dehors. Les idées
ne sont plus teintes de la couleur que répandait sur
elles, sur toute l'existence, cette passion qui domi-
nait sur la vie sensitive, ou plutôt qui n'était qu'une
modification de cette vie, répandant malgré nous,
sur toutes les idées de l'esprit, ces diverses nuances
sombres, pâles ou gaies, vives, touchantes ou dé-
nuées de tout intérêt.

En vertu de sa nature supérieure, l'âme tend par
ses désirs à l'union avec Dieu. En vertu de sa nature
sensitive ou animale, l'âme tend par ses appétits à se
confondre ou s'identifier avec les corps, et avec le
sien propre. Cette double tendance s'oppose à ce
qu'il y ait repos constant et bonheur de quelque
durée pour l'homme, dont l'âme est nécessairement
attirée dans deux directions contraires, tant que
cette vie subsiste. Les âmes les plus pures, les plus
élevées au-dessus des sens ne peuvent pas empêcher
que les besoins nécessaires de l'organisme ne les
troublent, ne les distraient, en les attirant vers le
corps qui demande à vivre. Réciproquement les
âmes qui tendent à s'absorber le plus complétement

dans le corps, ne peuvent s'y confondre de manière à ne pas éprouver des besoins, des désirs vagues d'une autre nature qui les agitent, les inquiètent, les tourmentent dans l'intervalle qui sépare toujours nécessairement les appétits organiques satisfaits et les mêmes appétits renaissants. De là, ce malaise, cet ennui mortel qui empoisonne et corrompt toutes les jouissances des voluptueux, de ces hommes comblés en apparence des dons les plus brillants de la nature ou de la fortune, mais qui sont trop occupés au dehors pour nourrir au dedans le feu sacré.

Le grand mal des passions, c'est qu'elles absorbent entièrement tous les éléments, toutes les forces de la troisième vie, quoiqu'elles se concilient, jusqu'à un certain point, avec la deuxième. Elles ferment toute entrée à l'esprit de vérité (qui est tout autre que l'esprit de l'homme); elles prolongent l'enfance de l'âme, la nourrissent de chimères ou de vaines images, comme dans l'enfance naturelle; elles s'opposent enfin à tout développement, même momentané, de ces facultés supérieures dont les éclairs mêmes nous annoncent et nous garantissent une autre existence, appropriée au plein exercice de ces facultés.

« Je peux, dit Marc-Aurèle, affranchir ma vie de « toute souffrance quand je serais accablé d'outra- « ges, déchiré de toutes parts, quand les bêtes fé-

« roces viendraient mettre en pièces cette masse de
« boue qui m'environne. Car dans tous ces cas qu'est-
« ce qui empêche mon entendement de se retirer en
« lui, de se maintenir dans un état paisible? »

Le stoïcien applique ici à la seconde vie de l'homme,
ce qui n'est vrai que de cette troisième vie qui est
au-dessus de l'humanité et que le christianisme seul
connaît si bien. Et il est vrai de dire que l'âme peut
s'affranchir ou être affranchie de toutes les souffrances qui tiennent au corps ou à l'imagination, non par
l'exercice des facultés actives de l'entendement ou
de la raison (car il est impossible de faire que ces
facultés ne participent pas plus ou moins au trouble
et aux souffrances de l'organisation) ; mais en s'élevant par une grâce de sentiment à un état tel que ses
facultés propres n'agissent plus. Sa force est rem-
placée par une autre force qui n'a plus de relation
ni de lien nécessaire avec le corps, qui devient étrangère aux souffrances, en même temps qu'elle est supérieure à l'âme qui s'identifie avec elle et s'y absorbe dans certains états.

Alors l'âme ne juge pas que l'accident n'est rien,
elle ne lui dit pas : « tu n'es que cela ; » mais simplement elle ne l'aperçoit pas, il ne s'élève pas jusqu'à
sa région, car si elle l'apercevait et le jugeait, elle y
participerait nécessairement en vertu de son union
au corps avec qui elle ne fait qu'un tout. Il y a certainement une contradiction dans le point de vue de
Marc-Aurèle. On voit qu'il a l'idée d'un état supérieur
de l'âme ; mais il ne le place pas où il est ; et l'âme
ne peut exercer à la fois les facultés de l'esprit qui

sont tout entières dans la deuxième vie extérieure, et celles de la troisième vie qui seule est affranchie des sensations et de toute influence matérielle. Ces deux vies sont aussi distinctes, aussi éloignées l'une de l'autre que la vie active de l'homme est loin de l'animalité.

La question est de savoir précisément si la troisième vie ne peut pas coexister avec la deuxième, comme la seconde avec la première. C'est ce que je crois possible, en tant qu'on fait servir dans la pratique les facultés de la deuxième vie à préparer la troisième, à élever jusqu'à elle ; mais il faut pratiquer et non pas spéculer ; car il est vrai que les doctrines s'opposent dans leurs principes spéculatifs ; comme par exemple l'intérêt et le dévouement, l'amour-propre et la charité, la vie en soi ou pour soi et la vie dans un autre.

Il est nécessaire d'abord que le *moi* se fasse centre pour connaître les choses et lui-même qui se distingue de tout le reste ; mais quand la connaissance est acquise, apparaît l'idée d'une fin plus élevée que ce qui est conçu par l'esprit et à laquelle le *moi* lui-même se rapporte avec tout ce qu'il connaît ou pense.

Nos facultés affectives procèdent d'une manière inverse de celle des facultés cognitives. Comme le *moi* est le pivot et le pôle de celles-ci, le *non-moi* ou l'absorption du *moi* dans l'objectif pur est la condi-

tion première et le plus haut degré de celles-là. Pour
connaître, il faut que le *moi* soit présent à lui-même
et qu'il y rapporte tout le reste. Pour aimer, il faut
que le *moi* s'oublie ou se perde de vue, en se rap-
portant à l'être beau, bon, parfait, qui est sa fin.

C'est par un principe infiniment supérieur à
l'homme que nous pouvons ainsi nous élever entièrement au-dessus de nous-mêmes, au-dessus de
l'homme concret. Ce principe qui est en nous, qui
luit au dedans de l'homme, n'est pas l'homme concret, mais la partie divine qui est en lui et qui tend
à se rejoindre à sa fin, à la source d'où elle émane.

II

Dépend-il de l'âme de passer par sa force propre
de l'état inférieur à l'état supérieur? Il est évident
qu'elle ne le peut pas indépendamment de toute condition, ou qu'il ne lui est pas donné de se modifier
elle-même instantanément de deux manières opposées. Mais ce qu'elle peut, c'est de concevoir un but,
un certain idéal de perfection, et de combiner les
moyens dont elle dispose pour s'y élever progressivement et par une suite d'efforts. Il faut commencer
d'abord par vivre purement, moralement, sans tenir
au monde que par le devoir; et, les sensations perdant alors leur empire, l'âme s'élève d'elle-même, ou
par une grâce propre, vers son principe; elle n'est
plus le jouet de mille illusions, qui la séduisent ou
la tourmentent tant qu'elle est sous l'empire de l'i-

magination et des sens. Mais l'on se tromperait beaucoup si l'on croyait qu'il est au pouvoir de l'âme, dans le déploiement même le plus énergique de son activité, de se soustraire tout d'un coup à l'empire des passions quelconques, lorsqu'elles ont planté leurs racines à la fois dans l'organisme intérieur et l'imagination unis ensemble par une mutuelle sympathie. L'individu ne peut pas plus alors se modifier lui-même qu'il ne pourrait se guérir d'une maladie organique ou de la folie. Pour se tirer de l'abîme, il lui faut un point d'appui hors de lui-même. La religion vient à son secours, et le sentiment religieux ne vient lui-même que par la pratique des actes qui sont seuls en notre pouvoir, quels que soient les sentiments intérieurs.

Malgré tout le stoïcisme possible, l'esprit ne peut se soustraire aux variations nécessaires de l'organisme et de l'âme sensitive. Cette âme s'attriste, se décourage, ou s'élève et se réjouit, suivant certains états successifs de la machine, et par des causes tout à fait indépendantes de l'intelligence et de la volonté. Tout ce que le *moi* peut faire, c'est de détourner son attention et de lutter avec plus ou moins d'effort; mais il arrive des états de l'âme et du corps où toute lutte est impossible.

« Les sens et l'imagination n'ont aucune part à la
« paix et aux communications de grâce que Dieu
« peut faire à l'entendement et à la volonté, d'une

« manière simple et directe qui échappe à toute ré-
« flexion (1). »

Je conçois, d'après l'expérience, comment la paix
ou l'équilibre des sens et de l'imagination, dans certaines dispositions organiques, peuvent amener oc-
casionnellement dans l'entendement et la volonté un
état de calme et de lucidité qui favorise l'âme dans
ses plus hautes opérations, et l'introduit comme dans
un monde supérieur d'idées. Je conçois aussi comment le travail habituel de l'esprit, et l'exercice soutenu des facultés méditatives, réduisent au silence les
sens et l'imagination, ou les empêchent de prédominer; et cela sans aucune influence directe de l'âme
sur le corps, ou du corps sur l'âme; sans que la substance spirituelle partage les passions de l'âme sensitive, ni agisse sur elle pour la modifier ; mais seulement en tant que l'état de l'une est la condition naturelle ou habituelle de l'exercice des opérations ou
fonctions de l'autre. Ce qui me paraît inconcevable,
d'après les faits d'expérience, c'est que la vie intellectuelle reste inaltérable, indépendamment de toutes
les conditions naturelles qu'elle peut avoir dans la
vie sensitive et réciproquement. Voilà le miracle de
l'*Homme-Dieu* : le stoïcisme ne peut aller jusque-là.

Deux conditions : 1° *Désirer*, vouloir, faire effort
pour s'élever au-dessus de cette condition animale

---

(1) Fénelon. *Maximes des saints.*

par laquelle tous les êtres sentants naissent et meurent de la même manière. 2° *Prier*, afin que l'esprit de sagesse vienne ou que le royaume de Dieu arrive. Il n'arrive qu'autant que la voie lui est préparée, il n'éclaire que le sens disposé à recevoir son impression : tel est l'emploi de notre activité. Elle nous a été donnée pour préparer l'accès à cette lumière divine dont la lumière physique est un emblème. *Luci comparata invenitur prior* (1). Il faut en effet que notre œil soit ouvert, bien disposé à se diriger volontairement vers l'objet d'où sont réfléchis les rayons lumineux, pour que la vision s'accomplisse ; de même pour cette intuition interne d'une lumière plus haute, il faut une préparation : *Optavi (conatus sum) et datus est mihi sensus. Invocavi et venit in me spiritus sapientiæ* (2).

Désirer (sentir ses besoins, sa misère, sa dépendance), et faire effort pour s'élever plus haut; prier, tenir l'œil tourné vers la source d'où vient la lumière; ainsi l'homme se trouve en possession d'un trésor infini, inépuisable. Plus il use de ce trésor, plus il devient l'ami de Dieu et participe à tous les dons de la sagesse. *Infinitus enim thesaurus est hominibus : quo qui usi sunt, participes facti sunt amicitiæ Dei, propter disciplinæ dona commendati* (3)... *Est enim in illâ* (sapientiâ) *spiritus intelligentiæ, sanctus, unieus, multiplex, subtilis, disertus, certus, suavis, amans bonum, benefaciens* (4).

(1) *La Sagesse de Salomon*, chap. VII, verset 29.
(2)   *Id.*   Id.   7.
(3)   *Id.*   Id.   14.
(4)   *Id.*   Id.   22.

La vie de l'homme spirituel est supérieure, non-seulement à l'instinct de l'animalité, mais encore à l'instinct de l'humanité, de telle sorte qu'il y a aussi loin de l'homme spirituel ou intérieur à l'homme animal ou extérieur (qui suit le vent des passions et de l'instabilité), qu'il y a loin de l'homme le plus développé dans tout ce qui tient à sa vie terrestre ou mondaine à l'animal dénué de raison, ou incapable de savoir ce qu'il fait et de s'en rendre compte.

Le rapport de subordination est le même entre la deuxième et la première de ces vies ou modes d'existence qu'entre la troisième et la deuxième. L'homme extérieur n'entend pas plus les choses de l'esprit que l'animal n'entend les choses de l'homme ou sa propre existence. Ce qui entend est supérieur à ce qui est entendu. L'homme spirituel entend seul les choses de l'homme terrestre. Celui-ci, loin de se chercher, tend bien plutôt à se fuir, aussi ne se connaît-il, ne s'entend-il lui-même qu'imparfaitement, obscurément et à ce degré seul qui, constituant la personnalité directe et non réfléchie, suffit néanmoins pour le rendre capable de mérite ou de démérite. Il n'a que ce degré d'activité irréfléchie qui distingue l'état de veille et de *compos suî* de celui de sommeil et de délire. Cette distinction même n'a pas lieu pour le pur animal en qui les facultés sensitives et organiques, externes et internes, s'exercent constamment comme dans l'homme en état de rêve, de somnambulisme ou d'aliénation. Et c'est là une différence essentielle qui suffit pour montrer la supériorité de la nature humaine sur l'animalité pure, à part tout développement de la vie de l'esprit. Le germe de cette dernière vie existe toujours au fond de l'âme où il a été déposé par l'auteur de la nature, en attendant les occasions propres à le développer, dans un temps ou un autre, dans un mode d'existence quelconque prédestiné ou préordonné selon les vues impénétrables de cette providence qui règle tout, même ce que nous attribuons au hasard. C'est dans ce sens que *l'homme intérieur se renouvelle en même temps que l'homme extérieur se détruit*, comme le dit si bien le grand apôtre (1).

La vie de l'esprit commence à luire avec le premier effort voulu ; le *moi* se manifeste intérieurement ; l'homme se connaît ; il aperçoit ce qui est de lui et le distingue de ce qui est du corps ; mais l'homme extérieur prévaut et règne bientôt exclusivement. L'habitude d'agir obscurcit et annule presque le sentiment de l'activité propre. L'homme, mu sans cesse par des passions et des désirs relatifs aux biens sensibles, ignore presque qu'il a une volonté, qu'il n'est lui-même qu'une volonté ayant en elle la force nécessaire pour surmonter toutes ces impulsions du dehors qui la troublent, la rendent esclave et malheureuse, et prendre son vol vers une région plus haute où est son repos, sa paix, son unique bien. L'instinct de l'homme extérieur acquiert ainsi un empire presque aussi fort que l'instinct animal ; il absorbe la vie de l'esprit, le *moi* divin qui aspire à ressortir de cette boue et à rompre ses liens. L'affai-

---

(1) 2ᵉ Épître de saint Paul aux Corinthiens, chap. IV, verset 16.

blissement des facultés de l'homme extérieur qui se détruit peu à peu, fournit à l'homme intérieur des moyens plus faciles d'un renouvellement qui ne peut jamais être spontané, mais qui s'obtient par une action entièrement libre, absolument étrangère aux dispositions sensitives, à toute impulsion de la chair comme des choses du dehors; qui s'obtient surtout par une méditation soutenue, laquelle n'est elle-même que l'exercice de l'activité intellectuelle dans toute son énergie, et enfin par la prière fervente, où l'âme humaine s'élève jusqu'à la source de la vie, s'y unit de la manière la plus intime et s'y trouve comme identifiée par l'amour.

La même disposition qui fait que l'âme s'élève vers Dieu comme d'elle-même et s'abandonne au sentiment religieux qui la remplit, fait aussi que l'esprit s'ouvre à la lumière des plus hautes vérités intellectuelles, les saisit avec plus de pénétration, et y adhère avec plus d'intimité. Au contraire, lorsque l'esprit s'affaisse et retombe dans les ténèbres de la chair, lorsque les facultés intellectuelles languissent par des causes quelconques, morales ou physiques, le sentiment religieux s'obscurcit et s'éloigne en même temps. Il semble que l'esprit divin abandonne l'homme en même temps que son propre esprit l'abandonne; ce qui pourrait faire croire que ces deux esprits ne sont qu'*un*, si l'on ne voyait des hommes du plus grand esprit, selon le monde, dénués de tout sentiment religieux.

Certains mystiques ont pensé qu'il y a des états

de notre humanité où la partie supérieure de l'âme
(l'entendement et la volonté) se sépare de l'inférieure
(l'imagination et les sens), en telle sorte que celle-ci
devient tout animale par la séparation, et en sorte
que tout ce qui s'y passe contre la règle des mœurs
n'est ni volontaire ou libre, ni déméritoire, ni contraire à la pureté de la partie supérieure. C'était aussi
là en fait l'opinion des stoïciens (et notamment de
Marc-Aurèle, dans ses *Pensées*), qui admettent cette
séparation naturelle. Il suffit de voir ce qu'ils disent
de l'empire absolu de l'âme, de la faculté qu'elle a
toujours de se retirer en elle-même, comme dans un
lieu tranquille, ou dans cette partie divine qui ne
participe à aucun des changements des sens, de la
fantaisie ou des passions, en laissant toutes les affections sensibles où elles sont, savoir dans le corps organique. Mais n'est-ce pas là le degré le plus élevé
de la perfection de l'âme, ou de l'influence même de
la grâce, de l'esprit divin? « Jésus-Christ, notre par-
« fait modèle, dit Fénelon (1), a été bien heureux
« sur la croix. Par la partie supérieure, il jouissait
« de la gloire, par l'inférieure, il était naturellement
« homme de douleur. Celle-ci ne communiquait pas
« à l'autre son trouble involontaire ni ses douleurs,
« ni cette impression sensible du délaissement de son
« père. La partie supérieure ne communique pas non
« plus à l'inférieure sa paix ni sa béatitude. »

Je ne nie rien de ce qui tient à une grâce particulière, ou à une élévation naturelle de l'âme qui tend

---

(1) *Maximes des saints.*

à l'affranchir de toute dépendance du corps ou des impressions qui en viennent, avec plus ou moins de facilité. Je ne nie pas absolument ce que dit Fénelon, d'une manière beaucoup trop générale à mon avis, que dans le cours naturel, les désordres de la partie inférieure doivent toujours être censés volontaires. Je dis seulement que la séparation dont il s'agit est plus ou moins favorisée ou facilitée, ou empêchée, contrariée par certaines conditions organiques et inhérentes au corps, et j'en porte en moi-même la preuve vivante, continuelle.

Dans ma jeunesse j'ai goûté des états de paix, de béatitude intérieure, d'élévation d'âme, tels que, s'ils eussent duré, je ne crois pas qu'il y eût un être plus complétement heureux, meilleur et plus en harmonie avec une nature toute céleste; et comme ces états venaient et s'en allaient sans que ma volonté ni aucun effort moral ou intellectuel s'y mêlassent, j'ai tout lieu de penser qu'ils tenaient à quelques conditions sensitives organiques, telles que la partie inférieure communiquait à la supérieure l'équilibre et le calme dont elle jouissait; et la supérieure communiquait à l'inférieure la paix, la béatitude, la lumière de conscience qui lui est propre. S'il en était autrement, ou si la séparation dont on parle avait lieu, il devrait y avoir absorption ou négation de la conscience du *moi* par la partie supérieure, et animalité ou vitalité organique par l'inférieure, le lien qui fait la personne ayant disparu momentanément.

Je remarque que ces états de quiétude et de bonheur qui tiennent à des conditions organiques et nul.

lement à l'activité libre, ni à une grâce spéciale méritée par des antécédents moraux ou vertueux, sont les piéges les plus dangereux pour l'amour-propre, en ce qu'ils nous attachent plus sensiblement au corps comme à la source ou au siége principal de ces modifications bien heureuses. Or, plus le mode d'union, ou le lien vital de l'âme et du corps sera propre à faire naître et à multiplier ces modifications sensibles, plus l'individu sera disposé à s'aimer lui-même, c'est-à-dire à se complaire dans cette union intime des deux parties, supérieure et inférieure, qui le constituent. L'amour de soi n'est autre, en effet, que le sentiment heureux de l'union qui fait l'existence tout entière; et vouloir la séparation des deux parties, ce serait travailler contre soi-même, renoncer volontairement à l'existence, au bonheur, à la perfection morale elle-même; car dans ces états, l'esprit ne peut concevoir rien de meilleur et de plus parfait moralement que cette harmonie des deux natures, cet équilibre des facultés qui leur appartiennent respectivement, cet état de repos si doux dont l'âme est satisfaite et ne désire rien de plus. Mais notre libre activité ne s'étend point jusqu'à nous donner à nous-mêmes ou à produire en nous de tels états, et c'est à tort que Fénelon a prétendu que le désordre de la partie inférieure, comme l'ordre harmonique dont je viens de parler, ou la subordination des modifications de cette partie de l'âme devraient être censés volontaires. Ils ne deviennent volontaires que par le consentement; car si nous ne sommes pas libres de sentir, nous le sommes de consentir. Pour consentir, il faut que l'âme, que le *moi*, se rende présent aux affections sensibles qu'il ne fait pas, et qu'il y participe et s'y complaise. Or cette participation est active. La volonté ne s'applique qu'aux idées de l'esprit ou plus immédiatement aux signes qui lui donnent une prise médiate sur ces idées. Celles-ci peuvent réveiller dans la sensibilité, ou dans les organes intérieurs qui en sont les instruments, des modifications affectives en accord ou en désaccord avec la raison : jusque-là il y a liberté. Il est possible aussi que des sentiments sublimes, ou d'une nature supérieure, soient suggérés immédiatement à l'âme sans l'intermédiaire de la sensibilité, sans tenir en rien aux affections de la partie inférieure ; mais ni l'un ni l'autre cas n'emportent l'espèce de bien, de jubilation immédiate attachée à l'harmonie intérieure dont j'ai parlé.

Les philosophes de la plus haute antiquité ont enseigné avec un merveilleux accord qui semble annoncer une origine de tradition commune (1), l'unité de la raison suprême, universelle, créatrice, laquelle est, a été et sera, indépendamment de toute manifestation. Cette raison suprême, selon ces philosophes, ne peut être nommée ni connue dans son état absolu ; mais elle est connue dans sa manifestation, sous les titres de *verbe*, *logos*, termes que Pythagore,

---

(1) Voyez le Mémoire de M. Abel de Rémusat, sur le philosophe chinois Lao-Tseu.

Platon et les premiers philosophes chinois ont également employés pour exprimer la manifestation de l'être ou de la raison suprême.

Il me semble qu'en prenant pour point de départ le fait psychologique, sans l'entremise duquel l'esprit de l'homme se perd dans les excursions ontologiques vers l'absolu, on peut dire que l'âme, force absolue qui *est* sans se *manifester*, a deux modes de manifestation essentiels, savoir : la raison (*logos*) et l'amour. L'activité par laquelle l'âme se manifeste à elle-même comme personne *moi*, est la base de la raison ; c'est la vie propre de l'âme, car toute vie est la manifestation d'une force. L'amour, source de toutes les facultés affectives, est la vie communiquée à l'âme et comme une addition de sa vie propre, qui lui vient du dehors et de plus haut qu'elle, savoir de *l'esprit-amour* qui souffle où il veut. Et vraiment, l'activité du *moi*, qui concourt à la génération ou représentation des idées de l'esprit, n'a aucune influence directe sur les sentiment du cœur ou l'amour. Tout ce que l'âme peut faire, en vertu de l'activité de sa vie propre, c'est de se prêter à la réceptivité de l'esprit, quand il vient, ou de se tourner du seul côté d'où il peut venir, comme nous tournons les yeux vers la lumière. Tant que les ténèbres, ou les images trompeuses, obscurcissent et empêchent la vue intérieure, il y a une lutte active pour écarter les ténèbres ou empêcher qu'elles ne s'épaississent. Dans cette lutte, l'âme fait effort pour voir, mais elle ne voit pas, elle n'est pas libre de voir, elle est seulement libre de faire effort.

On peut dire aussi que tout l'emploi de notre li-

berté consiste à nous disposer de manière à recevoir
des idées ou des sentiments, et en général l'influence
de l'esprit qui peut seul modifier notre âme d'une
manière appropriée à sa destination et à sa nature.
Mais les bons mouvements, le triomphe de l'esprit
sur la nature, de la raison sur les passions, ne sont
point en notre pouvoir immédiat comme agents libres ; ils ne dépendent pas de nous-mêmes, mais de
la grâce qui nous est donnée, suggérée à certaines
conditions.

III

Au sujet de la communication immédiate de notre
esprit avec quelques esprits supérieurs, qui l'illumi-
nent ou le modifient, il faut bien distinguer le cas
où c'est l'imagination seule qui entre spontanément
en jeu, sous une influence organique quelconque.
Comme la volonté n'y est pour rien, le *moi* peut
transporter à une force extérieure, ou à un autre
moi, ces produits spontanés ; et c'est ainsi que, dans
un demi-sommeil, l'on croit entendre une voix étrangère qui nous redit nos propres conceptions fantas-
tiques et quelquefois avec une éloquence particulière. Mais ces conceptions sont toujours revêtues
des formes sensibles de l'espace et du temps ; elles
n'ont rien que l'imagination où un esprit de la nature du nôtre ne puisse produire ou saisir en lui-
même. Il n'en est pas ainsi des révélations prophé-
tiques et nécessairement objectives de certaines
vérités qui dépassent visiblement la portée naturelle

de l'esprit humain, et sont élevées au-dessus de la sphère de notre existence intellectuelle. Quel droit, aveugles que nous sommes, avons-nous de les nier?

« Je voudrais faire entendre aux autres ce que « je pense ou sens en moi-même ; mais souvent je « ne puis en venir à bout, parce que ces mouvements « de ma volonté sont au dedans de moi, et que les « autres sont au dehors, sans qu'aucun de leurs sens « leur donne le moyen de voir dans mon âme (1). »

Il peut y avoir de telles relations entre certains êtres, certaines âmes, qu'elles aient la faculté de voir, ou plutôt de sentir immédiatement ce qui est respectivement dans chacune d'elles, sans l'intermédiaire des sens extérieurs ordinaires. C'est là ce qui fait que des personnes unies étroitement par les liens de l'amour et de l'amitié, n'ont pas besoin de se parler pour s'entendre, pour se trouver bien à côté l'une de l'autre, sans ce babil si nécessaire aux indifférents, qui cherchent à s'amuser ou à s'éclairer par la transmission orale des mots et des idées. Il est certainement des moyens de transmission pour le sentiment, soit entre deux âmes de même nature qui se correspondent, soit entre l'âme humaine et un esprit, une lumière supérieure, moyens tout à fait indépendants de la parole et immédiats

_____

(1) Saint Augustin. *Confessions*, livre Iᵉʳ, chap. VI. Les paroles citées sont relatives, dans le texte des *Confessions*, à l'état du petit enfant encore dépourvu de nos moyens de communication.

par leur nature. Ceux qui attribuent tout ce qui
est dans l'âme à l'influence du langage parlé, et
qui ne croient pas que Dieu même ait pu parler
aux hommes sans frapper l'oreille ou la vue par les
signes articulés ou écrits qu'il leur a enseignés, ceux-
là, dis-je, se font une idée bien étroite des facultés de
notre âme, et sont conduits à matérialiser en quelque sorte l'action qu'elle reçoit ou qu'elle exerce, en
dehors et au-dedans, en la limitant aux sens externes comme à ses instruments uniques.

Pascal dit : « Nous ne pouvons aimer ce qui est
« hors de nous. » Cette pensée, comme il l'entend,
n'a rien que de vrai et d'élevé, car il entend que
Dieu, le bien suprême, est en nous; mais entendue
à la manière de nos modernes, cette maxime boule-
verse tous les fondements de la vraie philosophie,
car elle revient à dire que nous n'aimons, comme
nous ne sentons, que ce qui est en nous, c'est-à-dire
les propres modifications de notre être sentant. Et
comme les mêmes philosophes n'admettent d'autres
réalités que celles des objets de nos sensations, en
aimant ces objets, nous n'aimons réellement que
nous-mêmes. Quant à l'idéal que nous aimons, comme il est, dans ce système, l'ouvrage de notre esprit,
en aimant cet idéal, nous n'aimons point en effet ce
qui est hors de nous, mais aussi nous n'aimons, nous
n'embrassons rien de réel. Dans le point de vue de
Pascal, ou de la théologie chrétienne, le difficile est
de concevoir d'abord une réalité absolue qui est en

nous, sans nous toucher par aucun côté sensible et que nous pouvons cependant aimer infiniment plus que tout ce qui nous touche. Si l'idéal qui devient ainsi l'objet de notre culte, le but de toute notre vie, n'avait pas hors de nous ou de notre esprit une réalité absolue et essentielle, comment lui sacrifierais-je mon être propre?

Le véritable amour consiste dans le sacrifice entier de soi-même à l'objet aimé. Quel que soit cet objet, dès que nous l'aimons pour lui, en raison de sa perfection idéale ou imaginaire, dès que nous sommes disposés invariablement à lui sacrifier notre existence, notre volonté propre, si bien que nous ne voulons plus rien qu'en lui et pour lui, en faisant abnégation complète de nous-mêmes, dès lors notre âme est en repos, et l'amour est le bien de la vie. Les agitations et tout le malheur des passions ne viennent que de ce que nous nous aimons nous-mêmes par-dessus tout, mettant notre bonheur, notre plaisir avant tout. Nous sommes ballottés sans cesse entre des espérances souvent trompées et des craintes qui sont de vrais maux, quels que soient les événements. Si l'amour divin est celui qui remplit le mieux, ou même uniquement les conditions du vrai bonheur dans ce monde, c'est qu'il ne s'y mêle rien qui donne prise aux passions personnelles, à ce qui tient à l'amour-propre ou au plaisir des sens. En aimant un objet de même nature que nous, il est presque impossible que nous n'ayons pas quelque désir qui se rapporte au corps, ou à des modifications ou qualités variables, enfin que l'abnégation soit com-

plète ; mais en tant que nous pouvons épurer le sentiment d'amour ou le dégager de toute affection ou
intérêt personnel, cet amour désintéressé peut nous
rendre heureux ; et si une créature pouvait nous l'inspirer, ou que, par un travail sur nous-mêmes, nous
parvinssions à aimer en elle la perfection, la beauté
de l'âme et du corps sans aucun retour sur nous-mêmes, nous pourrions être heureux en aimant la créature ; mais c'est alors Dieu que nous aimerions en elle.

Il n'y a pas seulement deux principes opposés
dans l'homme. Il y en a trois, car il y a trois vies et
trois ordres de facultés. Quand tout serait d'accord
et en harmonie entre les facultés sensitives et actives
qui constituent l'homme, il y aurait encore une nature supérieure, une troisième vie, qui ne serait pas
satisfaite, et ferait sentir qu'il y a un autre bonheur,
une autre sagesse, une autre perfection, au delà du
plus grand bonheur humain, de la plus haute sagesse ou perfection intellectuelle et morale dont
l'être humain soit susceptible.

C'est par l'amour moral que l'âme tendant, comme
par un instinct de l'ordre le plus élevé, vers le beau,
le bien, le parfait, qui ne se trouvent dans aucun des
objets que les sens ou l'imagination peuvent atteindre, prend son vol plus haut que toute cette nature
sensible, et, avec les ailes de la colombe, va chercher
dans une région plus épurée, le bonheur, le repos
qui conviennent à sa nature. Il n'y a que le vrai
amour qui puisse donner de la joie. La joie est d'o-

béir par amour ; l'amour-propre ne sait obéir qu'à lui-même, mais il change sans cesse, il est petit et misérable, source de peines. Ce n'est pas en lui que peut être la joie.

Dès qu'on prend un idéal pour principe d'action, on y rapporte tout et soi-même comme le reste. Il ne s'agit pas de savoir si on trouvera du plaisir en se conformant à cet idéal ; on sera disposé au contraire à sacrifier toutes les jouissances, tous les intérêts sensibles, y compris sa propre existence, pour réaliser cet idéal, objet de l'amour et vie de l'âme. Toute affection qui contente le *moi* en lui-même, ou dans les modifications agréables de la sensibilité, loin d'être l'amour, lui est opposée.

L'âge où l'on tient le plus fortement à soi-même, où l'on a le plus la prétention et le besoin d'être aimé, est celui où l'homme est le plus loin de la disposition qui fait le véritable amour, l'amour sans mélange de subjectivité ou d'intérêt sensible. Au contraire, l'âge où l'homme s'aime moins, ou a moins de complaisance en lui-même, est celui où il doit être le mieux disposé à cet amour qui seul peut le consoler de tout.

Où poser le pied pour faire un pas hors de nous-mêmes si Dieu ne nous soutient, ou si nous ne nous appuyons sur lui ? Sont-ce les facultés affectives ou l'amour qui nous font faire ce premier pas ? Sont-ce les facultés cognitives seules ? La vérité connue est aimée : l'assentiment, le repos de l'esprit, caracté-

rise la vérité et c'est son *criterium*. La recherche du
vrai est un labeur ; il en coûte pour goûter le fruit
de l'arbre de la science. L'intuition de la vérité, accompagnée de l'amour, est le plaisir divin. Le pur
amour s'identifie ainsi avec une sorte de connaissance intuitive où l'on voit la vérité sans la chercher,
où l'on sait tout, sans avoir rien étudié, ou plutôt où
l'on méprise toute la connaissance humaine, en se
trouvant plus haut qu'elle. C'est à ce dernier degré
d'élévation que l'amour et la connaissance s'identifient ; mais c'est plus qu'une connaissance humaine.

Dieu est à l'âme humaine ce que l'âme est au
corps. Le corps a des mouvements comme des impressions ou affections qui lui sont propres ou inhérentes à sa vie, laquelle est indépendante de l'âme
pensante, puisqu'elle est commune à l'homme et aux
derniers des animaux. Le corps est de plus dirigé,
mu par un principe plus haut, par une âme qui veut,
pense ou sait ce qu'elle fait. Il est ainsi un ordre de
fonctions supérieures qui, exécutées par les organes,
sont absolument dépendantes d'une âme pensante,
laquelle seule connaît ce qu'elle opère, le corps ne
pouvant le savoir.

Ainsi notre âme a des facultés et exerce des actions qui lui sont propres ou ne viennent que d'elle
et aussi qu'elle connaît comme lui appartenant. Tant
qu'elle use ainsi de son activité propre ou qu'elle
exerce ses facultés cognitives, soit dans son monde

intérieur, soit dans celui des objets, l'âme demeure
appropriée à elle-même, sans aller plus loin. Mais
elle a de plus des facultés ou opérations qui tiennent
à un principe plus haut qu'elle-même, et ces opérations s'exécutent dans son fond et à son insu. Ce
sont des intuitions intellectuelles, des inspirations,
des mouvements surnaturels où l'âme désappropriée
d'elle-même est tout entière sous l'action de Dieu et
comme absorbée en lui. C'est ainsi, c'est par rapport à cet ordre supérieur de sentiments et d'idées,
que Dieu est à l'âme ce que l'âme est au corps ; mais
il ne faut pas vouloir tout ramener à cet ordre supérieur, comme l'ont fait les mystiques.

« Jésus-Christ promet à ses disciples de venir à
« eux et d'y venir avec son Père et de faire sa de-
« meure dans leurs âmes (1). » Il a dit ailleurs et
souvent répété qu'il est *un avec son Père* ; et quand
un apôtre lui dit : *Montrez-nous votre Père et il
nous suffit ;* — il répond : *Celui qui me voit, voit
mon Père* (2). Cela est clair quand on distingue
l'être, l'esprit divin, le père des lumières, du *moi*
qui en est une manifestation. Nous ne pouvons voir
l'être que dans sa manifestation, le Père que dans
le Fils. Présentement l'esprit divin n'éclaire l'âme
que par la réflexion du *moi* et non point directement.

Ce n'est donc que dans la vie spirituelle, dans les
courts moments de cette vie qui en sont comme les

---

(1) Bossuet.
(2) Évangile selon saint Jean, chap. XIV, versets 8 et 9.

avant-goûts, que le père des lumières se communi-
-que directement. Quand le Fils parle de venir avec
son Père et d'établir sa demeure dans les âmes de
ceux qui l'aiment, il leur annonce une communication plus intime et plus directe encore avec l'esprit
que celle qui a lieu dans la vie de l'homme intérieur. *Je viendrai avec mon Père ;* alors le *moi* et
l'âme, la pensée et son objet, l'amour et l'être aimé
seront fondus en un.

« Ce n'est, dit saint Augustin, ni ce qu'il y a de
« beau dans les apparences corporelles, ni ce que les
« révolutions des temps nous apportent d'agréable;
« ce n'est ni cet éclat de la lumière dont les yeux
« sont charmés, ni la douce impression des chants
« les plus mélodieux, ni la suave odeur des parfums
« ou des fleurs, ni la manne et le miel, ni tout ce
« qui peut plaire dans les voluptés de la chair.....
« ce n'est rien de tout cela, lorsque j'aime mon Dieu;
« et néanmoins, c'est comme une lumière, une voix,
« un parfum et encore je ne sais quelle volupté lors-
« que j'aime mon Dieu ; lumière, voix, parfum, ali-
« ment que je goûte dans cette partie de moi-même
« intérieure et invisible où brille aux yeux de mon
« âme une lumière que ne borne point l'espace, où
« se fait entendre une mélodie dont le temps ne me-
« sure point la durée, etc. »

Dans cette description si vraie, saint Augustin
trouve bien qu'il y aurait au-dessus de l'organisa-

tion grossière, une organisation plus fine, plus épurée, dont la première n'est que l'enveloppe. C'est cette partie intérieure, éminemment sensible, qui s'affecte et s'émeut à la suite des idées ou des sentiments de l'âme les plus élevés; or, la volonté n'a pas plus d'empire sur les affections de cet organisme supérieur, qu'elle n'en a sur celles de l'organisation sensitive animale. C'est là aussi qu'est l'influence de la grâce, de l'opération ou de la suggestion divine qui doit toujours être précédée ou amenée par un certain travail actif de l'âme sur les idées analogues à ces états sensitifs, comme la représentation de tout ce qu'il y a de bon, de grand, d'infini dans les desseins de la Providence. Les quiétistes pèchent en ce qu'ils font abstraction des actes du libre arbitre, ou des opérations de l'esprit sur les idées, comme condition de l'influence sensible de la grâce sur les états de calme et de bonheur de l'âme.

FIN.

CATALOGUE RAISONNÉ

DE

TOUTES LES ŒUVRES PHILOSOPHIQUES

DE

MAINE DE BIRAN.

CATALOGUE RAISONNÉ

DE

TOUTES LES ŒUVRES PHILOSOPHIQUES

DE

MAINE DE BIRAN (1).

Les écrits mentionnés dans ce catalogue sont disposés selon l'ordre chronologique. Un point d'interrogation signale les dates qui ne sont pas absolument certaines. Les erreurs commises à cet égard ne peuvent jamais être fort graves. L'écriture de Maine de Biran, très-nette dans les commencements, devient presque illisible vers la fin de sa vie, et les altérations qu'elle subit sont assez régulières pour que la seule forme des caractères fournisse, au besoin, pour l'âge d'un manuscrit, une approximation suffisante.

La désignation *grand format* est employée pour des pages de la dimension d'un volume *in-folio :* la désignation *petit format* pour des pages qui varient de l'*in-quarto* à l'*in-octavo.*

Cette liste, déjà longue, est loin toutefois d'épuiser l'indication de la totalité des écrits de M. de Biran. Tous les imprimés y figurent ; mais, pour les manuscrits, il a fallu choisir. Ce choix était indispensable en présence d'une collection très-volumineuse qui contient, avec des ouvrages proprement dits, une foule de simples notes, d'ébauches et

---

(1) Ce catalogue corrige sur quelques points, d'après un examen plus complet des documents, et, par suite, remplace et annule celui qui fut imprimé, sans être mis dans le commerce, en avril 1851.

de variantes. Il ne serait pas raisonnable de traiter les œuvres d'un philosophe qui a beaucoup écrit, et dont la pensée n'a de valeur que par elle-même, comme on traite à
bon droit les débris trop rares d'un génie tel que Pascal,
dont chaque ligne a une valeur propre de style en même
temps que d'idée.

I. — FRAGMENTS. 1794 ET 1795.

Ces fragments composent un cahier de 256 pages, *petit
format*, qui tire son importance de sa date, et qu'on peut
compléter par des feuilles éparses de la même époque. C'est
un document de haut prix pour constater le point de départ
de la pensée de l'auteur. Les sujets traités dans ce recueil
de notes et d'ébauches sont fort divers. L'examen des opinions de Sénèque, Cicéron, Bossuet et Condillac, s'y trouve
juxtaposé à des observations psychologiques et à des fragments relatifs aux sciences naturelles. Mais la théorie du
bonheur, formulée dans le sens du sensualisme, et la question de l'influence du physique sur le moral, résolue dans
le même sens, sont les deux points qui reviennent sans
cesse et font visiblement la préoccupation principale de
l'écrivain.

Ce cahier peut être considéré comme le commencement
du *Journal intime* de M. de Biran. On en a tiré quelques-
unes des pages qui figurent dans le volume des *Pensées*,
publié en 1857.

II. — INFLUENCE DES SIGNES. 1798.

Manuscrit inédit de 36 pages grand format, minute de l'auteur.

Ces feuilles ne forment pas un tout suivi pour la rédaction, ni même pour la doctrine. Elles ne sont point dignes de voir le jour. Si elles sont portées au catalogue, c'est uniquement parce qu'elles établissent (ce qui est confirmé par des lettres), que l'auteur avait songé à se mettre sur les rangs pour le concours ouvert par l'Institut, pour le 13 germinal au vn (2 avril 1799), concours à la suite duquel M. de Gérando fut couronné. Les circonstances qui empêchèrent M. de Biran de donner suite à son projet demeurent inconnues.

Il y a quelque intérêt à relever le fait que, dans ces ébauches, on le voit combattre la thèse que le langage crée la pensée, pour établir que ce sont au contraire les facultés naturelles à l'homme qui créent le langage.

III. — INFLUENCE DE L'HABITUDE SUR LA FACULTÉ DE PENSER. 1802.

Ouvrage publié par l'auteur (un volume in-8° de 402 pages. Paris, chez Henrichs, an XI), imprimé de nouveau par M. Cousin : Œuvres philosophiques de M. de Biran, tome I.

La classe des sciences morales et politiques de l'Institut posa, le 15 vendémiaire an vii (6 octobre 1799), la question suivante : « Déterminer quelle est l'influence de l'habitude « sur la faculté de penser, ou, en d'autres termes, faire « voir l'effet que produit, sur chacune de nos facultés « intellectuelles, la fréquente répétition des mêmes opéra- « tions. »

Le 15 germinal an ix (6 avril 1801), le sujet fut remis au concours, aucun des travaux proposés n'ayant été jugé digne du prix; mais le mémoire envoyé par M. de Biran fut mentionné honorablement. Je possède un manuscrit qui me paraît en être la minute, et qui est peut-être celui que M. Cousin a inscrit sous le n° 1 de son inventaire du 15 août 1825 (1). Je suppose qu'une copie de la main de l'auteur est la pièce qui figure au catalogue des archives de l'Institut, et qui ne se trouvait pas dans les cartons quand j'ai cherché à la voir.

M. de Biran, encouragé par l'approbation de ses juges, se remit au travail avec une grande ardeur; il existe dans ses papiers plus de quatorze cents pages, *grand format*, de notes, ébauches et rédactions relatives au sujet du concours. Le 17 messidor an x (6 juillet 1802), la commission de l'Institut qui avait à porter son examen sur sept écrits, fut unanime à solliciter la couronne pour le sien. Cette commission était composée de MM. Cabanis, Ginguené, La Réveillère-Lepeaux, Daunou et Destutt de Tracy. M. de Tracy fut chargé du rapport dont on peut prendre connaissance à la fin du premier volume de l'édition de M. Cousin.

Le mémoire fut livré à l'impression sans changements. Un exemplaire, chargé de notes, que j'ai trouvé dans la bibliothèque de Grateloup, peut faire supposer que l'auteur avait songé à une deuxième édition.

Le traité de l'*Influence de l'habitude* est composé d'une introduction étendue et de deux sections.

L'introduction renferme une analyse succincte des facultés de l'homme, faite au point de vue de l'école idéologique. C'est la partie de l'ouvrage qui a le plus d'importance pour l'histoire de la pensée de l'auteur.

La première section intitulée : *Des habitudes passives*, considère l'habitude dans ses rapports avec la sensation, la perception et l'imagination.

La deuxième section intitulée : *Des habitudes actives*, envisage les effets de l'habitude sur les opérations qui supposent l'usage des signes volontaires et articulés, et traite de l'institution des signes, de la mémoire et du jugement. L'ouvrage est terminé par un résumé clair et précis.

(1) *OEuvres philosophiques de M. de Biran*, publiées par Victor Cousin, tome IV, pages i à iv.

IV. — MÉMOIRE SUR LES RAPPORTS DE L'IDÉOLOGIE ET DES MATHÉMATIQUES. 1803.

Manuscrit inédit de 17 pages, grand format, minute de l'auteur.

Ce court mémoire traite deux questions : 1° La métaphysique, *en fait*, a-t-elle eu de l'influence sur la marche des sciences mathématiques? 2° L'idéologie, *en droit*, est-elle appelée à exercer une telle influence? La première question est résolue négativement. Quant à la deuxième, l'auteur avance que l'analyse de l'entendement peut rendre aux mathématiques un double service : consolider leur base, en mettant en lumière la véritable origine des notions qui leur servent de fondement, et réformer leur langue en la rendant plus précise et plus simple. Les développements renferment des vues dignes d'intérêt sur la différence de l'emploi des signes en mathématiques et en philosophie. La nature des conceptions mathématiques est envisagée au point de vue du plein sensualisme.

Ce mémoire a été rédigé à la demande de Cabanis, et une phrase d'une lettre de ce dernier, sous la date du 19 thermidor an XI (7 août 1803), paraît relative à son envoi. Quelques lignes qui se trouvent à la marge du manuscrit, jointes aux indications fournies par la correspondance, établissent que l'illustre médecin utilisa le travail de son ami pour une lecture à l'Institut. Je n'ai pu en découvrir la trace dans les publications de ce corps savant.

V. — DE LA DÉCOMPOSITION DE LA PENSÉE. 1805.

Manuscrit de 143 pages, grand format ; copie annotée par l'auteur. C'est l'exemplaire envoyé à l'Institut. (Inventaire Cousin, n° 2.)

La classe des sciences morales et politiques de l'Institut

posa, l'an XI, la question suivante : « Comment doit-on dé-
« composer la faculté de penser, et quelles sont les facultés
« élémentaires qu'il faut y reconnaître ? »

Le terme prescrit étant arrivé, aucun des travaux envoyés ne fut jugé satisfaisant, et la question fut remise
au concours le 2 germinal an XII (23 mars 1804). Rien
n'indique que M. de Biran soit entré en lice cette première fois et qu'il ait adressé à l'Institut un écrit antérieur
au mémoire qui fut couronné le 17 ventôse an XIII (8 mars
1805). La question avait été posée par la classe des sciences
morales et politiques, mais cette section de l'Institut ayant
été abolie par un décret du premier consul du 3 pluviôse
an XI (23 janvier 1803), le prix fut décerné par la classe
d'histoire et de littérature ancienne.

La copie envoyée à l'Institut porte, en marge, quelques
notes au crayon, de M. Ampère. Sur le premier feuillet,
M. de Biran a écrit, à une époque très-postérieure à celle
de la rédaction, le verset 11 du second chapitre de l'*Ecclésiaste* : « *Cùm me convertissem ad universa opera, quæ fece-
rant manus meæ, et ad labores, in quibus frustra sudaveram,
vidi in omnibus vanitatem et afflictionem animi.* »

Je possède, indépendamment de cette copie, la minute en
bon état, mais présentant une lacune , et, de plus, des
ébauches et des notes formant, avec la rédaction, une
masse de plus de 1800 pages.

L'auteur couronné retira son manuscrit et se disposa à
mettre son travail au jour, après l'avoir retouché. L'impression qui se faisait à Paris, sous la surveillance de M. Ampère, fut arrêtée, en 1807, par une circonstance qui demeure
inconnue et que M. de Biran désigne comme « un événement
« extraordinaire sur lequel il doit garder le silence. » M. Cousin a retrouvé chez M. Ampère et publié (tome II de son
édition, pages 1 à 208) les feuilles tirées, qui ne correspondent qu'à un tiers environ du mémoire original. Les
épreuves qui subsistent en partie, vont plus loin que les
feuilles tirées, et la rédaction préparée en vue de l'impres-

sion qui se trouve dans les manuscrits, va plus loin que les épreuves. Le travail original, seul complet, est divisé en deux parties qui répondent aux deux membres de la question proposée. Il a pour épigraphe ces mots du poëte Lucrèce :

> ...... His rebus sua cuique voluntas
> Principium dat. ....
>
> ...... Ne plagis omnia fiant
> Externâ quasi vi (1).

La première partie intitulée : *Comment on doit analyser les facultés humaines. — Différentes méthodes de décomposition*, est une sorte d'introduction. L'auteur y précise le sens qu'il donne aux termes *faculté, force, cause ;* examine et critique la signification attribuée à ces mots par les physiciens et les physiologistes. Il jette ensuite un coupd'œil sur la manière dont le problème proposé peut être conçu, en se plaçant au point de vue des principaux métaphysiciens modernes, et finit en exposant la méthode à laquelle il s'est arrêté pour son travail.

La deuxième partie portant pour titre : *Quelles sont les facultés élémentaires qu'on doit reconnaître dans la pensée?* est divisée en trois sections.

La première section établit deux facultés élémentaires, de la combinaison desquelles résultent tous les phénomènes psychologiques: *l'affectibilité et la motilité volontaire.*

La deuxième section renferme l'analyse des opérations de chacun des sens et des idées qui s'y rattachent, analyse effectuée en se fondant sur le rapport des faits avec les facultés élémentaires dont ils sont le produit.

Dans la troisième section, l'auteur considère les facultés dans leur exercice général, tel qu'il résulte de l'association des sens entre eux et de l'institution des signes artificiels. Les sections II et III sont résumées dans deux tableaux synoptiques.

---

(1) *De naturâ rerum*. Livre II, vers 261 et 262, 288 et 289.

Ce mémoire, que l'auteur n'avait pas eu le temps de re-
toucher, présente, comme il le dit lui-même, le caractère
d'un cahier d'études, plutôt que celui d'une composition
achevée. La lecture en est fort laborieuse; mais il y a un
intérêt réel à saisir, pour ainsi dire à nu, le travail de la
pensée de l'écrivain, au moment où cette pensée subissait
la crise importante et décisive qui fixait son avenir. Dans
cet ouvrage, en effet, M. de Biran rompt ouvertement avec
l'école de Condillac. Tout en reconnaissant la réalité des
faits d'un ordre purement sensitif, il établit, avec une grande
profondeur d'analyse, les fonctions de la volonté, et place
dans le fait de la libre activité du *moi* le fondement de
toutes les notions suprasensibles.

VI. — DE L'APERCEPTION IMMÉDIATE. 1807.

*Manuscrit inédit de 196 pages, grand format, copie corrigée et annotée
par l'auteur. C'est l'exemplaire même envoyé à l'Académie de Berlin.
(Inventaire Cousin, n° 3.)*

Vers la fin de 1806, M. de Biran trouva dans le *Moniteur*
le programme de l'Académie de Berlin qu'il a transcrit
dans l'introduction à l'*Essai sur les fondements de la Psychologie* (tome I de la présente édition, pages 26 et 27).

Au moment où il eut connaissance de ce programme, il
ne lui restait qu'un temps fort limité avant le terme fixé
pour l'expiration du concours. Mais il trouvait, dans son
précédent mémoire, toute la matière d'une réponse à la
question posée; il se contenta donc de modifier la rédaction
de cet écrit, en en conservant le fond et la marche générale,
et, après un travail d'un petit nombre de jours, il expédia
son manuscrit à Berlin. Il joignit, selon l'usage, à son envoi, un billet cacheté contenant le nom de l'auteur, mais ce

billet se perdit (1). Le prix fut accordé à M. Suabedissen, dans la séance du 6 août 1807, et un accessit fut décerné à l'auteur du mémoire anonyme, que l'Académie invita à se faire connaître, par le moyen des feuilles publiques, l'engageant à publier son travail, et lui offrant, s'il le préférait, de le publier elle-même (2).

M. de Biran se nomma et redemanda son manuscrit, qu'il éprouvait le besoin de revoir avant l'impression. Le manuscrit lui fut expédié, avec une médaille exceptionnellement accordée; car les accessits, sorte de mentions honorables, n'emportaient pas, de droit, cette marque de distinction (3). On maintint l'offre de publication par l'Académie, pourvu que la révision ne portât que sur les détails. L'auteur préféra refondre complétement son œuvre, et le commencement (48 pages) de ce travail existe dans les manuscrits; mais il fut absorbé pour un temps par des fonctions administratives, et le mémoire de Berlin resta en portefeuille.

C'est par erreur que M. Cousin a donné au fragment sur *l'aperception immédiate*, publié dans son troisième volume, et dont il sera fait mention plus loin (n° XXXVII) le titre de *Mémoire de Berlin*. Le véritable mémoire de Berlin reproduit, comme il a été dit plus haut, le fond des idées et la marche du *Mémoire sur la décomposition de la pensée*. Mais la rédaction est extrêmement supérieure sous les rapports de la clarté, de la précision et de la vigueur du style. L'un de ces écrits est l'ébauche de l'autre.

---

(1) Ce fait et les suivants sont établis par la correspondance de M. de Biran avec M. Lombard, alors secrétaire de l'Académie de Berlin.

(2) Voir le *Moniteur* du 21 novembre 1807.

(3) « Vos titres sont tellement constatés aux yeux de vos juges, qu'ils n'ont pu se résoudre à s'en tenir à la lettre de nos règlements, et, quoique d'après ceux-ci il ne doive être décerné qu'une médaille, ils ont cru qu'un ouvrage aussi distingué justifierait l'exception. »

(*Lettre de M. Lombard*).

VII. — MÉMOIRE SUR LES PERCEPTIONS OBSCURES.
1807.

Manuscrit inédit de 50 pages, grand format, copie annotée par l'auteur (peut-être le discours inédit tenu à l'Académie de Bergerac, mentionné sous le n° 5 de l'inventaire Cousin).

Cet écrit et les deux suivants furent rédigés pour une réunion périodique, que M. de Biran avait fondée, sous le nom de *Société médicale de Bergerac,* et dont il cherchait à faire plutôt une Société vouée à l'étude de l'homme, envisagée d'une manière générale. La Société médicale tint sa première séance le 1er avril 1807 : et une phrase du manuscrit n° VII, en rappelant la couronne décernée au *Mémoire sur la décomposition de la pensée,* paraît indiquer que le succès de Berlin n'était pas encore connu. Cette composition se place donc entre avril et novembre 1807.

Le *Mémoire sur les perceptions obscures* aborde directement un des points les plus délicats de la théorie de l'auteur : l'existence de modes inconscients, qui ne sont ni des faits matériels, ni des faits psychologiques, mais des faits simplement *vitaux* ou *affectifs purs.* Il contient une introduction qui pose la question à examiner, et invoque, en faveur de l'existence d'un état affectif, l'autorité de Leibnitz. Viennent ensuite trois articles; le premier traite des impressions affectives externes, le deuxième des impressions affectives internes; le troisième du rapport des affections avec la volonté, et des sympathies morales.

Une partie de cette rédaction est intégralement reproduite dans un écrit qui date de 1823 ou 1824 (voir n° XXXVI), et son contenu tout entier se retrouve dans les productions subséquentes de l'auteur.

VIII. — OBSERVATIONS SUR LE SYSTÈME DU DOCTEUR GALL. 1808 (1).

Manuscrit inédit de 67 pages, grand format, minute de l'auteur; discours pour la Société médicale de Bergerac.

La date de cet écrit est fixée par une phrase, où il est dit que l'attention est excitée depuis huit mois par la présence du docteur allemand dans la capitale. Gall vint à Paris en 1807.

L'auteur examine, à l'occasion de l'hypothèse craniologique, toutes les hypothèses de même nature qui rattachent les facultés de l'intelligence à des siéges séparés dans le cerveau. Il n'y a pas de division en chapitres ou en articles; un seul titre, vers la fin, indique que l'on passe de la tractation générale du sujet à la comparaison des doctrines de Gall et de Bichat, touchant le siége organique des passions.

Le contenu de ce discours se retrouve en partie dans les écrits suivants; mais on y rencontre aussi des détails spéciaux et pleins d'intérêt qui ne reparaissent pas ailleurs. La rédaction est soignée.

IX. — NOUVELLES CONSIDÉRATIONS SUR LE SOMMEIL, LES SONGES ET LE SOMNAMBULISME. 1809 ?

Ouvrage publié par M. Cousin (tome II, pages 209 à 295); discours pour la Société médicale de Bergerac.

J'ai découvert, dans les manuscrits, la minute de ce mé-

---

(1) J'ai abrégé le titre mis par l'auteur et que voici : « Observations « sur les divisions organiques du cerveau, considérées comme siéges des « différentes facultés intellectuelles et morales. — Des rapports qu'on « peut établir entre cette sorte de divisions et l'analyse des facultés de « l'entendement. — Examen du système du docteur Gall à ce sujet. » Ce qui permet l'abréviation, c'est que la doctrine de Gall est l'objet tout à fait prédominant de l'ouvrage.

moire, dont M. Cousin a eu probablement la copie. Une introduction, qui ne se trouve pas dans l'imprimé, et qui offre des lacunes, établit que c'est un discours pour la Société médicale de Bergerac, et que l'auteur avait formé le projet de réunir et d'imprimer les travaux qu'il avait lus à cette Société. Ce projet ne paraît pas avoir eu même un commencement d'exécution.

La composition qui nous occupe est postérieure à mai 1808, puisqu'il y est question de la mort de Cabanis ; des considérations relatives à l'état matériel du manuscrit semblent fixer sa place avant 1810.

L'ouvrage est divisé en trois parties. Dans la première l'auteur s'occupe des causes du sommeil et cherche à établir que cette fonction est caractérisée par la suspension de la volonté. Dans la deuxième, il énumère les facultés qui subsistent dans le sommeil, et trace une ligne de démarcation entre ces facultés passives et les facultés actives de l'état de veille. Dans la troisième, il répartit les songes en quatre classes : songes *organiques*, songes *intuitifs*, songes *intellectuels, somnambulisme*.

Il est vraisemblable que l'idée de ce mémoire a été suggérée à l'auteur par la lecture des pages de Dugald Stewart sur les phénomènes des songes (*Éléments de la philosophie de l'esprit humain*, partie I, chapitre V, section 5). En effet, dans des *Notes sur Dugald Stewart*, petit manuscrit qui n'a pas semblé assez important pour obtenir un numéro à part dans ce catalogue, on trouve l'expression du désir de consacrer un travail particulier aux phénomènes psychologiques des songes. M. de Biran n'a pu lire l'ouvrage de Dugald Stewart que dans la traduction de Prévost qui parut en 1808, circonstance qui vient confirmer la date assignée aux *Nouvelles considérations*.

Avant d'insérer cet écrit dans son édition, M. Cousin l'avait lu à l'Académie, le 31 mai 1834, et il figure dans la collection des mémoires de l'Académie, avec un avant-propos du lecteur.

X. — MÉMOIRE SUR LES RAPPORTS DU PHYSIQUE ET DU MORAL DE L'HOMME. 1811.

Manuscrit inédit de 130 pages, grand format, minute de l'auteur. (Inventaire Cousin, n° 4.)

M. de Biran lut, dans le *Moniteur* du 14 mai 1810, le programme de la Société royale des sciences de Copenhague, qu'il a transcrit dans l'*Essai sur les fondements de la Psychologie* (tome I de la présente édition, page 29).

Le mémoire en réponse à cette question fut couronné le 1ᵉʳ juillet 1811, et retiré par l'auteur. Ce fut seulement en 1816 que M. de Biran reçut la médaille d'or qui lui était destinée. Cet envoi était accompagné d'une lettre d'excuses, au sujet de ce long retard qu'expliquaient les circonstances politiques, et de la demande de l'ouvrage, que la Société royale désirait faire imprimer (1). De nouveaux projets empêchaient qu'il ne pût être satisfait à cette demande.

Ce manuscrit est en assez mauvais état et présente quelques lacunes ; il ne subsiste qu'un court fragment de la copie qui en avait été faite pour l'Académie étrangère.

L'ouvrage contient une introduction qui traite principalement de la méthode de Bacon, et deux parties.

La première partie est consacrée à l'examen critique des doctrines qui prétendent expliquer les phénomènes de l'esprit et du sens intime, par des considérations physiques, et range ces doctrines sous trois chefs, auxquels répondent trois sections :

1° Explications purement mécaniques ou physiques des phénomènes de la pensée (*Hobbes*) ;

2° Explications physiologiques (*Stahl*) ;

3° Explications symboliques (*Bonnet*).

---

(1) Correspondance de M. de Biran avec MM. Désaugiers, chargé d'affaires de France en Danemark, et Oersted, secrétaire de la Société royale des sciences de Copenhague.

La troisième section renferme aussi, après l'examen de la théorie de Bonnet, la reproduction d'une partie des *Observations sur le système du docteur Gall* (no VIII).

La seconde partie a pour but d'indiquer la sphère particulière dans laquelle se manifeste l'action mutuelle du physique et du moral. Une première section constate le mode d'influence de la sensibilité animale sur les phénomènes de l'esprit ; une deuxième section, le mode d'influence de certains phénomènes de l'esprit sur les fonctions propres du corps.

Le mémoire de Copenhague offre l'application à une question particulière des principes généraux établis dans le *Mémoire sur la décomposition de la pensée.* Il est devenu la base d'un écrit important publié par M. Cousin. (XXXI.)

XI. — ESSAI SUR LES FONDEMENTS DE LA PSYCHOLOGIE. 1812.

Publié dans les présents volumes ; voir l'avant-propos de l'éditeu r.

XII. — COMMENTAIRE SUR LES MÉDITATIONS MÉTAPHYSIQUES DE DESCARTES. 1813?

Manuscrit de 66 pages, grand format minute de l'auteur.

Ce manuscrit peut être considéré comme le résultat d'un travail accessoire entrepris à l'occasion de l'écrit no XIII, circonstance qui, jointe aux indications tirées de son état matériel, fixe approximativement sa date à 1813.

Les vues générales de M. de Biran sur les fondements du cartésianisme se retrouvent dans toutes ses grandes compositions. Mais on rencontre ici un examen détaillé de plu-

sieurs passages des *Méditations*, et une appréciation des
preuves cartésiennes de l'existence de Dieu, qui n'existent
pas ailleurs.

XIII. — DES RAPPORTS DES SCIENCES NATURELLES AVEC
LA PSYCHOLOGIE. 1813 ?

Manuscrit inédit de 244 pages, grand format, minute de l'auteur.

Cet écrit, fort important quant à son contenu, est très-
défectueux dans sa forme. Les lacunes y abondent et les
répétitions plus encore, si on le prend dans sa totalité ; il
est visible qu'il n'a pas été terminé.

Le manuscrit porte pour second titre : *Ouvrage qui a remporté le prix sur la question proposée par l'Académie de
Copenhague*, mais on s'aperçoit bientôt en le lisant que
c'est beaucoup plus un travail nouveau qu'une simple re-
fonte de l'ouvrage n° X.

Une introduction étendue, et qui existe complétement,
établit les fondements et la nature de la division des sciences naturelles et de la science de l'esprit humain, et contient une série de définitions psychologiques.

Une première section constate les vrais caractères du
principe de causalité et des notions qui en sont dérivées, en
démontrant que ce principe ne peut être confondu avec la
succession des phénomènes ; qu'il diffère essentiellement
des idées générales abstraites ; enfin qu'il ne peut être considéré comme inné. La discussion des théories de Descartes et de Leibnitz occupe ici une place considérable.

Une deuxième section indiquée, mais qui n'existe pas, ou
n'existe que d'une manière très-fragmentaire, devait établir que l'aperception du *moi* est identique à la relation de
cause à effet, et, en conséquence, est la véritable origine
du principe de causalité.

Une troisième section qui paraît complète, sauf quelques lignes ou, tout au plus, quelques pages perdues, traite avec assez d'étendue de l'application du principe de causalité aux sciences physiques, de la véritable nature des théories explicatives dont les naturalistes font usage, et montre, dans tout ce qui précède, les bases d'une réponse à la question proposée par la société de Copenhague. Autant que je puis en juger, ces trois sections, plus étendues que la totalité de l'écrit n° X, ne devaient former cependant que la première partie de la rédaction nouvelle que l'auteur avait en vue. Une seconde partie, dont il ne subsiste rien, devait offrir l'application du principe de causalité à l'étude spéciale des rapports du physique et du moral de l'homme.

Il est digne de remarque que, dans ce travail commencé, on trouve l'existence de la *raison* ou d'un élément absolu dans l'esprit humain très-explicitement reconnue. Ce point de doctrine qui comble une grave lacune dans la théorie précédente de M. de Biran, apparaît ici avec développement, et ce seul fait donne une importance réelle à cet ouvrage incomplet.

Cet ouvrage, quelle est sa date? J'avais cru d'abord et indiqué dans le catalogue de 1851, avec un point d'interrogation à la vérité, qu'il se plaçait entre le *Mémoire de Copenhague* et l'*Essai sur les fondements de la Psychologie*. Cette hypothèse avait l'avantage d'expliquer fort bien l'état incomplet du manuscrit qui aurait été abandonné pour une rédaction plus étendue. D'un autre côté, il était fort difficile de comprendre que les titres légitimes et la place de la raison proprement dite eussent été reconnus explicitement par M. de Biran, et que cet élément essentiel de l'objet de son étude se fût ensuite, de nouveau, voilé à ses regards, ce qui est manifestement le cas de l'*Essai*. Il semblait donc y avoir opposition entre les caractères extérieurs de l'écrit qui fixaient sa date à 1811, et son contenu qui fixait cette date à 1813 au plus tôt. J'étais dans cette indécision lorsque la connaissance tardive de la correspondance de M. de Biran avec M. le baron Maurice, préfet de la Dordogne, m'a fourni de nouvelles lumières sur ce point.

Les détails contenus dans cette correspondance, et qu'il serait trop long de transcrire et de commenter ici, permettent d'affirmer, sinon avec un parfaite certitude, du moins avec une très-haute probabilité, que l'*Essai* étant rédigé déjà en grande partie, M. de Biran l'abandonna pour un temps, afin d'entreprendre la rédaction qui nous occupe, rédaction qui fut abandonnée à son tour, avant sa fin, l'auteur s'étant décidé à revenir à l'*Essai*.

XIV. — NOTE SUR L'ÉCRIT DE M. ROYER-COLLARD,
PREMIÈRE LEÇON DE LA 3ᵉ ANNÉE. 1813?

Ouvrage publié par M. Cousin, tome II de son édition, pages 355 à 376.

Ce petit écrit précise les différences qui existent entre le *moi* et l'âme substance, entre la notion d'un *non-moi* indéterminé et la connaissance positive d'un corps étranger. On trouve ensuite diverses remarques relatives à des opinions de Laromiguière, Bonnet, Lignac, remarques dont le lien avec ce qui précède n'est point manifeste. L'auteur avait l'habitude d'écrire sur le même papier, sans intervalle ni signe de séparation, des idées tout à fait indépendantes les unes des autres. On conçoit dès lors comment des fragments, sans rapports quant au contenu, se trouvent juxtaposés sur des feuilles présentant l'apparence trompeuse d'une rédaction continue.

Il n'y a guère ici que les six premières pages qui offrent un sens suivi et se rapportent au titre.

XV. — DISCUSSION AVEC ROYER-COLLARD. 1813 ?

Manuscrit inédit de 8 pages, grand format, minute de l'auteur.

M. de Biran indique une objection qui lui a été faite par
Royer-Collard, au sujet de l'*état affectif* et de l'impossibilité où nous sommes de constater un état semblable par
aucune expérience, soit interne soit externe ; il expose ensuite quelques arguments à l'appui de sa thèse. Cette thèse
est capitale dans les théories du psychologue, en sorte que
l'importance du sujet se joint au nom de l'objectant, pour
donner une valeur réelle à ces pages, et les rendre dignes
de figurer dans ce catalogue.

XVI. — RÉPONSE A M. GUIZOT. NOVEMBRE 1814.

Écrit publié par M. Cousin, tome II, pages 377 à 398.

Ces pages ont été rédigées pour la société philosophique
qui comptait au nombre de ses membres Royer-Collard,
Ampère, Degérando, etc. M. de Biran y lut, à diverses reprises, soit des fragments de l'*Essai*, soit des rédactions
d'une autre nature.

La *réponse* est relative à un procès-verbal rédigé par
M. Guizot. Il paraît certain, d'après les indications du *Journal intime*, que ce procès-verbal, lu le 5 novembre 1814,
était celui de la séance du 20 octobre précédent. A cette
date, M. de Biran avait communiqué à ses collègues un
mémoire sur *le moi, la croyance et l'âme*, probablement
tiré de l'*Essai*. M. Guizot en avait rendu compte d'une manière qui semblait prouver à l'auteur qu'il n'avait pas
réussi à se faire pleinement comprendre. M. de Biran s'oc-
cupa activement de la réponse à faire, ou plutôt des éclair-

cissements à donner, depuis le 15 novembre jusqu'au 29, jour auquel il donna lecture des pages publiées par M. Cousin.

Ces pages ont pour but de démontrer que la donnée primitive sur laquelle doit s'appuyer la philosophie, est celle de la cause et non celle de la substance ; que le sentiment de la causalité du *moi* précède toute croyance ou notion relative à l'absolu ; enfin que les relations entre les phénomènes sont seules primitives, et les relations entre les noumènes dérivées.

XVII. — NOTE SUR LES RÉFLEXIONS DE MAUPERTUIS ET DE TURGOT AU SUJET DE L'ORIGINE DES LANGUES. AVRIL 1815.

Écrit publié par M. Cousin, tome II de son édition, pages 349 à 345.

On lit dans le *Journal intime*, sous la date du 12 avril 1815 : « J'ai écrit des notes sur l'ouvrage de Maupertuis, « relatif à l'origine des langues, et les réflexions de M. Tur-« got. »

Les premières des pages publiées par M. Cousin répondent à cette indication ; mais ces pages, dans leur totalité, me paraissent renfermer quatre fragments distincts, et dont la juxtaposition est matérielle et fortuite. C'est un morceau de nulle valeur, ne contenant que des notes sans importance, ou des idées qui se retrouvent ailleurs.

XVIII. — NOTE SUR UN PASSAGE TRÈS-REMARQUABLE DU SENS INTIME, PAR L'ABBÉ DE LIGNAC. 1815.

Écrit publié par M. Cousin, tome II de son édition, pages 297 à 317.

L'ouvrage de l'abbé de Lignac : *Témoignage du sens in-*

*time et de l'expérience opposé à la foi profane et ridicule
des fatalistes modernes* (3 vol. in-12, Auxerre, 1760), attira
assez vivement l'attention de M. de Biran. Il écrit dans son
Journal, le 25 avril 1815 : « J'ai fait une assez longue et
« bonne note métaphysique sur quelques passages du livre
« de l'abbé de Lignac. » On trouve, en mai, une mention
analogue; enfin, le 22 juin 1815, il dit, d'une manière générale, avoir employé les deux mois précédents à faire des
notes sur Kant et Lignac. Ces travaux sont représentés
d'une manière sans doute bien incomplète, par les pages
qu'a éditées M. Cousin et par l'écrit n° XIX qui, analogue
au n° XVIII, mais plus étendu, est destiné à annuler ce
dernier.

XIX. — NOTES SUR QUELQUES PASSAGES DE L'ABBÉ DE LIGNAC. 1815.

Manuscrit inédit de 33 pages, grand format, minute de l'auteur.

Ces notes roulent principalement sur l'union de l'âme et
du corps, la vraie nature du principe de causalité, la différence entre le *moi* et l'âme substance.

XX. — EXAMEN DE DIVERS PASSAGES DE M. ANCILLON. 1815.

Manuscrit inédit de 70 pages, de divers formats, minute de l'auteur.

Ces pages sont vraisemblablement d'époques un peu diverses, mais la rédaction principale date de 1815, et du
mois de mai, ainsi que nous l'apprend la note suivante, jetée sur les pages d'un agenda de poche : (16 mai 1815)

« J'ai écrit la suite d'une longue note que j'ai commencée
« il y a deux jours, à l'occasion de l'*Essai* d'Ancillon sur
« le scepticisme. »

L'examen d'Ancillon n'est pas une pièce à imprimer,
d'autant plus que son contenu se retrouve en partie dans
l'écrit n° XXXVII. Il devait être indiqué comme une preuve
de l'attention fort grande accordée par M. de Biran au philosophe berlinois.

XXI. — NOTE SUR QUELQUES PASSAGES DE L'IDÉOLOGIE
DE M. DE TRACY. MAI 1815.

Manuscrit inédit de 28 pages, grand format, minute de l'auteur.

Ces notes sont particulièrement relatives à la manière
dont M. de Tracy considère la notion du corps, et à certaines tendances de ce philosophe qui sont de nature à
conduire à l'idéalisme pur. On y trouve aussi des considérations relatives à la confusion du désir et de la volonté, aux
vérités universelles, et à l'idée de l'étendue. Leur importance est relevée par le souvenir des rapports personnels de
M. de Tracy et de M. de Biran. La date de leur rédaction
principale est fixée, par une note d'agenda, au 31 mai
1815.

XXII. — REMARQUES SUR LA LOGIQUE DE M. DE TRACY.
1815.

Écrit publié par M. Cousin, tome II de son édition, pages 347 à 354.

Ces remarques ne contiennent rien d'important, et la publication de l'écrit n° XXI leur enlèverait toute valeur.

XXIII. — CRITIQUE D'UNE OPINION DE CABANIS SUR LE BONHEUR. 1815.

Écrit publié par M. Cousin, tome III de son édition, pages 317 à 323.

Ces pages renferment la critique du sensualisme, envisagé dans une de ses applications les plus importantes. La thèse de Cabanis sur le bonheur est vraie, si l'on ne considère que l'homme animal. Mais l'homme est double, et le bonheur spirituel peut co-exister avec le malaise organique.

Ce petit écrit répond-il à la mention suivante qui figure dans un agenda de 1815 : « Je me suis occupé avec assez « de suite d'une notice contre l'ouvrage de Cabanis, en ré- « ponse à deux articles du journal général de France ? » — Je ne sais. Tel qu'il est, il a de la valeur, mais a plutôt le caractère des fragments du *Journal intime* de M. de Biran, que celui de ses compositions scientifiques.

XXIV. — EXAMEN DES LEÇONS DE PHILOSOPHIE DE M. LAROMIGUIÈRE OU CONSIDÉRATIONS SUR LE PRINCIPE DE LA PSYCHOLOGIE, SUR LA RÉALITÉ DE NOS CONNAISSANCES ET L'ACTIVITÉ DE L'AME. 1817.

Ouvrage publié par l'auteur. (Brochure in-8° de 120 pages. Paris, Fournier, 1817.) Imprimé de nouveau dans le volume : « Leçons de philosophie de M. de Laromiguière jugées par M. Victor Cousin et M. Maine de Biran, » in-8°, Paris, 1829 (1), reproduit par M. Cousin. (OEuvres philosophiques de M. de Biran, tome IV, pages 165 à 299.)

Le 13 avril 1817, quelques hommes de lettres réunis chez M. Guizot, projetèrent la publication d'un recueil périodique. Le 1er juillet de la même année parut le premier nu-

---

(1) Dans cette reproduction, on a supprimé les deux appendices.

méro des *Archives philosophiques, politiques et littéraires*. M. Guizot était le directeur de l'entreprise. MM. de Biran et Cousin furent désignés pour la partie philosophique. M. de Biran avait commencé, dès le mois de mai, un article sur Laromiguière; il le termina en août. Ce travail ne fut pas agréé par la rédaction, qui estima qu'un journal ne comportait pas une exposition aussi étendue d'idées métaphysiques aussi profondes. L'article changea donc de destination et devint un écrit séparé. Il parut sous le voile de l'anonyme; mais Ampère, chargé de la distribution des exemplaires, crut apercevoir que quelques personnes lui attribuaient l'ouvrage de son ami, et rompit le secret (1).

Une note (édition Cousin, tome IV, page 243) parle d'un traité de psychologie *ex-professo*, dont cet écrit accidentel n'est qu'un extrait anticipé. Ce traité de psychologie ne peut être que *l'Essai*, dont la publication était depuis si longtemps et devait être, du vivant de l'auteur, pour toujours ajournée. L'*Examen de Laromiguière*, en effet, sauf quelques modifications d'importance secondaire, ne contient que les théories de l'*Essai*, présentées au point de vue que réclamait l'objet spécial de l'écrit. On y trouve les vues de l'auteur sur l'activité de l'âme, son appréciation historique des écoles opposées de Bacon et de Descartes, la distinction des idées générales et des notions réflexives. Le but final de la discussion est d'établir que M. Laromiguière, bien qu'il modifie Condillac sur quelques points, le continue pour le fond; qu'il ne construit qu'une science conventionnelle, basée sur de simples définitions, et ne pouvant tenir lieu d'une science réelle, fondée sur l'expérience intérieure; enfin que le dernier mot du sensualisme, lorsqu'on le pousse à ses conséquences extrêmes, est nécessairement la négation de toute substance et de toute cause.

L'ouvrage est terminé par deux appendices qui reproduisent, sous une forme un peu modifiée, l'article consacré

---

(1) Lettre inédite d'Ampère à M. de Biran, du 28 septembre 1817.

à la notion de cause dans la première partie de l'*Essai* (section II, chapitre IV). Le premier est consacré à réfuter sept arguments de Hume, contre l'efficacité réelle du vouloir; le deuxième renferme la discussion de la théorie de M. Engel, qui, en accordant une attention particulière au sens de l'effort, ne l'envisageait que dans son rapport à une résistance étrangère.

Il existe, dans les manuscrits, la minute de ces deux appendices, et plusieurs copies portant, en marge, des corrections, dont quelques-unes paraissent postérieures à l'impression.

XXV. — FRAGMENTS RELATIFS AUX FONDEMENTS DE LA MORALE ET DE LA RELIGION. 1818.

Publiés dans les présents volumes. Voir l'avant-propos de l'éditeur.

XXVI. — RÉPONSES AUX ARGUMENTS CONTRE L'APERCEPTION IMMÉDIATE D'UNE LIAISON CAUSALE ENTRE LE VOULOIR PRIMITIF ET LA MOTION, ET CONTRE LA DÉRIVATION D'UN PRINCIPE UNIVERSEL ET NÉCESSAIRE DE CAUSALITÉ DE CETTE SOURCE. 1818.

Écrit publié par M. Cousin, tome IV de son édition, pages 363 à 402.

Les objections qui ont donné lieu à cet écrit étaient de M. Stapfer. M. de Biran commença à s'occuper de ses réponses en juin; il les expédia à son ami le 12 août.

Les objections sont au nombre de sept. Cinq sont relatives à la réalité même du fait primitif, et les réponses sont, en quelque manière, le complément de la polémique contre Hume, contenue dans l'appendice des *Leçons de Laro-*

miguière. Les deux dernières objections sont relatives à la dérivation d'un principe universel et nécessaire de causalité, à partir d'un fait de causalité individuelle.

XXVII. — EXAMEN CRITIQUE DES OPINIONS DE M. DE BONALD. 1818.

Publié dans les présents volumes. Voir l'avant-propos de l'éditeur.

XXVIII. — NOTE SUR LES DEUX RÉVÉLATIONS. 1818.

Publiée par M. Cousin, tome IV de son édition, pages 147 à 164.

On lit dans le *Journal intime* : « 1818, du 1er au 10 dé-
« cembre : J'ai employé ce temps, en partie, à la compo-
« sition d'un morceau de philosophie mystique sur les deux
« révélations, adressé à M. Stapfer, en réponse à la question :
« *Les anciens philosophes ont-ils reconnu la nécessité d'une*
« *révélation divine ?* Le 8, j'ai lu ce morceau à ma petite so-
« ciété philosophique : MM. Ampère, Cousin, Loyson, etc. ;
« le 10, je l'ai envoyé à M. Stapfer. »

Cet écrit, pour une partie considérable du moins, a été joint postérieurement, en forme de note, aux *Nouvelles considérations sur les rapports du physique et du moral de l'homme* (XXXI). Les lignes suivantes, tirées de ladite note, ne laissent subsister aucun doute à cet égard : « J'ai eu
« occasion de traiter cette question (les anciens philosophes
« ont-ils senti le besoin ou reconnu la nécessité d'une ré-
« vélation divine ?) qui m'avait été posée par un savant
« ami (M. Stapfer)... Je donnerai ici un extrait assez long
« de ma réponse à cette grande et belle question. » (Édition Cousin, tome IV, page 151.)

Ce qui donnait un grand intérêt à cette courte production, c'est qu'elle était, dans les textes imprimés par M. Cousin, le seul indice un peu saillant du point de vue nouveau
auquel l'auteur était parvenu à la fin de sa vie. On y trouve,
en effet, la mention expresse d'un ordre de faits supérieurs
à l'activité individuelle, la reconnaissance explicite d'une
action immédiate de la divinité sur l'âme humaine ; enfin
une préoccupation assez marquée des doctrines des philosophes de l'antiquité, des Écritures saintes et des écrivains
de l'Église. C'étaient là, dans les écrits connus de M. de
Biran, autant de faits exceptionnels.

Le caractère spécial du contenu de cette note n'avait pas
échappé à M. Cousin qui signalait « cette sorte de mysticisme qu'on voit déjà poindre (1). » Mais une connaissance
incomplète des faits l'avait conduit à considérer comme un
germe sans développement ultérieur, comme une simple
tendance (dont il faisait entrevoir quels auraient été les résultats, si l'auteur avait vécu), ce qui fut en réalité, dans
l'esprit de M. de Biran, un mouvement assez prononcé et
assez complet pour donner une physionomie particulière à
la dernière période de ses travaux.

XXIX. — EXPOSITION DE LA DOCTRINE PHILOSOPHIQUE
DE LEIBNITZ 1819.

*Écrit publié dans la Biographie universelle, 29 pages à deux colonnes, re-
produit dans l'édition de M. Cousin, tome IV, pages 303 à 360.*

Cette exposition fut rédigée dans les mois de mai et de juin
1819. Elle parut dans la *Biographie universelle*, jointe à
une notice sur la vie de Leibnitz, par M. Stapfer, et à une
histoire de ses travaux mathématiques, par M. Biot. Cette

------

(1) *OEuvres philosophiques de M. de Biran.* Préface de l'éditeur, dans
le tome IV, page XXXVIII.

rédaction, un peu trop profonde peut-être pour le recueil auquel elle a été destinée, est beaucoup plus étendue que l'article consacré à Leibnitz dans l'*Essai sur les fondements de la Psychologie,* mais le fond des pensées est le même. En exposant les théories du grand métaphysicien, M. de Biran les juge au point de vue de sa propre doctrine. Il établit la position du leibnitzianisme à l'égard du cartésianisme, constate le progrès de la pensée qui résume cette position, montre surtout ce progrès dans la réhabilitation de l'activité des substances et dans la reconnaissance explicite de la vie, comme élément distinct tout à la fois du mécanisme pur et de la pensée consciente, signale enfin les écueils vers lesquels est entraîné l'auteur de la doctrine de l'harmonie préétablie, en confondant la *cause* avec la *raison suffisante.*

XXX. — NOTES SUR L'ÉVANGILE DE SAINT JEAN. 1820 ET 1823.

Publiées dans les présents volumes. Voir l'avant-propos de l'éditeur.

XXXI. — NOUVELLES CONSIDÉRATIONS SUR LES RAPPORTS DU PHYSIQUE ET DU MORAL DE L'HOMME. 1820.

Écrit publié par M. Cousin, tome IV de son édition, pages 1 à 164; reproduit dans la collection des œuvres de M. Cousin, publiée à Bruxelles, 3 vol. grand in-8°. 1840 et 1841.

On lit dans le *Journal intime :* « 1820, fin d'août. J'ai « passé tout ce mois et la fin du précédent dans des occu- « pations sérieuses, de mon choix. J'ai refait mon mé- « moire adressé à l'Académie de Copenhague, dans l'inten- « tion de le communiquer à M. le médecin Royer-Collard, « qui m'a consulté sur un cours qu'il se propose de faire à

« Charenton, au sujet de l'aliénation mentale. Après avoir
« terminé mon travail et l'avoir mis, à ce que je crois, en
« état d'être imprimé quand il en sera temps..... »

Les *Nouvelles considérations*, ainsi que l'indique l'auteur,
et comme il est facile d'ailleurs de s'en assurer par l'examen des documents, ne sont donc qu'une nouvelle rédaction de l'ouvrage indiqué sous le n° X de ce catalogue. On
trouve, dans les deux écrits, la même division en deux parties, et la même marche générale dans l'exposition des idées.
On pourrait, sans doute, indiquer quelques modifications
plus profondes que de simples améliorations de style, mais
il faudrait pour cela une comparaison des deux ouvrages
trop détaillée pour trouver place ici.

Pour la note ajoutée aux *Nouvelles considérations*, il faut
voir ci-dessus le n° XXVIII.

Le *Journal intime*, après les lignes citées au commencement de cet article, porte :

« J'ai rempli un engagement que j'avais contracté avec
« les auteurs de la *Biographie universelle*, et j'ai fait l'article
« *Mérian*, extrait de son éloge par Ancillon, à la suite du-
« quel j'ai inséré quelques réflexions psychologiques rela-
« tives aux arguments de Mérian contre la philosophie
« leibnitzienne. »

Cet article aura probablement été jugé trop étendu ou
trop profond pour le recueil auquel il était destiné. L'article *Mérian*, dans la *Biographie universelle*, est de M. Us-
teri, et je n'ai trouvé, dans les manuscrits, aucune trace du
travail mentionné dans le Journal.

XXXII. — NOTES SUR LE SECOND VOLUME DE L'INDIF-
FÉRENCE EN MATIÈRE DE RELIGION PAR L'ABBÉ DE LA-
MENNAIS. 1820 ?

Écrit publié par M. Cousin, tome II de son édition, pages 399 à 427.

Ces notes ont pour but de défendre, contre les théories de

l'illustre abbé, le fondement nécessairement personnel de la croyance. Leur date est fixée approximativement par le fait que le deuxième volume de *l'Indifférence* a paru en 1820.

Elles ont de l'importance, bien que la rédaction en soit défectueuse, et que le même sujet soit traité dans l'examen de M. de Bonald. (N°. XXVII.)

XXXIII. — Prolègomènes psychologiques.

Écrit publié par M. Cousin, tome III de son édition, pages 297 à 314.

Cet écrit renferme deux parties distinctes et qui paraissent sans nul rapport entre elles. Jusqu'à la page 308, il est question de l'effort et de la connaissance du *moi* dans son opposition à la notion de la substance. A dater de la page 308, on trouve des considérations sur l'échelle des êtres et la mention d'une troisième métamorphose (troisième vie), opérée sous l'inflence de l'esprit divin. Ces considérations, qui avaient leur valeur avant la découverte des derniers écrits de M. de Biran, n'en ont plus maintenant, et tombent, de même que les pages qui les précédent, dans la catégorie des ébauches à laisser de côté.

XXXIV. — Distinction de l'ame sensitive et de l'esprit, selon Van Helmont. 1821 ?

Écrit publié par M. Cousin, tome III, pages 341 à 345.

En octobre 1819, M. de Biran fut très-vivement frappé des idées de Van Helmont. Le fragment actuel est postérieur à cette époque. Il a pour but de montrer que, en rétablissant entre la matière et l'esprit, l'âme *sensitive*, Van Helmont à mieux expliqué l'homme que Descartes. Je crois pouvoir affirmer, d'après des indices de diverses natures, que ces pages ne sont autre chose que des feuilles égarées qui appartenaient au *Journal intime*, et dont la date doit être fixée après juin 1821.

XXXV. — NOTES SUR CERTAINS PASSAGES DE MALEBRANCHE ET DE BOSSUET. 1823 ?

Écrit publié par M. Cousin, tome III, pages 327 à 337.

Ce court écrit renferme la détermination du fait primitif, insiste sur l'immédiation de l'effort et du mouvement, et marque la ligne de démarcation entre le désir et la volonté. C'est un morceau utile à conserver, et qui doit être considéré comme un fragment de l'ouvrage N° XXXVIII, dans lequel il trouve sa place naturelle.

XXXVI. — CONSIDÉRATIONS SUR LES PRINCIPES D'UNE DIVISION DES FAITS PSYCHOLOGIQUES ET PHYSIOLOGIQUES. 1823 OU 1824.

Rédaction publiée par M. Cousin, tome III de son édition, pages 139 à 293.

Le titre porte l'indication suivante : « à l'occasion du livre « de M. Bérard, intitulé : *Doctrine des rapports du physi-* « *que et du moral.* » Le livre de M. Bérard a paru à Paris, en 1823.

Ce long écrit a été publié par M. Cousin, d'après une

copie (1) ; je n'ai retrouvé aucun fragment de la minute.
Il n'est pas achevé et présente deux lacunes (pages 149 et
154). On a de la peine à en saisir la marche générale ; et il
est au moins douteux que les feuilles, dont il a été composé,
fissent partie d'un même tout, dans les vues de l'auteur,
et se suivissent dans l'ordre qui devait leur être assigné.

L'intention indiquée par le titre, et confirmée par le début
de l'écrit, est d'établir, à l'occasion de l'ouvrage de M.
Bérard, la ligne de démarcation entre les faits physiologiques d'une part, les faits intellectuels et moraux d'une
autre.

Après l'exposition du but de l'ouvrage, on trouve des
considérations étendues sur les bases des principaux
systèmes de métaphysique. En examinant les théories de
Descartes, Spinosa, Locke, Condillac, l'auteur rappelle sa
propre doctrine sur l'effort et la causalité, et met en saillie
les abus de l'emploi fait par les philosophes de la notion
de substance. Dans cet exposé, le but annoncé disparaît
entièrement, ou se voile tout au moins sous des développements qui ne le concernent que d'une manière fort indirecte.
Vient enfin une dissertation sur la nature des sensations et
les indices d'un état purement affectif, et, en dernier lieu,
la phrase suivante qui semble destinée à amener une seconde partie qui fait défaut. « Il faut aller chercher hors de
« la sensation, hors de tout ce qui est passion animale, le
« vrai principe de l'intelligence ou l'organe (2) de la con-
« naissance humaine. »

M. Cousin a porté deux jugements divers sur la nature
des *Considérations*. Dans l'inventaire de 1825, il indique ce
écrit comme un fragment de l'ouvrage dans lequel M. de
Biran, à la fin de sa vie, travaillait à refondre les mémoires
couronnés à Berlin et à Copenhague (3). Dans son avant-

(1) *OEuvres philosophiques de M. de Biran*, tome IV. Préface de l'éditeur, page III, tome I. Avant-propos, page VII.
(2) Je transcris fidèlement le texte imprimé, bien qu'il me paraisse
certain qu'au lieu d'*organe*, il faut lire *origine*.
(3) *OEuvres philosophiques de M. de Biran*, tome IV. Préface de l'éditeur, page III.

propos de 1841, il le tient pour être, au fond et dans sa plus grande partie, le mémoire même adressé à l'Académie de Copenhague (1), et suppose que le commencement où il est question du livre de M. Bérard, a été ajouté après coup à une rédaction antérieure.

La deuxième hypothèse tombe, quant à sa partie principale, en présence des documents, le vrai mémoire de Copenhague étant retrouvé. Il reste toutefois deux opinions possibles entre lesquelles je ne saurais prononcer qu'avec un reste d'hésitation, n'ayant sous les yeux que le texte imprimé.

La première opinion consiste à admettre que les *Considérations* sont une rédaction rapide, entreprise effectivement à l'occasion du livre de M. Bérard, et abandonnée avant sa fin. Une telle rédaction n'aurait demandé que peu de jours, vu la facilité avec laquelle l'auteur jetait ses idées sur le papier, et la circonstance que nombres de pages sont de simples citations, ou ont été transcrites d'ouvrages antérieurs (2). Les arguments qu'on peut élever contre cette manière de voir sont : que, passé les premières pages, il n'est plus fait mention de M. Bérard, et que, d'un autre côté, il existe dans les manuscrits inédits, des feuilles relatives à M. Bérard, qui ne se retrouvent pas dans l'imprimé.

Cette dernière circonstance, qui confirme les autres preuves d'un désordre dans le manuscrit, peut conduire à la deuxième opinion qui consiste à admettre que les *Considérations* se composent de feuilles simplement juxtaposées. Quelques-unes de ces feuilles appartiendraient à un examen des doctrines de M. Bérard, examen qui n'aurait pas été terminé, dont une faible partie reste inédite dans les

---

(1) *OEuvres philosophiques de M. de Biran*, tome I. Avant-propos, pages VII, VIII, IX.

(2) Les pages 263 à 293 ne contiennent guère que des citations de Buffon et de Bossuet; les pages 242 à 254 sont transcrites du mémoire sur les *Perceptions obscures*; les pages 234 à 239, du mémoire sur la *Décomposition de la pensée*.

manuscrits, et qui est sans valeur dans l'état où il se trouve. Les autres feuilles , que leur contenu conduit à rapporter à la dernière période de la vie de l'auteur, seraient des fragments de la grande rédaction N° XXXVIII. S'il en est ainsi, les *Considérations* renferment une partie du dernier travail de M. de Biran, conformément au premier avis de M. Cousin, et les lignes relatives à M. Bérard ont été ajoutées après coup, conformément à sa deuxième opinion, mais ajoutées fortuitement et par une main autre que celle de l'auteur, ainsi qu'il sera expliqué à propos du manuscrit suivant.

Je m'arrête à cette manière de voir, jusqu'à meilleures informations, et considère cet écrit comme devant être décomposé, une partie étant classée parmi les ébauches à négliger, l'autre devant être reliée aux *Nouveaux Essais d'Anthropologie*, comme complément du texte contenu dans les présents volumes.

XXXVII. — DE L'APERCEPTION IMMÉDIATE. 1823 ET 1824.

Écrit publié par M. Cousin, tome III de son édition, pages 1 à 137.

Cet écrit offre une lacune au commencement, et, ainsi que le précédent, a été publié d'après une copie. Par son contenu, il porte le caractère manifeste d'une nouvelle rédaction des idées émises dans l'*Essai sur les fondements de la Psychologie*, modifiées sous quelques rapports, par suite des dernières réflexions de l'auteur.

On y trouve : une discussion étendue sur la nature du fait primitif et le principe de la connaissance ; là distinction de l'aperception du *moi* et de la notion de l'âme substance; des considérations sur les systèmes des philosophes, examinés sous le rapport de la place qu'ils assignent aux idées de substance et de force ; une analyse des phénomènes qui résultent de l'union, à des degrés divers, du *moi* et des impressions ; la théorie des sensations sous le double point de vue de la physiologie et de la psychologie ; enfin la dérivation des notions universelles. Mais toutes ces idées se trouvent dans un désordre assez évident, et un examen un peu attentif porte nécessairement à douter que ce soit (abstraction faite de la lacune indiquée) un tout suivi et complet.

M. Cousin, de même que pour le n° précédent, a émis deux avis divers sur la nature de cette composition. Il l'a considérée, en 1825, comme un fragment du dernier travail de Maine de Biran (1), et l'a publiée, en 1841, comme étant le mémoire couronné par l'Académie de Berlin (2). Cette dernière opinion est détruite par la connaissance du véritable mémoire couronné à Berlin. La première est pleinement confirmée par un examen attentif des faits. J'ai retrouvé 67 pages de la minute. L'inspection seule de l'écriture suffirait à établir que ces pages appartiennent à la fin de la vie de l'auteur ; mais ce qui dissiperait au besoin tous les doutes, c'est qu'une de ces pages est écrite au revers d'une lettre qui porte très-distinctement la date du 13 Mai 1824 (3). La date de l'écrit étant ainsi certaine, son contenu prouve que ce n'était point une composition secondaire, mais bien une partie intégrante du grand ouvrage n° XXXVIII, destiné à remplacer l'*Essai sur les fondements de la Psychologie*. Reste à expliquer le désordre manifeste qui règne dans l'exposition des idées. Voici l'opinion à laquelle on peut s'arrêter à cet égard :

M. de Biran est mort le 20 juillet 1824. Le 17 mai (dernière date du *Journal intime*), la maladie qui devait l'emporter entravait déjà, ainsi qu'il l'atteste lui-même, ses

---

(1) *OEuvres philosophiques de M. de Biran*, tome IV. Préface de l'éditeur, page III.

(2) *OEuvres philosophiques de M. de Biran*, tome I. Avant-propos, pages VII et VIII.

(3) Cette page correspond à la page 133 de l'imprimé, qui se termine à la page 137.

facultés de travail et de méditation; et c'est après le 13, qu'il rédigeait les dernières lignes de l'écrit qui nous occupe. Cet écrit a été publié par M. Cousin d'après une copie. Cette copie a donc été faite pendant la maladie de M. de Biran, qui n'aura pu la revoir, ou l'aura revue très-incomplétement (1). On peut même admettre, sans que la supposition soit forcée, que le malade aura remis son manuscrit au copiste, sans les indications nécessaires pour guider celui-ci, sans s'assurer peut-être exactement de l'ordre et de la nature des feuilles qu'il lui livrait. Ces feuilles se seront trouvées en désordre et le copiste, laissé à lui-même, les aura numérotées et transcrites sans discernement.

En étendant cette hypothèse à l'écrit indiqué sous le numéro précédent, on expliquerait également par l'erreur du copiste, la juxtaposition d'une introduction relative à M. Bérard, à une composition d'une autre nature. Je n'avance cette dernière assertion qu'à titre de conjecture; mais, quant à l'*Aperception immédiate,* je ne conserve aucun doute, lorsque j'affirme que cet écrit n'est autre chose qu'une série de fragments en désordre, des *Nouveaux Essais d'Anthropologie.*

Ces fragments devront donc, avec une partie de l'écrit précédent, être remis à leur place légitime, lors de la publication définitive et complète des œuvres de M. de Biran.

---

(1) On peut tenir pour certain que les obscurités du texte imprimé de l'écrit sur l'*Aperception immédiate* tiennent souvent à des erreurs de copie. En voici un exemple que les feuilles de la minute que j'ai retrouvées, permettent de donner. On lit, page 133 de l'imprimé, la phrase suivante qui n'offre aucun sens : « L'idéalisme et le scepticisme ont tous « deux raison contre une philosophie qui prétend tout réduire aux sen- « sations et aux intuitions, quoiqu'elle admette d'ailleurs une réalité « objective dont il est impossible de dire ce qu'elle est, d'où elle vient, « en quoi elle consiste, *en ce que ceux-ci* étendent aux idées générales, « aux catégories artificielles, la réalité objective qui appartient aux no- « tions. » Avant les mots : *en ce que ceux-ci,* la minute porte : *les nominaux ont raison contre les réalistes.* . . . . . ce qui donne un sens à la phrase.

XXXVIII. — NOUVEAUX ESSAIS D'ANTHROPOLOGIE. 1823 ET 1824.

Publiés dans les présents volumes. Voir l'avant-propos de l'éditeur.

Le lecteur a maintenant sous les yeux, à l'exception de simples notes informes, d'ébauches d'écrits trop fragmentaires ou de trop peu d'importance pour valoir d'être mentionnés ici, le catalogue complet des œuvres de M. de Biran. Il reste à faire connaître le plan d'une édition complète des œuvres philosophiques de cet écrivain, telle que je la comprends, et que je l'ai préparée avec l'aide de mon collaborateur.

Cette édition ne devrait pas comprendre toutes les pièces portées au catalogue qui précède. Agir de la sorte, serait nuire à une publication dont on augmenterait démesurément le volume, et nuire à la mémoire de M. de Biran par la fatigue que feraient éprouver au lecteur des redites incessantes, ou des pages de peu de valeur. On comprend que, dans la position où se trouvait M. Cousin en 1841, pendant la disparition momentanée des grandes compositions de M. de Biran, on ait été conduit à imprimer quelques fragments, qu'il n'y a maintenant plus de motifs de reproduire.

Le n° I du catalogue a été utilisé pour la publication des *Pensées de M. de Biran*. Il n'y a pas d'autre usage à en faire.

Le n° XXIII, le n° XXIV pourraient, en raison de leur contenu, prendre place dans une édition nouvelle de ce même recueil de *Pensées*.

Les n°s V, VI, VII, X, étaient annulés dans l'intention de l'auteur, que tout invite à respecter, par les écrits subséquents qui en reproduisent le contenu (1).

---

(1) On pourrait toutefois soumettre à un nouvel examen et à l'avis de juges compétents la question que voici : Le mémoire de Berlin (n° VI)

Le nᵒ II, le nᵒ XIV, pour une partie, les nᵒˢ XVII, XVIII, XXII et XXXIII sont des notes, ébauches ou fragments reproduits ailleurs, sous une forme meilleure, ou de trop peu d'importance pour mériter la publicité.

Le nᵒ XXVIII a été joint par M. de Biran, lui-même, au nᵒ XXXI, à titre de note.

Les nᵒˢ XXXV, XXXVI et XXXVII doivent se réunir en un même corps d'ouvrage avec la grande composition nᵒ XXXVIII.

Restent donc pour une édition, les pièces suivantes :

A. Influence de l'habitude sur la faculté de penser. Nᵒ III.

B. Mémoire sur les rapports de l'Idéologie et des Mathématiques. Nᵒ IV.

C. Observations sur le système de Gall. Nᵒ VIII.

D. Nouvelles considérations sur le sommeil, les songes et le somnambulisme. Nᵒ IX.

E. Essai sur les fondements de la Psychologie. Nᵒ XI.

F. Commentaire sur les méditations métaphysiques de Descartes. Nᵒ XII.

G. Des rapports des Sciences naturelles avec la Psychologie. Nᵒ XIII.

H. Discussion avec Royer-Collard ; le manuscrit nᵒ XV, complété par une partie de l'imprimé. Nᵒ XIV.

I. Réponse à M. Guizot. Nᵒ XVI.

J. Notes sur quelques passages de l'abbé de Lignac. Nᵒ XIX.

K. Notes sur quelques passages de l'Idéologie de M. de Tracy. Nᵒ XXI.

L. Examen des leçons de Laromiguière. Nᵒ XXIV.

M. Fragments relatifs aux fondements de la Morale et de la Religion. Nᵒ XXV.

N. Réponse à M. Stapfer. Nᵒ XXVI.

étant complet et achevé tandis que l'*Essai sur les fondements de la Psychologie* n'a pas reçu la dernière main de l'auteur, ce mémoire ne devrait-il pas être publié, bien que l'*Essai* en reproduise le contenu ?

O. Examen critique des opinions de M. de Bonald. N° XXVII.

P. Exposition de la doctrine philosophique de Leibnitz. N° XXIX.

Q. Notes sur l'Évangile de saint Jean. N° XXX.

R. Nouvelles considérations sur les rapports du physique et du moral. N° XXXI.

S. Notes sur Lamennais. N° XXXII.

T. Nouveaux essais d'Anthropologie. N° XXXVIII.

Telle serait, dans son ensemble, une édition complète des œuvres *philosophiques* de M. de Biran.

Pour avoir toutes les œuvres de cet écrivain, il faudrait y joindre le volume déjà publié de ses *Pensées*, ses discours politiques imprimés, complétés par quelques manuscrits traitant les mêmes matières, enfin sa correspondance.

L'opportunité de la publication des œuvres politiques fait question. Quant à la correspondance, ce n'est pas sans raison que M. Meyer a exprimé le désir de la voir paraître (1). Mais pour la publier il faudrait l'avoir ; or, je possède bien une liasse très-forte de lettres d'Ampère, et plusieurs lettres de Cabanis, Destutt de Tracy et Stapfer, mais les réponses de M. de Biran ne sont point en mes mains, sauf un très-petit nombre d'exceptions. Je me permets donc d'attirer ici, sur ce point, l'attention de tous les amis des sciences philosophiques, et très-particulièrement celle des héritiers de MM. Cabanis, Destutt de Tracy, Stapfer et Ampère. Chacun comprendra l'intérêt que pourrait offrir l'échange des idées de ces hommes éminents, au moment de la crise qui a renouvelé la philosophie française ; et il va sans dire que les lettres de M. de Biran ne devraient paraître que jointes à celles de ses correspondants.

---

(1) Literarisches Centralblatt für Deutschland. 22 août 1857.

TABLE DES MATIÈRES

DU TOME TROISIÈME.

FIN DE LA TABLE DU TROISIÈME ET DERNIER VOLUME.

Coulommiers. — Imprimerie de A. MOUSSIN.

408-410-461-474, 501

476 505, 512

240

www.ingramcontent.com/pod-product-compliance
Lightning Source LLC
Chambersburg PA
CBHW071143270326
41929CB00012B/1864